Conselhos da Deusa da Sabedoria e o seu Sucesso na Carreira

Barrie Dolnick

Conselhos da Deusa da Sabedoria e o seu Sucesso na Carreira

☾

Dicas de Minerva para o seu
Futuro Profissional

Tradução
GILSON CÉSAR CARDOSO DE SOUSA

EDITORA PENSAMENTO
São Paulo

Título original: *Minerva Rules Your Future.*

Copyright © 2003 Barrie Dolnick.

Todos os direitos reservados. Nenhuma parte deste livro pode ser reproduzida ou usada de qualquer forma ou por qualquer meio, eletrônico ou mecânico, inclusive fotocópias, gravações ou sistema de armazenamento em banco de dados, sem permissão por escrito, exceto nos casos de trechos curtos citados em resenhas críticas ou artigos de revistas.

A Editora Pensamento-Cultrix Ltda. não se responsabiliza por eventuais mudanças ocorridas nos endereços convencionais ou eletrônicos citados neste livro.

Dados Internacionais de Catalogação na Publicação (CIP)
(Câmara Brasileira do Livro, SP, Brasil)

Dolnick, Barrie
    Conselhos da deusa da sabedoria e o seu sucesso : dicas de Minerva para o seu futuro profissional / Barrie Dolnick ; tradução Gilson César Cardoso de Sousa. — São Paulo : Pensamento, 2005.

    Título original: Minerva rules your future.
    ISBN 85-315-1423-1

    1. Carreira profissional - Desenvolvimento 2. Carreira profissional - Mudanças 3. Interesses vocacionais 4. Minerva (Divindade romana) 5. Orientação vocacional I. Título.

05-8040   CDD-650.13

Índices para catálogo sistemático:
1. Interesses vocacionais : Desenvolvimento
pessoal : Administração 650.13

O primeiro número à esquerda indica a edição, ou reedição, desta obra. A primeira dezena à direita indica o ano em que esta edição, ou reedição, foi publicada.

Edição	Ano
1-2-3-4-5-6-7-8-9-10-11	05-06-07-08-09-10-11

Direitos de tradução para o Brasil
adquiridos com exclusividade pela
EDITORA PENSAMENTO-CULTRIX LTDA.
Rua Dr. Mário Vicente, 368 — 04270-000 — São Paulo, SP
Fone: 6166-9000 — Fax: 6166-9008
E-mail: pensamento@cultrix.com.br
http://www.pensamento-cultrix.com.br
que se reserva a propriedade literária desta tradução.

Impresso em nossas oficinas gráficas.

Para Randy

Agradecimentos

Agradeço à minha família pelo apoio constante e pela confiança no meu trabalho — Gero; Elisabeth; minhas irmãs Randy, Amy e Carol, meu lar longe do lar; Halo e Friedel.

Sou igualmente grata à minha agente, Emma Sweeney, pela preciosa orientação e inteligência com que contribuiu para a obra, e também a Shaye Areheart, editora e amiga muito especial, cuja alma mágica envia incontáveis mensagens significativas ao mundo.

Serei sempre grata às muitas mulheres notáveis, argutas e intuitivas que encantam a minha vida com a sua presença: Cheryl Callan, Julia Condon, Sheila Davidson, Jennie Emil, Marilyn Levey, Liz Nickles, Mary Lou Quinlan, Ann Ross, Betsy Schecter, Ann Skalski, Susan Strong...

Agradecimentos especiais ao CCRC Horoscope Program pela inestimável ajuda com as Tábuas de Signos Lunares.

Sumário

Prefácio 11

UM
Introdução a Minerva 15

DOIS
Fundamentos: Arqueologia Pessoal 27

TRÊS
Minerva Mapeia os seus Predicados 41

QUATRO
Eleve ao Máximo os seus Predicados 75

CINCO
O Metamorfoseador Prático de Minerva: Uma Saída 86

SEIS
Pesquisa de Avarias: Manobras de Minerva Diante de Obstáculos e Recuos .. 99

SETE
A Busca do Sucesso 112

SIGNOS LUNARES 122

Prefácio

Paralisado. Enfastiado. Afetado. Encolerizado. Desconectado.

Essas são as palavras mais comumente usadas pelos meus clientes quando falam de seu emprego (ou falta de emprego). Parece familiar?

Nancy (36 anos), representante de vendas de mídia, odeia o seu ramo e o seu emprego, mas não vê como cair fora e ainda assim pagar as suas contas. Trabalha cinqüenta e quatro horas semanais e sofre fortes pressões para aproveitar o pouco tempo de que dispõe nos fins de semana, quando pode fazer alguma coisa de que realmente gosta.

Glória (46 anos), diretora de uma grande casa editorial, já não sente pela carreira o mesmo entusiasmo de antes, mas acha que existem algumas alternativas capazes de lhe garantir o nível de renda que tanto se esforçou por obter.

Todd (48 anos), diretor financeiro, sente-se manietado por um salário de seis dígitos. Quer voltar à escola e formar-se em psicologia, mas a esposa e três filhos são dependentes onerosos. Como pôr em risco a segurança deles?

Rick (68 anos), executivo de relações públicas obrigado a aposentar-se, não sabe o que fazer do tempo livre e alega ter perdido o senso de identidade. Gostaria de empenhar-se num trabalho consistente, mas a idade o faz temer falta de oportunidades no seu campo.

Somos todos vulneráveis a essas inibições — manutenção de dependentes e responsabilidades diárias, medo de perder a segurança financeira, receio do fracasso, sensação de que se é velho demais e já é tarde para recomeçar. Alguns de nós somos mesmo criticados por tentar fazer mudanças. Há carradas de razões para não "irmos à luta" em nossa carreira ou para atender aos nossos verdadeiros desejos e impulsos criativos. Entretanto, essas razões podem ser facilmente superadas quando travamos conhecimento com Minerva.

12   *Conselhos da Deusa da Sabedoria e o seu Sucesso na Carreira*

Talvez os seus sentimentos não sejam tão intensos e você não esteja desesperado para encontrar novos caminhos profissionais. Talvez queira apenas fazer algo por gostar, não por precisar de segurança. Para trabalhar com Minerva, não necessitará estar num estado mental negativo ou infeliz: bastará ser um aventureiro dedicado à história da sua própria vida.

Eu mesma trabalhei com Minerva e creio que jamais deixarei de fazê-lo, pois acho interessante reinventar constantemente e testar novas formas de criatividade. Abandonei uma carreira de treze anos na publicidade para começar a escrever, o que me levou a abrir o meu próprio negócio, a pôr em prática a minha proficiência no ramo e a receber o título de "especialista" nesse ramo.

A abordagem de Minerva não é uma fórmula elaborada para alcançar um objetivo. Lembra mais o desabrochar de nossos talentos, energias e visão, fazendo com que o mundo responda com oportunidades à nossa abertura para ele. Trata-se, em suma, de apurar a criatividade e o poder de pedir e receber, o que traz satisfação e prosperidade.

Infelizmente, muitas pessoas são condicionadas para resistir à busca de objetivos criativos autênticos:

"Você não ganhará dinheiro fazendo isso."
"Quem vai me contratar para esse trabalho?"
"Ninguém é pago para gostar do emprego."
"A minha família jamais compreenderá isso."

E muito mais. São obstáculos antigos, imemoriais, que impedem você de ser uma pessoa "realizada profissionalmente". Você pode vivenciar e aceitar essas barreiras, mas, quando vê os outros correndo atrás de seus sonhos, fica deprimido.

Muita gente pensou que eu estava maluca ao trocar uma carreira bem-sucedida na publicidade pela oportunidade (não era sequer uma promessa concreta) de escrever e publicar um livro. Na época, eu não vendera ainda nenhum texto, mas achei que era hora de tentar. Seis meses depois, eu assinava o meu primeiro contrato editorial — não sem antes consumir as minhas economias e ruminar inúmeras idéias improváveis para ganhar dinheiro. Comecei a pensar que deveria arranjar outro emprego em publicidade; contudo, ao chegar a esse ponto, Minerva apareceu.

É preciso ter muita fé quando se trabalha com Minerva. Ela é o maior *bungee jump* que você jamais experimentará, a emoção mais intensa que sentirá. Minerva o conduzirá ao longo de uma jornada profunda, onde você explorará o seu senso mais aguçado de verdade, arrostará o medo e aprenderá a conhecer as suas forças. Isso requer coragem e vigor espiritual — qualidades que temos em qualquer idade, em qualquer condição física.

Prefácio 13

Talvez você esteja se perguntando: Por que deverei fazer isso? Sugiro várias respostas. Uma ou duas se aplicarão ao seu caso.

1. A vida é curta demais para que descuidemos de intensificar o prazer e a satisfação o tempo todo — não apenas nos fins de semana.
2. Você passa horas demais no trabalho para não torná-lo agradável.
3. A crise da meia-idade e da velhice pode ser evitada quando você percebe que está fazendo o que sempre quis fazer — e sabe por que está fazendo.
4. As doenças físicas e mentais podem ser evitadas quando aumentamos a nossa satisfação com a vida. Componentes espirituais, emocionais e criativos são imprescindíveis a uma boa saúde.

Você está pronto para acompanhar Minerva quando reconhece que quer realizar mudanças. Este livro lhe ensinará como fazer. Ele vai conduzi-lo a uma grande aventura, que apontará o caminho para a consecução do seu melhor destino.

É realmente emocionante notar que os nossos esforços compensaram. Trabalhando com Minerva, você não será vítima do acaso. Ela o levará a uma esfera em que as suas experiências, desejos, anseios, habilidades, dons e mesmo fraquezas terão a oportunidade de aflorar — você se abrirá para um eu mais forte, mais poderoso —, resultando daí a mudança certa na carreira.

Você não se sentirá mais ignorado, inerme ou frustrado em relação à sua situação na vida, pois estará no controle dela. Terá influência, poder e essência real. Minerva o ajudará a encontrar tudo isso, a ver tudo isso, a usar tudo isso, a degustar tudo isso na luz mais brilhante que você tiver projetado sobre o seu mundo.

UM

INTRODUÇÃO A MINERVA

Bem-vindo ao reino de Minerva. Você está prestes a penetrar numa nova dimensão, onde poderá encontrar perfeita satisfação na vida e no trabalho. Se acha que isso não é real, está parcialmente certo. O mundo de Minerva integra a sua realidade com o seu futuro possível, no qual você receberá um pouco da magia dos deuses para conseguir o que deseja. Minerva lhe dá as boas-vindas, feliz ante a perspectiva de transformar a sua vida naquilo que você quer que ela seja.

Se você não conhece bem Minerva, a deusa o desculpará. Ela sabe que a sua presença se esfumou um tanto desde a queda do Império Romano, mas os seus poderes continuam intactos. Minerva é uma deusa reverenciada em diversas culturas antigas, da Grécia, onde se chamava Atena, à Irlanda, onde tinha o nome de Brígida. Minerva é a designação que recebeu na civilização etrusca, precursora dos romanos e dos italianos atuais.

Os poderes de Minerva eram amplamente respeitados. Ela ocupava um lugar entre os "três grandes" deuses, ao lado de Júpiter (Zeus), rei dos imortais, e de sua esposa Juno (Hera). Ela presidia às artes e aos ofícios, às profissões e à estratégia militar. Imagens suas continuam a ser descobertas nas ruínas de Pompéia e de Roma, por toda a Europa e na Grã-Bretanha.

Você não precisará erguer um santuário a Minerva para propiciar a sua ajuda (embora eu esteja certa de que ela ficaria encantada com isso); na verdade, nem sequer terá de reconhecê-la como "deusa" no sentido sério dos antigos pagãos. Para os propósitos deste livro, Minerva será o seu guia cósmico e intercederá por você nos céus a fim de que realize os seus desejos. Ela não será nada importuna e você logo aprenderá a confiar na sua ajuda constante.

☾ Cansado, voltei-me para os homens e os deuses em busca de ajuda [...] Em desespero, implorei [...]
Ao estender os braços para o céu, vi que eles mudavam e escureciam, lançando projeções aladas. Penas? Sim! Mãos e braços se transformaram em asas. Os meus pés, na areia, já não deslizavam, mas alçavam-se em vôo ligeiro por sobre a superfície e dali para o alto, librando-se, flutuando, fendendo os ares . [...] Eis como entrei para a companhia de Minerva.

— OVÍDIO, *METAMORFOSES*

MINERVA E A ARTE ANTIGA DA METAMORFOSE

Metamorfose é um termo tomado a antigas culturas, significando na essência "poderes mágicos para mudar de aspecto, poder e objetivo". A metamorfose, no seu sentido histórico, era a capacidade para adotar diferentes formas físicas a fim de realizar uma tarefa ou propósito, que de outro modo seria impossível. Por exemplo, no mito, um mortal podia ser transformado em animal ou planta, usualmente por capricho dos deuses; em outras lendas, um mago ou xamã se disfarçava de cervo para atravessar incógnito a terra de outrem, ou de pássaro, para ter uma visão aérea da paisagem. Médicos e curadores empregam hoje metamorfoses mais energéticas e não-literais por meio da meditação, a fim de absorver os poderes de cura ou visão associados aos animais.

A metamorfose profissional não é tão misteriosa. Consiste num método de canalizar criatividade, poder e oportunidades bloqueadas que permitam concretizar ambições autênticas. A metamorfose profissional é ao mesmo tempo prática e exeqüível, embora recorra a meios pouco convencionais (mas seguros e não-tóxicos).

Metamorfoseadores de carreiras bem-sucedidos estão por toda parte. São as pessoas que voltam à escola, que abandonam empregos para iniciar negócios próprios ou mudar de profissão, que chegam a "exonerar-se" da vida empresarial convencional a fim de concretizar os seus desejos mais caros. Essas pessoas têm a coragem de buscar a própria felicidade e realização, e de algum modo encontraram maneiras de romper os laços que os atavam a uma satisfação limitada. Minerva sabe o caminho e, tendo-a por companheira, você também mudará.

O QUE SE PODE ESPERAR
DE MINERVA

Este livro conduzirá você ao longo de um processo de rejuvenescimento criativo e investigação de carreira, que não se parece em nada com os sistemas de que você ouviu falar para promover um novo perfil profissional. Você poderá achar os exercícios estranhos, mas garanto-lhe que funcionam.

Minerva recorre a antigos truques e métodos para incentivar mudanças e progressos na carreira. Mas, se você quiser acompanhá-la, deverá ter mente aberta. Caso esteja acostumado a procedimentos racionais, talvez pense que o de Minerva não faz sentido. Ela não liga a telefones, fax, memorandos e reuniões como nós ligamos. O que Minerva faz, na verdade, é tornar a energia mental e psíquica voltada para os nossos objetivos mais saudável, pronta e magnética.

Cada passo com Minerva complementa qualquer ação concreta que você empreender em sua jornada de metamorfose da carreira. Por exemplo, se você perceber que deverá operar uma mudança, ela o ajudará a examinar as opções. Assim como nos testes vocacionais, Minerva lhe oferecerá subsídios a respeito de seus dons — por meio de suas estrelas.

Quando você estiver pronto para emitir alguma energia — como telefonar, enviar circulares, fazer novos contatos —, ela aprimorará os seus poderes para lhe proporcionar a melhor chance de obter o que deseja. Os exercícios não-tradicionais de Minerva geram excelentes resultados na energia psíquica. Você e os seus esforços podem parecer mais argutos, mais insinuantes, mais rápidos ou apenas melhores que outros. E também isso não é ilusão: você pode realmente ser melhor que outros quando harmoniza a sua energia psíquica com os seus negócios cotidianos.

Minerva se mostra igualmente muito compreensiva e dedicada quando esbarramos com as inevitáveis decepções. Nem mesmo ela consegue fazer com que tudo corra bem para nós; fatalmente temos de enfrentar obstáculos, inclusive os nossos próprios medos, quando forjamos um novo caminho. Sobretudo em se tratando de mudanças na carreira, "corrigir a rota" é bastante comum — o que acontece quando os objetivos iniciais revelam-se equivocados e decidimos mudar de idéia... novamente.

A minha cliente Edie é um bom exemplo disso. Ela estava praticando alguns exercícios na tentativa de mudar de profissão: tencionava deixar de ser técnica em laboratório para fazer alguma coisa que ajudasse mais as pessoas. Como primeiro projeto, pensou em obter um mestrado em bioquímica. Isso, cuidava ela, iria capacitá-la a trabalhar como representante de vendas para uma empresa farmacêutica e, assim, estar mais em contato com os seus semelhantes. Mas não gostou muito do curso. Ela se sentia esgotada toda vez que saía do trabalho para a escola noturna. Foi ficando cada vez mais cansada à medida que a sua agenda se tornava mais exigente. Ouviu também dos colegas cientistas que as companhias farmacêuticas só estavam interessadas em contratar pessoas com doutorado em bioquímica, coisa muito distante das tarefas de simples graduados. Parecia a Edie que, ao perquirir o universo, ele procurava convencê-la de que o seu objetivo era inviável. Por fim conversamos e eu sugeri uma opção: ela deixaria, à maneira de Minerva, que as coisas caminhassem por si e poria de lado a negatividade. Talvez o universo estivesse simplesmente aconselhando-a a ir mais devagar ou, então, dizendo-lhe de fato que deveria buscar outro campo de realização. Depois disso, Edie compreendeu que não estava sendo honesta consigo mesma. Matriculara-se no curso de mestrado apenas porque isso parecia fazer mais sentido. No fundo, porém, ela não queria aprender nada sobre negócios; queria um trabalho mais humano.

Edie resolveu dar uma pausa ao *stress* da escola noturna, mas isso só pareceu aumentar a sua ansiedade. Buscando ajuda para aliviar dores de cabeça, insônia e nervosismo, optou pelos remédios à base de ervas. Segundo ela, foi como se uma luz se acendesse: o seu contato com a medicina natural abriu-lhe os olhos para uma nova carreira. Embora isso não tivesse muito a ver com bioquímica e venda de produtos farmacêuticos, sentiu que suas energias aumentavam à idéia de freqüentar aulas sobre o assunto. Por fim, ela conseguiu escapar das ciências biológicas tradicionais e hoje é uma profissional bem-sucedida no campo da cura natural e da nutrição — uma bela metamorfose.

Você também pode ser um candidato à correção de rota. Se for, Minerva irá ajudá-lo nisso e você se aproximará mais e mais de seu objetivo.

Falando francamente, surgem inúmeros obstáculos quando decidimos mudar de profissão. Não sei se é sempre o caso, mas até hoje não conheci ninguém que houvesse conseguido operar uma mudança suave e fácil sem enfrentar percalços aqui e ali.

No final do processo, entretanto, quando já podemos dizer "Aí está, consegui", a vitória é doce porque foi alcançada à custa de esforços sinceros. E então? Minerva ficará de fora?

Os metamorfoseadores de carreiras nunca perdem contato com ela, às vezes simplesmente contando a outros como chegaram aonde estão. Minerva não pede que você a reverencie por ajudá-lo, mas exige uma coisa: você deverá partilhar sempre a magia e, de algum modo, tornar-se um mentor dos seus semelhantes. Ela gosta de ver vibrações positivas circulando — portanto, quando completar a tarefa e atingir o seu objetivo, explique aos outros como o conseguiu e anime-os a fazer o mesmo.

VIVA SEGUNDO OS PRINCÍPIOS
DE MINERVA
REGE O SEU FUTURO

Antes de começar a transformar a sua vida e o seu trabalho, terá de examinar alguns aspectos do processo.

Você Acredita em Magia?

Em primeiríssimo lugar, deverá acreditar em magia. Não lhe peço que se meta numa caverna, execute rituais misteriosos ou tire coelhos de uma cartola. Precisará, entretanto, entender o que a magia realmente é: um ato indefinível, irredutível de harmonia, sincronicidade e milagre que todos praticamos vez por outra. A magia acontece quando menos a esperamos, instigamos ou exigimos. Acontece naquilo que chamarei de um momento de graça, momento em que uma força divina intervém num minúsculo espaço de possibilidade e efetua uma mudança. A magia se faz mais evidente quando algo corriqueiro se torna admirável ou uma "coincidência" responde às nossas preces. Ela pode ser encontrada de maneira pessoal, como quando você conhece a sua futura esposa, ou em circunstâncias mais comuns, como quando você descobre que um velho amigo está dirigindo a empresa para a qual deseja trabalhar. A magia pode ocorrer de incontáveis maneiras, mas é preciso acreditar nela para vivenciá-la.

Você Sabe Pedir Ajuda?

Depois de aceitar que a magia não é uma coisa assim tão tola e esquiva, você estará pronto para dar o próximo passo: solicitá-la. Talvez você não tenha compreendido que a magia não precisa ser tão casual; é possível atraí-la conscientemente para a sua vida. Basta saber aonde ir. Deus pode fazer mágicas, mas nem todos desejamos sobrecarregar o ser divino com o que consideramos assuntos mundanos ou não-espirituais. Minerva será, por assim dizer, o elo entre você e a intervenção celeste. Ela não atua fora do mundo de Deus: é, na verdade, um de seus anjos. Por isso muita gente acredita nela e vem cultuando-a há tanto tempo: Minerva faz com que as coisas aconteçam.

Você é Capaz de Deixar que as Coisas Aconteçam?

Isso me conduz à exigência seguinte: afrouxar o controle, o que é difícil quando se tenta mudar alguma coisa que parece tão prática, como escolher uma nova profissão ou alterar o enfoque do trabalho. Objetivos desses parecem bastante razoáveis — familiarize-se com o que você quer fazer, explore-o, crie oportunidades, etc. — e não há nada de errado em encarar as coisas com realismo e racionalidade. Isso faz sentido. Mas quando procuramos Minerva, cada passo acarretará algo mais do que podemos fazer sozinhos. Haverá alguma energia espiritual também em sua equipe, o que torna as etapas do processo menos previsíveis e mais difíceis de controlar: afinal, você não é o único a trabalhar nele.

Os problemas de controle são muito difíceis de superar. Eu não acredito que qualquer um de nós realmente afrouxe as rédeas quando está passando por esse processo — no fundo, seguramo-las firmemente como se soubéssemos o que vai acontecer. É da natureza humana. Mas, em nosso caso, geralmente o desejo de controlar provoca uma crise antes que os resultados apareçam. Vi isso acontecer inúmeras vezes: rendição antes da vitória, desistência na iminência de vencer. O controle sobre os resultados é quase sempre inconsciente: você imagina que tudo está indo muito bem até que o inesperado acontece e — pronto! — lá se vai o controle.

Minha cliente Linda esforçou-se durante um bom tempo para mudar de carreira. Era executiva de relações públicas e queria um trabalho mais socialmente consciente. As pesquisas que fez de instituições patrocinadoras de causas sociais deprimiram-na — os salários eram bem mais baixos do que o que ela recebia e, de um modo geral, havia poucas vagas em oferta. Depois de quase um ano, ela ouviu falar de um excelente cargo numa fundação rica que patrocinava eventos esportivos a fim de levantar fundos para instituições de saúde. Com a sua experiência em relações públicas, ela era perfeita para o emprego e apressou-se a entrar em contato com o diretor-executivo. Esperava, com razão, ser chamada para uma entrevista. Não obtendo resposta, telefonou para o diretor e ficou sabendo que o cargo já fora preenchido.

Avistei-me com Linda pouco depois disso e logo percebi que ela tinha medo — de fracassar, de permanecer atada ao emprego atual para sempre, de não ser "ouvida" pelo universo. Linda não podia entender como uma oportunidade tão "óbvia" lhe escapara. Como único conselho, eu lhe garanti que algo de mais conveniente para ela estava a caminho. Amparei-lhe a fé quando ela se declarava vencida.

Poucas semanas depois, num encontro com um de seus clientes, Linda foi informada de que a empresa dele estava montando um departamento filantrópico e logo começaria a recrutar funcionários. Ela lhe comunicou, em particular, que estava interessada no novo departamento. O cliente encaminhou-a às pessoas certas e Linda não teve dificuldades em convencê-las de que servia perfeitamente para o cargo. Enfim, alcançou o que queria.

A magia é fácil; o controle, difícil.

QUAL O OBJETIVO DA SUA MUDANÇA?

Muitas pessoas querem realizar mudanças em sua vida profissional. Anseiam por menos pressão e *stress*, mais dinheiro e satisfação. Esses são objetivos perfeitamente razoáveis, mas não necessariamente uma base para o progresso ou uma mudança de carreira.

O desejo de mudança — pelo menos o tipo de mudança que Minerva pode promover — deve originar-se de uma espécie de impulso primordial, energia ou anelo irrefreável. É como uma vocação que, entretanto, não precisa enraizar-se em trabalho espiritual ou pedagógico. Pode-se ter vocação para corretor, advogado, construtor. A vocação é o desejo de fazer aquilo de que se gosta, seja lá o que for. Acompanhar Minerva significa mergulhar no fundo de nós mesmos para descobrir o melhor caminho e, ao mesmo tempo, reativar antigas paixões e desejos. Não se trata apenas de aprimorar o trabalho, mas também de encontrar o trabalho adequado e nele ter lucidez da maneira mais positiva possível.

Se você comprar este livro para ganhar um salário melhor, ponha-o de lado. Minerva não lida com dinheiro; a prosperidade é conseqüência da realização do desejo de mudança. Entretanto, se quiser explorar possibilidades que de fato satisfaçam o seu potencial criativo, vá em frente. Só você sabe que o seu propósito é sincero.

VOCÊ ESTÁ PRONTO?

Descubra quais destas declarações descrevem acuradamente você ou o seu comportamento:

_____ 1. Quando estou trabalhando, gasto muito tempo planejando o meu lazer.

_____ 2. Compro bilhetes de loteria e faço listas daquilo que gostaria de fazer com o dinheiro.

_____ 3. Quando alguém diz algo de positivo a respeito do meu trabalho, não me sinto bem nem mal.

_____ 4. Calculo as minhas despesas e o tempo que poderia viver sem trabalho caso fosse dispensado.

_____ 5. Todos os dias são para mim como uma manhã difícil de segunda-feira.

_____ 6. Mesmo quando tudo vai mal no trabalho, não me importo.

_____ 7. Quando alguém sugere que eu estabeleça objetivos para mim mesmo, não consigo pensar em nada.

_____ 8. Visto uma camiseta com os dizeres "Sexta-feira, graças a Deus!"

_____ 9. Evito festinhas de despedida na firma porque sinto inveja de quem está indo embora.

_____ 10. Observo o rosto de pessoas felizes nas ruas e pergunto-me o que elas fazem para viver.

Análise

Se mais da metade dessas declarações se aplica a você, você está realmente pronto para _Conselhos da Deusa da Sabedoria e o seu Sucesso na Carreira_. Se menos da metade se aplicar, você está a caminho de um colapso na carreira — Minerva poderá ajudá-lo a evitar os sintomas mais inquietantes.

Caso você não esteja familiarizado com as insatisfações descritas acima, deve considerar-se feliz. Você pode acompanhar Minerva, buscar novas oportunidades e rumos para a sua criatividade, mas sem pressa.

EXERCÍCIO: O QUE VOCÊ NÃO QUER FAZER

Se você se sente irritado com a sua carreira, procure esclarecer a situação em termos do que não deseja fazer. Não falo de pessoas nem de horas trabalhadas, mas das tarefas e responsabilidades que o fazem bocejar ou resmungar. Embora não tenhamos começado ainda a identificar o que você gostaria de fazer, já sabe provavelmente o que quer evitar.

- ☾ Meu cliente Gary não pára de pensar em mais um relatório de vendas trimestral.
- ☾ Natasha declara que outra auditoria a colocará num asilo.
- ☾ Eu costumava revirar os olhos e desabar de fadiga quando preparava relatórios de _marketing_ para minha antiga agência de publicidade.
- ☾ Sherry afirma que não agüenta mais ter contato com pessoas e gostaria de trabalhar como _freelance_ em casa.

Agora é tempo de fazer a lista das coisas que não funcionam para você no seu emprego atual. Por exemplo: se odeia lidar com números, se não gosta de trabalhar no setor público ou privado. Registre tudo aquilo que desejaria deixar para trás. Talvez mude de idéia mais tarde, como muitas vezes acontece às pessoas, mas por enquanto determine o que faz com que o emprego ou a carreira não lhe convenha. Posteriormente, você voltará ao assunto.

UMA PALAVRA AOS SOBREVIVENTES DE DISPENSA TEMPORÁRIA, ENXUGAMENTO OU DEMISSÃO

A força de trabalho está continuamente se transformando na esteira dos progressos da tecnologia, das novas necessidades de mercado e da disponibilidade de recursos. Se você teve de amargar uma dispensa temporária, um enxugamento ou demissão sem justa causa, é o companheiro ideal para Minerva.

O método de Minerva irá limpá-lo de todos os resíduos dessa má experiência e, ainda, despertá-lo para poderes e habilidades que nunca usou antes. O método funciona melhor quando você "não tem nada a perder". Se estiver mudando de emprego, convirá de fato recorrer ao poder da deusa.

Se a experiência conducente à demissão foi particularmente difícil, você deverá combater a negatividade do emprego anterior. Atente bem para o Capítulo Dois, "Fundamentos: Arqueologia Pessoal", graças ao qual descobrirá feridas e ressentimentos que o impedem de ir em frente. Como alguém que precisa de um novo emprego, você está na posição ímpar de poder criar a sua próxima carreira e decerto não quererá contaminá-la com o passado.

A INTEGRIDADE DO TRABALHO METAMORFOSEADOR

Há um pequeno problema de reação psíquica para o qual Minerva gostaria de chamar-lhe a atenção antes de você prosseguir. Esse processo demanda um certo tipo de integridade que nem sempre costumamos ostentar. Uma vez que irá mudar o seu emprego, a sua *persona* profissional e, com toda a certeza, a sua fonte de prosperidade, terá de haver-se... com você mesmo.

Você não poderá mentir nem sofismar quando estiver trabalhando com Minerva. Não será conveniente. Sem dúvida, é possível ludibriar uma dieta e ainda assim perder peso; mas tente ludibriar Minerva e não colherá o pleno benefício de seus esforços.

A integridade é muito importante agora, no começo. Você logo abrirá espaço para um vigoroso armazenamento psíquico, o que talvez o faça sentir coisas desagradáveis. Se resolver desistir antes de começar é porque já enfrenta alguma pressão interna para ficar onde está.

A força mais formidável — tanto positiva quanto negativa — com que se deparará na jornada com Minerva será você mesmo. Certos passos que terá de dar talvez o induzam a voltar — e é aqui que precisará de persistência. Comprometa-se desde já a ir até o fim. Depois de pôr-se a caminho, é realmente difícil recuar.

UMA PALAVRA
AO AMIGO CONSERVADOR

Não resta dúvida de que algumas pessoas hesitarão diante de certos exercícios. Ainda que você não seja do tipo lógico, racional, poderá sentir-se um tanto idiota ao acender uma vela, sentar-se no escuro e ouvir uma fita com a sua própria voz. Há inúmeras oportunidades de desconforto para quem não se acostumou a métodos mais criativos de liberação de poder.

Não é possível escolher o que se sente. Eu própria tive inúmeras experiências nessa área. Para estudar metafísica e poder interior, tomei aulas com uma competente professora de Nova York. Ela começava a aula com um hino cantado por todos. Não pude deixar de pensar na escola primária, mas agora, em vez de crianças de pé, recitando obedientemente, éramos adultos (muitos com trajes de trabalho) sentados em almofadas no chão, de mãos dadas e cantando de olhos fechados. Naturalmente, na primeira vez, entreabri as pálpebras para observar se os outros estavam sérios. Estavam. Ainda assim, não tive a coragem de me entregar livremente ao canto (que era como uivar para a Lua). Havia sempre alguém desafinando, o que me fazia rir à socapa em vez de participar. Segui o curso durante quatro ou cinco anos e, no fim, era eu quem uivava.

Esse não é um caso do tipo "se não puder vencê-los, junte-se a eles". Ao contrário, depois de permitir que o meu mau juízo, o meu nervosismo e a minha irreverência adolescente se desvanecessem, senti que era ótimo cantar um pouquinho — isso às vezes criava uma melodia bastante agradável. Além do mais, percebi que, no lugar de uma mulher de negócios rígida, cheia de regras, surgia uma pessoa descontraída, aberta e jovial. Essa mudança de energia foi importante na metamorfose geral de minha carreira, pois, se não conseguisse descontrair-me o bastante para participar de um simples canto, decerto não teria mente aberta para escrever livros.

Introdução a Minerva 25

O humor, porém, é importante. Não há dúvida de que, às vezes, as excentricidades de Minerva provocam risinhos, revirar de olhos e gargalhadas ocasionais. Isso acontece e não é mau. Ainda rio ao lembrar daquela primeira aula, quando me sentei empertigada no chão, de vestido vermelho curto, tentando não mostrar as pernas e, de mãos dadas com os colegas, procurava levar o canto a sério. Sim, isso ainda me parece engraçado.

Advirto-o, porém, de que, se você for conservador e tímido demais para executar alguns dos exercícios de Minerva, não se beneficiará muito com eles. Você não precisará se comportar como um sacerdote e envergar vestes sagradas; basta que respeite o processo ainda que não o compreenda.

Para ajudá-lo, há exercícios alternativos que talvez não pareçam tão "exóticos" ou arriscados. Se não quiser ou não puder fazer um exercício, procure uma alternativa mais conveniente. É melhor fazer alguma coisa do que não fazer nada e as alternativas, embora menos eficazes, podem revelar-se produtivas.

Com Minerva, procurei desmistificar ao máximo, mas preservando, a integridade dessa jornada criativa e mágica. Se você ainda não acha que "alguém está velando por você", logo mudará de idéia.

QUANTO TEMPO
LEVARÁ ISSO?

Você faria essa pergunta mais cedo ou mais tarde, de modo que é bom ouvir desde já a resposta: não sei. Tipicamente, uma mudança de carreira exige mais tempo do que se esperava e, em retrospecto, parece ter ocorrido sem demora. Os seus esforços alcançarão a velocidade da luz quando você perceber que está ganhando terreno e o tempo arrastará os pés quando você não se sentir tão produtivo. Eis a chave: o tempo é maleável.

Tentar predizer depois de quanto tempo você estará trabalhando alegremente num cargo novo e produtivo é como perguntar: "Que altura você atingirá?" O seu próprio potencial determinará de que modo a sua forma mudará e quantas etapas exigirá — sem falar que algumas pessoas nunca deixam de mudar voluntariamente. Quando você adotar o método de Minerva, notará que cada peça lhe traz uma nova percepção, uma nova realização e um novo conhecimento. Cada passo depende do anterior e cada exercício o predispõe a outra faceta do seu potencial. Você estará montando um extraordinário quebra-cabeça de seus próprios talentos, dons, desejos e energias ao buscar novas paisagens e aventuras. É um processo bastante agitado, mesmo quando você não percebe que está "em movimento".

A energia de Minerva lança alguns num caminho novo, fazendo com que liberem o seu potencial quando já na nova carreira; acredite-me, isso não é fácil. À maioria de nós, porém, Minerva faz com que estejamos prontos antes de mudar de profissão, o que constitui uma transição mais fácil. Pode parecer um processo lento às vezes, mas a criatividade e a força a que você terá acesso graças a Minerva precisam fluir a seu modo, em seu próprio tempo mágico.

Determine o seu ritmo, aprecie a caminhada e saiba que a experiência por vir é sem dúvida o projeto mais especial e admirável que você jamais concretizará.

DOIS

FUNDAMENTOS: ARQUEOLOGIA PESSOAL

Para trabalhar com Minerva, você terá de se abrir ao seu próprio potencial e paixões. Isso é imprescindível ao sucesso final da empreitada, mas pode se revelar difícil. Minerva o estimulará a empreender a sua escavação arqueológica pessoal — escavação no passado — para poder desenterrar paixões, valores e desejos esquecidos ou reprimidos.

A IMPORTÂNCIA DA ESCAVAÇÃO

A razão pela qual Minerva o conduz ao seu passado obscuro e coberto de pó é a necessidade de limpar o seu terreno criativo dos cacos e detritos de um espírito criativo bloqueado — você não poderá plantar as sementes de uma carreira nova se esse terreno estiver atulhado de apreensões, julgamentos, problemas de auto-estima e saudades sufocadas. Já no ventre da mãe você provavelmente ouvia coisas a seu respeito, algumas errôneas ou de natureza crítica. Esse material aderiu a seu ser e ficou sepultado no subconsciente.

Suponhamos que ouviu a sua mãe, no nono mês de gravidez, observar: "Essa criaturinha é realmente preguiçosa. Mal se mexe." Ou: "Posso afirmar que esse bebê vai ser um lutador — dá pontapés o tempo todo e não me deixa descansar." E se você se lembrasse disso? Quem sabe tais palavras influenciaram as decisões de sua vida? E sem mencionar o que sucedeu depois, quando estava na escola: provas, notas, avaliações tanto de professores quanto de colegas.

Eu sou um exemplo perfeito. Tenho uma irmã mais velha que sempre estava um ano à minha frente na escola. Os que têm irmãos mais velhos entenderão o que estou querendo dizer: eu lutava para encontrar o meu lugar, a minha identidade num mundo que a conhecera antes. Um dia, quando eu tinha cerca de dez anos, a professora, que lecionara para a minha irmã no ano anterior, devolveu-me uma redação corrigida. Eis a conversa que tivemos (vou parafrasear):

> Professora: Você e a sua irmã são muito diferentes.
> Eu: Acho que sim.
> Professora: Ela sempre escreveu bem. Lembro-me de suas histórias.
> Eu (um tanto hesitante quanto a essa declaração): Sim, ela cria boas histórias.
> Professora: É certo, mas você é melhor do que ela em matemática e ciências.

Em retrospecto, isso parece uma conversa bastante inofensiva. Estou segura de que a professora queria apenas reconhecer o mérito da minha irmã e me encorajar. Então por que me senti ferida? Eu tirara um 10 na redação, mas eis o que pensei depois desse breve encontro:

1. Minha irmã escreve melhor do que eu.
2. Devo aferrar-me à matemática e às ciências caso queira ser boa em alguma coisa e distinguir-me da minha irmã.
3. Tirei nota 10, mas o trabalho não estava bom.

Levei anos para me considerar uma boa escritora. E nunca poderia deixar a publicidade pela literatura até enfrentar essa idéia e modificá-la.

Há inúmeros exemplos de mensagens assim que invadem a nossa mente, suscitam insegurança e por fim acabam com o nosso potencial criativo ou auto-estima.

Você, porém, não precisará escavar tudo o que possa ter arranhado a sua personalidade ou o seu potencial criativo — ao menos, espero que não. Precisará unicamente identificar alguns desses julgamentos para abrandar-lhes o impacto sobre a sua energia criativa.

Fundamentos: Arqueologia Pessoal

ESCAVE A NOSTALGIA TÓXICA

Refletindo sobre o passado, você poderá deparar com um ou mais responsáveis pelo seu receio de assumir riscos ou perseguir sonhos. Também se lembrará de alguns julgamentos "delicados" que abalaram a sua auto-estima ("Querida, você sabe que não tem cabeça para os negócios"). Isso não passa de nostalgia tóxica — uma espécie de lembrança que reforça crenças negativas a respeito de seu potencial. A nostalgia tóxica compromete a capacidade de ir em frente na mudança de carreira porque drena certa quantidade de energia e talento de que podemos precisar. Ainda que a opinião de uma velha tia sobre a nossa voz pareça irrelevante ("Querida, você não é nenhuma Julie Andrews"), poderá magoar-nos. Talvez seja coisa do passado, mas um comentário desses às vezes reaparece a qualquer momento e leva-nos a fechar a boca quando melhor seria cantar. Pode ser que o comentário nos faça calar quando conversamos com uma pessoa que alude à velha tia, pode ser que as palavras dela nos induzam a odiar Julie Andrews, pode ser que a frase já esteja sepultada ao lado de outras coisas tolas que ela disse. Você não precisa antecipar nem sequer compreender até que ponto o comentário afetou o seu potencial criativo; se se lembra dele com mágoa, o dano foi feito.

Exercício: Identifique a Nostalgia Tóxica

Ferramentas: fotos de família, lembranças da juventude ou da escola, coisas que ganhou no passado — prêmios, certificados, tudo o que possa reconduzi-lo aos tempos de estudo.

Trabalhe com as lembranças. *Elabore uma lista das coisas que ouviu a respeito de suas habilidades, talentos (ou falta deles), inteligência, capacidade, forças e fraquezas.* Não se apresse. Faça pausas de um ou dois dias enquanto prepara a lista. Assim, liberará lembranças sepultadas, que fluirão lentamente.

Eis aqui uma lista do que alguns dos meus clientes encontraram ao investigar o passado.

Opiniões dos pais
"Você não é bom em matemática."
"Sempre soubemos que o seu irmão iria se sair bem e que você poderia fazer o mesmo se quisesse."
"É muito difícil vencer como escritor. Por que não entra para uma faculdade de Administração como garantia?"

"Você desenha bem, mas é uma carreira muito competitiva. Por que não tenta a informática?"
"Você não precisa gostar do emprego, apenas conservá-lo."
"Seria bom conservá-lo por garantia."
"Não ganhará dinheiro com isso."
"Nunca encontrará marido/mulher sendo tão exigente."
"Contente-se com o que conseguir obter."
"Não seja tão esquisito."

Circunstâncias sociais que magoam, provocadas por amigos
Você vai acabar na cadeia
O último a ser escolhido para integrar uma equipe
Nunca está na turma "certa"
Está sempre na turma "certinha"
Perde todos os debates
Foi expulso

Até o silêncio pode constituir uma crítica agressiva.

O velho ditado "Se não tem nada de bom a dizer, não diga nada" induz-nos a interpretar o silêncio como um julgamento negativo tácito. A sua interpretação do silêncio de alguém poderá lançar sementes de fracasso sem nenhum motivo:

DÉLIA, 38 ANOS

Devo dizer que fiquei perplexa ao saber que a minha mãe zombara dos discursos que eu costumava fazer no colégio. Eu gostava de debater e queria ser advogada criminalista — o simples ato de me levantar e argumentar diante de uma platéia era estimulante e gratificante. Os meus pais vinham ouvir os meus discursos, mas nunca diziam se eram bons ou não. Ganhei vários troféus sem que me sentisse encorajada a competir fora do colégio. Interpretei o silêncio deles como censura — meu irmão estava na equipe de tênis e isso parecia agradar-lhes mais. Nunca levei adiante aquela prática e, embora fizesse a faculdade de Direito, tornei-me tributarista. Agora a minha mãe diz que ela e o meu pai apenas não viam com bons olhos os debates (teriam se sentido amedrontados fazendo o que eu fazia) e não queriam que eu fosse em frente com aquilo. Eu sei que renunciei ao meu verdadeiro amor e hoje tento integrar o gosto de discursar em público à minha profissão. ☾

OS RESPONSÁVEIS MAIS COMUNS PELAS SUAS FERIDAS CRIATIVAS

Irmãos mais velhos
Kate gostaria de trabalhar como cabeleireira, mas o seu irmão mais velho lhe disse que isso era coisa para *gays*. Ela ainda quer trabalhar no ramo, mas julga que não é "uma profissão séria".

Professores
Terry se lembra de que o seu professor de arte aconselhou-o a escolher uma carreira universitária. Ele combinou o amor da forma com o talento para a matemática e tornou-se um arquiteto que agora quer ser escultor.

Pais
Tristan planeja abandonar a contabilidade e tornar-se sócio de uma nova empresa de tecnologia. A voz da mãe, contudo, ainda o impede de dar esse passo ("Faça o que sabe fazer"). Ela era contra assumir riscos de qualquer natureza.

Amigos
A melhor amiga de Dorrie no colégio disse-lhe que ela não era suficientemente fria para participar do grupo de teatro. Dorrie quer trabalhar no teatro local, mas acha que não foi feita para isso.

Outros adultos
A tia de Austin, Sylvie, fala desdenhosamente de seu tio Otto, o "desastrado", que perdeu dinheiro com imóveis. Austin deseja trabalhar no ramo, mas receia tornar-se também um "desastrado". ☾

O DETERGENTE DE MINERVA PARA A NOSTALGIA TÓXICA

Parte I: Desintoxicação Consciente
Agora que você desenterrou um monte de coisas desagradáveis, livre-se delas!

Ferramentas: lápis de cor e papel em branco.

1. Sente-se no chão (sim, no chão) num aposento sossegado, com o papel e os lápis à sua frente. Examine a lista de julgamentos que elaborou no último exercício. *Comece a transferir com os lápis de cor os comentários que quer destruir* para o papel em branco. Você poderá escrevê-los por extenso, mas não simplesmente anotar o que esses comentários o fazem sentir. Poderá também escrever os nomes dos culpados ou desenhar a pessoa que meteu as tais idéias em sua cabeça. Deixe que as emoções fluam enquanto desenha, rabisca ou perfura o papel. Não é incomum sentir raiva ou tristeza durante o processo. Use ambas as faces do papel e prossiga até ficar cansado. Ao terminar, o papel provavelmente estará coberto de garranchos, palavras e figuras indistintas. Não será uma obra de arte e sim um achado arqueológico tóxico que deverá ser neutralizado.

2. Quando terminar a primeira parte do exercício, leve o papel para a cozinha e queime-o na pia — para não provocar um incêndio maior. Se ficar nervoso com as chamas, abra a torneira. Deixe que o papel se consuma de todo, se possível.

3. Apanhe o que restou e jogue-o fora *bem longe da sua casa.*

Se achar que precisa repetir o exercício porque ainda há muita coisa dentro de você, repita-o. Caso o papel não se consuma por completo, talvez queira mesmo repeti-lo, dado que, às vezes, isso é sinal de que, no fundo, não desejamos eliminar as percepções negativas.

Exercício Alternativo para Neutralizar a Nostalgia Tóxica de Amigos Levianos

(Este exercício não é tão eficaz quanto o anterior, mas talvez seja mais cômodo para alguns leitores.)

Ferramentas: papel em branco, caneta ou lápis.

Complete o exercício acima usando caneta ou lápis. Depois, em vez de queimar o papel, pique-o em pedacinhos e jogue-o fora, bem longe de sua casa ou escritório.

Advertência: A liberação de toxinas psíquicas pode provocar efeitos colaterais temporários, como tristeza, depressão ou raiva. Deixe que esses sentimentos aflorem, ciente de que são passageiros. Eles vêm à tona como parte da purgação.

Parte II: Desintoxicação Psíquica

Em seguida, Minerva o conduz a uma escavação mais profunda, onde você não precisará de faculdades racionais como pensamento e escrita. A sua nostalgia tóxi-

Fundamentos: Arqueologia Pessoal

ca — aquilo que, conscientemente, você consegue lembrar — está em pleno processo de limpeza, mas subsistem ainda fragmentos de negatividade bem entranhados. A sua energia psíquica foi afetada por muitos desmancha-prazeres, no passado. Uma vez que essa energia se prende à criatividade, é importantíssimo realizar, aqui também, algumas purgações e desinfecções.

Aos olhos dos principiantes, a tática de Minerva parecerá esquisita e inexplicável. A fim de escavar na parte psíquica de sua energia, você recorrerá a métodos não-racionais (*não* irracionais) para eliminar a sujeira. Os exercícios seguintes valem-se de meios simbólicos a fim de sanear o seu eu inconsciente. Você trabalhará com energias dos elementos, que se revelarão poderosos auxiliares quando aprender a usá-los.

OS ELEMENTOS

Os elementos que lhe fornecem ferramentas para escavar e liberar a negatividade são, literalmente, os do dia-a-dia: fogo, terra, ar e água. Dado que os elementos constituem aquilo que chamamos de realidade, você poderá usá-los para mudar, alterar, moldar o presente e o futuro — e o segredo disso é modificar o passado. Cada elemento simboliza uma parte diferente do ser humano.

Fogo

O fogo é o elemento da paixão, da coragem e da força. Pode muito bem ser que pessoas ou acontecimentos do passado hajam obscurecido ou desencorajado esse elemento em você. A aceitação de riscos, por exemplo, tem tudo a ver com o elemento fogo. A capacidade para encarar e administrar conflitos também é uma característica determinada pelo fogo. Este emite muita energia e calor — trata-se de saber apenas que tipo de "calor" você espalha pelo mundo.

Você usou o fogo no exercício anterior por causa de outra de suas propriedades: a purificação. O fogo reduz substâncias a cinzas e, nesse processo, o que é queimado transforma-se em calor e luz, depois em nada. O elemento fogo em você pode incinerar as impurezas de sua vida: é assim que funciona essa parte de sua desintoxicação.

Terra

A terra é um elemento físico que diz respeito ao solo, ao alimento, ao corpo físico e, mais importante ainda, à riqueza e à prosperidade. Trata-se, literalmente, do material da sua vida. Para fins de purgação, a terra é o grande reciclador. O que se abisma na terra desintegra-se e reintegra-se em solo produtivo, útil — mesmo que esse processo dure milhares de anos. No caso da desintoxicação psíquica, a terra o reformulará para que sinta de novo a sua energia luminosa.

O seu elemento terra pessoal prende-se à sua relação com o ser físico. Estará você equilibrado no corpo, vivo e vibrante, ou desconectado, apagado, melancólico? O elemento terra aproxima-o da saúde e da abundância, coisas indispensáveis para promover uma metamorfose.

Ar

O ar é o elemento do intelecto. Está associado a pensamento, escrita, avaliação, contratos, idéias e conceitos. Bom será que o seu elemento ar esteja límpido, não anuviado, embaçado ou pesado, se você quiser ser proficiente e arguto. O ar faz com que sejam eliminadas certas crenças a respeito de nós mesmos. O registro por escrito de sua nostalgia tóxica foi uma purgação do elemento ar.

Quando o nosso elemento ar é tóxico, costumamos nutrir sobre nós mesmos e os outros crenças negativas ou sofrer um bloqueio mental que nos impede de obter o que queremos. Por isso, o ar precisa ser purificado. A fim de beneficiar-se ao máximo de Minerva, você deverá estar em condições de livrar-se de bloqueios ou crenças que não o deixam alcançar os seus objetivos. O ar necessita do máximo espaço possível para que os ventos da mudança soprem docemente sobre você.

Água

A água é o último elemento e o mais comumente ignorado em termos de progresso nos negócios e na carreira. É o elemento da emoção, facílimo de usar em purgações porque, literalmente, lava e evapora-se no ar sutil. O elemento água costuma ser posto de lado na vida profissional devido a comentários estultos como "não é nada pessoal" ou "negócio é negócio", que o induzem a não sentir o que está sentindo. Sem dúvida, você poderá irritar-se ou perder a cabeça no trabalho; mas, se não purgar esses sentimentos, represará dentro de si infindáveis descontentamentos.

O seu elemento água tóxico encerra ressentimentos, pesares e inseguranças que podem impedi-lo de operar mudanças na carreira. A água é um elemento que precisa fluir sempre, mas, quando é tóxica, costuma estagnar-se ou congelar. Liberar de uma só vez frustrações e desapontamentos recalcados não é nada fácil, de sorte que, quando trabalhar com o elemento água, faça-o lenta e suavemente. Sobretudo se esteve ruminando por algum tempo emoções negativas, cuidado com a precipitação. Ondas de maré são difíceis de vencer.

DESINTOXICAÇÃO ELEMENTAL

Os exercícios que se seguem colocam-no de novo em contato com a energia básica de cada elemento e, desse modo, purificam a sua psique de toxinas e barreiras.

Assim como, num sítio arqueológico, peneira-se o pó, você peneirará cada elemento para livrá-lo de detritos e limpar o terreno, tornando-o novamente propício a uma nova semeadura.

Exercício: Desintoxicação do Fogo

Ferramentas: uma vela.

Acenda uma vela pequena (de aniversário) e passe rapidamente um dedo pela chama — se for ligeiro o bastante, não se queimará! Ao mesmo tempo, diga em voz alta: "Deixo que o fogo purifique a minha energia criativa para que as labaredas das minhas paixões criativas se avivem novamente."

Feito isso, apague a vela e jogue-a fora.

Exercício: Desintoxicação da Terra

Ferramentas: o seu jardim ou um vaso com terra, sem planta.

Mergulhe as mãos na terra. Sinta a sua consistência macia, reconfortante. Ao mesmo tempo, diga em voz alta: "Transfiro todas as toxinas do meu corpo para a terra, onde serão recicladas; associo-me à fertilidade dela e estimulo o progresso, a prosperidade e a abundância."

Em seguida, lave as mãos e esvazie o vaso no solo para reciclar as toxinas.

Exercício: Desintoxicação do Ar

Ferramentas: sair para o ar livre.

Inspire fundo e expire lentamente. Ao mesmo tempo, diga *"aaaa"* como a primeira sílaba de *amém*. Repita três vezes, mas sem apressar a respiração — não deverá haver hiperventilação. Diga em voz alta: "Com esses *aa*, estou expelindo as idéias ou lembranças que me afastam de minha verdadeira inteligência, criatividade e lucidez."

Repita o *"aa"* mais uma vez.

Exercício: Desintoxicação da Água

Ferramentas: uma bacia de salmoura (use sal marinho ou água do mar, se possível).

Lave as mãos na bacia de salmoura. Diga em voz alta: "Estou eliminando lentamente as toxinas emocionais, que acumulei durante anos, nesta água, onde serão sanadas. Graças a essa limpeza, retomo o contato com a dimensão emocional e a criatividade interior."

> ### LIVRE-SE DE SUAS TOXINAS PSÍQUICAS
>
> 1. Execute os seus rituais de liberação na Lua cheia ou minguante.
> 2. Reserve-se privacidade e tempo (não precisará mais do que trinta minutos e poderá executá-los até mesmo em cinco).
> 3. Certifique-se de que está pronto para libertar-se.
>
> *Advertência:* A eliminação de toxinas psíquicas pode provocar efeitos colaterais temporários, como tristeza, depressão ou raiva. Deixe que esses sentimentos aflorem, ciente de que são passageiros. ☾

LIBERAÇÃO FINAL DE PODER

Até aqui você já trabalhou bastante e Minerva sorri com aprovação para a sua persistência em não evitar os exercícios. Você se descontraiu e rompeu diversos bloqueios tóxicos, estando portanto quase pronto para uma capacitação séria. Mais um passo e conseguirá envolver-se com o magnetismo mágico.

Antes disso, porém, aconselho-o a livrar-se de mais uns quantos detritos que talvez impeçam o seu sucesso final. Apure a sua relação com o poder. Para ser um metamorfoseador competente, terá de aprender como e quando usar os seus poderes — não apenas os seus talentos, carisma ou encanto pessoal, mas a sua capacidade real de influenciar a si mesmo, aos outros e ao mundo.

Talvez você nem sequer esteja entendendo o que eu estou dizendo porque, de fato, temos pouca oportunidade de compreender o que seja o poder na nossa cultura. E é por aqui que devemos começar.

Poder pessoal é a capacidade de influenciar, mudar ou moldar o próprio ambiente.

Isso significa, portanto, deitar mão a uma enxada e arrotear um jardim — o que exige poder (fogo) físico e motivacional por parte da pessoa. Num nível bem mais sutil e bem menos consciente, porém, trata-se da capacidade de alterar uma atmosfera pelo simples ato de entrar num recinto — ou, ao contrário, de entrar num recinto sem ser percebido. Esse poder pessoal atua tanto no nível real, óbvio, de causa e efeito, quanto no nível puramente psíquico e não-físico.

A LUA E O PODER INCONSCIENTE

Desde tempos imemoriais a Lua tem sido um símbolo do inconsciente, daquilo que é misterioso, mutável, invisível e criativo. O Sol é racional, a Lua não é. O Sol ilumina, a Lua reflete.

Ciclos Lunares

Os fazendeiros sempre acreditaram que a Lua governa o crescimento das plantas. Os antigos cultores de Minerva sabiam que a influência da Lua era real e decisiva, embora sutil e invisível. As marés aumentavam durante a Lua cheia, mas por quê? Pessoas entravam em transe (daí o termo *lunático*) durante a Lua cheia, por quê? A Lua cheia conserva ainda hoje seu impulso poderoso — pergunte a qualquer médico ou enfermeira do setor de emergência de um hospital.

A Lua cheia constitui o ápice da energia lunar que podemos pressentir (o inconsciente aflorando no consciente) e, assim, traz coisas ocultas à luz.

Depois de alcançar o pico da energia, a Lua vai minguando até desaparecer do céu. Os fazendeiros antigos, nessa fase, faziam a colheita, eliminavam a erva daninha e combatiam a praga, porquanto a Lua minguante é a energia da diminuição e não do aumento. O adepto de Minerva usa a energia minguante para superar obstáculos.

A Lua nova, que ocorre quando o céu fica escuro, opõe-se à Lua cheia. Os antigos preferiam ficar em casa a sair em noites sem Lua. A Lua nova evoca energia interior, um tempo para descansar e ter cautela. É boa época para semear; as duas semanas seguintes são de Lua crescente, de energia e luz cada vez mais intensas. Como adepto de Minerva, você reservará esse período para correr mundo e lançar as sementes do seu futuro.

Por ora, a Lua o ajudará a eliminar a energia psíquica de juízos e crenças profundamente enraizadas que o estejam impedindo de seguir a carreira certa. Deverá, pois, usar a Lua crescente para a desintoxicação psíquica. ☽

A sua relação com o poder pessoal não está provavelmente definida. É de crer que entenda o que estou dizendo, mas talvez não tenha ainda percebido se e quando usar o seu poder.

Os exercícios seguintes foram elaborados para pô-lo em contato com o seu poder pessoal. De novo, como Minerva usa os elementos, teremos quatro exercícios.

Exercício: Purificador do Poder Fogo

Ferramentas: uma vela.

Acenda a vela e coloque-a sobre uma mesa. Sente-se diante da vela. Observe a sua chama. Note como ela oscila e tremula, inclina-se e se transforma imperceptivelmente. Harmonize-se com a chama apenas observando-a por algum tempo.

Diga em voz alta: "Tenho o poder do fogo e permito que ele oscile, aumente e curve-se conforme a atmosfera. O poder do fogo se renova em mim."

Apague a vela quando se sentir pronto. Guarde-a para novas sessões de intensificação de poder.

Exercício: Purificador do Poder Terra

Ferramentas: dinheiro (em cédula ou moeda, nacional ou estrangeira e tanto quanto você queira).

Coloque o dinheiro na mesa. Sente-se diante dele. Apanhe as cédulas e as moedas, revire-as, estude-as. Veja o que realmente são: papel e metal, imagens e símbolos impressos.

Diga em voz alta: "Relaciono-me com a terra e a prosperidade. A abundância é infinita e real, terrena e rica. Renuncio ao medo que tinha do dinheiro e acolho-o na minha vida como um símbolo da infinita fartura que a terra me oferece."

Afaste o dinheiro, exceto uma moeda, que guardará como símbolo de prosperidade e usará em exercícios futuros.

Exercício: Purificador do Poder Ar

Ferramentas: um lugar onde possa gritar à vontade, sem se sentir inibido.

Dirija-se a um local onde possa gritar tanto quanto queira. Calcule até que ponto gostaria que o mundo ouvisse aquilo que tem a dizer — idéias que cultiva e tudo o que gostaria de ver acontecer.

Diga em voz alta (quando estiver pronto, grite): "Tenho uma voz e faço-a ouvir." Em seguida, inspire fundo e expire com um "ah".

Exercício: Purificador do Poder Água

Ferramentas: um cubo de gelo e uma bacia.

Coloque o cubo de gelo na bacia. Ponha a bacia num peitoril ou numa mesa perto da janela.

Diga em voz alta: "Assim como este gelo, meus bloqueios emocionais se derretem. Lanço fora aquilo que me impede de fluir livremente com as minhas emoções e intuições. Tenho em mim o poder da água."

Espere até que o gelo derreta e se evapore inteiramente. Em seguida, lave a bacia.

Efeitos colaterais da purificação de poder

Até hoje, nunca vi uma liberação ou purificação que não acarretasse algum tipo de efeito colateral na forma de incômodo temporário. Certas pessoas se sentem irritadas, outras deprimidas, outras adoentadas. Não importa o que ocorra com você, será passageiro e, na verdade, parte do processo de limpeza.

A minha amiga Júlia empenhou-se em eliminar obstáculos ao seu poder pessoal e realizou sessões de purificação com muito entusiasmo. Depois de cada sessão, apanhava um resfriado ou uma dor de cabeça, que era a sua forma de "efeito colateral". O meu cliente Greg também executou inúmeras purificações dos elementos durante os primeiros contatos com Minerva e afirma que, para cada elemento purificado, manifestava-se um efeito.

Por exemplo, depois de purificar o poder do fogo, Greg começou a procrastinar e ficou sem realizar a purificação elemental seguinte durante três semanas — a motivação e o nível de energia haviam diminuído muito —, o que constitui exatamente o oposto da intenção de purificar. Quando purificou o poder da terra, sentiu-se pobre e proclamou-se "falido"; em seguida à purificação do poder do ar, ficou com medo de reclamar ao garçom quando este lhe serviu o prato errado. Significa isso que não foi bem-sucedido? Ao contrário, significa que os exercícios funcionaram. Os bloqueios ao seu poder afloraram e permitiram que ele os encarasse. O exercício da água mostrou-lhe realmente que se havia libertado em grande parte, pois quando a sua mãe, voz da negatividade em sua vida, telefonou-lhe e começou a criticá-lo, ele conseguiu pedir-lhe que parasse com aquilo do contrário iria desligar — o que chocou a ambos. Em resultado da coragem/fogo, segurança/terra e voz/ar recém-descobertas, ele passou a assumir riscos emocionais e sobreviveu.

A sua experiência será sem dúvida diferente, já que a relação com o poder e os elementos baseia-se na história de cada pessoa. Aceite o que possa acontecer após os exercícios — e não queira fazê-los todos de uma vez.

CONCLUSÃO DA ARQUEOLOGIA PESSOAL

A escavação foi feita. Os resultados são... óbvios? Talvez ainda não. O seu último exercício em arqueologia pessoal levá-lo-á para a estrada. Levante-se e saia — e veja como o mundo ficou diferente para você.

☾ Sentia-me capaz de executar qualquer tarefa. Observando uma turma de construção erguendo um edifício, eu pensava: "Eu poderia fazer isso."

— FRED (33 ANOS), CONTADOR

☾ Vi alguns executivos atarefados correndo para o escritório e concluí que eu logo seria um deles.

— TERRY (44 ANOS), MÃE DE VOLTA AO MERCADO DE TRABALHO

☾ Deixei de invejar as pessoas que ficavam flanando nos bares durante o dia enquanto eu estava amarrado à escrivaninha. Eu sei que posso deixar este emprego na hora que quiser.

— MARTIN (26 ANOS), RECEPCIONISTA

Atente para o modo como você vê o mundo e como se sente em relação a você mesmo. Se a escavação correu bem, você eliminou montanhas de ressentimentos, medos e limitações. Já pode vislumbrar oportunidades, esperanças e todo um panorama de possibilidades. Espero que esteja se sentindo mais leve e mais livre, pois é tempo de ir em frente com Minerva.

TRÊS

MINERVA MAPEIA OS SEUS PREDICADOS

Minerva pertence a uma geração da humanidade que recorria a diferentes tipos de instrumentos para compreender a vida. Embora nem sempre apreciemos o grau de intuição, progresso e criatividade da sociedade antiga, ela certamente dispunha de vários meios para interpretar e usar a informação. Por exemplo, presságios eram constantemente lidos e interpretados, e muitos chegaram até nós: "Céu avermelhado à noite, os marinheiros se regozijam; céu avermelhado de manhã, os marinheiros se acautelam." Além dos presságios, influências astrológicas — ou interpretação do movimento dos planetas ao longo das doze constelações do zodíaco — eram também usadas, e até mais comumente. Inúmeras famílias eram versadas nos astros, e a astrologia passava por ser uma profissão respeitável. Embora a astrologia haja experimentado um novo surto de prestígio na cultura popular, muitas pessoas ainda ignoram quão interessante e acurada ela pode ser.

Trabalhei com informação astrológica por mais de dez anos e nunca me fartei dos arquétipos zodiacais nem de sua precisão em predizer gostos e dons inatos. Para os fins de Minerva, entretanto, você não precisará se envolver a fundo com a astrologia. Examinaremos apenas dois aspectos principais de sua constituição astrológica pessoal e os usaremos para identificar alguns traços básicos que o ajudarão a realizar mudanças na carreira.

Minerva prefere trabalhar com os signos do Sol e da Lua para definir duas dimensões distintas da energia pessoal. O signo do Sol é o mais fácil de determinar, pois se baseia simplesmente no dia do nascimento. O da Lua é um pouco mais específico, já que ela muda de signo a cada dois dias e meio, movendo-se por todo o zodíaco em cerca de um mês. A fim de conhecer o seu signo lunar, convém que você pesquise a hora de seu nascimento.

O SEU LADO SOLAR

Em astrologia, o Sol é interpretado como um símbolo do eu consciente. Ele representa a nossa natureza básica, a nossa energia vital natural. O signo solar é, muito provavelmente, a única coisa que você sabe a respeito de si mesmo em termos astrológicos. A astrologia ocidental (muito diferente da chinesa ou da indiana) reconhece doze signos do zodíaco durante o ano. A natureza de cada signo possui várias dimensões, não tão simples quanto se possa pensar.

Saber um pouco mais a respeito do seu signo solar poderá ajudá-lo a compreender alguns talentos básicos que você pode ter ignorado ou esquecido, como também apurar a sua percepção dos problemas que o seu caráter enfrenta e ensinar-lhe o modo de solucioná-los.

Ron, terapeuta físico, insistia em conhecer a fundo os clientes de quem tratava, perguntando-lhes a respeito de sua vida, opiniões e mesmo relacionamentos amorosos. Achava difícil trabalhar com aqueles que não falavam muito e freqüentemente enviava-os a outros terapeutas para livrar-se deles. A seu ver, não havia sentido em ajudar pessoas com as quais não tinha nenhum vínculo.

Ron não estava disposto a trabalhar com terapia física a vida inteira; escolhera essa carreira por não ter conseguido formar-se em medicina. Pensou que trabalhar com pessoas numa profissão ligada à saúde seria um bom compromisso. Depois de ler bastante sobre o seu signo solar, Gêmeos, descobriu que comunicar-se com as pessoas não era apenas um aspecto "desejável" do ofício, mas uma necessidade. Isso explicava o seu desinteresse (acompanhado de sentimento de culpa) por clientes de poucas palavras. Uma vez que gostava de ajudar os semelhantes, pretendia continuar no ramo da saúde, mas em áreas nas quais a conversação e a comunicação fossem mais importantes. Em conseqüência, voltou-se para o trabalho social com a intenção de montar grupos de terapia.

O fato de reconhecer o seu talento comunicativo abriu novas perspectivas de mudança na carreira de Ron e, em certo sentido, limitou-lhe o campo. Ele pôs de parte os planos para novas carreiras, por considerá-las inapropriadas ao compreender que não usaria a comunicação verbal como ferramenta.

Nem todos acharão o seu signo solar tão revelador ou diretamente aplicável à própria carreira. Sarah, de Peixes, hoje é recepcionista de hotel depois de trabalhar com Minerva. O seu signo solar é criativo, amável, às vezes tímido e outras tantas intuitivo. Será isso uma conexão óbvia com a nova carreira que escolheu? Embora não se possa olhar para Peixes e evocar imediatamente a palavra "hospitalidade", a escolha de Sarah faz sentido porque ela pode usar a sensibilidade para relacionar-se com os hóspedes e a criatividade para dar sugestões oportunas.

Os signos solares são um interessante ponto de partida quando se deseja examinar a constituição astrológica de uma pessoa. Eles nos lembram muita coisa a respeito de nós mesmos e iluminam áreas de nossa natureza que talvez tenhamos deixado inexploradas.

SIGNOS LUNARES

Como vimos de passagem no capítulo anterior, a Lua aponta para uma parte diferente da energia. Se o Sol é o eu consciente, a Lua é o inconsciente e subconsciente, aquela região do ser que existe por baixo da energia racional e óbvia.

Como você sabe, a Lua aumenta e desaparece, passando de cheia a nova no céu. Seu poder é sentido fisicamente, mas se prestar atenção, você perceberá que também se pode senti-lo criativa e emocionalmente. A Lua está associada a

- ☾ Instintos
- ☾ Hábitos
- ☾ Imaginação
- ☾ Receptividade
- ☾ Emoções
- ☾ Sensibilidade
- ☾ Intuição

Ao contrário do Sol, que muda de signo todos os meses, a Lua o faz a cada dois dias e meio. Ron, que está prestes a tornar-se terapeuta de grupo, é Gêmeos com a Lua em Câncer, enquanto Gina, outra nativa de Gêmeos, tem a Lua em Libra. A Lua em Câncer geralmente dota a pessoa de uma sensibilidade dedicada, solidária, o que dá crédito ao desejo de Ron de ser um profissional da saúde. A Lua em Libra, porém, é diferente e insufla uma energia diferente na vocação profissional de Gina.

Também Gina queria mudanças na carreira. Ela trabalhava como gerente de vendas numa grande loja de departamentos, onde as suas habilidades comunicativas estavam constantemente em uso — com compradores, colegas e os numerosos clientes com quem estava sempre em contato. Parecia que ela tinha o emprego adequado a uma nativa de Gêmeos, mas a verdade é que já se cansara daquilo. Por quê? Porque muitas de suas tarefas envolviam conflito. Ela enfrentava montanhas de problemas com os clientes (a maioria insatisfeitos), com uma equipe de vendas caprichosa onde sempre havia alguém se queixando e uma política interna que não a valorizava. Certamente, uma nativa de Gêmeos poderia lidar bem com esses problemas de comunicação, mas a Lua em Libra de Gina estava simplesmente sobrecarregada. A Lua em Libra suscita o desejo emocional de tranqüilidade, paz, harmonia. Emocionalmente, o emprego de Gina era conflituoso demais para lhe convir.

Quando Gina aprendeu isso com respeito ao seu signo lunar, compreendeu por que vinha passando por maus bocados. Aprendeu também que tanto Gêmeos quanto Libra estimulam o pensamento, a escrita, a avaliação e o trato com as pessoas. Por fim, resolveu abandonar de vez o emprego de varejo e entrou para uma empresa de promoções que lhe deu a oportunidade de exercitar seu talento para escrever, criar e variar. Como a firma era pequena, ela pôde travar relações estreitas com os colegas e sentir-se parte de uma equipe em vez de bancar o árbitro.

A Lua imprime outra dimensão, mais sutil, à sua energia e propicia um novo nível de talento, motivação e criatividade.

Sol	Lua
Individualidade	Personalidade
Caráter	Emoção
Poder	Instinto
Autoridade	Criatividade
Racionalidade	Intuição

A DIFERENÇA DO SOL E DA LUA NOS SIGNOS

Embora os doze signos zodiacais permaneçam os mesmos, varia o modo pelo qual o Sol e a Lua atuam em cada um deles. O Sol, num determinado signo, representa a motivação consciente — muito mais familiar —, ao passo que a influência da Lua será mais como um anseio emocional ou impulso sutil. É importante conhecer ambos os signos a fim de pô-los em uso e obter mais satisfação do trabalho.

OS SIGNOS E OS SEUS ARQUÉTIPOS

Os signos astrológicos também definem certas qualidades que afetam a nossa capacidade de criar e provocam mudanças. Cada signo é governado por um elemento (fogo, terra, ar ou água) e possui uma natureza energética intrínseca — cardeal, fixa ou mutável. Essas facetas são bem menos conhecidas, mas propiciam valiosa compreensão de nossas forças.

Elementos

Nos capítulos precedentes, você se familiarizou com os elementos. Todavia, vale a pena passá-los em revista aqui, desta feita tendo em mente os signos zodiacais.

SIGNOS DO FOGO: ÁRIES, LEÃO E SAGITÁRIO

O fogo é uma energia intemerata, que assume riscos e segue sua vontade ou desejo. Sabe-se também que é grosseiro, agressivo e voluntarioso. Todo signo do fogo participa dessas qualidades.

Pela minha experiência, os signos do fogo emitem muita energia (como a chama), o que é ótimo para a consecução de um trabalho. Só não funcionam quando se trata de sutilezas. Enquanto se ocupam de queimar combustível, nem sempre reparam em detalhes e indícios à sua volta. De vez em quando, é preciso lembrá-los de que convém prestar atenção nos outros.

SIGNOS DA TERRA: TOURO, VIRGEM E CAPRICÓRNIO

Hoje em dia, precisamos muito dos signos da terra; são pessoas que ostentam sensatez, senso prático, paciência e fortaleza de ânimo. Á ética do trabalho calvinista deve ter tido raízes nos signos da terra, pois todos eles dizem respeito à prosperidade. Esses signos mantêm pessoas e negócios em movimento; quase nunca causam perturbações e podem constituir intensas energias curativas e estimulantes.

Os signos da terra consomem bastante energia; podem ser altamente intuitivos de um modo bem sutil — não "subitamente psíquicos", mas mais equilibrados e compreensivos com relação ao que é certo. Os signos da terra às vezes evitam riscos (o que pode inibir Minerva); porém, quase sempre, apenas analisam cuidadosamente as suas opções antes de determinar um objetivo.

SIGNOS DO AR: GÊMEOS, LIBRA E AQUÁRIO

Os signos do ar vivem no mundo das palavras, das idéias, dos pensamentos, dos conceitos e das comunicações. Ponderar palavras e estabelecer políticas, eis um domínio aéreo. Os signos do ar mostram-se em geral eficientes em sessões de *brainstorm*, mas podem ser arrogantes, nervosos e cáusticos.

Os signos do ar saem-se bem ao esclarecer situações — quando, entretanto, prestam a necessária atenção, pois nem sempre se consegue que escutem. Às vezes estão de tal modo ocupados pensando ou ponderando que não enxergam o óbvio. Eles precisam de mais equilíbrio.

SIGNOS DA ÁGUA: CÂNCER, ESCORPIÃO E PEIXES

Dado que a água é o elemento emocional, esses signos pressupõem emoções profundas, intuição e imaginação. Podem ser sensíveis, o que é muito bom para exibir criatividade, mas nem tanto para assumir riscos ou enfrentar conflitos. Considerando-se que a água apresenta três estados — sólido, líquido e gasoso —, as pessoas desses signos também costumam ser gente complicada.

Em sua maioria, mostram-se proficientes em áreas não-verbais. São pacientes, cuidadosas, detalhistas. Num dia ruim, os signos da água podem perder o contato com o mundo. Precisam estar sempre em sintonia com os propósitos de seu trabalho.

Natureza Energética

Há três modalidades energéticas no zodíaco. É assim que se comporta a energia do signo — cardeal, fixa ou mutável.

SIGNOS CARDEAIS: ÁRIES, CÂNCER, LIBRA E CAPRICÓRNIO

Um signo cardeal é como uma flecha voando pelo ar rumo ao alvo ou a qualquer outra parte. Eles estabelecem suas tarefas com empenho, rumo certo e determinação. Não olham em volta para ver o que os outros estão fazendo: apenas fazem. Um signo cardeal é muito eficiente quando a energia do tipo "faça-o" é apropriada, mas se surgem complicações, empecilhos ou novidades que mereçam exame, não é nada fácil imprimir outra direção à flecha.

O desafio posto ao signo cardeal é lembrar-se de reavaliar a sua posição de vez em quando. Os que tentam controlar um signo cardeal devem ter cuidado: ele não é muito simpático. Se a energia cardeal estiver nos seus astros, saiba que a sua visão periférica precisa de alguma retificação.

SIGNOS FIXOS: TOURO, LEÃO, ESCORPIÃO E AQUÁRIO

O signo fixo é isso mesmo: fixo, estável, dedicado, equilibrado e seguro. Os signos fixos podem ser descritos como tenazes, empenhados e pacientes porque só mudam quando isso é absolutamente necessário. Saem-se bem nas tarefas que se impuseram com entusiasmo e nunca desistem. Se você descobrir que tem o Sol ou a Lua fixa, esteja certo de que logo encontrará Minerva.

Mudar de curso é o maior problema para uma energia fixa, pois aí a mudança torna-se muito, muito difícil. Os signos fixos não são maleáveis, flexíveis, nem mesmo um pouquinho condescendentes. A lealdade à sua causa é um compromisso e, às vezes, uma obrigação. Eles podem ter consciência da necessidade de discutir mudanças, mas na verdade não participam dessa discussão.

SIGNOS MUTÁVEIS: GÊMEOS, VIRGEM, SAGITÁRIO E PEIXES

Mudar não é problema para os signos mutáveis; ao contrário, isso está no caminho que eles escolheram. Os signos mutáveis gostam de tomar novos rumos, gostam de desviar-se e ziguezaguear para chegar aonde desejam. Podem pensar, agir e sentir mais de uma coisa ao mesmo tempo, exibindo energias muito lúcidas e criativas.

Trabalhar ou ter contato com signos mutáveis costuma ser tão estimulante quanto irritante, pois sempre é preciso fazê-los voltar à "vaca fria" de vez em quando. Dada a sua tendência à dispersão, os signos mutáveis necessitam aprender como concentrar-se e manter os olhos fixos em seu objetivo.

Aqui os seus signos solares e lunares são avaliados unicamente para apontar-lhe aquilo que talvez não saiba a respeito de si mesmo.

COMO DESCOBRIR O SEU SIGNO

Signo Solar

Tudo o que você precisa saber para determinar o seu signo solar é o dia em que nasceu. Eis as datas.

Áries	21 de março — 19 de abril
Touro	20 de abril — 20 de maio
Gêmeos	21 de maio — 20 de junho
Câncer	21 de junho — 22 de julho
Leão	23 de julho — 22 de agosto
Virgem	23 de agosto — 22 de setembro

Libra	23 de setembro — 22 de outubro
Escorpião	23 de outubro — 21 de novembro
Sagitário	22 de novembro — 21 de dezembro
Capricórnio	22 de dezembro — 19 de janeiro
Aquário	20 de janeiro — 18 de fevereiro
Peixes	19 de fevereiro — 20 de março

Se o seu aniversário cai no primeiro ou no último dia do signo, você pode estar na cúspide. O Sol não passa para o signo seguinte exatamente à meia-noite, havendo assim a chance, se você nasceu por exemplo em 23 de outubro, de que o Sol ainda esteja em Libra e não já em Escorpião. Nesse caso, o melhor é ler os dois signos, Libra e Escorpião, para descobrir qual deles o descreve melhor.

Signo Lunar

Encontre o seu nascimento nas tabelas ao final do livro (pp. 122-198). As tabelas mostram os dias e as horas — no horário padrão ocidental — em que a Lua muda de signo. Faça assim o ajuste ao fuso horário de sua região:

1. Para o Horário de Verão, subtraia uma hora.
2. Para o Horário Central, subtraia uma hora.
3. Para o Horário das Montanhas, subtraia duas horas.
4. Para o Horário do Pacífico, subtraia três horas.

Usou-se o relógio de vinte e quatro horas, o que significa que, depois do meio-dia, as horas aparecem como se segue:

13 = 1 da tarde
14 = 2 da tarde
15 = 3 da tarde
16 = 4 da tarde
17 = 5 da tarde
18 = 6 da tarde
19 = 7 da noite
20 = 8 da noite
21 = 9 da noite
22 = 10 da noite
23 = 11 da noite
24 = 12 da noite

As únicas datas consignadas são os dias em que a Lua muda de signo. Se você não encontrar o dia de seu nascimento nas listas, a sua Lua cai no signo anterior. Por exemplo, se nasceu em 25 de janeiro de 1940, o seu dia de nascimento não aparecerá, mas a sua Lua estará em Leão porque passou para Leão em 24 de janeiro de 1940 e não mudou de signo até 26 de janeiro de 1940.

Se o dia do seu nascimento for mencionado, a Lua passará para outro signo nessa data. Se souber a hora em que nasceu, poderá descobrir se a Lua mudou de signo antes ou depois do seu nascimento. Se não souber, apenas leia cada signo — o anterior à data de seu nascimento e aquele em que a Lua entrou nessa data — e decida qual deles se aplica melhor a você.

Por exemplo, se você nasceu em 29 de junho de 1964 às 9 h da noite (Horário do Pacífico), verá que a Lua entrou em Peixes às 16:56 h da tarde (Horário do Leste). Se você nasceu no Horário do Pacífico, subtraia daí três horas:

16:56 -3 = 13:56 (ou 1:56 da tarde)

Isso quer dizer que a Lua entrou em Peixes cerca de 2 h da tarde. Se você nasceu às 6 h da tarde, sabe que a Lua estava então em Aquário e a sua Lua será, pois, Aquário.

Caso ignore a hora do seu nascimento, leia tanto Aquário quanto Peixes para descobrir de que modo se relaciona com ambos — trata-se de signos muito diferentes e será fácil determinar qual se aplica melhor a você.

OS SIGNOS

ÁRIES

Elemento: Fogo　　*Energia: Cardeal*

Credo: Eu sou

Planeta regente: Marte

Qualidades Positivas
Corajoso, Empreendedor, Clemente, Generoso, Esforçado, Independente, Industrioso, Mentalmente enérgico, Inovador

Qualidades Negativas

Impulsivo, Teimoso, Impaciente,
Arrebatado, Insubordinado, "Esquentado",
Egoísta, Grosseiro, Irritadiço

Notas

☾ Muitas pessoas dotadas da energia de Áries detestam patrões.

☾ Dores de cabeça são comuns nos nativos de Áries estressados.

Sol em Áries (21 de março — 19 de abril)

Os nascidos em Áries precisam levar uma vida que proporcione desafios estimulantes e territórios a serem explorados e conquistados. Os reveses são preferíveis à monotonia — e a surpresa é melhor que a previsibilidade. O trabalho tem que ensejar liberdade de movimento, tempo e objetivos. Áries é uma flecha; voa com velocidade e propósito, visando um alvo. Ainda que não atinja esse alvo, reenceta o vôo. A sua exuberância de vida é exaltada por novos desafios.

Os nativos de Áries são trabalhadores infatigáveis, usualmente otimistas e confiáveis. Aqui, o perigo é a ânsia de cumprir a tarefa: eles podem avançar para o objetivo pisoteando os outros — sem sequer se dar conta. Uma das missões espirituais de Áries é aprender que nem todos são concorrentes ou adversários; aonde quer que forem, terão necessidade de parceria e cooperação.

Lua em Áries

A pessoa com a Lua em Áries precisa sentir-se realizada no trabalho. O tédio é ruim, a falta de reconhecimento é pior. Pessoas assim possuem vigorosas faculdades imaginativas — uma boa cabeça e uma inventividade arrojada. Com freqüência, cansam-se de trabalhar para os outros e tornam-se os seus próprios patrões. Não são nada diplomatas quando se sentem fortes, mas primam por motivar os colegas a levar a cabo um projeto que os entusiasma.

Os que têm a Lua em Áries são tão exuberantes de sentimento que às vezes afastam as pessoas mais reservadas. Não devem, porém, tentar sufocar esses impulsos: estes sempre afloram de uma maneira ou de outra. Devem, isso sim, reparar se os outros não se sentem incomodados com a sua força. Podem recorrer ao humor para aplainar o caminho. A pessoa com a Lua em Áries busca mudanças e ignora com facilidade os reveses para cumprir a tarefa que impôs a si mesma.

Áries e Mudanças na Carreira

A pessoa com a Lua ou o Sol em Áries encarará com agrado uma mudança na carreira. Trata-se, para ela, de um grande desafio, de uma trepidante cruzada onde talvez haja dragões a matar, montanhas a subir e riquezas a amealhar. Se existe um signo que se coaduna bem com a mentalidade de Minerva, é Áries. Marte, o planeta regente, partilha com Minerva a esfera da guerra estratégica. Isso faz, da maioria dos nativos, metamorfoseadores naturais de carreira.

Áries sente-se provocado quando a mudança demora a acontecer ou é adiada, pois não tem paciência. Irrita-se quando os outros tardam a entender o que ele quer ou relutam em ajudá-lo. As pessoas que têm o Sol ou a Lua em Áries precisam controlar sempre a impulsividade, a teimosia ou a agressividade para não se tornar os piores inimigos de si mesmas.

TOURO

Elemento: Terra	*Energia: Fixa*
Credo: Eu tenho	
Planeta regente: Vênus	

Qualidades Positivas

Cauteloso, Dedicado, Calmo,
Magnético, Jovial, Perseverante,
Autoconfiante, Simpático, Confiável

Qualidades Negativas

Vaidoso, Cúpido, Exigente,
Rancoroso, Indolente, Bitolado,
Possessivo, Teimoso, Tímido

Notas

☾ Os taurinos são conhecidos por administrar bem o dinheiro (mas podem também ser trapaceiros).

☾ Touro rege o pescoço, de modo que às vezes o *stress* se deposita nessa área e nos ombros.

Sol em Touro (20 de abril — 20 de maio)

A natureza da energia solar de Touro é criar ou manipular a realidade física, tangível, ainda que de fato não se apegue a ela. Artigos de luxo, dinheiro, coisas bonitas, propriedades — todos os bens mundanos são alvo da energia de Touro. Para ele, é satisfatório qualquer trabalho que produza resultados mensuráveis ou provoque reações externas. Tarefas que exijam precaução, comedimento ou paciência também são bem-vindas.

Os taurinos se sentem frustrados quando a sua profissão requer intensa atividade verbal, de vez que atos e feitos falam mais alto que meras palavras. Podem também ficar fisicamente doentes em presença de pessoas ou lugares negativos, pois o seu corpo é muito sensível à energia física. Por esse motivo, os taurinos são curadores naturais: compreendem intuitivamente que saúde e produtividade se opõem a desafio e toxicidade.

Lua em Touro

Um ambiente que proporcione apoio e informação positiva é preferível. A pessoa com a Lua em Touro gosta de um trabalho onde a lealdade conte, os objetivos sejam mensuráveis e os colegas se respeitem. Os seus instintos se aguçam em face da arte, do dinheiro, da terra, dos metais preciosos e da moda. Entretanto, o humor e a dignidade da pessoa com a Lua em Touro ficam abalados quando ela está rodeada de impostura, fealdade ou desconforto.

Vale a pena confiar sempre na fina intuição de Touro, sobretudo em se tratando de correr riscos. Os taurinos se recusam a fazer o que não querem, pois se arrependeriam se o fizessem. Aos olhos de um taurino, a mudança é coisa séria, que requer pesquisa e dedicação. As pessoas que têm a Lua em Touro promovem mudanças com a intenção sincera de encontrar a solução certa.

Touro e Mudanças na Carreira

Se você tem o Sol ou a Lua em Touro, precisa cuidar da sua segurança. Não é obrigado a correr precipitadamente para uma nova carreira, a menos que seja movido por uma intensa energia. Vá no seu ritmo, aproxime-se precavidamente de seu objetivo e, mesmo, experimente-o um pouco antes de comprometer-se. Você não foi feito para mudanças rápidas (a teimosia é uma de suas qualidades negativas, lembre-se) e ninguém pode dizer-lhe o que deve fazer.

Touro é cauteloso, o que freqüentemente garante o sucesso. Não insiste naquilo que não funciona; ao contrário, examina o problema demoradamente e avalia-lhe o impacto em todas as áreas de sua vida. Dinheiro e propriedade serão consequências inevitáveis da mudança, portanto não se assuste e faça alguns exercícios de purificação, que já aprendeu, para livrar-se do medo. Vênus é o seu planeta regente; ele gosta realmente de assegurar-lhe o conforto e o estilo de vida que você merece.

GÊMEOS

Elemento: Ar	*Energia: Mutável*
Credo: Eu penso	
Planeta regente: Mercúrio	

Qualidades Positivas
Ambicioso, Eloqüente, Flexível,
Curioso, Inteligente, Vivaz,
Engenhoso, Acessível, Tolerante

Qualidades Negativas
Bisbilhoteiro, Intratável, Impulsivo,
Volúvel, Irritadiço, Imprudente,
Inquieto, Prolixo, Perdulário

Notas
☾ Os geminianos gostam de conversar, de se divertir, de se relacionar.
☾ Gêmeos é um signo que predispõe à fadiga nervosa e, como regente dos pulmões, à bronquite.

Sol em Gêmeos (21 de maio — 20 de junho)

Para Gêmeos, a satisfação tem de ser multifacetada. Os nativos desse signo precisam de variedade no dia-a-dia, de assuntos que lhes captem o interesse, de movimento e relacionamento com os semelhantes. O trabalho calmo e solitário não é condição ideal para eles, a menos que estejam escrevendo cartas ou (como no meu caso) um livro ou artigo. A comunicação, em suas múltiplas formas, responde ao talento dos geminianos.

Os nativos de Gêmeos também precisam satisfazer à sua necessidade de variar a fim de poder discutir o que é visto, ouvido ou criado. Para eles, constitui grande desafio manter a boca fechada. Negar a um geminiano o direito de ser ouvido, seja por meio da arte, da música, da palavra escrita, das ações ou da fala, equivale a eliminar a sua força vital. Investigar, conhecer e divulgar é a sua natureza primária.

Lua em Gêmeos

Energia intelectual de alta velocidade é coisa comum quando se tem a Lua em Gêmeos, tanto quanto ansiedade e nervosismo. Um ambiente que valoriza o pensamento e propicia grande variedade de soluções criativas, eis o ideal. Estabilidade, previsibilidade ou avaliações freqüentes são desejáveis para manter a energia de Gêmeos estável, focalizada e com a sensação de estar sendo "ouvida".

A Lua em Gêmeos implica antes sentir emoções que refletir sobre elas. E isso é muito difícil para um signo tão verbal. Há, às vezes, uma tendência a racionalizar sentimentos ou a obstruir o que se sente quando não se quer lidar com isso. A intuição é apurada nos geminianos que conseguem moderar a energia da inteligência. As pessoas que têm a Lua em Gêmeos se beneficiarão do trabalho que lhes permitirá pensar, criar e relaxar periodicamente.

Gêmeos e Mudanças na Carreira

Os nativos de Gêmeos, signo regido por Mercúrio, são flexíveis e mutáveis, sempre interessados numa mudança na carreira, mas sentindo a necessidade constante de conseguir equilíbrio ao longo do processo. Simbolicamente, Gêmeos são as duas faces de um mesmo todo — o que se vê muito bem pelo modo como os nativos fazem duas coisas ao mesmo tempo e, às vezes, exercem duas profissões concomitantemente. Sendo de Gêmeos, sei o que isso é. E sei também como é difícil aferrar-se a um programa. Nós, geminianos, podemos facilmente nos dispersar.

Se você tem o Sol ou a Lua em Gêmeos, precisa manter a atenção nos seus objetivos. Tenderá a enfastiar-se quando as coisas não acontecerem com rapidez suficiente e chegará talvez a mudar de idéia muitas vezes ao iniciar a mudança. Isso, no seu caso, é muito natural, mas convém encontrar meios de prosseguir, ser paciente e alcançar a meta. De outro modo, reiniciará o processo inúmeras vezes e nunca chegará ao último capítulo.

CÂNCER

Elemento: Água	*Energia: Cardeal*
Credo: Eu sinto	
Planeta regente: Lua	

Qualidades Positivas

Adaptável, Consciencioso, Devotado,
Caseiro, Econômico, Intuitivo,
Paciente, Sociável, Simpático

Qualidades Negativas

Preguiçoso, Mal-humorado, Orgulhoso,
Rancoroso, Piegas, Desconfiado,
Tímido, Falso, Frívolo

Notas

☽ Câncer rege o estômago e combate o *stress* — úlceras, dores e acidez.

☽ Os cancerianos são duros por fora e brandos por dentro.

Sol em Câncer (21 de junho — 22 de julho)

Dotados de finas qualidades de liderança, os que têm o signo solar de Câncer sabem deixar os outros à vontade e com a certeza de estar sendo ouvidos. Para eles, é importante encontrar um ambiente de trabalho estável e seguro. Embora gostem de abordagens racionais e metódicas, a sua natureza criativa e capacidade de investigar para além da superfície devem ser reconhecidas. Sentem-se estimulados positiva ou negativamente pelas pessoas à sua volta, e levam a sério a sua lealdade e caráter.

Os cancerianos geralmente relutam em aventurar-se como empresários e são cautelosos como investidores. Não quer dizer que não possam trabalhar por conta própria ou assumir riscos, mas que preferem calcular e ponderar antes de navegar por águas desconhecidas. Representam um ponto de equilíbrio para outras pessoas necessitadas de comedimento, moderação ou contenção.

Lua em Câncer

Reconhecimento e valorização do seu trabalho são importantes, bem como bons colegas e normas razoáveis de promoção. O senso criativo e intuitivo dos cancerianos, tanto quanto o seu humor, precisam de uma válvula de escape. Barreiras emocionais rigorosas são ótimas enquanto se harmonizam com o seu tipo de comportamento. Atos precipitados, explosões e crises desbragadas de emoção, da parte dos outros, são desagradáveis para os cancerianos — mas, sob pressão, também eles agem emocionalmente e não racionalmente.

Quem tem a Lua em Câncer mostra-se bom educador e muito proficiente como mentor, líder ou patrono. Cuidar de pessoas sinceras e de boa vontade é fácil; servir aos que não merecem tanto é difícil. A natureza digna e severa da Lua em Câncer pode parecer deslocada e inatingível.

Como planeta regente do signo, a Lua em Câncer é muito poderosa.

Câncer e Mudanças na Carreira

As pinças do caranguejo de Câncer agarram alguém ou alguma coisa com mais força do que qualquer outro signo do zodíaco. Quer você tenha o Sol ou a Lua em Câncer, deve estar pronto para deixar para trás o que foi bom ou muito querido a fim de operar mudanças na carreira. É difícil sem dúvida, mas necessário. Os cancerianos precisam desligar-se emocionalmente da antiga profissão para iniciar uma nova. Ainda que você odeie o seu trabalho, terá ali, decerto, amigos que será difícil deixar.

Os cancerianos, como signo cardeal, fazem tudo com um objetivo em mira e dessa forma são bem-sucedidos. Os caranguejos andam de lado — furtivamente, como você — e assim procuram o trabalho certo. Enquanto mantiver o coração aberto e as emoções fluindo (purifique-se com água freqüentemente), não relutará muito em conseguir o seu objetivo.

LEÃO

Elemento: Fogo	Energia: Fixa
Credo: Eu quero	
Planeta regente: Sol	

Qualidades Positivas

Cavalheiresco, Esperançoso, Imponente,
Diligente, Inspirador,
Leal, Apaixonado, Sincero

Qualidades Negativas

Arrogante, Condescendente, Dominador,
Espalhafatoso, Crédulo, Arrebatado,
Impetuoso, Pomposo, Frívolo

Notas

☾ Os leoninos gostam de ser tratados como dignitários visitantes, com mostras de respeito, se não, de admiração.

☾ Leão rege o coração, o que pode tornar os nativos tanto amáveis quanto distantes.

Sol em Leão (23 de julho — 22 de agosto)

Tendo o Sol como planeta regente, Leão é dotado de luz interior, mostrando-se usualmente otimista e intemerato. Os nativos tendem a esperar até compreender bem a situação: só depois aderem às opiniões que aventaram. Como signo fixo, Leão acede em colher informação de outros, mas toma decisões baseadas em sua própria vontade. Os leoninos são bem-acolhidos por causa de sua energia e podem facilmente subir na carreira. Só é difícil o começo, quando ainda não captaram estima ou respeito.

Os leoninos são motivados pela imaginação, bom humor e jovialidade — em suma, pela vida em si. As profissões que lhes permitem ser felizes, criativos e respeitados são as melhores. Eles podem ser empresários ou chefes de equipe numa grande companhia, desde que brilhem. A natureza ardente do Sol em Leão nem sempre os torna perspicazes: às vezes, ignoram sinais sutis enquanto trabalham energicamente.

Lua em Leão

Os que têm a Lua em Leão exibem brilhantes energias emocionais que se comprazem na admiração e na jovialidade. Quem tem a Lua em Leão é leal e otimista, não sendo fácil desanimá-lo. Ele gosta de ser visto, motivo pelo qual anseia por divertir-se e aparecer em público. "Tímido" não é palavra que se associe com freqüência a esse signo lunar.

A vivacidade emocional da Lua em Leão costuma ser muito admirada, bem como a sua capacidade de vencer obstáculos de maneira digna. Os que têm a Lua em Leão são tão brilhantes que não raro deixam de perceber sutilezas ou comunicações menos diretas. Podem gastar tanto tempo queimando energia que não lhes sobra outro tanto para absorvê-la. Por esse motivo, são às vezes surpreendidos por problemas ou situações desagradáveis já do conhecimento de todos.

Leão e Mudanças na Carreira

O Sol ou a Lua em Leão equivalem a uma luz brilhante, fixa. A sua energia se presta muito bem às conquistas (o leão é o rei do zodíaco), mas, como a maior parte dos líderes, os leoninos não gostam de executar o "serviço sujo". O orgulho os atrapalha quando precisam pedir favores e fazer coisas que acham por demais amadorísticas ou abaixo de sua dignidade. Embora sejam naturalmente dotados de poder pessoal, não querem repelir ninguém.

Os leoninos são grandes otimistas, o que os ajuda muito a trabalhar com Minerva. Costumam mostrar-se pacientes quanto ao futuro e não se abalam com desafios ou obstáculos. O fluxo natural de bem-estar e luminosidade que deles irradia inspira os outros, mantendo-os na senda do sucesso.

VIRGEM

Elemento: Terra　　　　*Energia: Mutável*

Credo: Eu analiso

Planeta regente: Mercúrio

Qualidades Positivas

Ativo, Discreto, Eficiente,
Diligente, Intuitivo, Metódico,
Prudente, Sério, Ponderado

Qualidades Negativas

Ansioso, Apreensivo, Calculista,
Frio, Crítico, Desconectado,
Inconsistente, Indeciso, Irritadiço

Notas

☽ O virginiano é, por natureza, pessoa dedicada, que põe os outros em primeiro lugar.

☽ Virgem rege o trato intestinal inferior. O *stress* pode gerar problemas nessa área.

Sol em Virgem (23 de agosto — 22 de setembro)

Os virginianos vieram a este mundo para pôr as coisas em ordem. Têm um talento especial para deslindar, afeiçoar, aperfeiçoar o que precisa ser feito. São realmente muito bem-dotados para perceber sem demora "quem, o que, onde, quando e por quê". Atuam como curadores, comunicadores e diagnosticadores, empregando esse talento no dia-a-dia e não apenas no trabalho. Precisam de variedade e de problemas a resolver, bem como de um lugar onde levem a cabo as mudanças que desejam.

Os nativos são com freqüência muito argutos e não lhes escapam as sutilezas do ambiente. Sabem quase sempre o que está errado e o que é preciso fazer para corrigi-lo; e, sendo bons em solução de problemas, solucionam alguns que nem sequer são de sua responsabilidade. Não raro confrontam as pessoas, o que não apenas as deixa um pouco irritadas como as deprime e esgota. Possuem impressionante habilidade e só precisam saber em que aplicar a sua energia. Depois, descansam.

Lua em Virgem

As pessoas que têm a Lua em Virgem são altamente intuitivas. Absorvem tanta informação do ambiente que nem sempre conseguem processá-la. Isso as torna nervosas, ansiosas ou tensas sem razão aparente. Têm também tendência à preocupação, já que nunca deixam de perceber motivos para isso. Quando não estão sob pressão excessiva, são pessoas atiladas, dispostas e prontas a usar vasta quantidade de conhecimentos para resolver problemas.

Os que têm a Lua em Virgem são excelentes críticos, sempre procurando aperfeiçoar o que já existe. Seu lado escuro é a autocrítica ("Eu poderia ter feito isso melhor"), o que de modo algum ajuda. Bom gosto, padrões elevados e clareza, eis o que exigem em qualquer tarefa que empreendem. Não aceitam a negligência e a mediocridade — isso lhes faz mal à saúde.

Virgem e Mudanças na Carreira

Sol e Lua em Virgem têm, para mudanças na carreira, mobilidade e argúcia que em muito contribuem para uma reação apropriada quando surge a oportunidade. Respondem bem à Minerva e interessam-se bastante pelo desdobramento do processo. No entanto, precisam estimular-se com pensamentos positivos e estar atentos à autocrítica. Especialmente quando preocupados, estressados ou ansiosos, os nativos de Virgem costumam perguntar-se se não teria sido melhor agir diferentemente ou onde erraram. A sua intuição, capacidade e propensão natural a encontrar respostas podem conduzi-los ao lugar certo — não precisam quebrar a cabeça.

LIBRA

Elemento: Ar   *Energia: Cardeal*

Credo: Eu equilibro

Planeta regente: Vênus

Qualidades Positivas

Afetuoso, Alegre, Clemente,
Imparcial, Inteligente, Persuasivo,
Resoluto, Simpático, Diplomático

Qualidades Negativas

Arredio, Descuidado, Exigente,
Insistente, Descomedido, Simplório,
Indeciso, Pedante, Frívolo

Notas

- ☽ Os nativos de Libra são bons na solução de problemas, quando não estão em causa relacionamentos pessoais.
- ☽ A região lombar é regida por Libra, estando por isso sujeita a lesões quando em situação de *stress*.

Sol em Libra (23 de setembro — 22 de outubro)

Aqueles que têm o Sol em Libra amam a beleza, a paz, a harmonia e os ideais. Estão à vontade onde há coisas bonitas e bons sentimentos. Sentem-se pressionados onde o conflito e a negatividade são constantes. Inteligentes, cheios de curiosidade intelectual e capacidade para dominar rapidamente situações complicadas, passam por bons advogados e juízes. Obtêm respostas sem muito esforço, tanto racional quanto intuitivamente. Possuem generosidade natural e acalmam facilmente os outros: diplomacia e mediação são algumas de suas grandes habilidades.

A energia de Libra pode esgotar-se quando o conflito é contínuo e os problemas não são solucionados. Dá-se o mesmo quando tudo está sempre em paz: elas não farão barulho por isso, mas sem desafios e novas metas os nativos de Libra se desinteressam e ficam indolentes. Libra busca igualmente o equilíbrio interior, mas também aqui o excesso de paz não é satisfatório.

Lua em Libra

Os que têm a Lua em Libra buscam equilíbrio não apenas na vida, mas também nos relacionamentos. Tanto no matrimônio quanto nos negócios, gostam de companhia. O desejo de parceria lhes é inato e quando encontram a pessoa certa, realizam-se. Problemas de relacionamento não deixam de ser comuns, uma vez que lidar com conflitos e manter a paz faz parte de seus objetivos.

Os que têm a Lua em Libra têm grande senso de humor — não bufonaria, mas humor fino, verbal — e mostram-se excelentes convidados em festas. Eles não buscam a luz dos refletores, mas saem-se bem sob ela. Além disso, apreciam as artes — música, pintura, dança, canto. Roupas, adornos, tudo o que empresta beleza ao mundo agrada-os facilmente.

Libra e Mudanças na Carreira

Procurar um novo emprego quando se está trabalhando constitui, naturalmente, um estado de desequilíbrio — e pode ser difícil quando a Lua ou o Sol está em Libra. Embora você seja bom em solucionar problemas e dirigir a sua energia para um objetivo específico, o método de Minerva e o processo de investigação podem induzi-lo a sentir-se desleal e desonesto por estar comprometido em outra parte. É natural que se sinta incomodado às vezes.

Sua energia cardeal e o seu poder mental flexível dar-lhe-ão o sucesso. Ponha em primeiro lugar a sua satisfação e os seus objetivos, já que a propensão para diplomacia pode levá-lo a comprometer os seus ideais. Recorra à intuição, não à força do raciocínio, quando tomar decisões. O seu sexto sentido é o mais apurado de todos.

ESCORPIÃO

Elemento: Água	*Energia: Fixa*
Credo: Eu crio	
Planeta regente: Plutão	

Qualidades Positivas

Ambicioso, Criativo, Eloqüente,
Enérgico, Corajoso, Honrado,
Leal, Paciente, Ponderado

Qualidades Negativas

Frio, Sombrio, Destrutivo,
Dogmático, Avarento, Sarcástico,
Dissimulado, Intransigente, Desconfiado

Notas

☾ Escorpião possui um poder inato e intenso que às vezes irrita os outros.
☾ Escorpião rege a região pélvica.

Sol em Escorpião (23 de outubro — 21 de novembro)

Escorpião é forte, decidido e criativo — uma grande combinação de forças. Tem a energia necessária para fazer as coisas acontecer; mas, em contrapartida, pode facilmente destruir o que construiu. Há vigor na sua sinceridade e firmeza, que entretanto às vezes se transformam em suspeita e animosidade. As pessoas não querem encrenca com um nativo de Escorpião, pois isso lhes pode custar caro.

O vigor e o poder inatos dotam Escorpião de inocência, que é necessária para a invenção e o pragmatismo, e ajuda-o a alcançar objetivos. Todavia, a sua vulnerabilidade é comprometedora e pode fazê-lo evitar a luta, prejudicando-o. Escorpião ataca sobretudo quando está em grande perigo. Esse é, talvez, o signo mais criativo do zodíaco; se você for de Escorpião, não tenha medo de sua própria força.

Lua em Escorpião

Leais, dedicados, profundos e reservados, os que têm a Lua em Escorpião precisam ser respeitados para produzir. Não há limites para a sua sensibilidade: são seres profundamente intuitivos. De novo, a vulnerabilidade é um problema para eles. Em resultado, gostam de controlar o ambiente e obter segurança nos relacionamentos. Não toleram críticas ou dissimulação da parte daqueles em quem confiam, motivo pelo qual as suas amizades e contatos têm de passar pela prova do tempo. Não são impulsivos nos afetos e as suas palavras podem soar um tanto aceradas ou sentenciosas quando eles sentem a necessidade de proteger-se.

A natureza fixa das pessoas que têm a Lua em Escorpião estimula o compromisso, mas impede que se leia "o que está escrito na parede". O que é óbvio para os outros pode surpreender esses nativos, os quais chegam a relutar em crer no que vêem. A vontade deles pode ser excessiva e polêmica, mesmo quando o conflito é interior.

Escorpião e Mudanças na Carreira

Sua natureza fixa bloqueia a idéia de mudança mesmo que você de fato queira mudar. Isso é comum em todos os signos fixos, mas muito mais quando se tem o Sol ou a Lua em Escorpião, de vez que aqui o ardor pode deslocar a objetividade. Você possui um talento especial para gerar a mudança que deseja e, como pessoa fortemente intuitiva, relaciona-se de perto com Minerva e os métodos dela. Contudo, em se tratando de voltar à terra e concretizar a mudança, você é o único que pode avançar para o objetivo estabelecido e, portanto, ter receios de ir em frente ("E se eu tropeçar?", "E se eu não conseguir?"), já que o fracasso é como uma humilhação pública — a pior coisa que um Escorpião pode enfrentar.

Escorpião é um sobrevivente e, como a fênix que renasce das próprias cinzas, faz da última existência uma existência melhor. O nativo deve direcionar o seu ardor para a tolerância, encarar o desconhecido como amigo e não como inimigo, pois assim achará um caminho mais fácil para a próxima carreira.

SAGITÁRIO

Elemento: Fogo	*Energia: Mutável*
Credo: Eu procuro	
Planeta regente: Júpiter	

Qualidades Positivas

Aventureiro, Caridoso, Enérgico,
Corajoso, Generoso, Honesto,
Lógico, Profético, Sincero

Qualidades Negativas

Agressivo, Obtuso, Fanfarrão,
Inconstante, Arrogante, Superconfiante,
Imprudente, Teórico, Obstinado

Notas

☾ Sagitário rege o sacro e o nervo ciático, que inerva os quadris e as coxas.

☾ Os sagitarianos, ao que se diz, são "exageradamente francos".

Sol em Sagitário (22 de novembro — 21 de dezembro)

Força de ânimo e energia prática são típicas dos sagitarianos aventureiros. Tudo o que abre novos panoramas lhes interessa, sejam emoções físicas ou conhecimentos a adquirir. Eles podem tentar praticamente tudo uma primeira vez e dominá-lo se gostarem da experiência. Insistem em ampliar horizontes e encontrar respostas — para depois reencetar a caminhada e repetir o feito. Em vez de usar o conhecimento em proveito próprio, fazem questão de partilhar o que sabem com os outros. O seu conselho é geralmente bom, mas eles mesmos nem sempre o seguem.

Embora às vezes volúveis, os sagitarianos não se entregam com facilidade e perseveram quando os outros já desistiram. Como gostam de arriscar e jogar, obtêm freqüentemente ótimos resultados. Sagitário é simbolizado pelo arqueiro que dispara a seta bem longe — em busca de novas terras, novas culturas, novas idéias. Tudo o que os sagitarianos consideram estimulante é, sem dúvida, atraente e, com certeza, dá bons frutos.

Lua em Sagitário

A mutabilidade e o fogo se combinam em Sagitário para moldar uma natureza impulsiva, apaixonada e emocional que aprecia a excitação da caçada. A sua motivação para o trabalho e a criatividade é sincera. Eles gostam dos desafios e dos riscos, mas quando o empreendimento perde um pouco de brilho, precisam aprender a ter força de vontade. Há em Sagitário uma veia humana muito forte, que torna atraentes as causas justas e as atividades culturais. A sua generosidade e dedicação são inquestionáveis.

Buscar e partilhar conhecimento traz satisfação. Os que têm a Lua em Sagitário costumam ter sólidas crenças filosóficas. Quem cruza com eles pode deparar com brusquidão e cólera, mas passageiras. Seu apetite criativo vem antes dos problemas e dos obstáculos, enquanto a sua coragem capacita-os a avançar sem hesitação. Embora "olhe antes de pular" pareça uma boa idéia, eles nem sempre se lembram dela.

Sagitário e Mudanças na Carreira

Sua energia e seu gosto por novas experiências constituem certamente um trunfo para trabalhar com Minerva. Com o Sol ou a Lua em Sagitário, você não tem medo do desconhecido e sem dúvida aposta alto. Decerto apreciará o processo não apenas por seus fins — aprender, discutir, abordar criticamente todas as etapas do processo e, por fim, integrar as idéias de Minerva à sua própria filosofia. Você absorve conhecimento e idéias novas com facilidade.

No caso de mudanças no trabalho, talvez você fique confuso ante a quantidade de escolhas à sua disposição. Os seus interesses podem tomar rumos diversos e enveredar por atalhos antes de você se firmar numa idéia. Em resultado, o seu nível de frustração será posto à prova. Não é que não consiga fazer uma coisa; apenas fica difícil fazer tudo o que quer ao mesmo tempo. Ágil, competente e facilmente inspirado, com freqüência se vê impelido a várias direções com possibilidades reais de sucesso; o difícil é escolher.

CAPRICÓRNIO

Elemento: Terra	*Energia: Cardeal*
Credo: Eu manifesto	
Planeta regente: Saturno	

Qualidades Positivas

Ambicioso, Calmo, Digno,
Magnético, Prático, Prudente,
Reverente, Estável, Tenaz

Qualidades Negativas

Autoritário, Deprimido, Invejoso,
Limitado, Nervoso, Egoísta,
Insolente, Desconfiado, Turbulento

Notas

☾ Capricórnio rege os joelhos, como quando alguém "se ajoelha perante a autoridade".

☾ Os capricornianos são injustamente acusados de ter ambição excessiva, quando a sua energia, como a do capricorniano Jesus, na verdade procura infundir espírito à matéria.

Sol em Capricórnio (22 de dezembro — 19 de janeiro)

O Sol em Capricórnio dá às pessoas um forte senso de finalidade e determinação para que sejam bem-sucedidos em todos os objetivos que tenham pela frente. Como cabritos-monteses, podem subir por senda perigosa até o topo. Alguns capricornianos só se sentem bem quando estão escalando e perguntando: "Qual é a altura disto?" Saber quando desistir não é realmente coisa de capricorniano. Ao contrário, em tempos difíceis ou conturbados, pode-se confiar em que obedecerão ao programa.

Os capricornianos são, pois, realizadores e, como tais, saem-se melhor em tarefas nas quais o sucesso pode ser tanto medido quanto recompensado. Estrutura, hierarquia e idéias consistentes propiciam um sólido alicerce para eles edificarem e prosperarem. O risco é bem-vindo quando o seu nível de conforto está assegurado. Suportar perdas não é difícil; mas a opinião pública, as críticas ou as suspeitas podem abalar sua compostura digna e às vezes arredia.

Lua em Capricórnio

A dignidade interior (e o horror à possibilidade de humilhação) daqueles que têm a Lua em Capricórnio os mantêm na defensiva. Embora sejam produtivos, capazes e dedicados, não costumam correr riscos criativos ou submeter-se publicamente à prova. Isso faz com que os outros os considerem mais distantes e insensíveis do que de fato são, atribuindo-lhes uma imagem problemática. A capacidade deles para enfrentar com frieza os testes a eles impostos é um grande trunfo, mas sua relutância em "descontrair-se" em público cria uma imagem de inacessibilidade.

Em se tratando de pessoas assim, nada mais fácil que lidar com os outros, quer para recompensar, quer para punir. A justiça é quase sempre feita e os seus esforços de liderança são apreciados. A energia dos que têm a Lua em Capricórnio é imensamente criativa numa atmosfera de descontração e confiança, devendo, pois, seu ambiente de trabalho reconhecer-lhe o poder e a influência. A sua impetuosidade deve ser temperada pela paciência e pelo receio de que os outros "os vejam suar". Resultados positivos e tangíveis dão-lhes enorme satisfação; concretizar alguma coisa já é uma recompensa em si.

Capricórnio e Mudanças na Carreira

Sua ânsia de sucesso o recompensará, mas o processo em si mesmo pode ser difícil. Embora as pessoas com o Sol ou a Lua em Capricórnio não sejam inclinadas à impaciência, elas às vezes podem questionar os métodos e a "loucura" das táticas de Minerva. Nem sempre encontram resultados palpáveis, práticas racionais ou mesmo estruturas físicas que satisfaçam à sua preferência por medida e progresso. Essa falta de um critério normal é sem dúvida o maior obstáculo à associação com Minerva.

De outro modo, os capricornianos adaptam-se perfeitamente bem a um processo exigente e objetivo. São bem aquinhoados com energia para buscar e encontrar respostas, com paciência para permitir o desdobramento do processo, com coragem e fé para seguir o caminho que se abre. Se você puser de lado a necessidade de saber como Minerva poderá ajudá-lo, sem dúvida alguma vencerá.

AQUÁRIO

Elemento: Ar   *Energia: Fixa*

Credo: Eu sei

Planeta regente: Urano

Qualidades Positivas

Humano, Intuitivo, Culto,
Paciente, Filosófico, Agradável,
Progressista, Sincero, Confiável

Qualidades Negativas

Frio, Extremista, Volúvel,
Simplório, Prolixo, Pedante,
Radical, Teimoso, Não-cooperativo

Notas

☽ Aquário rege os tornozelos, que podem sofrer em situação de *stress*.

☽ Aquário é o signo que rege grandes grupos e instituições; no entanto, os aquarianos odeiam multidões.

Sol em Aquário (20 de janeiro — 18 de fevereiro)

Os aquarianos são, em geral, pessoas meditativas e ensimesmadas, que gostam de amealhar conhecimentos e refletir sobre o futuro. São os excêntricos do zodíaco, que marcham ao ritmo de seu próprio tambor. Às vezes não se dão conta de que as suas descobertas e gostos geram tendências; e, quando se sentem "imitados", buscam outros territórios. Os aquarianos costumam estar um passo à frente, rumo ao futuro. Nativos de um signo inventivo, pesquisam meios, idéias e conceitos novos para melhorar a vida.

Seu maior desafio consiste em superar-se. Como signo fixo (e, pela minha experiência, o mais "fixo" de todos), são bons para promover e identificar mudanças, mas têm dificuldade em combater a própria inércia. Excelentes para dar conselhos, raramente os seguem. Dotados de destreza intuitiva, em geral sabem muito sobre o futuro, mas isso de nada lhes serve quando não conseguem reunir energias e participar.

Lua em Aquário

A vida emocional das pessoas que têm a Lua em Aquário tende a ser intelectualizada e, no limite, elas podem viver no mundo da fantasia. Mostram grande senso de compaixão pelo mundo em geral, entregam-se com fervor às causas e paixões que perfilham; no entanto, antes se preocupam com os próprios sentimentos do que se entregam às emoções nas relações pessoais. A sua lealdade e dedicação são intensas; levam a sério a estabilidade e o senso de segurança. Nas situações de trabalho, representam o rochedo que resiste ao turbilhão quando os outros entram em pânico.

Sua natureza intuitiva e inventividade são ideais em muitos empreendimentos, como política, educação, ciência, mesmo astrologia e outros conceitos metafísicos. São considerados excêntricos e provavelmente gostam disso.

Aquário e Mudanças na Carreira

A natureza superfixa do Sol ou da Lua em Aquário torna difícil a mudança, ainda que ela seja fruto de sua própria idéia, ação ou escolha. Mesmo quando você a deseja, ela tarda. Eis o paradoxo da sua energia: pode vislumbrar e moldar o futuro muito bem, mas, como vive um pouco à frente, não consegue permanecer no tempo presente o bastante para promover a mudança.

Como metamorfoseador, você é provavelmente nativo do signo mais bem-aquinhoado do zodíaco. Quando não se trata de mudança própria, mostra-se brilhante em transformar energia, disseminar compaixão e facilitar a mudança dos outros. Você é um professor nato, que sabe mais ensinar que aprender. Para aproveitar ao máximo o processo de Minerva, considere-o um jogo — um projeto alegre, agradável — em vez de uma tarefa séria e objetiva. Com um pouquinho de humor e clareza, conseguirá promover a mudança que deseja.

PEIXES

Elemento: Água	*Energia: Mutável*
Credo: Eu acredito	
Planeta regente: Netuno	

Qualidades Positivas

Zeloso, Concentrado, Hospitaleiro,
Idealista, Inspirador, Ordeiro,
Pacífico, Perspicaz, Refinado

Qualidades Negativas

Complicado, Crítico, Sonhador,
Indeciso, Negativo, Inseguro,
Lento, Submisso, Tímido

Notas

☾ Peixes rege os pés (por que não dizer então "Ah, como os meus peixes doem!"?).
☾ Peixes pode ver ordem em qualquer bagunça.

Sol em Peixes (19 de fevereiro — 20 de março)

Peixes é o último signo do zodíaco. Quem nasce sob ele envolve-se em mistério, conhecimento oculto e criatividade. Não tem proteção, simbolizado que é pelo peixe, contra o seu elemento, a água, que lhe passa pelas guelras e lhe roça pelas escamas delicadas. Como o peixe, as pessoas nascidas sob esse signo não têm barreiras que as protejam do ambiente — emocional, psíquico, físico — em constante assalto às suas energias. Reagindo contra esse "barulho" perpétuo, alguns nativos inventam regras e estruturas sólidas de acordo com as quais consigam viver: isso os ajuda a pôr um pouco de ordem no caos. Neles, porém, são grandes a acuidade e a criatividade;

querem a bem-aventurança em tudo o que fazem. A busca do prazer é própria da energia de Peixes e constitui um meio de controlar o ambiente.

Sua natureza mutável impede-os de aferrar-se a um objetivo, que quase sempre muda segundo a energia que os rodeia. Trabalhar com os outros é bom, desde que os outros não sejam negativos; enfrentar profissionalmente situações criativas independentes também é bom enquanto se sentem seguros quanto à continuidade do trabalho. Já o risco não é importante, pois para eles tudo é arriscado. Estabilidade, compromisso, beleza, harmonia e alegria, eis os seus verdadeiros objetivos em tudo o que fazem.

Lua em Peixes

Sentimentos entranhados e forte intuição são típicos daqueles que têm a Lua em Peixes; modéstia e timidez daí resultam com freqüência. Mostram-se muito perspicazes e às vezes assimilam a negatividade dos outros, fazendo-se por isso criticar. Percepção e intuição propiciam sólida base para a criatividade e capacidade de suscitar beleza naquilo que empreendem. Na verdade, o trabalho deles pressupõe a busca de um nirvana emocional, pessoal e profissional.

Toda essa profundidade combina-se com a mutabilidade para capacitá-los a fazer um excelente trabalho naquilo que escolhem; isso, contudo, pode impedi-los de galgar altos postos, a menos que abrandem sua sensibilidade. Os negócios, no sentido mais empresarial que criativo, estão infestados de "tubarões e piranhas" — alguns com Luas ferozes em Peixes. Há uma contrapartida, obviamente: quando eles, de propósito, erguem barreiras à sua visão aberta e intuitiva, absorvem menos informação e inspiração de todos os tipos.

Peixes e Mudanças na Carreira

Se o seu Sol ou Lua está em Peixes, você tem talento para a percepção e a visão — bons elementos para os métodos de Minerva. Possui habilidade inata para trabalhar com a esfera criativa da deusa — acha-se naturalmente em contato com os deuses e o campo da magia. Com certeza, os seus esforços darão resultados, mas precisará atualizar os seus planos. O caos a ser criado por uma mudança intencional de carreira pode repugnar à sua natureza.

Não é o método que constituirá um desafio para você e, sim, o esforço que fará para ser visto, ouvido e testado numa nova carreira ou área criativa. Ficar em destaque não é fácil; é possível, mas não algo que você aprecie. Além disso, os possíveis conflitos, tanto interiores quanto com as pessoas com quem está em contato, podem impedi-lo de mudar. Dada a sua natureza que busca a paz e o sossego, terá realmente de desejar uma recompensa para promover uma mudança.

AVALIAÇÃO DO SEU
SOL E LUA

Depois de se familiarizar com cada signo, examine nas páginas seguintes como eles combinam entre si. Por exemplo, um Gêmeos com a Lua em Áries consultará Áries para ver de que modo esse signo se associa a Gêmeos, depois consultará Gêmeos para ver como esse signo se associa a Áries. Se você tem o mesmo signo solar e lunar, consulte-o a fim de descobrir até que ponto as suas duplas qualidades se mesclam.

Áries

- ☾ Áries combinado com Leão ou Sagitário pode agir de modo mais extremado que qualquer outra associação.
- ☾ Áries combinado com Gêmeos, Libra ou Aquário implica idéias, pensamentos e palavras vigorosas.
- ☾ Áries combinado com signos da água ou da terra equilibra os extremos e propicia uma ótima mistura de criatividade e objetividade.
- ☾ Áries combinado com Áries (Sol e Lua) aprecia a liberdade, mas precisa aprender a trabalhar em equipe. Em lugar da superagressividade, nota-se usualmente um lado terno e acolhedor.

Touro

- ☾ Touro com Capricórnio ou Virgem pode ser bastante objetivo, pragmático e inclinado a preocupações. Os riscos não são fáceis de assumir, mas quase sempre valem a pena.
- ☾ Touro com signos da água é muitíssimo intuitivo, mas pode ficar paralisado se o ambiente for negativo; convém manter desimpedidas as conexões emocionais.
- ☾ Touro combinado com signos do ar e do fogo pode constituir um equilíbrio saudável de energia produtiva e cautelosa, com intensa criatividade.
- ☾ A combinação Touro-Touro pode mostrar-se avessa à mudança e temerosa de riscos por questões de dinheiro.

Gêmeos

- ☾ Gêmeos com Libra ou Aquário estimula o intelecto, mas pode gerar inconstância e desmotivação.

- ☾ Gêmeos com signos de fogo é uma energia jovial e entusiática — que, de novo, precisa ser consistente e motivada.
- ☾ Gêmeos com signos da água ou da terra mostra-se mais equilibrado e cauteloso, mas também mais irritadiço: trata-se de um conflito entre flanar descontraidamente e cultivar as emoções e as motivações.
- ☾ Gêmeos combinado consigo mesmo pressupõe rapidez e fluência verbal, mas o nativo também poderá sofrer de nervosismo e ansiedade.

Câncer

- ☾ Câncer com um signo do ar ou do fogo gera sensibilidade dinâmica, eliminando a timidez e a relutância em agir.
- ☾ Câncer com Escorpião ou Peixes é muito intuitivo, criativo e emotivo, mas com tendência à timidez e à submissão.
- ☾ Câncer com um signo da terra é prático e intuitivo, criativo e estável, mas às vezes refratário ao risco.
- ☾ Câncer combinado consigo mesmo pode relutar muito em operar mudanças que os afastem de seus relacionamentos íntimos.

Leão

- ☾ Leão é geralmente impulsionado por signos do ar, que instilam mais ponderação em seus objetivos de liderança.
- ☾ Com outros signos do fogo, as chamas podem escapar ao controle em virtude da obstinação, do exagero ou da dedicação excessiva.
- ☾ Leão com um signo da água ou da terra geralmente é equilibrado, age prática e realisticamente, evitando por isso desafios.
- ☾ Leão com Leão exibe muita majestade e corre o risco de ficar fora do alcance do "homem comum".

Virgem

- ☾ Virgem com um signo do ar pressupõe aplicações práticas de idéias, conceitos e pensamentos.
- ☾ Virgem com um signo da água pode ser bastante intuitivo e criativo, mas também inquieto e ensimesmado.
- ☾ Virgem com um signo do fogo ignora preocupações e vai em frente, tomando decisões.
- ☾ Virgem com um signo da terra é prático, conciso e produtivo.

- ☾ Virgem com Virgem tem mente aguçada e capacidade de superar dificuldades, mas costuma ser muito excitável.

Libra

- ☾ Com um signo da terra ou da água, Libra cultiva qualidades de intuição, beleza e bem-aventurança em vez de talentos intelectuais.
- ☾ Com um signo do fogo, Libra dedica-se com coragem a novas experiências e solução de problemas.
- ☾ Com Gêmeos e Aquário, as potencialidades intelectuais de Libra acentuam-se, destacando-se os dons para a escrita e as comunicações.
- ☾ Libra com Libra pode enfrentar inúmeros conflitos (e resolvê-los bem) no afã de mitigar a sua sede de equilíbrio.

Escorpião

- ☾ Com um signo do ar ou do fogo, Escorpião tende aos empreendimentos arriscados.
- ☾ Com um signo da terra, Escorpião apega-se à realidade, mas pode achar difícil assumir riscos.
- ☾ Com um signo da água, a energia intuitiva de Escorpião se intensifica, mas às vezes resulta em necessidade maior de privacidade.
- ☾ Consigo mesmo, Escorpião é verdadeiramente um centro de grande criatividade, mas precisará de encorajamento para dividi-la com os outros.

Sagitário

- ☾ Com outro signo do fogo, Sagitário aventura-se alegre e corajosamente pela vida, mas acha difícil prestar atenção aos semelhantes.
- ☾ Com um signo do ar, Sagitário tende para os empreendimentos intelectuais, mas às vezes lhe é difícil permanecer quieto.
- ☾ Com um signo da terra ou da água, Sagitário exibe percepção mais aguçada e energia mais comedida, o que torna menos penosa a aceitação de riscos.
- ☾ Consigo mesmo, Sagitário busca aventuras, mas talvez não volte para contar a história.

Capricórnio

- ☾ Com Virgem e Touro, enfatizam-se as medidas práticas e os empreendimentos consistentes.

- ☾ Com Câncer, Escorpião ou Peixes, Capricórnio cultiva energia prática mais delicada e projetos mais idealistas.
- ☾ Com um signo do ar ou do fogo, Capricórnio tende a ser mais positivo e eloqüente, mas também menos organizado.
- ☾ Consigo mesmo, Capricórnio é mais tranqüilo, ensimesmado, objetivo.

Aquário

- ☾ Com outro signo do ar, Aquário é um grande professor, capaz de disseminar idéias complexas.
- ☾ Com um signo do fogo, Aquário esforça-se por ser notado, integrar um grupo e apreciar mudanças.
- ☾ Com um signo da água ou da terra, Aquário é mais realista e prático, mas também menos entusiasmado por idéias novas (e excêntricas).
- ☾ Consigo mesmo, Aquário prefere refletir e pensar a conversar, sendo ainda um grande mentor.

Peixes

- ☾ Com Câncer ou Escorpião, Peixes é muito criativo e intuitivo, cuidando sempre para associar-se unicamente com pessoas confiáveis.
- ☾ Com um signo do ar ou do fogo, Peixes é menos tímido, mais hábil em verbalizar e criar, porém menos acessível.
- ☾ Com um signo da terra, Peixes cria estabilidade e ordem, reduzindo os riscos ao mínimo possível.
- ☾ Consigo mesmo, Peixes molda um ambiente seguro, interna e externamente, para ali viver e trabalhar.

QUATRO

ELEVE AO MÁXIMO OS SEUS PREDICADOS

Agora você está preparado para as técnicas de capacitação de Minerva. Provido de uma compreensão nova ou renovada de suas aptidões e talentos inatos, já pode aperfeiçoar, revigorar e regenerar o seu carisma profissional. Os seus signos do Sol e da Lua prepararam-no para cultivar melhor os seus dons e habilidades. O presente capítulo irá ajudá-lo a "carregar a bateria" para tornar-se mais magnético, para vislumbrar os caminhos certos e acompanhar proveitosamente Minerva.

Os seus predicados pessoais atuam em dois níveis, o positivo e o negativo. O plano positivo e consciente permite-lhe escolher as habilidades que deseja explorar, sejam elas criativas, independentes, práticas ou pragmáticas. Você saberá, pela leitura das descrições de seus signos, o que mais o motiva. No nível negativo, consegue perceber as suas falhas inatas, quer sejam a tendência à ociosidade, a indecisão ou o comportamento precipitado. Provavelmente, você já algumas vezes balançou a cabeça ao definir as suas fraquezas. Todos temos as nossas falhas, mas nem sempre aceitamos encará-las — o que não impede que, queiramos ou não, elas um dia venham à tona.

Antes de tomar medidas para melhorar a sua energia, você deverá aceitar-se tal qual é.

Muitos dos meus clientes se sentiram aliviados ao ver os seus pontos fortes e fracos definidos claramente em seus signos astrológicos ("Ah, é por isso que sou tão teimoso..."), mas chegaram à conclusão errada de que podem mudar. Mudança não vem ao caso; de fato, tentar mudar completamente, repudiando os dons inatos, é negar o que se é. Defeitos e qualidades são importantes para o nosso ser. Aceite isso e ficará mais aberto à felicidade pessoal. Resista e se sentirá sempre deslocado e desapontado.

Uma de minhas clientes, Chris, estava muitíssimo frustrada em seu emprego como assistente de um produtor de televisão. Ela se considerava esperta (e é), rápida na solução de problemas (outra verdade), apta a descobrir tendências e talentos aproveitáveis. Como sagitariana, tinha sede de saber e não temia novas experiências; a sua Lua em Peixes dera-lhe uma excelente capacidade intuitiva para lidar com acontecimentos, pessoas e problemas que funcionam bem na televisão. Chris não ignorava ter talento para o cargo, mas ainda assim temia perguntar ao patrão como poderia transformar-se, ela própria, em produtora. Embora exprimisse tais desejos aos colegas, não encontrava palavras nem oportunidade para conversar a respeito com o patrão.

Graças à ajuda de Minerva, Chris examinou suas conexões de poder e descobriu que lhe faltava alguma coisa em termos de iniciativa, de coragem e de paixão — o seu elemento fogo. Não era fácil, para ela, encontrar a sua fagulha. Mais tarde, segundo revelou, sentiu-se mais motivada quanto ao futuro e empenhada em estabelecer-se como produtora. Reuniu algumas idéias e abriu-se com o patrão, que queria ajudá-la e gostou de alguns de seus projetos. Depois da primeira conversa com ele, Chris soube que a mudança seria mera questão de tempo.

EXERCÍCIO DE MINERVA PARA APRIMORAR OS SEUS PREDICADOS

Minerva gostaria de trabalhar novamente com os elementos para que você obtenha uma compreensão mais aprofundada de seus pontos fortes e fracos. Antes de se concentrar, especificamente no seu signo lunar ou solar, "dance" um pouco com cada elemento para descobrir onde se sente mais à vontade. Este exercício pode parecer embaraçoso, já que você irá ouvir a sua própria voz, mas Minerva deseja que coloque de parte o seu eu delicado e prossiga. Em outras palavras, ela quer que você se supere.

Exercício: O Caminho de Minerva para o Poder

Ferramentas: um gravador capaz de gravar e reproduzir.

Grave em fita a seguinte meditação orientada. Leia-a devagar, fazendo uma pausa depois de cada frase. Respire entre as instruções. Num recinto tranqüilo (onde não possa ser interrompido, questionado ou julgado), feche os olhos e ouça a gravação. Faça com que o olho de sua mente acompanhe a história. Feito isso, registre por escrito as suas reações iniciais. *Observação aos relutantes:* se você não conseguir gravar em fita a sua voz ou a de outros, leia cada passagem até o fim, uma parte por vez. Cerre os olhos depois dessas passagens e perceba de que modo responde a cada elemento. Anote as suas reações.

PRIMEIRA PARTE

Inspire fundo e expire lentamente. Relaxe. Você dispõe de muito tempo. De muito espaço. Inúmeras possibilidades o aguardam. Não há pressa.

Com os olhos fechados, saia e caminhe ao longo de uma bonita vereda. O ar é fresco. O ambiente está tranqüilo. Encantador. Descontraído. Anda-se ali com facilidade. O caminho é agradável. Lentamente, a vereda começa a subir, ainda suave, ainda bonita, fresca, tranqüila. Devagar e sem esforço, suba a encosta. Aprecie a facilidade com que caminha. O caminho descreve uma curva. Você fica curioso. Há ali algo de interessante. Nada que inspire medo. Nada que ameace. Na verdade, você se sente ainda mais tranqüilo e à vontade.

Você faz a curva e avista uma grande fogueira que projeta beleza, calor e imagens cambiantes. Sem medo algum, senta-se diante dela. Há energia ali. Você pode modificar o fogo à vontade: curvá-lo, agitá-lo, aumentá-lo, diminuí-lo. Se quiser, entrará na fogueira e fará parte dela. Dance com as labaredas, sem receio. Permaneça com o fogo. Frua a sua energia. Goze o seu mistério sempre renovado.

[PAUSA]

Quando estiver pronto, afaste-se da fogueira. Caminhe pela vereda durante algum tempo. Sinta o calor do fogo ir esmaecendo à medida que se afasta. Sinta-se livre da energia do fogo. Você está em paz, vagando solitário, apreciando a beleza do passeio, a frescura do ar, a maciez da vereda.

SEGUNDA PARTE

Fazendo outra curva, você se depara com uma grande rocha que se ergue para o céu. É enorme, maior do que você. É antiga e sólida. Segura e forte. Gire à sua volta a fim de sentir-lhe a imensa presença.

Pare diante da rocha. Faça com que ela se transforme diante de seus olhos.

A rocha é um símbolo da terra inteira — montanhas, searas, areais, desfiladeiros. Sinta-se uma só coisa com a rocha, absorva o antigo e sólido conhecimento que ela pode partilhar com você. Toque-a. Capte o seu poder. Entre nela se quiser e comungue com a antiga e lenta vibração de sua história. A rocha lhe fala na vetusta linguagem que descreve a evolução do tempo e da terra, com o seu vagaroso crescimento e as suas vagarosas mudanças. A rocha é sólida, verdadeira, solidária.

78　　Conselhos da Deusa da Sabedoria e o seu Sucesso na Carreira

Permaneça diante da rocha. Usufrua do seu poder. Perceba a força das idades. Sente-se. Fique ali. Cresça com o poder dela no mundo da terra.
[PAUSA]
Quando estiver pronto, dê adeus à terra e retome a caminhada. Olhe à volta. Terá a paisagem mudado? Será a mesma? O caminho continua fácil, refrescante e relaxante. Avançando, você sente a terra sob os pés e compartilha de sua solidez.

TERCEIRA PARTE

Caminhando, você sente que o ar à sua volta começa a se mover. Sopra uma brisa suave. O ar muda e o vento intensifica-se ligeiramente. A brisa pede que você lhe tome a mão e voe. A princípio, os seus pés permanecem fixos no chão, receosos das promessas feitas pelo ar. Cabe a você decidir. Poderá decolar e voar com o vento tão mansa ou velozmente quanto quiser; ou então continuar na terra, observando a dança da brisa.
O ar é invisível, mas poderoso; mutável, mas seguro. O vento pode girar, soprar forte ou fluir com você. Pode-se vê-lo carregando coisas nos braços. Tal é o ar. Às vezes pesado, denso e espesso, outras leve, frio e agressivo. O ar é seu amigo. Brinque com as suas qualidades. Compartilhe a sua constância e amplitude.
[PAUSA]
Feito isso, inspire profundamente e descontraia-se. Volte à vereda e reencete a caminhada com a brisa ao lado, a terra sob os pés, a tepidez do dia em derredor.

QUARTA PARTE

O caminho faz outra curva e você se vê diante de uma lagoa. Sente-se na margem. Observe a água. Sente-lhe a energia? Toque-a. Penetre-lhe a superfície. É funda? Rasa? Tépida? Gelada? Faça com que a água lhe conte os seus segredos. Nade na lagoa se quiser. Explore as suas profundezas. A água permitirá que você respire e nade enquanto quiser. Essa água é muito especial. Irá ampará-lo pelo tempo que você se dispuser a permanecer nela.
Fluxo, movimento, corrente. Calor e frio, ímpeto e serenidade. Como está a água? Cristalina ou turva? Cheia de vida ou imperturbável?
Explore a água. Uma gotinha. Uma mancheia ... todo um oceano. A água é líquida. Nade nela, esteja com ela. Torne-se água.
[PAUSA]
A água passou agora para o ar — vapor, neblina, nuvem. Sinta-a como vapor. Sinta-a em sua leveza, mas ainda como água.
[PAUSA]
A água está agora serena. Como gelo. Imóvel. Ainda água, mas gelada, sólida, impenetrável. Sinta o gelo; como tal, explore a água.

Eleve ao Máximo os seus Predicados

[PAUSA]

O gelo se derrete lentamente, tornando-se líquido. Você sente a dissolução, a tepidez. Liberdade, movimento, fluxo. Diga adeus à água. Você está limpo.

Quando se sentir pronto, volte à vereda e tome o caminho de volta. Aos poucos, vá tomando consciência das imediações, do local em que se encontra, de seu corpo.

Fique deitado, imóvel, até perceber que "regressou" totalmente da jornada.

EFEITOS DO CAMINHO PARA O PODER

O Caminho para o Poder de Minerva é um exercício vigoroso. Procure recuperar-se por completo, particularmente se usou uma fita gravada para todas as quatro partes, sem interrupção. Você acabou de se conectar à sua fonte de poder elemental; considere-se uma lâmpada alimentada por toda uma usina elétrica — tal o poder do exercício. Em resultado, talvez se sinta um pouco estranho depois. Não se preocupe com isso; limite-se a prestar atenção a quaisquer reações que sobrevenham. Fenômenos físicos (náuseas, fadiga), emocionais (cólera, excitação) ou mentais (esquecimento, atenção exacerbada) não são incomuns.

A finalidade deste exercício não é apenas incrementar a sua conexão de poder — portanto, os seus sentidos e inteligência —, mas também identificar quais elementos são mais fáceis ou mais difíceis para você. Lembro-me de tê-lo executado e descoberto que a água estava inteiramente fora do meu alcance; era tão complexa e exigia que eu me concentrasse em tantas de suas diferentes energias que eu não conseguia lidar com todas de uma vez. Para robustecer a minha conexão com a água, trabalhei com ela fazendo alguns dos exercícios de Minerva e repeti a meditação. Quando cheguei à parte da água, depois de um pouco de prática, notei que foi bem mais fácil.

É normal achar que um ou dois elementos são mais fáceis que outros. Em caso de dificuldade, experimente algumas das técnicas acessíveis de Minerva para aumentar o seu poder.

INTENSIFICAÇÃO DO FOGO

Josie, uma de minhas sócias, estava perturbada pelo elemento fogo. Não conseguia apreciar a beleza do fogo nem penetrar em sua energia. Embora alegasse que nunca realmente estivera no fogo ou tivera com ele uma má experiência, Josie entrava em pânico e tremia toda vez que dele se aproximava no exercício. Fato interessante: estavam ocorrendo quedas de energia elétrica em seu escritório (a eletricidade tem conexão com o elemento fogo) e ela precisara recorrer a uma instalação paralela.

Josie queria trabalhar com o seu elemento fogo porque ele fomenta a coragem e a iniciativa — qualidades de que se julgava desprovida. Na época, ela procurava dominar áreas novas em seu trabalho como terapeuta e expandir o negócio. Apesar de sentir-se confiante sempre que se via em situações inusitadas, esforçar-se para fazer o novo trabalho revelou-se bem mais difícil do que ela pensava.

Josie praticou alguns destes exercícios simples para familiarizar-se mais com o fogo.

Minerva e as Capacitações do Fogo

1. Apresente-se a alguém que você vê freqüentemente, mas não conhece pessoalmente, como o carteiro, o motorista do ônibus escolar ou o guarda do banco.
2. Faça algo que não costuma fazer sozinho: caminhar, ir ao cinema, freqüentar um restaurante.
3. Tente fazer algo novo, mesmo achando que não irá se sair bem.
4. Seja voluntário em algum serviço social local.
5. Esforce-se, descubra uma nova maneira de fazer as coisas — desafie-se.

INTENSIFICAÇÃO DA TERRA

Embora muitos de nós pensemos que estamos à vontade no mundo material, nem todos mantemos com ele uma conexão. Se você se pergunta por que, realmente, não "capta" a pedra, sente a sua energia ou "conhece" a sua história, você não é o único. A terra é um elemento no qual com muita freqüência só pensamos em termos de dinheiro; ela não passa de um símbolo de coisas mundanas como ouro, terra, alimento — que se podem comprar. O relacionamento com a terra exigirá atenção mais direta se você se sentir perplexo ante a presença da rocha.

A terra é firme, estável ou movediça como a areia, talada como um campo lavrado. A terra é bastante real — sob os seus pés — e seu contato com ela tem muito a ver com o poder de manifestar a realidade que ela detém. Você precisa da terra para tornar a sua carreira ou o seu próximo emprego real, próspero, satisfatório.

Eis aqui alguns exercícios simples para restabelecer conexão com a terra e seu poder fundamental.

Minerva e as Capacitações da Terra

1. Examine uma obra de construção e descubra até que ponto a terra pode sustentar uma nova estrutura.
2. Observe uma calçada ou o piso de um estacionamento e note como a terra e o mato irrompem pelo concreto.
3. Sente-se encostado a uma árvore e sinta-lhe a força.
4. Faça jardinagem.

5. Caminhe pelo campo e, com vagar, estude a complexidade da vida que brota num recanto gramado.

INTENSIFICAÇÃO DO AR

Meu cliente Richard, de Leão, não consegue "captar" o ar. Eis o que ele anotou a respeito:

> Ar: eu achava não ter problema algum com qualquer dos elementos — muito menos com o ar, mas é o que acontece. Sinto o ar à minha volta e não consigo voar, flutuar ou nem sequer perceber algo mais que uma brisa. Não há conexão. Por quê???

Richard passou em revista as qualidades elementais consignadas no Capítulo Dois e fez a conexão: embora fosse perfeitamente lúcido e comunicativo de um modo geral, nunca se sentiu à vontade conversando com estranhos — por exemplo, fazendo perguntas num grupo ou mesmo numa entrevista. Ficava bloqueado e retraído quando lhe pediam para discursar ou erguer um brinde.

Richard logrou descobrir a parte de seu elemento ar que o impedia de encetar uma nova carreira — isso tinha a ver com comunicar-se em entrevistas, "sair para o mundo" e assumir o risco de falar por si próprio. Em vez de voar com ligeireza, permanecia grudado ao chão, em segurança — e no mesmo lugar!

A consciência do problema constitui o primeiro passo para a cura. O fato de ter reconhecido a fragilidade de sua conexão com o ar permitiu a Richard antecipar situações nas quais precisaria discursar. Manteve então discussões simuladas com amigos que assumiram o papel de entrevistadores e, por fim, conseguiu fortalecer a sua conexão com o ar. Embora ainda não seja o primeiro a querer falar em público, ele já se sente muito menos constrangido quando tem de fazê-lo.

Minerva e as Capacitações do Ar

Experimente um ou todos estes métodos simples de fortalecer a sua conexão com as qualidades do ar.

1. Faça uma lista de seus problemas e leia-a em voz alta.
2. Converse com as pessoas, para praticar.
3. Escreva cartas simuladas e peça que amigos de confiança as comentem.
4. Simule entrevistas sempre que possível.
5. Enfrente os seus medos — por escrito ou falando — e coloque-se em situações nas quais possa praticar com um risco mínimo.

INTENSIFICAÇÃO DA ÁGUA

Minha cliente Carla, de Escorpião, achava que o seu elemento mais fraco era a água. Isso lhe parecia estranho, pois a água regia o seu signo solar. Essas coisas, porém, acontecem. Carla precisava acomodar-se à sua própria energia complexa.

Eis o que ela anotou sobre a sua experiência com a água:

> Eu só conseguia entrar na água até o peito. Já isso me era desagradável, mas eu insistia em permanecer nessa posição. Nada de gelo ou vapor — eram incômodos demais. Eu apenas ficava ali, com água até o peito, e sentia-me aliviada no fim do exercício. Não me lembro do que a água provocava em mim — eu só não queria estar nela.

Carla ignorava o que a impedia de avançar um pouco mais pela água até nós conversarmos e eu lhe dizer que a água costuma ser usada nos negócios como analogia para o perigo. Pedi-lhe que refletisse a respeito. Eis o resultado: "Mergulhar de cabeça", "Afogada em trabalho", "Metida em água fervente até as orelhas", "Perdida numa enseada sem remo", "Nadando com os tubarões".

Carla riu-se dessas frases que não lhe saíam da cabeça. Reconheceu que simplesmente tinha medo de realizar mudanças. Puro medo — ela estava tolhida. Aliviada em parte desse medo, Carla sentiu-se melhor face à idéia de mudar (lembre-se de que Escorpião é um signo fixo e não gosta de novidades).

Minerva e as Capacitações da Água

Em se tratando de mudança de carreira, a energia emocional é muito importante. Se precisar intensificá-la, você terá de purificá-la. Aqui vão cinco métodos de purificação do elemento água que podem fazer com que os seus sentimentos e intuições aflorem mais facilmente. Quando se sentir bem à vontade com as suas emoções, notará menos bloqueio em seu relacionamento com os poderes do elemento água. A sua disponibilidade emocional também se expandirá, intensificando a energia pessoal para a mudança.

1. Derreta um cubo de gelo como se estivesse derretendo o seu medo.
2. Tome um banho com sais marinhos.
3. Mantenha um recipiente de água por perto — num vaso de flores, numa bacia com conchinhas.
4. Dê asas à cólera ou à tristeza e conte a alguém como se sente, mesmo que esse alguém nada tenha a ver com os seus sentimentos.
5. Expresse a alguém um sentimento agradável ou feliz.

O seu relacionamento com os elementos poderá mudar se você prosseguir na busca. Às vezes, perceberá que precisa de um empurrãozinho numa área e depois em outra. Quanto mais trabalhar com os elementos, mais aprofundará e fortalecerá as suas habilidades. Repita o exercício à vontade.

O MAGNETO POTENCIALIZADOR DE MINERVA

Já é tempo de levar o seu espetáculo para as ruas. Você, como tantos outros ávidos para ingressar no mundo, está mais do que pronto. Pessoas há, contudo, que necessitam de um pouco de encorajamento. Temos aqui um "objeto de bolso" para mantê-lo, e à sua energia, em harmonia com o seu objetivo. Um magneto potencializador poderá ajudá-lo a explorar o mundo com mais desenvoltura, não importa quão entusiasmado se sinta.

O que é um magneto potencializador? Como um encantamento, um amuleto ou um talismã, um magneto potencializador é um objeto (ou um conjunto de objetos) "carregado" para servir de proteção ou magnetismo. Você poderá confeccionar um com qualquer coisa que esteja à mão — uma moeda antiga, uma caneta, uma flor desidratada. Os magnetos de potencialização não são para sempre nem para ser vistos por outros. Ninguém precisa saber que você está carregando um. Eles são "objetos de bolso" altamente pessoais e potentes, que o fazem acreditar em você mesmo e nos seus atos. Também não precisam fazer sentido. Tenho uma cliente que sempre traz consigo a etiqueta de identificação que usou na maternidade logo depois de nascer — ela lhe dá a certeza de que possui poderes inatos. Carreguei pétalas secas de arranjos que recebi por ocasião da publicação de meus livros. E uma outra cliente minha não se separa da fotografia de seu filho, para lembrar-se de seus verdadeiros sentimentos.

Se você possui muitas coisas miúdas — por exemplo, uma moeda e algumas pedras cuja cor aprecia —, é provável que queira conservá-las juntas. Use para isso uma sacola pequena, uma bolsa ou um saquinho de jóias.

Embora não importe a natureza do objeto que irá carregar, a maneira de carregá-lo importa muito. Os magnetos de potencialização retiram de Minerva não apenas o seu significado simbólico, mas também a sua força. Ela ajudará você com um pouco da energia do universo no exercício que se segue.

IDÉIAS SOBRE O MAGNETO DE POTENCIALIZAÇÃO

Fogo (Criatividade, Paixão, Coragem, Espírito Empreendedor)
   ouro verdadeiro
   objetos amarelos, vermelhos ou alaranjados

Terra (Firmeza, Resolução, Fortuna, Fruição, Produtividade)
   prata e ouro verdadeiros
   pedras verdes
   cristais

Ar (Acuidade, Intelecto, Lucidez, Idéias)
   plumas
   pedras azuis ou vermelhas
   cristais

Água (Intuição, Profundidade, Compaixão, Conexão)
   pedras lunares
   opalas
   prata líquida

Mais Idéias para Magnetos
   moeda de ouro
   bússola
   chave
   trevo de quatro folhas
   cartas de baralho (rei/rainha de ouros, número da sorte)
   foto de um herói ou ente querido
   medalha/broche/*souvenir*
   carta ou bilhete recebido, com significado especial para você

Exercício: Carga Magnética de Minerva

Sente-se com o seu magneto de potencialização no colo. Feche os olhos e tome algumas respirações relaxantes. Descontraia-se. Faça com que a sua mente e coração encontrem o poder que deseja insuflar no magneto — seja ele coragem, carisma, lucidez intelectual, confiança. Procure sentir as qualidades que quer adquirir. Respire esse poder. Sinta-lhe a força dentro de você. Deslize as mãos para o colo e agarre o magneto. Ao expirar, instile no objeto as qualidades que agora sente. Cada expiração introduzirá no objeto os poderes que você quer adquirir. Não precisará sentir que o objeto está sendo carregado — a carga estará lá quer você o perceba ou não. Quando notar que completou o processo e que toda a energia das qualidades que deseja adquirir estão infundidas no magneto potencializador, abra os olhos. Espere alguns minutos para "voltar a si". Mantenha o magneto com você e não permita que outros o manipulem.

Regras do Magneto Potencializador

1. Você mesmo é que deve energizar o seu magneto — não pode energizá-lo para outros nem usar o magneto de outros como se fosse seu.
2. O seu magneto potencializador só funciona para você.
3. Se perder, colocar em local inadequado ou deixar de carregar consigo o magneto, é porque não precisa mais dele.

CINCO

O METAMORFOSEADOR PRÁTICO DE MINERVA: UMA SAÍDA

Toda mudança de carreira exige algumas iniciativas básicas, como chamadas telefônicas, pesquisas, redação de cartas — meios práticos para obter um novo emprego. Pouca gente planeja isso, inclusive eu. Já tive de escrever a minha própria biografia (coisa difícil de fazer) e telefonar para marcar um encontro ou entrevista. Tive de escrever cartas de apresentação ou mesmo bilhetes simples do tipo "Como vai?" ou "Bom trabalho!" Se você é como eu, cada um desses passos normais para se arranjar um novo emprego poderá ser um desafio. Preguiça, inércia, relutância ou o simples fato de não saber como dar esses passos importantes a fim de "sair para o mundo" podem fazer com que pareçam enormes e impossíveis.

Minerva tomará a sua mão a cada etapa e você será recompensado com o conhecimento do seu valor e integridade, além de ... resultados!

A maioria de meus clientes enfrenta poucos problemas para chegar a este ponto do processo de Minerva; reafirmar os próprios talentos, energizar os próprios dons e trabalhar com a deusa no nível individual é interessante, não exigindo muito impulso inicial, mas apenas o contato com o mundo exterior. A busca interior do poder elemental e da conexão astrológica não coloca você em presença de desconhecidos. Se você achar, digamos, que ainda não está pronto, permita que eu o tranqüilize: você está, sim.

Agora você está totalmente preparado (embora não o perceba) para conversar com pessoas. E, como ignora se elas poderão ajudar diretamente a sua mudança de carreira, tais intercâmbios são imperativos para o seu sucesso final.

O garçom Drew queria ser ator. Isso é muito comum em Nova York, onde moro. Conheci Drew depois de sentar-me algumas vezes a uma das mesas que ele servia e ouvir as suas confidências. Perguntei a quantos espetáculos ele assistia por semana e, para minha surpresa, respondeu: "Nenhum."

Drew achava que precisava estudar mais antes de sair para o mundo, apesar de ter tomado aulas de interpretação durante três anos. Fiquei perplexa por ele estar esperando tanto — conheci atores que acabavam de sair do colégio e logo pisavam o palco. Drew, é claro, não tinha muita confiança em seu talento, por isso aconselhei-o a tentar algumas das técnicas de Minerva.

Como canceriano, Drew era um tanto retraído, mas muito emotivo — portanto, tinha talento dramático. A sua Lua em Virgem suscitava um problema maior: ele era excessivamente autocrítico e convenceu-se de que não estava pronto porque não era perfeito. Embora fosse dotado de qualidades para ator, não se animava a enfrentar diretores de elenco.

As técnicas de Minerva para tornar-se conhecido no mundo permitiram a Drew abrir algumas portas e tomar iniciativas para alcançar o seu objetivo. Teve de dar uns passinhos — passinhos seguros — até a orla da oportunidade real. Embora teimasse em evitar o que chamava de papéis dramáticos "sérios", começou a envolver-se em leituras de peças, seminários e grupos teatrais infantis. As linhas pessoais de Drew foram traçadas para definir quais eram os riscos públicos aceitáveis e o que ele considerava avançado demais.

Graças a um pouco de encorajamento energético de Minerva (ver adiante), Drew aceitou participar de um encontro para um seminário infantil dramático. Imediatamente sentiu-se contagiado pelo espírito daquele grupo sem finalidade lucrativa que proporcionava entretenimento e discussão de idéias a garotos pobres da cidade. Apesar de voluntário, Drew considerava o seu trabalho como remunerado. Descobriu que realmente gostava de estar em contato com crianças. E apesar de ser ainda garçom, diz-se pronto para representar — em teatro infantil e programas de televisão, o que não chega a realizar o seu sonho de interpretar Chekhov na Broadway, mas já é um começo. Para isso, confessa que ainda não está pronto; mas mostra-se grato a Minerva por tê-lo preparado para ser um ator profissional.

A experiência de Drew com o voluntariado imprimiu duplo sentido à sua "energia do sucesso". A participação em programas de voluntários, ainda que não diretamente ligada à mudança de carreira, robustece a confiança em situações novas e diante de desconhecidos num ambiente de baixo risco. Entre as muitas recompensas do voluntariado, contam-se os novos conhecimentos e o trabalho com pessoas de diferentes extratos e diferentes experiências. Se você tem medo de conhecer pessoas ou de apegar-se a um trabalho que lhe dê satisfação real, o voluntariado será um excelente laboratório experimental, onde não haverá praticamente nenhum risco envolvido. De fato, você sempre ganhará alguma coisa.

Outra maneira de dar "passinhos" rumo à nova carreira seria identificar um local acessível onde treinar o seu talento. Drew concluiu que os seminários com crianças não o ameaçavam. Na época em que eu tentava ser escritora, supus que redigir para revistas seria mais fácil para mim do que escrever um livro. Rabisquei diversos artigos e enviei-os para as redações — com a ajuda de Minerva, eles foram realmente lidos por alguém da equipe —, tendo a boa sorte de receber cartas pessoais de recusa em vez de comunicados formais. Na ocasião pensei: "Oh, eis aí um fracasso"; mas logo concluí que ao escrever os tais artigos eu praticara, dera passos miúdos rumo ao meu primeiro livro. Afinal, não precisava publicar artigos de revista, mas tentar fazê-lo ajudou-me a ser a escritora que hoje sou.

Isso nos leva ao próximo ponto importante.

Nem todo passo dado em direção a uma carreira nova será bem-sucedido ou claramente relevante; mas todos contribuem para a consecução do objetivo.

A orientação de Minerva continua a ser difícil de vislumbrar e predizer. Você não encontrará uma linha pontilhada a ser preenchida para obter automaticamente um novo emprego. Mistério, magia e manifestação são coisas bem mais complexas que isso: a história de como mudará de carreira está realmente sendo escrita por você, enquanto avança para esse objetivo.

É difícil não contar com bons resultados toda vez que se faz um esforço. Idealmente, você dará um telefonema, marcará uma entrevista, comparecerá e ganhará o emprego. Mas isso não é tão previsível quanto um roteiro de filme B; felizmente, o seu trabalho com Minerva revela-se bem mais envolvente e divertido do que um roteiro desses.

Imagine que cada passo, telefonema, comunicado, encontro, conversação e mesmo racionalização de desejo em relação à nova carreira está projetando um pouco de energia física, energia que se acumulará e tomará forma no futuro, contribuindo para o resultado final — o seu sucesso. Nenhum passo é inútil e nenhum resultado deixa de ter valor, mesmo que ninguém lhe telefone marcando uma entrevista.

O VIGOR DE MINERVA

Com Minerva, você pode instilar um pouco de energia cósmica em cada esforço que fizer na busca de uma nova carreira. Já que o domínio tradicional de Minerva é a orientação profissional, ela se sente em casa quando se trata do mundo do trabalho. Quando você estiver escrevendo uma carta ou sendo entrevistado, cuide para tê-la por perto. Ela dá um grande apoio invisível.

Começar

Sem dúvida, o passo mais difícil é o primeiro. Nada menos fácil de vencer do que a inércia; e a sua tendência a procrastinar pode ser ainda mais forte ("Vou esperar até a primavera, quando o tempo estiver melhor"). Ora, você talvez economize um pouco mais de dinheiro, concentre-se em seu jardim ou simplesmente discorra sobre a sua necessidade de fazer outra coisa — mas de qualquer forma terá de dar o primeiro passo se realmente quiser chegar lá.

A força e o ímpeto de Minerva são o combustível dos metamorfoseadores estagnados. Recorra aos métodos dela a fim de começar. Se precisar repeti-los algumas vezes para obter resultados, congratule-se por realizar alguma coisa importante em plena inércia (ela não ficará ofendida).

Exercício: Vá em Frente com Minerva

Ferramentas: O seu magneto potencializador, um recinto tranqüilo.

Sente-se com o magneto nas mãos ou em qualquer parte do corpo. Feche os olhos e respire descontraidamente. Peça em voz alta a Minerva:

> Minerva, por favor, ajude-me a abrir portas, janelas e caminhos de oportunidades. Ajude-me a conquistar o meu futuro.

Com respirações fáceis e relaxantes (sem hiperventilação, por obséquio), sopre como se estivesse apagando velinhas de aniversário. Imagine que a sua respiração é forte o bastante para abrir portas e janelas. Visualize-a como uma energia sutil persuadindo o futuro a ser fácil, aberto e vigoroso.

Graças a esse exercício de Minerva, você ativará a sua energia no futuro. Pelos dias seguintes, experimente a sua capacidade de movimentar-se ou assumir novos riscos. Trabalhe nisso. Se se sentir livre, mas ainda não pronto para agir, repita o exercício. Certifique-se de estar com o magneto todos os dias.

A Ocasião

No Capítulo Dois, falamos a respeito da Lua e de como ela costuma ser útil para eliminar obstáculos e bloqueios ao nosso poder pessoal. De novo, a Lua pode ser muito útil em novos empreendimentos e contatos. Antes de, realmente, levantar-

90   *Conselhos da Deusa da Sabedoria e o seu Sucesso na Carreira*

se e sair, antes mesmo de escrever uma carta ou atualizar o seu currículo, dê uma espiada na Lua. Em que ciclo ela está? Quando será Lua cheia? Se precisar de ajuda ao dar os primeiros passos "lá fora", comece na Lua nova ou pouco depois. Seja o que for que desejar fazer, não inicie nada na Lua cheia e, se possível, evite até encontros e entrevistas.

Isso não é mera superstição. O ciclo lunar realmente afeta a energia necessária à consecução de um plano. A iniciativa e os primeiros passos estão sempre relacionados à Lua nova. Saia para o mundo nessa ocasião de energia crescente e estará assim trabalhando com as forças da natureza. Insista em começar alguma coisa na Lua minguante ou nas proximidades da Lua cheia e precisará de muito mais esforço para completar a tarefa.

Mesmo os dias da semana têm associações e poderes distintos oriundos do seu vínculo com os regentes planetários deles. Começando pela segunda-feira, dia da Lua, e terminando pelo domingo, dia do Sol, eis aqui as qualidades básicas associadas a cada dia. Você poderá usar isso como guia para as iniciativas que tomar ao empreender mudanças, mas não recomendo cancelar uma entrevista potencialmente fecunda só porque ela foi marcada para uma segunda-feira "insegura". Ao contrário, use as qualidades de cada dia de modo que elas o ajudem a fazer o melhor e, possivelmente, antecipem a disposição das outras pessoas.

DIA	PLANETA	QUALIDADES
Segunda-feira	Lua	Reservado, emotivo, inseguro, criativo
Terça-feira	Marte	Agressivo, apaixonado, disposto
Quarta-feira	Mercúrio	Comunicativo, aventureiro, irrequieto
Quinta-feira	Júpiter	Ousado, curioso, jovial
Sexta-feira	Vênus	Terno, otimista, engenhoso, gracioso
Sábado	Saturno	Industrioso, sério, controlado
Domingo	Sol	Dedicado, tranqüilo, calmo, descontraído

Tenha sempre em mente as qualidades dos dias e as fases da Lua quando sair para o mundo. Convém trabalhar com essas influências antigas a fim de aplainar o caminho para a mudança.

CURRÍCULOS E CARTAS

Escrever um currículo ou uma carta de apresentação pode ser um problema. Mesmo que você seja um mago das palavras, não é fácil vender a sua imagem. Algumas pessoas acham difícil "trombetear os próprios méritos" e levar isso a sério, ao passo que outras nem sequer conhecem o significado da palavra "humildade". Minerva o ajudará a encontrar o equilíbrio que lhe convém.

Eis as Regras de Minerva para Currículos e Cartas:

1. Seja sincero.
2. Seja conciso.
3. Diga sem rodeios o que pretende.
4. Diga-o com as bênçãos de Minerva.

Embora Minerva não vá ensinar-lhe técnicas sobre o que dizer e como dizê-lo (aqui, ela cede o passo aos especialistas em Mercúrio), gostaria de lembrar-lhe os elementos básicos para que você obtenha os melhores resultados. Se recorrer a um consultor ou a um manual para ajudá-lo a escrever o currículo, certifique-se de que se sente à vontade com o tom e o conteúdo. Se alguém o aconselhar a mostrar-se agressivo e você achar isso uma tolice, não o faça. Os poderes de Minerva é que o tornarão mais simpático, não a idéia de um estranho sobre o que você deveria ser.

Ser sincero, conciso e direto é o bastante. Você não precisa tomar o tempo de ninguém. Se o destinatário quiser conhecê-lo melhor, telefonar-lhe-á. Isso também impedirá você de burilar cada frase ou palavra para parecer interessante. Eis o meu tipo de carta favorito:

Prezada Srta. Dolnick,

Aprecio os seus livros e experimentei várias técnicas ali recomendadas. Elas realmente funcionam bem.

A Srta. aceita estagiários (pagos) no seu escritório? Em caso positivo, estou interessada. Segue anexo o meu currículo.

Sinceramente,

Srta. Junior Mystic

É bom receber cartas assim (os elogios são sempre bem-vindos aqui). E cartas assim são também fáceis de responder. Embora eu não dispusesse de uma vaga para essa candidata, escrevi-lhe comunicando algumas idéias sobre o modo de começar um negócio de consultoria próprio e encorajei-a a dar aulas usando os meus livros como texto.

Embora nem todas as cartas enviadas sejam respondidas, você aumentará as suas chances de ser visto, ouvido e ajudado se não complicar o processo com gracejos e fanfarronadas.

Também os currículos podem ser chatos de ler se você puser muita ênfase no estilo em detrimento da clareza e da honestidade. Siga as regras acima (seja sincero e conciso), mas não receie discorrer sobre as suas realizações. Não minta (Minerva não o permitiria), mas pode orgulhar-se de suas habilidades e objetivos alcançados.

Minerva o ajudará durante a redação e o envio da mensagem.

Exercício: o Escriba de Minerva

Ferramentas: Material de escrita (lápis/papel, máquina de escrever, computador), um recinto sossegado (onde pelo menos possa concentrar-se) e seu magneto potencializador.

Em voz alta, peça a Minerva que o oriente na redação — se quiser acrescentar outro nível de "proficiência de deus romano" ao seu estilo, invoque também Mercúrio. Aqui vão as palavras que uso, mas você poderá dizer o que quiser.

> Minerva, por favor, sente-se ao meu lado e transforme tanto a minha energia quanto as minhas intenções em palavras que sejam vistas e ouvidas. Mercúrio, queira acrescentar a este trabalho a sua finura. Isso será a bem de meus objetivos com relação a uma mudança de carreira.

É melhor dizer as palavras em voz alta, mas não há nada de errado em sussurrá-las quando não se está só. Comece a escrever o currículo ou a carta dizendo apenas o que gostaria de ser visto — não se preocupe com forma ou estilo. Após esgotar as idéias, examine-as, ponha-as em ordem (elimine o que lhe desagradar) e *só então* dê-lhes o formato de carta ou currículo. Poderá recorrer a um manual ou a um consultor para ajudá-lo no estilo, mas as idéias que gerou é que são a substância, o cerne do texto. Não se importe se ele não soar convencional. Mais tarde, poderá ser mais prático.

Eis um exemplo de notas para um currículo, elaboradas pela minha cliente Ann. Para simplificar, procurei dar menos especificidade aos seus talentos. Ela quis também anotar as coisas de que não gostava para lembrar-se do que não deveria "vender" no currículo.

> Sabe orientar pessoas que não se entendem.
> Gosta de trabalhar com pessoas criativas — percebe bem o que funciona.
> É capaz de elaborar um orçamento, mas prefere visualizar modos de cortar custos antes que eles escapem ao controle.
> Sabe antever maneiras de safar-se de enrascadas.

Sabe contornar equívocos.

Ótima para trabalhos detalhados.

Odeia viajar.

Nada boa em refletir sobre problemas de longo prazo.

Realmente boa para administrar crises.

Examinando as suas notas, ela compreendeu que se saía melhor fazendo as coisas acontecer, ficando "na linha de frente" e não nos flancos, "vendendo" pelo mundo afora. Isso lhe deu a idéia de direcionar o seu currículo, com energia, para aquilo de que realmente gostava. Eis uma versão simplificada de alguns de seus pontos capitais:

Experiência longa e pessoal com administração de equipes, enfatizando a melhoria das relações com personalidades "difíceis".

Ampla experiência com processos de desenvolvimento criativo (inúmeros contatos em produção, fotografia e direção).

Capacidade de encontrar métodos de redução de custos para produção de alta qualidade.

Experiência no trato com problemas de prazos esgotados e criação de equipes "pré-crise" para salvaguardar projetos e economizar tempo.

Com a ajuda de um consultor, que se saíra bem na carreira que ela própria estava buscando, Ann mudou algumas frases e ressaltou os pontos fortes, para completar o currículo. No momento, está correndo atrás de um emprego.

Você terá de encontrar a sua própria maneira de expressar tanto o que faz bem quanto o que gosta de fazer. Às vezes, desejará uma carreira que nada tem a ver com os seus anteriores dotes profissionais, como o meu cliente Henry: ele quer abandonar um emprego de *paste-up* numa firma de *design* para trabalhar numa empresa de importação e vendas de móveis antigos. O currículo que elaborou e enviou a um comerciante de antigüidades de sua cidade mostrava toda a sua experiência passada. Persuadiu o proprietário a deixá-lo vender nos fins de semana e, saindo-se bem nisso, pôde reivindicar mais horas de trabalho para aprender mais sobre o negócio. O seu currículo melhorou e agora Henry estuda a possibilidade de trabalhar com antigüidades em período integral.

O que Minerva Tem a Dizer sobre Comunicações Eletrônicas

Se você perguntar a Minerva se convém enviar uma carta de apresentação ou um currículo pelo correio eletrônico, ela assumirá uma postura conservadora. De um modo geral, não tem grandes problemas com comunicações eletrônicas, mas acha que elas ainda estão verdes para apresentações e mensagens importantes. Depois de enviar a carta ou o currículo em papel, poderá secundá-los pela Internet. Uma mensagem do tipo "Recebeu a minha correspondência?" será ótima, mas a menos que haja se comunicado sempre dessa maneira, o papel é melhor.

O fax também funciona bem nos nossos dias, uma vez que a maioria das empresas possui esse equipamento (a qualidade é que é o problema) e as pessoas ainda acham que o fax é mais urgente que a carta. Você, no entanto, deverá enviar uma carta real seja pelo correio, por mensageiro ou por fax. Uma carta postada com a sua assinatura veicula melhor o seu poder — e, quando mais não seja, a postagem e o fax lhe proporcionam duas oportunidades, não apenas uma.

Minerva, porém, admite ser um pouco antiquada nessas coisas e não deseja impedir você de tentar qualquer meio que considere útil para a obtenção de um novo emprego.

Telefonemas

Depois de estabelecer algum tipo de contato com a pessoa que deseja encontrar, empregue os métodos adequados ao caso. Se o correio eletrônico não for uma boa opção, tente as mensagens telefônicas — mas seja breve. Essas chamadas tornaram-se parte incômoda da vida empresarial, portanto é preciso ser educado e conciso. Minerva o ajudará a fazer contato real com a pessoa com quem você deseja conversar.

O telefone, porém, é difícil de usar num primeiro contato. Chamadas imprevistas pressionam as pessoas a apresentar-se apressadamente e obrigam o interlocutor a responder. Eu própria respondo com indisfarçável impaciência quando alguém me liga sem que eu esteja preparada, como se se tratasse de uma oferta indesejável de algum vendedor de *telemarketing*. Se você insiste numa chamada telefônica, sente-se (com Minerva) e escreva a sua apresentação e perguntas. Seja o mais breve possível e dê ao interlocutor "um pouco de ar". Se tiver sorte de contatar alguém capaz de ajudá-lo, poderá aceitar os seus conselhos e mesmo usar o nome dele para outras solicitações (por exemplo, "Falei com o Sr. Big e ele recomendou que eu recorresse a você"). Sempre escolhendo o momento certo, tente fazer chamadas imprevistas às quartas-feiras.

> Apresentação: Olá, Sr. Big, aqui é Wanna Work falando de Sister Bay, Wisconsin. Seu nome me foi passado por um amigo e espero que não se incomode de gastar um minuto ao telefone comigo.
>
> Resposta 1: Oh, o senhor está ocupado? Qual a melhor hora para eu voltar a telefonar-lhe? Gostaria muito de sua opinião sobre um assunto.

Resposta 2: Ótimo.

Minha primeira pergunta é: Que conselho o senhor dá às pessoas que desejam entrar para a sua empresa?

Minha experiência como ... pode contar?

Com quem o senhor recomenda que eu fale para marcar uma entrevista?

O senhor mesmo poderia receber-me?

Muitíssimo obrigada pelo conselho.

Minerva não se opõe a esse método, mas você terá mais poder se preferir o papel. Sem dúvida, essa conversa telefônica terá de ser seguida por uma carta inspirada pelo exercício Escriba de Minerva, acima.

Exercício: Invocação de Minerva

Ferramentas: O seu magneto potencializador e um lugar sossegado onde possa falar em voz alta.

Primeiro, segure o seu magneto potencializador; depois, em voz alta, invoque a presença de Minerva. Peça-lhe que o ajude a fazer contato vocal com a pessoa que deseja conhecer. Pergunte-lhe se pode fazer com que essa pessoa lhe responda ou pelo menos retorne o telefonema mais tarde. Se possível, solicite a ajuda de Minerva na noite anterior à chamada. Exemplo: "Minerva, por favor, auxilie-me a fazer contato telefônico com o Sr. Big amanhã e oriente a nossa conversa com sabedoria."

Depois, antes de discar, invoque Minerva (e Mercúrio, se assim o desejar) para que o acompanhe ao longo da conversa. Exemplo: "Minerva, faça com que essa chamada seja bem-sucedida."

Minerva poderá fazê-lo se sentir mais à vontade durante a chamada telefônica, como também ajudá-lo a comunicar o seu objetivo com clareza e energia. Dado que talvez precise usar o telefone outras vezes, é boa idéia contrair o hábito de chamar Minerva desde o início. Você notará a diferença.

ENCONTROS COM MINERVA

Parte I: Prática

Digamos que você entrou no escritório de alguém que poderá ajudá-lo ou marcou uma entrevista para obter simples informações. Como saber se a conversa correrá bem? Com Minerva, poderá preparar-se um pouco antes de comparecer ao local, para estimular a energia; mas não há certeza de que o conseguirá. Você não quererá fazer pressão sobre si mesmo nem sobre Minerva, para que toda entrevista ou encontro dê bons resultados. Isso nem é razoável nem útil. Aprendemos mais sobre nós mesmos e os outros quando erramos, por isso devemos praticar antes de começar. Na verdade, devemos praticar o tempo todo.

O conceito de um encontro prático é simples. Você encara o dia, a hora e a pessoa com a intenção de agir bem — deixar uma boa impressão, fazer um novo contato —, mas sem a pressão do "ou vai ou racha". Obviamente, isso gera um ótimo equilíbrio entre entusiasmo e objetivo, apoiado por confiança descontraída e firmeza suave.

Minerva trabalha melhor quando há alegria nessa primeira fase da mudança de carreira. Se você pressionar demais num certo sentido ("Esse será o encontro do 'ou vai ou racha'"), esteja certo de que nada irá bem, pois na verdade não se trata de uma situação de 'ou vai ou racha'. O seu poder será mais eficaz e atraente quando não estiver obcecado com resultados.

Nenhum encontro é ruim.

Para estimular essa confiança descontraída, você terá de acreditar que nada de mau poderá acontecer. Sem dúvida, talvez não consiga o que deseja, talvez passe até por maus bocados; mas nem por isso será um encontro ruim.

Meu cliente Alec compareceu a uma entrevista com o presidente de uma companhia para a qual desejava realmente trabalhar. Queria sair da contabilidade para as vendas e estava mesmo excitado com a possibilidade do novo emprego. O encontro correu mal a ponto de o presidente dizer: "Você não é um vendedor. Por que não trabalha conosco em contabilidade?" — para grande desespero de Alec. Sentiu-se desprezado, desesperançado, desapontado.

Depois de alguns dias de convalescença, Alec e eu conversamos. Ele não queria que uma opinião alheia destruísse seu projeto de mudança de carreira e eu concordei em que não desistisse. Aquela "maldita entrevista" de fato irritara-o; mas a irritação estimulou-o a vencer. Antes, Alec relutara em perguntar à firma onde trabalhava se não poderia tentar uma transferência para o setor de vendas. Achava que a empresa não concordaria com essa mudança. No entanto, já agora menos cauteloso ("Que mal me poderão fazer?") e graças à ajuda de Minerva, marcou uma entrevista com o vice-presidente de vendas e apresentou o seu pedido. Embora se tratasse de uma solicitação nova e pouco convencional, Alec compareceu a outras entrevistas e aprendeu muita coisa sobre os requisitos para o cargo. Munido dessas informações, procurou emprego fora e por fim tornou-se vendedor.

Exercício: Guia de Minerva para Entrevistas

Ferramentas: Um local sossegado onde sentar-se e o seu magneto potencializador.

Invoque Minerva (em voz alta) antes da entrevista e peça-lhe que, suceda o que suceder, ajude-o a ter êxito, segurança e equilíbrio. Exemplo: "Por favor, Minerva, acompanhe-me e faça com que tudo dê certo nessa entrevista."

Minerva não acha nada complicado sair e encontrar pessoas. Essencialmente, tudo o que você precisará fazer será convidá-la: ela o atenderá, segurará sem ser vista a sua mão e festejará a sua metamorfose.

AJUDA INSTANTÂNEA DE MINERVA

Se você se vir em apuros, chame Minerva em seu socorro. Por exemplo, o meu cliente Tom não previa problemas com a entrevista que marcara numa grande firma de modas para onde desejava entrar como diretor de *merchandising*. De fato a entrevista correu bem e, por isso, ele foi convidado a conversar com outros elementos-chave da empresa naquela mesma manhã. Preparara-se bem para o primeiro encontro, fazendo algumas pesquisas sobre a empresa e até aprendendo um pouco sobre ela com o entrevistador. Mas não estava preparado para avistar-se com os outros diretores, dos quais dependeria diretamente para obter o emprego.

Tom seguira o conselho de Minerva por tanto tempo que imediatamente a "invocou" enquanto descansava um pouco no banheiro masculino. Eis como me descreveu o que se passou:

> Eu me sentia ao mesmo tempo tão alegre e tão assustado por ter ido tão longe que não queria recuar. Sei muito bem que parecer afoito demais nem sempre é desejável, sobretudo no mundo da moda. Assim, fui para o banheiro masculino e pedi em voz alta: "Minerva, por favor, ajude-me!" Ela sem dúvida desculparia a informalidade da situação. E, pelo que sei, Minerva atendeu ao pedido. Tive conversas extenuantes com cada um dos diretores (muitos dos quais, soube depois, são terríveis em entrevistas). Eles, é claro, me deixaram a ver navios por certo tempo, mas por fim consegui o emprego!

Parte II: O Grande Momento

Você talvez se pareça com Alec, que praticou para alcançar o seu objetivo; como Tom, que galgou o topo logo depois da primeira entrevista; ou talvez tenha menos oportunidades pela frente se o campo que escolheu é muito limitado. Por exemplo, Clara queria trabalhar para uma produtora de *softwares* muito específicos, famosa por seus padrões rígidos, e concluiu que só tinha uma chance de ser entrevistada e impressionar o suficiente para ser convocada. Não querendo parecer inexperiente, fez entrevistas a torto e a direito para praticar. Uma pequena empresa de *software* em sua cidade era mais acessível e ela conseguiu conversar com alguns funcionários a fim de obter informações sobre os requisitos exigidos dos candidatos — e, na opinião deles, Clara preenchia esses requisitos.

Clara conseguiu também uma entrevista na revendedora do produto fabricado pela empresa visada por ela, obtendo ali mais informações sobre as exigências dessa empresa. Teve a impressão de que a empresa era muito exigente e machista — sempre descrita como "rígida" e "fria". Alguém observou que não se sabia de nenhuma mulher na diretoria ou na equipe de vendas.

Finalmente, Clara conseguiu uma entrevista no departamento de recursos humanos da empresa de seus sonhos — o grande encontro. Mas não estava preparada para o que aconteceu. Eles queriam que ela ocupasse um cargo no setor administrativo, não no de programação. Recorrendo à sabedoria de Minerva (sem revelar o horror que sentia), perguntou o que era exigido para uma colocação inicial no setor de programação. Responderam-lhe que no momento não havia ali nenhum cargo disponível, mas cogitariam de seu nome quando houvesse uma vaga ... caso ela aceitasse o emprego de assistente do diretor administrativo. Clara tinha conhecimentos e experiência suficientes, graças a trabalhos de meio período, para sentir-se apta a começar na programação e não apreciava nem um pouco a idéia de ser assistente (secretária) num departamento que nada tinha a ver com os seus objetivos. Percebeu que o "Cogitaremos de seu nome quando houver uma vaga" era apenas um engodo para atraí-la para a companhia.

Clara, aborrecida e desanimada, mudou de idéia quanto a trabalhar ali. Em vez disso, voltou à empresa que contatara anteriormente. Embora fosse um negócio pequeno, faziam-se ali coisas interessantes e os funcionários eram ótimos. Chegaram mesmo a prometer que a ajudariam a tornar-se programadora. E, por felicidade, havia uma vaga.

Minerva, é óbvio, foi quem conduziu tudo. Clara obteve o emprego de programadora e fez novos amigos. Hoje, a empresa cresceu, ela pôde adquirir ações e dá graças a Deus por não ter realizado o seu projeto inicial. Embora a companhia dos "sonhos" continue poderosa, comenta-se que não paga bem nem promove mulheres.

Nem todas as pessoas conseguem concretizar os seus sonhos, mas há algo a dizer sobre a mudança de rumo operada por Clara. Mudança de rumo é um eufemismo para "não conseguir o que se quer" — e conseguir algo muito melhor. É isso aí!

SEIS

PESQUISA DE AVARIAS: MANOBRAS DE MINERVA DIANTE DE OBSTÁCULOS E RECUOS

Nenhuma mudança de carreira acontece sem problemas. Você naturalmente passará por solavancos e recuos, seja ao procurar emprego, examinar uma oferta ou pedir que lhe retornem um telefonema. Se acredita no adágio "Fracassou? Tente de novo", você está certo, mas isso não é tudo. Poderá baixar o nível de *stress* e mesmo suavizar rugas caso invoque os poderes celestiais de Minerva.

Às vezes, os problemas são provocados pelos outros — a carta ou currículo devolvido com a observação "postagem insuficiente" no envelope, a firma que teima em dizer "Nós queremos você", mas não faz oferta alguma, as entrevistas perpetuamente adiadas, os empregos que você "quase" conseguiu. Sem dúvida, há milhões de empecilhos que podem contaminar, impedir ou retardar a sua mudança de carreira. Não vivemos num mundo perfeito. Penso também que todos temos momentos de dúvida e descrença profunda quando trabalhamos com mudanças que nós próprios decidimos. Alguns chamam a isso uma crise de fé. Seja lá o que for, você talvez se sinta muitas vezes paralisado e desanimado antes de alcançar o seu objetivo. Também isso parece fazer parte do processo.

Mas não desanime: você está em boa companhia. Praticamente todas as pessoas que realizaram mudanças de carreira bem-sucedidas lhe dirão com fartura de detalhes que quase fracassaram ou desistiram. Lembro-me de uma mulher que conheci há muito tempo; ela estava tentando com afinco passar de diretora de contas numa agência publicitária para corretora de ações em Wall Street. As duas carreiras pareciam distanciadas milhares de quilômetros, mas na verdade eram similares porque exigiam as mesmas habilidades para analisar situações e lidar com pessoas. Ninguém, contudo, retornava os telefonemas de Cassie. Ela sabia que tinha qualificações para um cargo inicial (telefonista, por exemplo), mas não para o de corretora, que requeria experiência anterior e uma lista de clientes. Que fazer? Parecia que em parte alguma havia para ela uma porta de entrada.

Nativa de Escorpião com a Lua em Touro, Cassie era determinada e nunca renunciaria ao seu sonho. O problema real, para ela, consistia em descobrir uma maneira de ultrapassar a barreira aparentemente impenetrável que a impedia de contatar alguém capaz de ajudá-la. Confidenciou-me que pensava em desistir porque não mais suportava telefonar, deixar mensagens ou receber uma carta com os dizeres "Não estamos contratando no momento". Tinha de descobrir outra maneira de agir. Embora relutasse em solicitar ajuda, preferindo calar as suas aspirações, por fim deixou cair a sua própria barreira e pediu conselho aos amigos. Depois de uma partida de tênis, anunciou que estava planejando mudar de carreira e precisava de ajuda. Surpresa e interessada, uma de suas parceiras de quadra imediatamente lhe prometeu os serviços de sua irmã gêmea, que vendia títulos em uma das corretoras visadas por Cassie. Isso conduziu a diversas entrevistas (pelo menos ela chegou a alguma parte) e a um bocado de desculpas, mas por fim ela conseguiu um emprego numa subsidiária daquela mesma firma.

Se Cassie houvesse solicitado a ajuda de Minerva, teria chegado lá mais depressa e, provavelmente, com menos ansiedade, mas ainda assim enfrentaria alguns problemas. Parte do processo de toda mudança de carreira envolve o crescimento pessoal. Suponho que umas poucas pessoas não precisam ser estimuladas a crescer; mas a maioria precisa. Cassie era uma pessoa discreta, quase retraída. Ela não queria comprometer-se, nem a seus amigos, pedindo favores, por isso não conseguia fazer contatos e só aceitou ajuda quando a isso se viu compelida. O que ela não compreendia é que aquelas mesmas habilidades — procurar contatos e pedir ajuda — eram qualidades importantes para tornar-se uma corretora bem-sucedida. Apesar de ainda querer manter-se a distância, vai ficando cada vez mais esperta em usar contatos e obter informação.

Os obstáculos que você terá pela frente assumirão sem dúvida a forma de algo que receia.

Duas Regras para a Metamorfose

1. Você obtém aquilo a que resiste.

2. A rendição muitas vezes precede a vitória.

O mantra favorito de minha inteligente amiga Susan (agora meu também) é o número um da lista: Você obtém aquilo a que resiste. Quando descobrir quão verdadeiro isso é, dará boas risadas.

Cassie odiava expor-se ... e agora se expõe para ganhar o seu dinheiro. Eu não gostava de escrever textos longos — cartas, pareceres, projetos — e hoje escrevo livros. Quando era publicitária, responsável por uma conta fatigante, mas prestigiosa, lembro-me de ter feito em voz alta esta tola proclamação: "Nunca trabalharei com rações para animais de estimação." E, é claro, mais tarde passei alguns de meus melhores e mais compensadores momentos trabalhando com as marcas de comida para cães da Ralston Purina. Aquilo a que você resiste provavelmente irá fazê-lo feliz.

Se você é dos que costumam perpetrar pronunciamentos bombásticos como "Nunca trabalharei para uma empresa de grande porte" ou "Nem levo em consideração um emprego que não me pague pelo menos X", saiba que é exatamente isso o que está pedindo! Quando refletir, respire fundo, peça que Minerva o oriente e tenha a certeza de que, no fim, estará no lugar certo.

Quanto à rendição, talvez pareça deslocada num livro que lhe diz que você *pode*. Render-se não é renunciar ao objetivo, é renunciar ao controle sobre o modo como chegará lá. Muitas pessoas que trabalharam com Minerva atestarão que render-se é importante.

Calvin, pesquisador de mercado nas horas vagas, procurou-me dizendo-se frustrado. Trabalhara com Minerva para abandonar o seu negócio próprio de pesquisa, onde atuava como moderador, e entrar para uma conhecida empresa de pesquisa quantitativa, onde poderia contribuir para amplos estudos referentes a tópicos mais gerais e não-comerciais. Ambicionava também participar de uma equipe de associados inteligentes e bem-sucedidos.

Calvin, para promover a sua mudança, começou a trabalhar com grupos de enfoque, mas estava farto das horas extras e das viagens constantes. Fizera vários contatos com a companhia de seus "sonhos" e disse ser mera questão de tempo até que lhe oferecessem um emprego. Isso se arrastou por um ano. Calvin manteve a pose até que, um dia, soube por acaso que haviam dado o emprego prometido a outra pessoa. Ficou mortificado e colérico por tê-lo sabido casualmente e resolveu ligar para o seu contato na empresa.

Calvin invocou Minerva enquanto discava; teve de deixar uma mensagem e disse que estava apenas querendo informações. Não se surpreendeu por ficar dois dias sem resposta. Quando isso aconteceu, disseram-lhe que a firma resolvera adotar outro arranjo para o cargo, mas que ficariam felizes em considerar futuramente o seu nome.

102 *Conselhos da Deusa da Sabedoria e o seu Sucesso na Carreira*

Calvin desligou e sentiu-se derrotado. Sem dúvida, tinha ainda o seu negócio de pesquisa de mercado e podia estudar outras possibilidades, mas o emprego de seus sonhos desaparecera.

Calvin levou algum tempo para contatar Minerva (ele jamais o admitiria, mas eu acho que estava apaixonado pela deusa). Experimentou um tipo diferente de exercício para chegar ao que julgava ser o fim da estrada.

Minerva ajudou-o a libertar-se do emprego que "perdera". Ele tinha da vida uma visão afunilada: só havia aquele emprego e nenhum outro. Depois de ampliar a sua visão, reconheceu que a companhia dos "sonhos" não era a única a ocupar-se com grandes projetos: algumas outras eram mesmo melhores em análise e previsão de tendências nas áreas de seu interesse. Calvin procurou e por fim encontrou emprego numa firma freqüentemente contratada por nações estrangeiras interessadas em fazer negócios nos Estados Unidos. Ali, pôde usar a sua experiência de moderador de grupos de enfoque para explicar algumas técnicas de comunicação simples aos clientes e conseguiu empreender pesquisas maiores e mais ambiciosas com colegas de formação diferente. Hoje, Calvin admite que esse emprego é melhor do que aquele que "se foi".

Exercício: O Remédio de Minerva contra o "Baixo Astral"

Este exercício é eficaz para combater o "baixo astral" — complexo de culpa, desespero, senso de futilidade. Você não precisará convocar Minerva para ajudá-lo nisso porque ainda não está pronto para a sua intervenção. Na verdade, o exercício é apenas um meio provisório de melhorar o clima e preparar você para novas oportunidades. **Ferramentas:** Magneto potencializador, água do mar e um recinto tranqüilo.

Sente-se e relaxe num ambiente onde não vá ser perturbado, com uma bacia de água do mar à frente. Reflita sobre a sua situação. Deixe que a cólera venha à tona. A cada frustração, pensamento ou lembrança, mergulhe as mãos na água. Visualize a cólera sendo neutralizada pela água. Continue assim enquanto pensamentos de frustração aflorarem e forem expressos. Sinta-se livre para falar em voz alta e "exorcizar" de si a negatividade. Quando terminar, despeje a água numa pia.

AINDA OS REVESES

Sem querer insistir, quando você vê as coisas "ruindo", precisa de um sólido apoio. Eu mesma presenciei e experimentei as diferentes faces do revés, que eu acho que está precisando de mais investigação.

Meu cliente Dan foi um dos que passaram por isso. Trabalhara muito para conquistar determinada posição em sua firma imobiliária, como técnico em aluguéis comerciais de longo prazo, e estava para tornar-se sócio proprietário quando, inesperadamente, a empresa fundiu-se com outra e ele foi posto de lado. Nenhum de seus superiores o defendeu e todos os outros diretores, que antes o protegiam, afastaram-se dele sem cerimônia para não comprometer os seus interesses na fusão. Dan, com razão, ficou furioso. Não queria recomeçar tudo de novo em outro lugar nem deixar para trás as vantagens que conquistara. Mas não havia como permanecer numa empresa que com tanta desenvoltura esquecia as promessas e abandonava empregados produtivos, leais. Dan trabalhara com Minerva — não para mudar de carreira, mas para progredir no emprego que tinha. Agora estava inseguro.

Dado que os negócios imobiliários são muito dinâmicos e Dan estava tendo um ano excelente, ele queria que o seu trabalho fosse recompensado; infelizmente, ele percebeu que a sua produtividade (e sucesso) jamais seriam levados em conta na empresa resultante da fusão. Embora fosse difícil chegar a essa conclusão, ele tinha que ir embora. Contatou empresas concorrentes que o queriam nos seus quadros, mas não gostou das ofertas. Uma delas dispunha-se a dar-lhe um emprego melhor que o atual, mas sem o título de sócio proprietário. Outra não acenava com aumento de salário, mas garantia o título. Voltou-se então para a firma recém-incorporada e foi criticado por não ser leal. Ofendido com essa reação, lembrou aos diretores que justamente a falta de lealdade deles fora a responsável por sua saída. Foi embora com o seu Rolodex e seus arquivos de computador, declarando que era ele quem se relacionava com os clientes.

A saída de Dan perturbou a nova firma, cuja diretoria se enganara ao pensar que a equipe "aceitaria o que lhe fosse oferecido". Sabiam que Dan era um excelente funcionário, com ótimas perspectivas de progresso: chamaram-no de volta e prometeram-lhe sociedade dentro de seis meses. Dan não aceitou, pois já não confiava nas suas promessas. Melhoraram a oferta e ele de novo recusou. Não se importava mais com aquilo e foi então que lhe ofereceram sociedade imediata e vantagens acima da média.

Embora tivesse de combater o desejo pueril de empinar o nariz, Dan aceitou o convite para discutir os termos de sua volta. Percebeu que a coragem de dizer "não" duas vezes virara a mesa a seu favor. Dan saiu da reunião como sócio proprietário, contratado por cinco anos e com participação nos lucros da empresa — algo que antes só fora concedido a sócios diretores.

Por que o revés se transformou subitamente na melhor coisa que lhe poderia acontecer? As coisas muitas vezes correm dessa maneira. Dan nem sequer sabia aonde poderia chegar quando se viu pressionado a desistir. Compreendeu que ser capaz de renunciar ao objetivo visado tornara-o mais poderoso e não mais fraco. A diretoria notou a mudança e concluiu que ele era o tipo de sócio que convinha à imobiliária — uma espécie de jogador de pôquer com boa mão.

"Não" é uma palavra poderosa, mas é preciso muita coragem para dizê-la com convicção. Quando você chega a ponto de renunciar, de ir embora ou desistir, tem o poder de dizer "não". Isso o torna muito atraente.

Depois de você se desapegar do que quer e se dispuser a partir, Minerva pode entrar e fazer as coisas acontecerem.

A ADVERSIDADE É O AUXILIAR DE MINERVA

Frustrações, adiamentos, pessoas que não cumprem a palavra ou nada dizem são coisas típicas do desafio de mudar de carreira. Mas, e quanto ao interessado em mudar que deseja sair para envolver-se em projetos empresariais mais ambiciosos? E ao que não encontra tempo para procurar o emprego de seus sonhos? Às vezes, Minerva suscita a adversidade para incentivar você a pôr mãos à obra.

Paula queria deixar o seu emprego de assistente-executiva numa empresa de serviços financeiros para iniciar um negócio próprio de fabricação e distribuição de cestas de presentes. Tinha boas idéias e já fizera pesquisa sobre fornecedores e sobre a complexidade financeira do negócio, mas ainda não parecia pronta para dar aquele passo. Embora o seu emprego fosse bem remunerado, seguro e vantajoso, Paula começou a desgostar dele. Sentia-se entediada e não escondia as suas queixas. O gerente notou que o trabalho de Paula ia mal e teve várias conversas com ela, para trazê-la de volta ao bom caminho. Por fim, Paula foi instada a sair porque o seu desempenho já não satisfazia. Embora apanhada de surpresa, procurou beneficiar-se ao máximo possível de sua saída e iniciou o negócio próprio. Aparentemente, ela precisava daquele golpe.

Raramente criamos as nossas próprias condições adversas, que no entanto parecem surgir justamente quando precisamos delas. Lembro-me de que a minha própria mudança de carreira recebeu um grande impulso quando deixei o meu último emprego de publicitária por não suportar o mau humor de um colega. Eu conheci uma executiva-chefe de muito prestígio que resolvera abandonar um cargo extenuante e cada vez menos gratificante para perseguir o sonho de trabalhar no setor de mídia. Você pode ser convidado a sair ou cansar-se o bastante para ir embora a tempo de encontrar o seu futuro.

Pesquisa de Avarias: Manobras de Minerva Diante de Obstáculos e Recuos 105

Se tiver de renunciar abruptamente à carreira que está seguindo, purifique-se antes de encetar um caminho novo para o sucesso. Releia o Capítulo Dois e faça algumas purificações elementais para livrar-se dos aspectos negativos.

ESPERANDO...

É muito comum não encontrar ... nada. Nenhuma resposta, nenhuma "dica", nenhum endereço. Ainda que você tenha iniciado a busca de uma nova carreira com entusiasmo e muitas portas abertas, em algum ponto da linha pode surgir um obstáculo. Férias, viagens de negócios, restrições de orçamento e congelamentos de salários são apenas algumas das variáveis que podem aparecer como monstros ou demônios num videogame veloz para deter o seu avanço.

Você pouco pode fazer para controlar os outros. Resta-lhe a solução de ajustar a sua atitude. Trata-se de um equilíbrio delicado entre "recue e espere" e "mantenha as suas energias de prontidão". Se você se descontrair demais, todo o trabalho feito com Minerva poderá dissipar-se; se pressionar em excesso, talvez vá sentir-se frustrado ou aborrecer o próximo, atulhando o espaço de possibilidades onde Minerva funciona melhor.

Minerva e Tempo de Espera

Uma de minhas clientes, Geneva, começou com Minerva há poucos anos. Ela prontamente encarou seus bloqueios criativos de natureza pessoal e profissional, aceitando com prazer a sua situação astrológica. Libriana com a Lua em Capricórnio, era uma escritora talentosa e atenta aos problemas do mundo real. O seu trabalho como escritora e editora de um grande catálogo de moda feminina deixava-lhe pouquíssimo tempo para redigir, como gostava, ensaios e editoriais, mas ela começou a energizar a sua metamorfose explorando mais a mídia noticiosa e de serviço público, onde os seus anseios criativos encontravam campo mais vasto. Por acaso (e a intercessão de Minerva), Geneva conheceu algumas pessoas em sua estação de rádio local. Houve certo interesse em que ela colaborasse em meio período como correspondente, escrevendo notícias ou editoriais sobre problemas femininos. Para Geneva, isso era meio caminho andado, pois mesclava a sua experiência anterior de escrever para mulheres com a esfera do interesse público. Ela esperava que isso fosse constituir um passo para uma nova experiência e, em breve, uma nova carreira.

A estação de rádio pública declarara que o orçamento estava inteiramente comprometido para aquele ano, mas que em poucos meses teria dinheiro para pagar-lhe um mínimo pelos seus serviços. Entrementes, pediram-lhe que aguardasse o chamado. Geneva esperou o tempo previsto, mas continuou a escrever editoriais na esperança de um dia poder aproveitá-los. Embora impaciente, continuava otimista.

Geneva percebeu que algo estava errado porque o seu principal contato não ligava para ela e nenhum dos membros da equipe lhe retornava os telefonemas. Sentia-se perplexa e frustrada, mas fez o exercício Tranqüilizador de Minerva para não perder a esperança. Outro mês se passou e ela ligou de novo; dessa vez seu contato principal atendeu e aconselhou-a a esperar, mas ressalvando que houvera novas disposições e que a equipe ainda se perguntava como e quando estaria pronta para novas idéias de programação e novos talentos.

Isso pôs Geneva em pânico; ela aguardara meses a fio para não sair do lugar. Como aquela gente garantira que estava interessada em seu trabalho, ela não estudara outras opções.

Depois de um alívio rápido graças ao exercício de Minerva contra o "baixo-astral", Geneva saiu de novo a campo em busca de um lugar onde pudesse escrever e ser ouvida. De novo, consultou amigos e colegas, descobrindo um contato num periódico local, um jornal pequeno com público jovem e entusiasta. Geneva reuniu algumas idéias e marcou uma entrevista. Durante a conversa, conseguiu persuadir os diretores a encomendar-lhe um artigo; se gostassem, pagariam.

Com a energia profissional toda concentrada no emprego de tempo integral e no artigo, Geneva quase esqueceu a estação de rádio. Quando eles a chamaram inesperadamente, ela se sentiu lisonjeada, mas conteve o entusiasmo para o caso de "desaparecerem da tela do radar" outra vez. Sem dúvida, arriscou algumas idéias num fórum público que eles organizaram certa noite, descobrindo que não apreciava muito a proximidade do rádio nem a pressão para opinar de improviso. Por outro lado, o jornal aceitou o seu trabalho e encomendou-lhe outros. Pressentia que era iminente a tão esperada mudança. Tempo decorrido? Dois anos.

Antes de chegar aonde quer, lembre-se:

A mudança demandará mais tempo do que você pensa.

Ninguém gosta de ouvir isso, mas é a verdade. Minerva tem todo o tempo do mundo; não se apressa e você também não deve se apressar. Como uma caça ao tesouro, a ansiedade da aventura faz parte do prazer. Se acha que não dispõe de tempo, tome um tranqüilizante (veja em seguida) e sossegue. Quem é lento e firme vence a corrida.

Exercício: O Tranqüilizador de Minerva

Ferramentas: O seu magneto potencializador e um lugar ao ar livre onde possa sentar-se sem ser perturbado.

Sente-se num lugar onde seus pés pousem diretamente no chão — a terra é preferível ao asfalto, pedra ou concreto. Segure o magneto potencializador. Em voz alta, chame Minerva e permaneça quieto. Repare na sensação de solidez proporcionada pelo chão a seus pés, no ar que respira lentamente, inspirando e expirando, e em seu corpo, mantido pela terra e pelo lugar onde você está sentado. Relaxe e devaneie um pouco. Uma vez descontraído, instile luz e sucesso em seu futuro a cada expiração. Conscientize-se de que as suas necessidades serão atendidas, saiba que o sucesso o aguarda. A cada inspiração, farte-se de conhecimento, amplitude, paciência e segurança — o seu objetivo já existe no futuro e dentro de você.

Não se apresse no exercício. Permaneça nesse local calmo e inspirador por tanto tempo e tantas vezes quanto quiser.

FIOS CRUZADOS, MIXÓRDIA E OUTRAS CONFUSÕES IMPREVISÍVEIS

Para além dos adiamentos impostos à sua mudança de carreira pelo mundo exterior ou pelo simples mas penoso processo de esperar que o mundo venha ao encontro de suas necessidades, existem muitas outras coisas miúdas que podem dar errado no caminho para o futuro. Eis algumas queixas freqüentes:

- ☾ Notar uma mancha na gravata ou na camisa (ou uma meia desfiada) pouco antes de uma entrevista.
- ☾ Ficar preso no trânsito, atrás de um lento ônibus escolar, ou no elevador a caminho da entrevista.
- ☾ Comparecer à entrevista um dia depois da data marcada.
- ☾ Esquecer o nome de alguém.
- ☾ Ser canhestro (tropeçar, dar um aperto de mão frouxo, etc.).

Embora o trabalho com Minerva possa ajudar a evitar alguns desses percalços irritantes, às vezes você se descobre à mercê do caos incontrolável. Que fazer? Chame Minerva imediatamente e peça ajuda. Não perca a cabeça e não volte correndo para casa (a menos que se trate do dia errado).

As pessoas mais atiradas e, certamente, mais encantadoras também se vêem em palpos de aranha. Já vi executivos derramar café em si mesmos ou mesmo arrotar enquanto falavam — mas sem perder a compostura.

Minerva pode ajudá-lo também a amenizar alguns desses deslizes. Basta chamá-la para ver o que acontece. Não se desespere.

Há pouco, tive uma grande reunião com alguns figurões numa empresa de Internet. Pouco antes, almocei e, muito irresponsavelmente, derramei molho vinagrete na frente da saia. Era uma mancha *enorme* no ponto mais indesejável, chegando a parecer obscena quando me levantei. O tecido da saia não era lavável. Que fazer? Não havia tempo para correr até a minha casa nem havia como escapar da reunião. Estava a quilômetros de distância de uma loja de "emergência", de sorte que não tinha escolha a não ser encarar o problema. Invoquei Minerva (no banheiro das mulheres, lavando as mãos para ninguém me ouvir) e girei a saia, deixando a mancha do lado de trás. Puxando a blusa para baixo e sobraçando o casaco, esse lado ficava menos visível — de frente. (Eu devia, é claro, certificar-me de que ninguém se aproximasse de mim por trás!)

Chegada a hora de ir para a reunião, vistoriei rapidamente a minha aparência no banheiro. Um olhar para parte de trás da saia tranqüilizou-me: quase não se podia perceber a mancha. Girando a saia, em vez de uma nódoa enorme, só havia ali uma sombra — que seria preciso examinar bem para notar. Surpresa e satisfeita, vesti o casaco e saí para o encontro. Mais tarde, com tempo para refletir no acontecido, descobri que o sofá onde me sentei absorvera a maior parte da mancha.

A questão que agora se coloca para você é: teria aquela mancha desaparecido de qualquer maneira, mesmo sem a intercessão de Minerva? Não tenho a menor idéia e não quero discutir a respeito.

Há muitos outros tipos de desafios miúdos que podem abalar você, especialmente os atrasos. Às vezes, mesmo saindo cedo, deparamos com problemas. Chame sempre Minerva e seja sempre educado. Se puder telefonar, telefone. Se não puder, tente adiar a reunião. Falando francamente, se as pessoas que irá encontrar ou de quem espera um emprego não o perdoarem por um contratempo, aprenda a lição: não queira trabalhar com elas.

Certamente, depois de um segundo deslize, as pessoas têm motivos para preocupar-se — com a sua pontualidade, o seu encanto, a sua capacidade de entrosar-se. Se achar que não conseguirá se sair bem e continuar metendo os pés pelas mãos, a sua energia provavelmente não é compatível. Minerva lhe dará um conselho gentil: você está por fora.

A minha ex-cliente e agora velha amiga Caroline nunca foi uma garota cheia de melindres. Parece uma modelo, tem inteligência aguda e intuição rápida, o que muitas vezes assombra as pessoas para quem um rostinho bonito significa burrice. A fraqueza de Caroline está nos calcanhares e a sua preferência por saltos altíssimos compromete-lhe o equilíbrio. Ela costuma lembrar o que lhe aconteceu certa vez, a caminho de uma entrevista importante. Queria deixar o cargo de profissional de *marketing* num banco e conseguira entrevista para pleitear um emprego de pesquisa num banco concorrente muito respeitado.

Caroline vestiu-se para a ocasião: blusa azul-marinho, maquilagem discreta e, é claro, os saltos altos de sua marca registrada. Como morava em Manhattan, não precisava de carro. Chamou então um táxi a fim de dirigir-se para a área de Wall Street, onde disporia de meia hora para aguardar a entrevista. O táxi de Caroline, porém, envolveu-se num acidente na West Side, a veloz e movimentada pista que margeia o rio Hudson. O táxi teve de esperar que o guarda chegasse para fazer a ocorrência, mas Caroline tinha pressa. Infelizmente, estava na margem onde não existe calçada. Naquela época, ainda não havia celulares; portanto ela não podia, entrar em contato com ninguém.

Vendo-se em apuros, Caroline invocou Minerva (embora ainda não acreditasse nela, achou que isso não faria mal algum). O táxi ficara ali atravancando a pista esquerda e a ansiedade de Caroline aumentava à medida que uma longa fila de veículos se acumulava atrás. Logo que os policiais chegaram, perguntou-lhes se não poderiam escoltá-la até um lugar seguro. Um oficial simpático ajudou-a a atravessar para o outro lado. Faltavam dez minutos para a entrevista.

Abandonada à própria sorte numa vizinhança atravancada de armazéns e sem táxis à vista, Caroline trotou corajosamente em seus saltos altos para a estação do metrô, a alguns quarteirões dali. Um trem se aproximava da plataforma e ela preferiu tomá-lo a dar um telefonema avisando que ia chegar alguns minutos atrasada. Cinco minutos depois, subia as escadas do metrô e ganhava a calçada, que por sorte estava bem em frente do banco. Perplexa ante esse aparente milagre, Caroline deu um passo atrás e tropeçou, torcendo o tornozelo ao cair. Dolorida e um pouco amarfanhada, dirigiu-se ao banco e à entrevista.

O executivo que iria atendê-la estava ao telefone, de modo que ela teve tempo de se refrescar no banheiro e engolir alguns comprimidos de Tylenol na esperança de eliminar a dor no tornozelo. A entrevista começou dez minutos depois e Caroline comportou-se muito bem durante a conversa inicial:

> Caroline: Prazer em conhecê-lo, como vai? Lamento estar um pouco atrasada.
> Executivo: Muito bem, e você? Espero que não tenha tido problemas para encontrar o nosso endereço.

Caroline: De modo algum. O motorista do meu táxi não conseguia manter os olhos fixos na pista e envolveu-se num pequeno acidente, motivo pelo qual me atrasei. Não foi nenhum problema. Estou satisfeita pela oportunidade de conversarmos. Sempre respeitei muito esta empresa.

E foi em frente. Concentrou-se tanto na conversa que nem sequer sentiu mais o tornozelo. Ao sair, procurou caminhar o mais lentamente possível. Como foi chamada para uma segunda entrevista e acabou conseguindo o emprego, Caroline gosta de contar essa história.

Hoje analista-sênior no mesmo banco, ela dá os seguintes conselhos a quem se encontrar em apuros:

1. Persevere em seu objetivo.
2. Invoque Minerva.
3. Transforme o que aconteceu numa história bem-humorada.

Se você achar que está perdendo o controle dos nervos ou que o medo do fracasso começa a comprometer a sua capacidade de levar adiante, com êxito, uma entrevista, volte ao Capítulo Dois e repita alguns exercícios de purificação. Às vezes as circunstâncias trazem de volta a insegurança ou a autocrítica negativa, mas você pode se livrar delas com a ajuda de Minerva.

Ter bom humor pode ser difícil. Eu certamente não gargalhei quando percebi aquela mancha em minha saia. Sei que Caroline também não riu depois da entrevista até obter o emprego. Às vezes, o desfecho não é auspicioso, mas mesmo assim você deve descobrir nele uma nota de humor. Rir de nós mesmos torna-nos mais agradáveis, mais calmos, mais poderosos. Ninguém pode rir de você, apenas com você.

O riso ameniza a dor. E quando se tem menos dor, tem-se mais poder.

CANSAÇO, ESGOTAMENTO E FALTA DE ENERGIA

Pode acontecer. Às vezes o cansaço e o desânimo o fazem sentir-se totalmente esgotado ou entorpecido. Você tentou fazer o melhor que podia e agora não tem mais opções. Um novo futuro não o entusiasma; nem sequer a decepção o afeta. Quer voltar à vida antiga e dormir bastante.

Isso não é render-se, é estar exausto, uma situação em que o seu poder não encontra combustível.

Pesquisa de Avarias: Manobras de Minerva Diante de Obstáculos e Recuos   111

Se você atingir o patamar da fadiga, onde mais um telefonema ou esforço é insuportável, terá de recorrer à usina de força universal para reabastecer-se.

Recuperar e pôr em ação a energia exige umas poucas etapas. O primeiro passo é fácil: não faça nada. Desligue-se um pouco do projeto de mudança de carreira. Deixe que as coisas rolem por algum tempo. A pausa será mais reconfortante e reparadora se for voluntária. Você não deve se sentir culpado nem ansioso para recomeçar. Esqueça tranquilamente o processo, certo de que voltará à ativa no momento certo e entrará de novo em contato com Minerva.

Exercício: Retomada do Contato com Minerva

Ferramentas: Magneto potencializador, um símbolo do trabalho que gostaria de fazer e um lugar tranquilo onde possa falar consigo mesmo.

1. Elimine a energia indolente ou tóxica do seu magneto potencializador, selecionando um dos métodos de purificação a seguir.

☾ Exponha o magneto à luz do Sol por um dia inteiro ou
☾ Deixe-o de molho em água salgada a noite inteira ou
☾ Exponha-o a um vento forte ou
☾ Suspenda-o sobre uma coluna de fumaça perfumada.

2. Releia as descrições de seu signo solar e lunar.
3. Sente-se calmamente com o magneto potencializador nas mãos e solte a respiração. Quando se sentir pronto, peça a Minerva que venha se juntar a você novamente e ajude-o a encontrar o caminho certo para a carreira. Aceite os seus dons e pontos fortes. Lembre-se de carregar sempre consigo o magneto potencializador.

A retomada de contato com Minerva recoloca você nos trilhos, reabastecendo o seu ímpeto, ambição e fonte de poder. Não importa quão cansado esteja do mundo, logo estará agindo novamente e buscando o sucesso final.

SETE

A BUSCA DO SUCESSO

Nesta etapa de mudança da sua carreira, Minerva irá ajudá-lo a conviver com o sucesso.

Você acha que não precisa de auxílio? Pensa que é fácil dizer "sim" a uma boa oferta e trocar um aperto de mãos para concluir o negócio? Na verdade, agora você se conhece muito melhor e sabe como reformar a sua vida. Pode até mesmo fazer novos amigos e enfrentar novos desafios. Você é poderoso. Sabe como agir. Mas, e quanto a operar a transição da busca para a estabilidade?

Você sabe acaso como dizer educadamente "obrigado" e "adeus" a Minerva? Como cercar de energia o seu novo trabalho para que a significação e o valor dele não diminuam? Você será capaz de dividir o sucesso com os outros? Sabe como tornar a nova carreira uma porção plenamente realizada de você mesmo?

Agarrar-se ao sucesso e conservá-lo é tão mágico quanto obtê-lo.

QUANDO O SUCESSO ESTÁ PERTO

Você trabalhou com afinco. Teve alguns altos e baixos, superou-se e venceu o medo. Agora vai chegando ao fim do processo. Deve ter o pressentimento de que está prestes a conquistar o que quer. Uau! Significará isso que logo realizará uma grande mudança?

Não é incomum a pessoa hesitar quando está na iminência de vencer. O sucesso pode ter efeitos colaterais muito peculiares.

O SUCESSO E OS SEUS EFEITOS COLATERAIS

Muitas vezes, já quase no final da jornada, você nem sequer percebe que está lá. Acostumou-se a dar telefonemas, aguardar, vender a própria imagem, engolir decepções: o processo de mudança de carreira pode transformar-se ele próprio em carreira ou pelo menos em *hobby*. Então, como se sente quando alguém diz: "Está bem, faça-o. Eis aqui o dinheiro"?

Sei muito bem como me senti quando o meu editor fez a primeira oferta para o meu primeiro livro. Depois do arroubo inicial de satisfação e triunfo, vi-me diante da sólida muralha do medo. Agora tinha de fazer o que planejara durante anos e perguntava-me se, afinal de contas, conseguiria mesmo fazê-lo.

Quando o meu cliente Lawrence, técnico financeiro e imobiliário, fisgou o seu primeiro cliente de grande porte, quase o deixou escapar. Sentia-se em tamanho apuro que começou a questionar-se logo na primeira reunião. A tranqüila certeza e a eficiência prática com que conquistara aquele cliente pareciam evaporar-se; agora quem ali estava era um homem fraco. Lawrence procurou desculpar o nervosismo insinuando algo como uma intoxicação alimentar. Na reunião seguinte, estava mais preparado (graças à ajuda de Minerva, é claro) e o cliente ficou satisfeito.

Lawrence e eu reagimos diferentemente ao sucesso, embora fôssemos da mesma origem.

"Agora que estou aqui, conseguirei realmente fazê-lo?"

Minerva pode ajudar você a lançar a âncora do seu objetivo, para que goze os frutos do seu trabalho e estabilize o seu sucesso na nova carreira.

Exercício: A Âncora do Sucesso de Minerva

Ferramentas: O seu magneto potencializador, algo que simbolize a sua realização (carta de oferta de emprego, cartão de visitas comercial, etc.) e um lugar calmo onde possa sentar-se no escuro e falar consigo mesmo.

Sente-se tranqüilamente no escuro com o magneto potencializador em cima ou perto do símbolo do seu sucesso. Em voz alta, chame Minerva e peça-lhe que o ligue ao seu sucesso com calma segurança, facilidade e graça. Poderá empregar as suas próprias palavras ou estas:

> Minerva, invoco a sua orientação e poderes outra vez para ajudar-me
> a conservar e estabilizar a bem-sucedida mudança de carreira que empre-

114   *Conselhos da Deusa da Sabedoria e o seu Sucesso na Carreira*

endi. Reivindico a posse desse novo trabalho com dignidade, gratidão e tranqüila segurança.

Mantenha-se descontraído por alguns minutos para que se sinta realmente calmo e de bem com o sucesso.

Embora muitos de nós "refuguemos" já perto do fim da estrada, há outro efeito colateral do sucesso que a meu ver é mais raro, porém mais perigoso: a vaidade.

A vaidade se alteia pomposamente, o mais das vezes em pessoas que começaram com baixa auto-estima e tiveram de lutar muito para encontrar a própria força. Um ego monstruoso pode nascer da fraqueza — dá menos trabalho — e ir de um extremo ("Não valho nada") a outro ("Sou o melhor"). Não é difícil reconhecer o talento e o valor próprio estando, ao mesmo tempo, cônscios de que todos temos problemas, fraquezas e falhas. Para muitas pessoas, trabalhar com Minerva, bem como aceitar os próprios dons astrológicos e desafios, pode restituir o equilíbrio ao seu autoconhecimento. Em se tratando de Minerva, não há isso de bom e mau, o que importa é "ser". Você é a sua própria mescla sagrada de "egocidade".

A vaidade e a exagerada condescendência para consigo mesmo são freqüentemente encontradas em pessoas que pensam não ser certo ter falhas. A vaidade, num primeiro momento, pode incrementar a mudança de carreira porque contribui com o seu próprio tipo de energia exclusiva e confiante, tão do agrado dos empregadores. No entanto, uma vez feita a oferta, a vulnerabilidade mascarada pela vaidade pode amargar o insucesso. A insegurança costuma ditar respostas tolas. É mais fácil dizer "não" a um emprego ("Não é bom o bastante") do que reconhecer a própria mediocridade e o fracasso completo. A vontade pode impedir você de chegar aonde quer.

Todos cometem disparates, mas os egos inseguros não aceitam isso. Entram a criticar e a achar defeitos em tudo. Essa espécie de fuga e de energia acusadora sabotará a sua metamorfose e comprometerá o seu sucesso. Se você trabalhou duro para se valorizar, veja-se a uma luz realista: confie tanto em suas habilidades quanto em suas debilidades. Peça a ajuda de Minerva.

Exercício: Discurso de Aceitação de Minerva

Ferramentas: O seu magneto potencializador, um recinto sossegado.

Sente-se calmamente com os olhos fechados. Respire com liberdade e descontração. Ao expirar pela boca, imagine que expele do corpo todas as impurezas, medos e julgamentos. Repita isso por um minuto ou dois. Quando estiver pronto, diga em voz alta: "Reivindico o meu sucesso. Sou digno dele. Posso falhar. Fui bem-sucedido. A sabedoria de Minerva é a minha sabedoria."

Continue sentado com os olhos fechados. A cada inspiração, absorva o seu sucesso e a sua plenitude. Reconheça e aceite tanto as suas falhas quanto os seus pontos fortes. Aspire tanto o que é bom quanto o que é mau, calmamente, sabendo que é bem-sucedido com todas as suas qualidades.

COMO ENCARAR O SUCESSO

Minerva realmente gosta de vê-lo sair-se bem e por isso irá ajudá-lo a realizar o seu negócio enquanto você o permitir. Aceitar que está quase no fim da estrada é apenas o primeiro passo para o êxito final. E agora, que tal discutir os termos da sua nova carreira?

Depois de realizar a mudança e ser recebido no novo trabalho (ou galgar um novo patamar em sua carreira atual), praticamente tudo está feito. Mas resta algo a fazer, que não é muito fácil: concluir um bom negócio. Não é difícil dizer que a tarefa foi realizada quando se chegou lá. Mas, e quanto a aceitar pressurosamente a primeira oferta? E se você descobrir que poderia ter feito melhor?

Lembre-se da piada sobre os touros e os bezerros no alto do morro, espiando as nédias vacas que pastam lá embaixo. Os bezerros descem desabaladamente a encosta para pegar primeiro as vacas mais bonitas. Os touros esperam o momento certo e movimentam-se lentamente. Os bezerros riem, achando que os "velhos" são tardos e estúpidos por deixarem que os jovens lhes arrebatem o melhor da presa. Mas os touros são mais sábios. Os fedelhos estarão cansados e sem fôlego quando chegarem perto das vacas. E quando se recuperarem, os "velhos" já terão feito o trabalho.

Quem é lento e firme vence a corrida. Se você disparar ao primeiro aceno, não escolherá a melhor oferta. Compreensivelmente, esse é um engano comum.

É difícil aceitar o sucesso quando se trabalhou incansavelmente para alcançá-lo.

Às vezes, ser inexperiente ou ingênuo ajuda. A minha primeira oferta em publicidade foi um salário cinco mil dólares menor do que eu esperava. Pedi mais, sem saber que isso não era comum em início de carreira. Amigos me disseram que eu estava louca e que devia agradecer a oferta, fosse ela qual fosse. Todavia, os meus empregadores concordaram e tive a satisfação de saber que havia corrido um risco (embora inocentemente), risco que valera a pena. Já na época Minerva me orientava.

É difícil negociar sozinho; na verdade, é quase impossível. Não podemos preservar a objetividade na discussão quando falamos de nós mesmos; isso nos coloca em desvantagem. Não é fácil pedir mais quando se deveria dar graças a Deus por receber uma oferta qualquer. Mas você tem de aceitar o que não lhe convém inteiramente só para agarrar o emprego? Se não tem, por que fazê-lo? Se faltar algo na oferta (um pouco mais de dinheiro, um período maior de férias, mais benefícios, um título diferente), peça-o. O pior que poderá ouvir será um "não"; o melhor, um "sim".

Quando hesitar em pedir alguma coisa, deixe que Minerva o ajude. Você não precisa tornar-se um negociador intransigente, apenas descobrir um meio de perguntar: "Poderá o senhor atender a essa minha necessidade?" Por ocasião da minha primeira oferta, bradei: "Oh, esperava cinco mil a mais!" Minha exigência honesta e direta por mais dinheiro não era nem um pouco usual. Mas fui atendida.

Lembro-me também de que fiquei atribulada quando, anos mais tarde, consegui um emprego novo. Nesse caso, o salário era tão alto que achei não dever pedir nada mais e por isso contentei-me com duas semanas de férias quando podia conseguir mais. Deixei-me intimidar por meu próprio medo ("Merecerei tanto dinheiro assim?") e, inconscientemente, transigi comigo mesma ("Bem, trabalharei duro e não terei muitas férias; então, o salário é justo"). Aprendi muito com isso.

É penoso imaginar como os outros nos vêem. Você se esforçou, preparou-se até achar que estava à altura daquele emprego, conseguiu convencer alguém a aceitá-lo e foi contratado. Agora que convenceu a todos de que era capaz, não se subestime. Muita gente que muda de carreira passa por períodos em que supõe ter ludibriado os outros e receia ser desmascarado como uma farsa. Não é essa a realidade. Você mereceu o emprego e tem credenciais para ser bem recompensado.

O meu cliente John, de trinta e sete anos, preparava-se para deixar uma firma de corretagem a fim de fazer o curso de Direito. Saíra-se bem no vestibular e guardara dinheiro suficiente para sobreviver, embora houvesse tomado empréstimo para pagar o curso. Aceito na universidade de sua primeira escolha, inquietou-se. Tinha uma grande dívida a solver após a formatura e aparentemente não se preocupara muito com isso. Ressaltei que, tendo ido tão longe, por que não candidatar-se a uma bolsa? Ele pensava que isso era loucura ("Quem daria uma bolsa a um senhor de meia-idade e ainda por cima branco?"). Não fez nada até saber que uma fundação ligada à escola estava oferecendo bolsas a estudantes com mais de trinta anos. John achou engraçado pleitear uma, mas o fez; e não riu nem um pouco dos dez mil dólares que recebeu.

Se você pensa que não pode pedir mais do que aquilo que lhe foi oferecido, consulte-se com Minerva e descubra o modo certo de ver atendidas as suas necessidades.

Exercício: O Negociador de Minerva

Ferramentas: Você e o seu magneto potencializador num recinto calmo; caneta e papel.

Faça uma lista das coisas boas que lhe foram oferecidas. Registre o que gostaria de ver ali incluído — mas seja razoável. Peça que Minerva o ajude a encontrar as palavras certas para pedir o que deseja. Feche os olhos e ensaie em voz alta o pedido. Mentalmente, ouça uma resposta positiva. Relaxe e reconheça que foi fácil solicitar aquilo que queria.

Uma dica: o ciclo lunar poderá ajudá-lo. Peça aumentos depois da Lua nova, no quarto crescente.

QUANDO O SUCESSO PARECE FÁCIL DEMAIS

Pergunta difícil: o que você faria se alguém lhe oferecesse agora mesmo o emprego dos seus sonhos?

Seria capaz de dizer "não"? Decerto você quer o emprego — é justamente o que sempre quis. Mas então está certo chegar com tanta facilidade a um final feliz? Você perderá alguma coisa por ter aceitado a primeira oferta que apareceu?

Testemunhei isso com a minha cliente Sylvia. Ela trabalhava como consultora de relações públicas e queria tornar-se redatora de uma empresa de *design* na Internet. Sabia que isso seria um grande salto criativo, mas sentia-se entusiasmada com um projeto que elaborara para um novo *website*. Tinha experiência em redação graças ao trabalho de relações públicas; isso, porém, bastaria para a WWW? A cliente de seu *website* apresentou-a a uma grande empresa da Rede que estava à procura de redatores de equipe. Sylvia já estudava uma oferta duas semanas depois de começar a trabalhar com Minerva.

Ela me telefonou para conversarmos a respeito.

Sylvia: Olá. Não sei muito bem o que fazer. Arranjei um emprego.

Eu: Como assim, você não sabe muito bem o que fazer? Então arranjou um emprego?

Sylvia: É isso aí.

Eu: E que achou do lugar?

Sylvia: Ótimo. Gostei do ambiente, exceto pelo fato de todo mundo parecer uns vinte anos mais jovem que eu. Mas, não me preocupo com isso... pelo menos, não muito.

Eu: Você trabalhará como redatora?

Sylvia: Sim. Numa equipe. É esse o emprego.

Eu: E quanto ao salário?

Sylvia: Nada mau. E ainda poderei adquirir ações.

Eu: Então, qual é o problema?

Sylvia: É que tudo aconteceu tão rápido...

Eu: Minerva está sorrindo para você. Devolva-lhe o sorriso.

Sem dúvida, você hesitará diante de uma oferta repentina (Por que me querem com tanta pressa? Sabem ao certo o que quero/o que querem/o que posso fazer?, etc.). O nervosismo é natural — afinal de contas, você está surpreso. Foi também aconselhado a não agarrar a primeira coisa que aparecesse; mas, e se quiser fazer isso?

Eis uma lista básica de conferência caso se sinta abalado por uma mudança súbita:

1. A entrevista e o ambiente da empresa lhe agradaram?
2. Sentiu-se o tempo todo entusiasmado com o emprego?
3. Acha mesmo que quer e pode fazer o trabalho?
4. Fica entusiasmado com o emprego quando não sente medo?

Não há motivo para recusar uma oferta se ela for boa. A hesitação ("Talvez eu devesse esperar por algo mais") não levará você a lugar algum. Você poderá fazer o melhor ou não fazer. Esse trabalho lhe convém e você o queria. Não o ignore.

O RISCO DO SUCESSO

Iniciar uma nova carreira sempre parece arriscado. Quer o emprego surja de repente ou em conseqüência de uma mudança longa e laboriosa, você provavelmente se perguntará mais de uma vez se está fazendo a coisa certa. É importante lembrar que, aos olhos de Minerva, nada é errado. Enquanto você canalizar a sua paixão criativa para o trabalho, será um ser humano digno de louvor. Quando quiser — e se quiser —, poderá mudar de idéia e operar nova metamorfose.

TAREFA CONCLUÍDA

Agora você está no banco do motorista, com a história de uma mudança completa para contar aos amigos e familiares. Você transformou a sua energia criativa num campo novo, tarefa verdadeiramente hercúlea. Como finalizará o processo?

Minerva pede-lhe agora que faça umas poucas coisas. Em primeiro lugar, seja grato ao mundo pelo seu sucesso. Em segundo, associe esse sucesso a alguém e ajude os semelhantes a concretizar os seus sonhos.

RETOMADA DO CAMINHO CERTO

Ao iniciar o primeiro dia da nova vida profissional, leve consigo os seus poderes. Tenha sempre junto de si, ou na escrivaninha, o magneto potencializador. Ao fim, quando o novo emprego se tornar apenas a sua carreira e não mais uma coisa nova, você poderá dispensar o magneto potencializador ou continuar a usá-lo, à vontade.

Poderá também encerrar de algum modo o processo de metamorfose para compreender fisicamente que já não se encontra numa fase de transição. Um exercício simples de encerramento (não de despedida) com Minerva ajudá-lo-á a concluir — mas cuidado com os efeitos colaterais. Haverá um pouquinho de tristeza quando você alcançar o tão sonhado objetivo.

Exercício: Encerramento com Minerva

Ferramentas: O seu magneto potencializador, um lugar calmo onde possa sentar-se e falar em voz alta.

Agradeça a Minerva pela paciência e generosidade durante o seu processo de mudança de carreira. Em seguida, peça-lhe que o abençoe e oriente no novo emprego, para que tenha sucesso, realização criativa e produtividade. Dê uma prova de gratidão por sua boa sorte.

A IMPORTÂNCIA DA GRATIDÃO

Idealmente, expressar gratidão nada mais é que estender uma bênção ao mundo e ao céu (Minerva e os seus amigos) por terem respondido aos seus apelos e preces em prol de um novo caminho criativo. Você deverá dizer "obrigado" ao universo que tornou possível essa mudança de carreira. Em seu sentido mais pragmático, a gratidão é um meio de garantir que você valorizará e acolherá a bênção pela qual tanto labutou. A gratidão é o fecho, o toque final em seu trabalho mágico com Minerva.

Depois que o meu primeiro livro foi publicado, doei parte do dinheiro a um fundo de proteção a mulheres que precisavam começar vida nova. Esse foi o meu ritual de gratidão: participei indiretamente do processo de mudança de pessoas que disso necessitavam. Para cada livro que publico e cada mudança de carreira que promovo, dou alguma coisa em troca, seja isso tempo ou dinheiro.

Cabe a você escolher o modo de mostrar gratidão. Mas Minerva tem algumas sugestões que poderão inspirá-lo:

Reserve um tempinho para a caridade ou o voluntariado
Seja um mentor ou um técnico vocacional
Plante um jardim
Ajude a levantar fundos para uma boa causa
Estimule a carreira de alguém

Rituais de gratidão podem iniciar uma reação em cadeia com efeitos colaterais bastante positivos. Você se torna um exemplo quando dá alguma coisa em troca.

AJUDE OS OUTROS A VENCER

Quando eu tentava ser uma escritora, a minha amiga Liz, autora consagrada, tomou-me aos seus cuidados. Apresentou-me ao meu agente e ajudou-me a desenvolver idéias para livros. Ela ainda me ajuda, sem pedir nada em troca. Dá um bom exemplo, que tento seguir para incentivar as carreiras de outras pessoas.

Depois que publiquei dois livros, conheci duas mulheres jovens que desejavam escrever a respeito das experiências de garotas pré-adolescentes. Já haviam feito algumas pesquisas e estavam prontas para compilar os dados num livro. Sabendo muito bem como é difícil escrever um livro, dei-lhes o máximo de orientação que pude — de dicas sobre como organizar o material ao modo de descobrir um agente ou editor. Não fiz nenhum trabalho para elas, apenas capacitei-as a fazê-lo elas próprias. Finalmente, publicaram o seu livro — o que foi profundamente gratificante para todas nós.

A maneira de secundar e estimular as carreiras de outras pessoas não é algo que se aprenda na escola nem se leia nas descrições da maioria dos empregos. No entanto, todos precisamos de um encorajamento extra e de um pouco de sabedoria ao longo da jornada. Felizmente, a sua metamorfose proporcionou-lhe experiência para aconselhar. Sem dúvida, adquiriu sabedoria ouvindo os outros. Portanto, conquistou o direito de oferecer conselhos.

Aconselhar é um modo de orientar os menos experientes e, provavelmente, menos bem-relacionados. Você não precisa ser do mesmo ramo, basta conceder um pouco de tempo e saber a alguém que necessita de um olho experiente e de uma opinião sensata. Ainda que a sua empresa não possua um programa de orientação profissional, existem por aí inúmeros grupos sem fins lucrativos que acolherão de bom grado a sua ajuda.

CONTAR HISTÓRIAS: A LEMBRANÇA DE MINERVA

Dia virá, e sem tardança, em que a sua carreira já não parecerá "nova". Não mais se sentirá como se acabasse de operar uma drástica transição, ao contrário, caminhará por toda parte amparado de novo pelo trabalho e a vida — só que mais feliz. É por isso que você lutou pela vida nova que agora parece apenas a vida de sempre.

Quando você atingir esse ponto, não esqueça Minerva. Mantenha vivos a energia e o poder da deusa contando a história de como chegou até aí. Contar histórias, especialmente histórias verdadeiras com final feliz, é uma forma sagrada de comunicação e celebração. Você terá incontáveis oportunidades de partilhar a sua história — com a família, no escritório, num jantar com amigos. Não tema explicar que conseguiu mudar de vida adotando o misterioso processo de Minerva.

Contar a própria história, alto e bom som, mantém a paixão num patamar elevado e, viva, a conexão com Minerva. Desse modo, você inspirará outras pessoas a seguir o impulso de seus corações rumo a um novo futuro.

Minerva lhe quer bem e espera que partilhe com todos a magia de seu mito e a realidade de seu poder.

SIGNOS LUNARES

30/12/1929	05:55:50	Cp	30/04/1930	10:25:55	Gê	28/08/1930	05:10:36	Es
01/01/1930	18:29:16	Aq	02/05/1930	13:53:45	Câ	30/08/1930	11:04:26	Sa
04/01/1930	07:04:27	Pe	04/05/1930	16:31:41	Le	01/09/1930	20:35:07	Cp
06/01/1930	18:27:23	Ár	06/05/1930	19:10:35	Vi	04/09/1930	08:27:21	Aq
09/01/1930	02:58:59	To	08/05/1930	22:30:05	Li	06/09/1930	21:06:24	Pe
11/01/1930	07:34:29	Gê	11/05/1930	03:06:25	Es	09/09/1930	09:21:05	Ár
13/01/1930	08:34:33	Câ	13/05/1930	09:38:40	Sa	11/09/1930	20:17:55	To
15/01/1930	07:37:05	Le	15/05/1930	18:39:26	Cp	14/09/1930	05:00:53	Gê
17/01/1930	06:56:32	Vi	18/05/1930	06:03:29	Aq	16/09/1930	10:42:10	Câ
19/01/1930	08:44:09	Li	20/05/1930	18:33:43	Pe	18/09/1930	13:18:06	Le
21/01/1930	14:24:51	Es	23/05/1930	05:55:28	Ár	20/09/1930	13:45:09	Vi
23/01/1930	23:56:03	Sa	25/05/1930	14:15:14	To	22/09/1930	13:43:24	Li
26/01/1930	11:52:26	Cp	27/05/1930	19:06:50	Gê	24/09/1930	15:07:17	Es
29/01/1930	00:35:02	Aq	29/05/1930	21:25:33	Câ	26/09/1930	19:34:19	Sa
31/01/1930	12:58:51	Pe	31/05/1930	22:45:01	Le	29/09/1930	03:48:18	Ca
03/02/1930	00:22:42	Ár	03/06/1930	00:36:52	Vi	01/10/1930	15:09:05	Aq
05/02/1930	09:48:34	To	05/06/1930	04:03:47	Li	04/10/1930	03:47:48	Pe
07/02/1930	16:08:04	Gê	07/06/1930	09:30:03	Es	06/10/1930	15:51:59	Ár
09/02/1930	18:55:13	Câ	09/06/1930	16:55:57	Sa	09/10/1930	02:14:23	To
11/02/1930	19:00:14	Le	12/06/1930	02:20:09	Cp	11/10/1930	10:29:08	Gê
13/02/1930	18:14:02	Vi	14/06/1930	13:38:49	Aq	13/10/1930	16:29:10	Câ
15/02/1930	18:50:06	Li	17/06/1930	02:11:53	Pe	15/10/1930	29:19:19	Le
17/02/1930	22:44:33	Es	19/06/1930	14:14:51	Ár	17/10/1930	22:25:35	Vi
20/02/1930	06:48:31	Sa	21/06/1930	23:35:22	To	19/10/1930	23:43:10	Li
22/02/1930	18:12:36	Cp	24/06/1930	05:00:11	Gê	22/10/1930	01:32:26	Es
25/02/1930	06:56:44	Aq	26/06/1930	06:57:18	Câ	24/10/1930	05:23:17	Sa
27/02/1930	19:13:03	Pe	28/06/1930	07:06:10	Le	26/10/1930	12:26:50	Cp
02/03/1930	06:08:18	Ár	30/06/1930	07:28:20	Vi	28/10/1930	22:53:38	Aq
04/03/1930	15:18:34	To	02/07/1930	09:47:01	Li	31/10/1930	11:22:42	Pe
06/03/1930	22:15:46	Gê	04/07/1930	14:55:48	Es	02/11/1930	23:34:28	Ár
09/03/1930	02:34:17	Câ	06/07/1930	22:49:13	Sa	05/11/1930	09:37:23	To
11/03/1930	04:25:16	Le	09/07/1930	08:49:25	Cp	07/11/1930	16:58:21	Gê
13/03/1930	04:53:36	Vi	11/07/1930	20:22:38	Aq	09/11/1930	22:04:52	Câ
15/03/1930	05:43:09	Li	14/07/1930	08:57:06	Pe	12/11/1930	01:45:10	Le
17/03/1930	08:46:04	Es	16/07/1930	21:25:48	Ár	14/11/1930	04:41:39	Vi
19/03/1930	15:23:29	Sa	19/07/1930	07:54:17	To	16/11/1930	07:26:54	Li
22/03/1930	01:40:00	Cp	21/07/1930	14:39:05	Gê	18/11/1930	10:36:08	Es
24/03/1930	14:04:55	Aq	23/07/1930	17:22:09	Câ	20/11/1930	15:00:17	Sa
27/03/1930	02:23:35	Pe	25/07/1930	17:18:46	Le	22/11/1930	21:41:48	Cp
29/03/1930	12:59:46	Ár	27/07/1930	16:34:12	Vi	25/11/1930	07:22:40	Aq
31/03/1930	21:23:29	To	29/07/1930	17:17:50	Li	27/11/1930	19:32:28	Pe
03/04/1930	03:42:09	Gê	31/07/1930	21:04:57	Es	30/11/1930	08:06:20	Ár
05/04/1930	08:10:56	Câ	03/08/1930	04:24:10	Sa	02/12/1930	18:31:58	To
07/04/1930	11:08:43	Le	05/08/1930	14:34:29	Cp	05/12/1930	01:31:59	Gê
09/04/1930	13:10:44	Vi	08/08/1930	02:26:18	Aq	07/12/1930	05:31:13	Câ
11/04/1930	15:16:45	Li	10/08/1930	15:02:36	Pe	09/12/1930	07:52:35	Le
13/04/1930	18:44:38	Es	13/08/1930	03:32:03	Ár	11/12/1930	10:04:01	Vi
16/04/1930	00:49:10	Sa	15/08/1930	14:37:59	To	13/12/1930	13:04:59	Li
18/04/1930	10:07:14	Cp	17/08/1930	22:45:44	Gê	15/12/1930	17:19:04	Es
20/04/1930	21:58:17	Aq	20/08/1930	03:01:57	Câ	17/12/1930	22:54:19	Sa
23/04/1930	10:23:16	Pe	22/08/1930	03:57:41	Le	20/12/1930	06:11:20	Cp
25/04/1930	21:09:47	Ár	24/08/1930	03:13:24	Vi	22/12/1930	15:43:28	Aq
28/04/1930	05:08:12	To	26/08/1930	02:57:53	Li	25/12/1930	03:35:25	Pe

Signos Lunares

27/12/1930	16:29:14	Ár	05/05/1931	17:35:19	Cp	12/09/1931	22:42:54	Li
30/12/1930	03:51:28	To	08/05/1931	01:36:33	Aq	14/09/1931	22:40:16	Es
01/01/1931	11:34:12	Gê	10/05/1931	13:01:42	Pe	17/09/1931	00:39:13	Sa
03/01/1931	15:20:48	Câ	13/05/1931	01:56:32	Ár	19/09/1931	05:47:33	Cp
05/01/1931	16:32:01	Le	15/05/1931	13:54:06	To	21/09/1931	14:17:44	Aq
07/01/1931	17:06:01	Vi	17/05/1931	23:26:23	Gê	24/09/1931	01:28:09	Pe
09/01/1931	18:48:20	Li	20/05/1931	06:25:50	Câ	26/09/1931	14:09:05	Ár
11/01/1931	22:40:11	Es	22/05/1931	11:27:10	Le	29/09/1931	03:06:43	To
14/01/1931	04:50:27	Sa	24/05/1931	15:06:56	Vi	01/10/1931	15:03:26	Gê
16/01/1931	13:01:29	Cp	26/05/1931	17:50:54	Li	04/10/1931	00:37:36	Câ
18/01/1931	23:03:50	Aq	28/05/1931	20:07:34	Es	06/10/1931	06:49:13	Le
21/01/1931	10:54:55	Pe	30/05/1931	22:47:38	Sa	08/10/1931	09:34:02	Vi
23/01/1931	23:54:38	Ár	02/06/1931	03:07:12	Cp	10/10/1931	09:50:02	Li
26/01/1931	12:09:49	To	04/06/1931	10:23:05	Aq	12/10/1931	09:17:01	Es
28/01/1931	21:18:12	Gê	06/06/1931	21:00:51	Pe	14/10/1931	09:51:00	Sa
31/01/1931	02:09:16	Câ	09/06/1931	09:43:45	Ár	16/10/1931	13:18:10	Cp
02/02/1931	03:24:26	Le	11/06/1931	21:54:14	To	18/10/1931	20:38:58	Aq
04/02/1931	02:56:29	Vi	14/06/1931	07:21:32	Gê	21/10/1931	07:32:19	Pe
06/02/1931	02:54:24	Li	16/06/1931	13:37:48	Câ	23/10/1931	20:20:58	Ár
08/02/1931	05:04:22	Es	18/06/1931	17:36:12	Le	26/10/1931	09:11:45	To
10/02/1931	10:21:10	Sa	20/06/1931	20:32:21	Vi	28/10/1931	20:47:34	Gê
12/02/1931	18:38:51	Cp	22/06/1931	23:22:34	Li	31/10/1931	06:26:28	Câ
15/02/1931	05:14:26	Aq	25/06/1931	02:34:20	Es	02/11/1931	13:39:22	Le
17/02/1931	17:23:07	Pe	27/06/1931	06:26:18	Sa	04/11/1931	18:07:38	Vi
20/02/1931	06:20:37	Ár	29/06/1931	11:34:55	Cp	06/11/1931	20:02:41	Li
22/02/1931	18:53:42	To	01/07/1931	18:56:06	Aq	08/11/1931	20:20:54	Es
25/02/1931	05:13:04	Gê	04/07/1931	05:09:29	Pe	10/11/1931	20:38:43	Sa
27/02/1931	11:47:00	Câ	06/07/1931	17:39:53	Ár	12/11/1931	22:51:54	Cp
01/03/1931	14:24:56	Le	09/07/1931	06:13:38	To	15/11/1931	04:40:03	Aq
03/03/1931	14:20:39	Vi	11/07/1931	16:13:52	Gê	17/11/1931	14:32:21	Pe
05/03/1931	13:32:15	Li	13/07/1931	22:30:10	Câ	20/11/1931	03:08:25	Ár
07/03/1931	14:02:40	Es	16/07/1931	01:41:13	Le	22/11/1931	15:59:46	To
09/03/1931	17:30:01	Sa	18/07/1931	03:21:39	Vi	25/11/1931	03:11:34	Gê
12/03/1931	00:38:48	Cp	20/07/1931	05:05:53	Li	27/11/1931	12:09:10	Câ
14/03/1931	11:03:07	Aq	22/07/1931	07:56:14	Es	29/11/1931	19:05:47	Le
16/03/1931	23:26:20	Pe	24/07/1931	12:18:28	Sa	02/12/1931	00:16:21	Vi
19/03/1931	12:23:59	Ár	26/07/1931	18:22:07	Cp	04/12/1931	03:44:10	Li
22/03/1931	00:44:12	To	29/07/1931	02:24:14	Aq	06/12/1931	05:43:04	Es
24/03/1931	11:19:02	Gê	31/07/1931	12:45:23	Pe	08/12/1931	07:03:54	Sa
26/03/1931	19:04:26	Câ	03/08/1931	01:10:00	Ár	10/12/1931	09:17:32	Cp
28/03/1931	23:28:46	Le	05/08/1931	14:04:52	To	12/12/1931	14:09:40	Aq
31/03/1931	00:57:35	Vi	08/08/1931	01:01:08	Gê	14/12/1931	22:50:08	Pe
02/04/1931	00:49:08	Li	10/08/1931	08:10:22	Câ	17/12/1931	10:49:18	Ár
04/04/1931	00:50:20	Es	12/08/1931	11:30:51	Le	19/12/1931	23:45:17	To
06/04/1931	02:51:58	Sa	14/08/1931	12:25:06	Vi	22/12/1931	10:59:10	Gê
08/04/1931	08:20:19	Cp	16/08/1931	12:44:54	Li	24/12/1931	19:21:33	Câ
10/04/1931	17:39:50	Aq	18/08/1931	14:10:23	Es	27/12/1931	01:16:09	Le
13/04/1931	05:48:40	Pe	20/08/1931	17:46:55	Sa	29/12/1931	05:40:37	Vi
15/04/1931	18:48:00	Ár	22/08/1931	23:58:12	Cp	31/12/1931	09:17:22	Li
18/04/1931	06:50:08	To	25/08/1931	08:37:44	Aq	02/01/1932	12:23:32	Es
20/04/1931	16:55:43	Gê	27/08/1931	19:27:13	Pe	04/01/1932	15:15:18	Sa
23/04/1931	00:42:09	Câ	30/08/1931	07:56:20	Ár	06/01/1932	18:36:54	Cp
25/04/1931	06:03:40	Le	01/09/1931	20:59:02	To	08/01/1932	23:43:30	Aq
27/04/1931	09:09:36	Vi	04/09/1931	08:43:12	Gê	11/01/1932	07:49:10	Pe
29/04/1931	10:34:56	Li	06/09/1931	17:14:41	Câ	13/01/1932	19:07:19	Ár
01/05/1931	11:25:54	Es	08/09/1931	21:47:21	Le	16/01/1932	08:02:18	To
03/05/1931	13:13:42	Sa	10/09/1931	23:03:44	Vi	18/01/1932	19:47:15	Gê

124 — Signos Lunares

Data	Hora	Signo	Data	Hora	Signo	Data	Hora	Signo
21/01/1932	04:22:21	Câ	29/05/1932	05:08:38	Ár	05/10/1932	20:59:56	Cp
23/01/1932	09:39:28	Le	31/05/1932	18:04:30	To	08/10/1932	01:43:33	Aq
25/01/1932	12:46:34	Vi	03/06/1932	06:32:08	Gê	10/10/1932	09:26:17	Pe
27/01/1932	15:07:10	Li	05/06/1932	17:20:44	Câ	12/10/1932	19:35:33	Ár
29/01/1932	17:42:58	Es	08/06/1932	02:14:19	Le	15/10/1932	07:23:40	To
31/01/1932	21:06:39	Sa	10/06/1932	09:06:18	Vi	17/10/1932	20:02:36	Gê
03/02/1932	01:38:38	Cp	12/06/1932	13:41:28	Li	20/10/1932	08:26:07	Câ
05/02/1932	07:48:18	Aq	14/06/1932	15:59:36	Es	22/10/1932	18:57:03	Le
07/02/1932	16:15:00	Pe	16/06/1932	16:45:21	Sa	25/10/1932	02:02:49	Vi
10/02/1932	03:17:08	Ár	18/06/1932	17:30:54	Cp	27/10/1932	05:15:23	Li
12/02/1932	16:04:56	To	20/06/1932	20:11:48	Aq	29/10/1932	05:30:28	Es
15/02/1932	04:27:28	Gê	23/06/1932	02:25:27	Pe	31/10/1932	04:40:01	Sa
17/02/1932	14:02:16	Câ	25/06/1932	12:33:55	Ár	02/11/1932	04:54:23	Cp
19/02/1932	19:48:39	Le	28/06/1932	01:07:37	To	04/11/1932	08:05:39	Aq
21/02/1932	22:24:41	Vi	30/06/1932	13:34:50	Gê	06/11/1932	15:06:15	Pe
23/02/1932	23:21:57	Li	03/07/1932	00:06:31	Câ	09/11/1932	01:24:26	Ár
26/02/1932	00:19:47	Es	05/07/1932	08:18:18	Le	11/11/1932	13:33:23	To
28/02/1932	02:38:29	Sa	07/07/1932	14:32:48	Vi	14/11/1932	02:13:14	Gê
01/03/1932	07:06:26	Cp	09/07/1932	19:12:24	Li	16/11/1932	14:31:51	Câ
03/03/1932	14:00:04	Aq	11/07/1932	22:27:27	Es	19/11/1932	01:35:20	Le
05/03/1932	23:15:13	Pe	14/07/1932	00:37:41	Sa	21/11/1932	10:08:13	Vi
08/03/1932	10:35:08	Ár	16/07/1932	02:35:19	Cp	23/11/1932	15:07:57	Li
10/03/1932	23:19:17	To	18/07/1932	05:44:25	Aq	25/11/1932	16:37:56	Es
13/03/1932	12:02:42	Gê	20/07/1932	11:34:08	Pe	27/11/1932	15:58:20	Sa
15/03/1932	22:46:02	Câ	22/07/1932	20:52:02	Ár	29/11/1932	15:16:10	Cp
18/03/1932	05:55:43	Le	25/07/1932	08:54:12	To	01/12/1932	16:46:17	Aq
20/03/1932	09:18:05	Vi	27/07/1932	21:26:03	Gê	03/12/1932	22:07:57	Pe
22/03/1932	09:56:21	Li	30/07/1932	08:07:10	Câ	06/12/1932	07:34:44	Ár
24/03/1932	09:34:53	Es	01/08/1932	15:56:40	Le	08/12/1932	19:41:15	To
26/03/1932	10:06:41	Sa	03/08/1932	21:14:55	Vi	11/12/1932	08:25:55	Gê
28/03/1932	13:07:43	Cp	06/08/1932	00:55:47	Li	13/12/1932	20:27:55	Câ
30/03/1932	19:30:09	Aq	08/08/1932	03:49:12	Es	16/12/1932	07:12:29	Le
02/04/1932	05:04:36	Pe	10/08/1932	06:31:49	Sa	18/12/1932	16:08:49	Vi
04/04/1932	16:53:01	Ár	12/08/1932	09:38:08	Cp	20/12/1932	22:31:35	Li
07/04/1932	05:43:36	To	14/08/1932	13:53:37	Aq	23/12/1932	01:52:43	Es
09/04/1932	18:27:00	Gê	16/08/1932	20:13:11	Pe	25/12/1932	02:42:05	Sa
12/04/1932	05:46:46	Câ	19/08/1932	05:17:57	Ár	27/12/1932	02:30:48	Cp
14/04/1932	14:21:44	Le	21/08/1932	16:55:43	To	29/12/1932	03:22:49	Aq
16/04/1932	19:21:26	Vi	24/08/1932	05:33:19	Gê	31/12/1932	07:16:06	Pe
18/04/1932	20:59:43	Li	26/08/1932	16:49:59	Câ	02/01/1933	15:13:19	Ár
20/04/1932	20:33:21	Es	29/08/1932	01:02:56	Le	05/01/1933	02:36:18	To
22/04/1932	19:57:10	Sa	31/08/1932	05:58:08	Vi	07/01/1933	15:19:22	Gê
24/04/1932	21:14:42	Cp	02/09/1932	08:31:38	Li	10/01/1933	03:16:17	Câ
27/04/1932	02:04:11	Aq	04/09/1932	10:05:59	Es	12/01/1933	13:26:29	Le
29/04/1932	10:55:08	Pe	06/09/1932	11:59:35	Sa	14/01/1933	21:41:37	Vi
01/05/1932	22:46:13	Ár	08/09/1932	15:11:13	Cp	17/01/1933	04:02:42	Li
04/05/1932	11:45:37	To	10/09/1932	20:15:55	Aq	19/01/1933	08:24:23	Es
07/05/1932	00:19:57	Gê	13/09/1932	03:30:37	Pe	21/01/1933	10:54:25	Sa
09/05/1932	11:34:15	Câ	15/09/1932	13:00:51	Ár	23/01/1933	12:17:32	Cp
11/05/1932	20:46:33	Le	18/09/1932	00:33:30	To	25/01/1933	13:56:29	Aq
14/05/1932	03:13:08	Vi	20/09/1932	13:13:37	Gê	27/01/1933	17:30:54	Pe
16/05/1932	06:32:09	Li	23/09/1932	01:13:08	Câ	30/01/1933	00:20:53	Ár
18/05/1932	07:14:35	Es	25/09/1932	10:31:44	Le	01/02/1933	10:40:03	To
20/05/1932	06:47:34	Sa	27/09/1932	16:06:37	Vi	03/02/1933	23:04:44	Gê
22/05/1932	07:12:20	Cp	29/09/1932	18:21:55	Li	06/02/1933	11:13:11	Câ
24/05/1932	10:30:39	Aq	01/10/1932	18:43:49	Es	08/02/1933	21:16:08	Le
26/05/1932	17:57:18	Pe	03/10/1932	19:02:22	Sa	11/02/1933	04:42:58	Vi

Signos Lunares

13/02/1933	09:59:03	Li	22/06/1933	23:06:29	Câ	30/10/1933	05:40:22	Ár
15/02/1933	13:46:12	Es	25/06/1933	11:16:48	Le	01/11/1933	13:52:37	To
17/02/1933	16:42:16	Sa	27/06/1933	22:00:56	Vi	04/11/1933	00:01:44	Gê
19/02/1933	19:22:18	Cp	30/06/1933	06:10:44	Li	06/11/1933	12:04:55	Câ
21/02/1933	22:28:36	Aq	02/07/1933	10:56:35	Es	09/11/1933	00:57:51	Le
24/02/1933	02:55:56	Pe	04/07/1933	12:31:28	Sa	11/11/1933	12:23:53	Vi
26/02/1933	09:42:07	Ár	06/07/1933	12:15:10	Cp	13/11/1933	20:12:29	Li
28/02/1933	19:19:56	To	08/07/1933	12:05:05	Aq	15/11/1933	23:51:50	Es
03/03/1933	07:17:30	Gê	10/07/1933	14:01:25	Pe	18/11/1933	00:34:30	Sa
05/03/1933	19:42:55	Câ	12/07/1933	19:30:57	Ár	20/11/1933	00:23:31	Cp
08/03/1933	06:17:43	Le	15/07/1933	04:48:40	To	22/11/1933	01:20:48	Aq
10/03/1933	13:41:45	Vi	17/07/1933	16:44:10	Gê	24/11/1933	04:49:37	Pe
12/03/1933	18:02:57	Li	20/07/1933	05:24:36	Câ	26/11/1933	11:12:32	Ár
14/03/1933	20:27:19	Es	22/07/1933	17:18:36	Le	28/11/1933	20:02:57	To
16/03/1933	22:18:07	Sa	25/07/1933	03:35:25	Vi	01/12/1933	06:44:30	Gê
19/03/1933	00:46:48	Cp	27/07/1933	11:44:05	Li	03/12/1933	18:52:45	Câ
21/03/1933	04:38:46	Aq	29/07/1933	17:21:18	Es	06/12/1933	07:48:38	Le
23/03/1933	10:15:31	Pe	31/07/1933	20:26:34	Sa	08/12/1933	19:59:41	Vi
25/03/1933	17:49:24	Ár	02/08/1933	21:40:12	Cp	11/12/1933	05:18:32	Li
28/03/1933	03:31:32	To	04/08/1933	22:21:38	Aq	13/12/1933	10:26:37	Es
30/03/1933	15:13:11	Gê	07/08/1933	00:10:26	Pe	15/12/1933	11:48:29	Sa
02/04/1933	03:49:46	Câ	09/08/1933	04:40:32	Ár	17/12/1933	11:08:03	Cp
04/04/1933	15:16:25	Le	11/08/1933	12:44:33	To	19/12/1933	10:37:08	Aq
06/04/1933	23:32:55	Vi	13/08/1933	23:57:11	Gê	21/12/1933	12:15:05	Pe
09/04/1933	04:00:20	Li	16/08/1933	12:32:19	Câ	23/12/1933	17:15:21	Ár
11/04/1933	06:31:46	Es	19/08/1933	00:22:27	Le	26/12/1933	01:42:29	To
13/04/1933	05:51:56	Sa	21/08/1933	10:07:27	Vi	28/12/1933	12:42:36	Gê
15/04/1933	06:53:29	Cp	23/08/1933	17:29:09	Li	31/12/1933	01:06:30	Câ
17/04/1933	10:02:25	Aq	25/08/1933	22:44:26	Es	02/01/1934	13:56:02	Le
19/04/1933	15:53:57	Pe	28/08/1933	02:21:03	Sa	05/01/1934	02:08:50	Vi
22/04/1933	00:14:06	Ár	30/08/1933	04:51:40	Cp	07/01/1934	12:20:25	Li
24/04/1933	10:30:46	To	01/09/1933	06:59:32	Aq	09/01/1934	19:10:36	Es
26/04/1933	22:17:57	Gê	03/09/1933	09:43:41	Pe	11/01/1934	22:17:37	Sa
29/04/1933	10:58:05	Câ	05/09/1933	14:14:38	Ár	13/01/1934	22:37:00	Cp
01/05/1933	23:06:14	Le	07/09/1933	21:34:45	To	15/01/1934	21:56:00	Aq
04/05/1933	08:40:35	Vi	10/09/1933	08:00:40	Gê	17/01/1934	22:17:11	Pe
06/05/1933	14:16:57	Li	12/09/1933	20:24:55	Câ	20/01/1934	01:27:41	Ár
08/05/1933	16:06:30	Es	15/09/1933	08:30:26	Le	22/01/1934	08:26:10	To
10/05/1933	15:42:44	Sa	17/09/1933	16:13:10	Vi	24/01/1934	18:54:01	Gê
12/05/1933	15:14:53	Cp	20/09/1933	00:51:11	Li	27/01/1934	07:23:48	Câ
14/05/1933	16:45:35	Aq	22/09/1933	04:59:51	Es	29/01/1934	20:11:35	Le
16/05/1933	21:33:27	Pe	24/09/1933	07:48:34	Sa	01/02/1934	08:00:14	Vi
19/05/1933	05:45:08	Ár	26/09/1933	10:22:48	Cp	03/02/1934	17:59:29	Li
21/05/1933	16:26:20	To	28/09/1933	13:26:34	Aq	06/02/1934	01:31:11	Es
24/05/1933	04:31:25	Gê	30/09/1933	17:26:43	Pe	08/02/1934	06:14:08	Sa
26/05/1933	17:11:52	Câ	02/10/1933	22:50:55	Ár	10/02/1934	08:23:10	Cp
29/05/1933	05:33:06	Le	05/10/1933	06:17:43	To	12/02/1934	08:56:58	Aq
31/05/1933	16:05:57	Vi	07/10/1933	16:18:01	Gê	14/02/1934	09:27:18	Pe
02/06/1933	23:14:38	Li	10/10/1933	04:29:10	Câ	16/02/1934	11:39:07	Ár
05/06/1933	02:24:45	Es	12/10/1933	17:01:37	Le	18/02/1934	17:03:21	To
07/06/1933	02:31:56	Sa	15/10/1933	03:24:26	Vi	21/02/1934	02:16:13	Gê
09/06/1933	01:32:41	Cp	17/10/1933	10:07:21	Li	23/02/1934	14:22:22	Câ
11/06/1933	01:40:56	Aq	19/10/1933	13:27:28	Es	26/02/1934	03:13:15	Le
13/06/1933	04:49:31	Pe	21/10/1933	14:53:58	Sa	28/02/1934	14:45:59	Vi
15/06/1933	11:50:24	Ár	23/10/1933	16:13:18	Cp	03/03/1934	00:01:53	Li
17/06/1933	22:11:50	To	25/10/1933	18:48:21	Aq	05/03/1934	06:59:02	Es
20/06/1933	10:25:27	Gê	27/10/1933	23:17:10	Pe	07/03/1934	11:58:11	Sa

126 Signos Lunares

Data	Hora	Signo	Data	Hora	Signo	Data	Hora	Signo
09/03/1934	15:21:35	Cp	17/07/1934	16:47:13	Li	23/11/1934	16:25:08	Câ
11/03/1934	17:35:43	Aq	20/07/1934	01:30:56	Es	26/11/1934	03:54:01	Le
13/03/1934	19:25:08	Pe	22/07/1934	06:27:40	Sa	28/11/1934	16:51:44	Vi
15/03/1934	21:59:54	Ár	24/07/1934	08:03:12	Cp	01/12/1934	04:38:50	Li
18/03/1934	02:45:56	To	26/07/1934	07:43:16	Aq	03/12/1934	13:05:37	Es
20/03/1934	10:51:20	Gê	28/07/1934	07:20:10	Pe	05/12/1934	17:52:29	Sa
22/03/1934	22:12:39	Câ	30/07/1934	08:45:31	Ár	07/12/1934	20:08:57	Cp
25/03/1934	11:02:42	Le	01/08/1934	13:24:57	To	09/12/1934	21:33:40	Aq
27/03/1934	22:44:28	Vi	03/08/1934	21:48:13	Gê	11/12/1934	23:30:44	Pe
30/03/1934	07:36:37	Li	06/08/1934	09:12:55	Câ	14/12/1934	02:51:03	Ár
01/04/1934	13:35:23	Es	08/08/1934	22:07:41	Le	16/12/1934	07:56:19	To
03/04/1934	17:36:50	Sa	11/08/1934	10:58:47	Vi	18/12/1934	14:58:04	Gê
05/04/1934	20:45:04	Cp	13/08/1934	22:32:44	Li	21/12/1934	00:10:43	Câ
07/04/1934	23:42:37	Aq	16/08/1934	07:51:01	Es	23/12/1934	11:37:23	Le
10/04/1934	02:52:05	Pe	18/08/1934	14:11:34	Sa	26/12/1934	00:31:59	Vi
12/04/1934	06:39:51	Ár	20/08/1934	17:26:59	Cp	28/12/1934	12:59:05	Li
14/04/1934	11:55:26	To	22/08/1934	18:18:04	Aq	30/12/1934	22:41:13	Es
16/04/1934	19:41:08	Gê	24/08/1934	18:07:50	Pe	02/01/1935	04:26:47	Sa
19/04/1934	06:26:26	Câ	26/08/1934	18:43:44	Ár	04/01/1935	06:43:36	Cp
21/04/1934	19:09:57	Le	28/08/1934	21:54:36	To	06/01/1935	07:03:44	Aq
24/04/1934	07:19:42	Vi	31/08/1934	04:55:09	Gê	08/01/1935	07:17:27	Pe
26/04/1934	16:32:04	Li	02/09/1934	15:40:18	Câ	10/01/1935	09:02:41	Ár
28/04/1934	22:06:53	Es	05/09/1934	04:31:43	Le	12/01/1935	13:24:29	To
01/05/1934	01:01:51	Sa	07/09/1934	17:16:07	Vi	14/01/1935	20:42:42	Gê
03/05/1934	02:53:25	Cp	10/09/1934	04:22:38	Li	17/01/1935	06:37:10	Câ
05/05/1934	05:05:51	Aq	12/09/1934	13:19:24	Es	19/01/1935	18:26:56	Le
07/05/1934	08:26:03	Pe	14/09/1934	20:03:19	Sa	22/01/1935	07:19:22	Vi
09/05/1934	13:08:32	Ár	17/09/1934	00:35:36	Cp	24/01/1935	19:59:14	Li
11/05/1934	19:23:36	To	19/09/1934	03:06:18	Aq	27/01/1935	06:45:59	Es
14/05/1934	03:37:54	Gê	21/09/1934	04:13:38	Pe	29/01/1935	14:10:33	Sa
16/05/1934	14:17:12	Câ	23/09/1934	05:13:01	Ár	31/01/1935	17:47:07	Cp
19/05/1934	02:54:53	Le	25/09/1934	07:46:44	To	02/02/1935	18:25:43	Aq
21/05/1934	15:35:17	Vi	27/09/1934	13:33:10	Gê	04/02/1935	17:46:40	Pe
24/05/1934	01:43:00	Li	29/09/1934	23:14:16	Câ	06/02/1935	17:48:48	Ár
26/05/1934	07:51:35	Es	02/10/1934	11:44:12	Le	08/02/1935	20:22:06	To
28/05/1934	10:28:23	Sa	05/10/1934	00:30:38	Vi	11/02/1935	02:35:12	Gê
30/05/1934	11:11:59	Cp	07/10/1934	11:20:16	Li	13/02/1935	12:24:01	Câ
01/06/1934	11:55:05	Aq	09/10/1934	19:31:26	Es	16/02/1935	00:35:01	Le
03/06/1934	14:06:21	Pe	12/10/1934	01:31:56	Sa	18/02/1935	13:33:13	Vi
05/06/1934	18:31:23	Ár	14/10/1934	06:03:57	Cp	21/02/1935	02:02:21	Li
08/06/1934	01:16:44	To	16/10/1934	09:31:56	Aq	23/02/1935	13:04:05	Es
10/06/1934	10:13:32	Gê	18/10/1934	12:09:30	Pe	25/02/1935	21:40:05	Sa
12/06/1934	21:13:48	Câ	20/10/1934	14:28:05	Ár	28/02/1935	03:04:32	Cp
15/06/1934	09:52:36	Le	22/10/1934	17:34:20	To	02/03/1935	05:16:05	Aq
17/06/1934	22:51:16	Vi	24/10/1934	22:57:35	Gê	04/03/1935	05:13:05	Pe
20/06/1934	09:58:57	Li	27/10/1934	07:45:56	Câ	06/03/1935	04:40:23	Ár
22/06/1934	17:24:36	Es	29/10/1934	19:42:11	Le	08/03/1935	05:42:59	To
24/06/1934	20:49:22	Sa	01/11/1934	08:35:59	Vi	10/03/1935	10:11:10	Gê
26/06/1934	21:24:06	Cp	03/11/1934	19:40:59	Li	12/03/1935	18:51:29	Câ
28/06/1934	21:02:09	Aq	06/11/1934	03:32:26	Es	15/03/1935	06:47:51	Le
30/06/1934	21:37:45	Pe	08/11/1934	08:32:55	Sa	17/03/1935	19:51:19	Vi
03/07/1934	00:38:42	Ár	10/11/1934	11:56:32	Cp	20/03/1935	08:07:50	Li
05/07/1934	06:47:19	To	12/11/1934	14:51:47	Aq	22/03/1935	18:44:14	Es
07/07/1934	15:55:14	Gê	14/11/1934	17:56:08	Pe	25/03/1935	03:23:34	Sa
10/07/1934	03:20:17	Câ	16/11/1934	21:26:05	Ár	27/03/1935	09:48:29	Cp
12/07/1934	16:07:08	Le	19/11/1934	01:46:24	To	29/03/1935	13:41:21	Aq
15/07/1934	05:06:58	Vi	21/11/1934	07:47:04	Gê	31/03/1935	15:14:26	Pe

Signos Lunares

02/04/1935	15:31:09	Ár	11/08/1935	01:09:43	Cp	18/12/1935	07:58:15	Li
04/04/1935	16:18:03	To	13/08/1935	03:21:32	Aq	20/12/1935	20:02:31	Es
06/04/1935	19:35:05	Gê	15/08/1935	03:18:41	Pe	23/12/1935	05:44:30	Sa
09/04/1935	02:48:41	Câ	17/08/1935	02:54:51	Ár	25/12/1935	12:27:23	Cp
11/04/1935	13:51:57	Le	19/08/1935	04:07:23	To	27/12/1935	16:45:43	Aq
14/04/1935	02:46:33	Vi	21/08/1935	08:25:16	Gê	29/12/1935	19:41:55	Pe
16/04/1935	15:00:50	Li	23/08/1935	16:16:37	Câ	31/12/1935	22:15:13	Ár
19/04/1935	01:09:24	Es	26/08/1935	03:00:18	Le	03/01/1936	01:10:50	To
21/04/1935	09:05:55	Sa	28/08/1935	15:20:20	Vi	05/01/1936	05:03:52	Gê
23/04/1935	15:13:12	Cp	31/08/1935	04:07:56	Li	07/01/1936	10:28:49	Câ
25/04/1935	19:43:19	Aq	02/09/1935	16:22:03	Es	09/01/1936	18:01:55	Le
27/04/1935	22:39:34	Pe	05/09/1935	02:48:15	Sa	12/01/1936	04:04:52	Vi
30/04/1935	00:26:18	Ár	07/09/1935	10:07:39	Cp	14/01/1936	16:10:24	Li
02/05/1935	02:09:14	To	09/09/1935	13:43:55	Aq	17/01/1936	04:38:17	Es
04/05/1935	05:25:59	Gê	11/09/1935	14:14:49	Pe	19/01/1936	15:11:08	Sa
06/05/1935	11:50:05	Câ	13/09/1935	13:20:25	Ár	21/01/1936	22:18:27	Cp
08/05/1935	21:54:56	Le	15/09/1935	13:10:14	To	24/01/1936	02:02:06	Aq
11/05/1935	10:25:39	Vi	17/09/1935	15:47:51	Gê	26/01/1936	03:34:38	Pe
13/05/1935	22:47:45	Li	19/09/1935	22:26:53	Câ	28/01/1936	04:35:45	Ár
16/05/1935	08:54:05	Es	22/09/1935	08:49:51	Le	30/01/1936	06:37:11	To
18/05/1935	16:12:40	Sa	24/09/1935	21:18:28	Vi	01/02/1936	10:38:31	Gê
20/05/1935	21:20:13	Cp	27/09/1935	10:05:23	Li	03/02/1936	16:57:56	Câ
23/05/1935	01:08:22	Aq	29/09/1935	22:05:50	Es	06/02/1936	01:25:53	Le
25/05/1935	04:13:07	Pe	02/10/1935	08:40:49	Sa	08/02/1936	11:48:03	Vi
27/05/1935	06:58:34	Ár	04/10/1935	17:02:22	Cp	10/02/1936	23:45:22	Li
29/05/1935	09:58:45	To	06/10/1935	22:20:25	Aq	13/02/1936	12:24:14	Es
31/05/1935	14:10:49	Gê	09/10/1935	00:26:34	Pe	15/02/1936	23:56:07	Sa
02/06/1935	20:43:26	Câ	11/10/1935	00:20:04	Ár	18/02/1936	08:21:04	Cp
05/06/1935	06:19:17	Le	12/10/1935	23:53:11	To	20/02/1936	12:46:26	Aq
07/06/1935	18:25:33	Vi	15/10/1935	01:17:19	Gê	22/02/1936	13:55:17	Pe
10/06/1935	06:59:27	Li	17/10/1935	06:20:47	Câ	24/02/1936	13:34:44	Ár
12/06/1935	17:35:08	Es	19/10/1935	15:35:07	Le	26/02/1936	13:50:46	To
15/06/1935	00:56:50	Sa	22/10/1935	03:44:05	Vi	28/02/1936	16:30:03	Gê
17/06/1935	05:21:06	Cp	24/10/1935	16:31:19	Li	01/03/1936	22:25:19	Câ
19/06/1935	07:55:41	Aq	27/10/1935	04:14:32	Es	04/03/1936	07:20:16	Le
21/06/1935	09:55:35	Pe	29/10/1935	14:17:19	Sa	06/03/1936	18:17:48	Vi
23/06/1935	12:20:56	Ár	31/10/1935	22:31:00	Cp	09/03/1936	06:25:50	Li
25/06/1935	15:53:53	To	03/11/1935	04:38:05	Aq	11/03/1936	19:03:16	Es
27/06/1935	21:06:07	Gê	05/11/1935	08:20:08	Pe	14/03/1936	07:05:47	Sa
30/06/1935	04:26:14	Câ	07/11/1935	09:53:48	Ár	16/03/1936	16:51:25	Cp
02/07/1935	14:12:44	Le	09/11/1935	10:28:37	To	18/03/1936	22:52:01	Aq
05/07/1935	02:08:19	Vi	11/11/1935	11:52:09	Gê	21/03/1936	00:58:53	Pe
07/07/1935	14:52:19	Li	13/11/1935	15:56:25	Câ	23/03/1936	00:31:14	Ár
10/07/1935	02:14:49	Es	15/11/1935	23:50:35	Le	24/03/1936	23:37:19	To
12/07/1935	10:27:13	Sa	18/11/1935	11:10:03	Vi	27/03/1936	00:31:08	Gê
14/07/1935	15:02:46	Cp	20/11/1935	23:52:05	Li	29/03/1936	04:51:51	Câ
16/07/1935	16:53:14	Aq	23/11/1935	11:35:53	Es	31/03/1936	13:03:29	Le
18/07/1935	17:30:29	Pe	25/11/1935	21:08:26	Sa	03/04/1936	00:07:13	Vi
20/07/1935	18:32:34	Ár	28/11/1935	04:28:09	Cp	05/04/1936	12:30:47	Li
22/07/1935	21:20:36	To	30/11/1935	09:59:48	Aq	08/04/1936	01:05:01	Es
25/07/1935	02:41:41	Gê	02/12/1935	14:02:38	Pe	10/04/1936	13:02:35	Sa
27/07/1935	10:43:10	Câ	04/12/1935	16:52:42	Ár	12/04/1936	23:22:49	Cp
29/07/1935	21:03:38	Le	06/12/1935	19:03:17	To	15/04/1936	06:48:57	Aq
01/08/1935	09:06:32	Vi	08/12/1935	21:36:27	Gê	17/04/1936	10:37:26	Pe
03/08/1935	21:54:44	Li	11/12/1935	01:53:42	Câ	19/04/1936	11:20:19	Ár
06/08/1935	09:56:46	Es	13/12/1935	09:06:37	Le	21/04/1936	10:37:03	To
08/08/1935	19:24:41	Sa	15/12/1935	19:32:33	Vi	23/04/1936	10:37:20	Gê

128   *Signos Lunares*

25/04/1936	13:22:30	Câ	02/09/1936	22:43:01	Ár	10/01/1937	22:53:11	Cp
27/04/1936	20:03:09	Le	04/09/1936	23:03:55	To	13/01/1937	07:24:39	Aq
30/04/1936	06:21:56	Vi	07/09/1936	00:54:22	Gê	15/01/1937	13:28:13	Pe
02/05/1936	18:42:37	Li	09/09/1936	05:15:37	Câ	17/01/1937	17:48:14	Ár
05/05/1936	07:16:26	Es	11/09/1936	12:12:57	Le	19/01/1937	21:06:47	To
07/05/1936	18:54:01	Sa	13/09/1936	21:19:34	Vi	21/01/1937	23:53:30	Gê
10/05/1936	04:56:38	Cp	16/09/1936	08:12:14	Li	24/01/1937	02:37:59	Câ
12/05/1936	12:47:11	Aq	18/09/1936	20:32:05	Es	26/01/1937	06:07:38	Le
14/05/1936	17:52:16	Pe	21/09/1936	09:24:16	Sa	28/01/1937	11:30:18	Vi
16/05/1936	20:13:41	Ár	23/09/1936	20:52:56	Cp	30/01/1937	19:49:03	Li
18/05/1936	20:47:26	To	26/09/1936	04:52:59	Aq	02/02/1937	07:10:17	Es
20/05/1936	21:11:51	Gê	28/09/1936	08:38:58	Pe	04/02/1937	19:58:46	Sa
22/05/1936	23:19:12	Câ	30/09/1936	09:09:40	Ár	07/02/1937	07:33:47	Cp
25/05/1936	04:41:14	Le	02/10/1936	08:25:07	To	09/02/1937	16:00:00	Aq
27/05/1936	13:47:35	Vi	04/10/1936	08:36:47	Gê	11/02/1937	21:09:42	Pe
30/05/1936	01:38:07	Li	06/10/1936	11:28:39	Câ	14/02/1937	00:11:55	Ár
01/06/1936	14:11:07	Es	08/10/1936	17:44:44	Le	16/02/1937	02:34:27	To
04/06/1936	01:37:07	Sa	11/10/1936	03:01:09	Vi	18/02/1937	05:22:04	Gê
06/06/1936	11:02:34	Cp	13/10/1936	14:19:00	Li	20/02/1937	09:03:53	Câ
08/06/1936	18:17:12	Aq	16/10/1936	02:46:33	Es	22/02/1937	13:50:36	Le
10/06/1936	23:26:59	Pe	18/10/1936	15:37:33	Sa	24/02/1937	20:04:20	Vi
13/06/1936	02:46:29	Ár	21/10/1936	03:37:19	Cp	27/02/1937	04:26:12	Li
15/06/1936	04:48:07	To	23/10/1936	12:59:56	Aq	01/03/1937	15:22:48	Es
17/06/1936	06:29:27	Gê	25/10/1936	18:27:45	Pe	04/03/1937	04:07:57	Sa
19/06/1936	09:08:27	Câ	27/10/1936	20:09:22	Ár	06/03/1937	16:22:40	Cp
21/06/1936	14:05:54	Le	29/10/1936	19:34:04	To	09/03/1937	01:35:28	Aq
23/06/1936	22:15:20	Vi	31/10/1936	18:49:07	Gê	11/03/1937	06:49:47	Pe
26/06/1936	09:23:25	Li	02/11/1936	20:00:09	Câ	13/03/1937	08:59:45	Ár
28/06/1936	21:52:26	Es	05/11/1936	00:36:41	Le	15/03/1937	09:53:46	To
01/07/1936	09:27:02	Sa	07/11/1936	08:59:39	Vi	17/03/1937	11:18:43	Gê
03/07/1936	18:34:00	Cp	09/11/1936	20:14:41	Li	19/03/1937	14:25:03	Câ
06/07/1936	00:56:17	Aq	12/11/1936	08:51:42	Es	21/03/1937	19:35:23	Le
08/07/1936	05:10:08	Pe	14/11/1936	21:33:19	Sa	24/03/1937	02:43:38	Vi
10/07/1936	08:09:52	Ár	17/11/1936	09:20:15	Cp	26/03/1937	11:46:58	Li
12/07/1936	10:45:37	To	19/11/1936	19:10:43	Aq	28/03/1937	22:50:49	Es
14/07/1936	13:38:27	Gê	22/11/1936	02:03:59	Pe	31/03/1937	11:32:11	Sa
16/07/1936	17:27:31	Câ	24/11/1936	05:36:41	Ár	03/04/1937	00:16:20	Cp
18/07/1936	22:57:38	Le	26/11/1936	06:28:38	To	05/04/1937	10:38:29	Aq
21/07/1936	06:53:31	Vi	28/11/1936	06:11:28	Gê	07/04/1937	16:59:18	Pe
23/07/1936	17:30:29	Li	30/11/1936	06:40:00	Câ	09/04/1937	19:28:17	Ár
26/07/1936	05:53:52	Es	02/12/1936	09:43:12	Le	11/04/1937	19:39:10	To
28/07/1936	17:55:30	Sa	04/12/1936	16:30:31	Vi	13/04/1937	19:34:19	Gê
31/07/1936	03:23:50	Cp	07/12/1936	02:55:17	Li	15/04/1937	21:02:28	Câ
02/08/1936	09:25:08	Aq	09/12/1936	15:27:46	Es	18/04/1937	01:11:20	Le
04/08/1936	12:35:50	Pe	12/12/1936	04:07:02	Sa	20/04/1937	08:15:40	Vi
06/08/1936	14:21:13	Ár	14/12/1936	15:25:13	Cp	22/04/1937	17:50:46	Li
08/08/1936	16:11:26	To	17/12/1936	00:42:06	Aq	25/04/1937	05:20:34	Es
10/08/1936	19:11:42	Gê	19/12/1936	07:43:27	Pe	27/04/1937	18:04:49	Sa
12/08/1936	23:51:57	Câ	21/12/1936	12:26:22	Ár	30/04/1937	06:56:20	Cp
15/08/1936	06:19:55	Le	23/12/1936	15:05:25	To	02/05/1937	18:08:25	Aq
17/08/1936	14:44:25	Vi	25/12/1936	16:24:09	Gê	05/05/1937	01:56:58	Pe
20/08/1936	01:16:42	Li	27/12/1936	17:36:09	Câ	07/05/1937	05:47:13	Ár
22/08/1936	13:35:58	Es	29/12/1936	20:13:50	Le	09/05/1937	06:31:36	To
25/08/1936	02:09:24	Sa	01/01/1937	01:45:24	Vi	11/05/1937	05:56:07	Gê
27/08/1936	12:34:50	Cp	03/01/1937	10:55:02	Li	13/05/1937	06:00:07	Câ
29/08/1936	19:12:08	Aq	05/01/1937	22:57:47	Es	15/05/1937	08:27:07	Le
31/08/1936	22:05:30	Pe	08/01/1937	11:42:44	Sa	17/05/1937	14:18:36	Vi

Signos Lunares

19/05/1937	23:34:23	Li	26/09/1937	23:24:18	Câ	04/02/1938	09:54:17	Ár		
22/05/1937	11:18:02	Es	29/09/1937	03:13:55	Le	06/02/1938	15:58:17	To		
25/05/1937	00:10:01	Sa	01/10/1937	08:28:34	Vi	08/02/1938	20:07:31	Gê		
27/05/1937	12:53:10	Cp	03/10/1937	15:31:25	Li	10/02/1938	22:25:34	Câ		
30/05/1937	00:12:58	Aq	06/10/1937	00:54:46	Es	12/02/1938	23:33:15	Le		
01/06/1937	08:57:31	Pe	08/10/1937	12:43:41	Sa	15/02/1938	00:56:56	Vi		
03/06/1937	14:21:52	Ár	11/10/1937	01:46:32	Cp	17/02/1938	04:27:43	Li		
05/06/1937	16:35:56	To	13/10/1937	13:37:11	Aq	19/02/1938	11:36:51	Es		
07/06/1937	16:45:30	Gê	15/10/1937	22:03:12	Pe	21/02/1938	22:33:26	Sa		
09/06/1937	16:31:13	Câ	18/10/1937	02:32:26	Ár	24/02/1938	11:27:58	Cp		
11/06/1937	17:44:17	Le	20/10/1937	04:09:18	To	26/02/1938	23:35:44	Aq		
13/06/1937	22:00:58	Vi	22/10/1937	04:39:53	Gê	01/03/1938	09:13:22	Pe		
16/06/1937	06:07:58	Li	24/10/1937	05:46:33	Câ	03/03/1938	16:16:14	Ár		
18/06/1937	17:30:45	Es	26/10/1937	08:42:21	Le	05/03/1938	21:29:16	To		
21/06/1937	06:25:19	Sa	28/10/1937	14:01:28	Vi	08/03/1938	01:33:05	Gê		
23/06/1937	18:58:01	Cp	30/10/1937	21:46:55	Li	10/03/1938	04:45:47	Câ		
26/06/1937	05:53:50	Aq	02/11/1937	07:48:14	Es	12/03/1938	07:22:43	Le		
28/06/1937	14:36:34	Pe	04/11/1937	19:45:52	Sa	14/03/1938	10:05:19	Vi		
30/06/1937	20:50:09	Ár	07/11/1937	08:49:55	Cp	16/03/1938	14:08:04	Li		
03/07/1937	00:34:17	To	09/11/1937	21:18:46	Aq	18/03/1938	20:53:25	Es		
05/07/1937	02:15:05	Gê	12/11/1937	07:07:07	Pe	21/03/1938	07:00:52	Sa		
07/07/1937	02:53:12	Câ	14/11/1937	12:59:22	Ár	23/03/1938	19:31:39	Cp		
09/07/1937	03:58:59	Le	16/11/1937	15:11:35	To	26/03/1938	07:55:56	Aq		
11/07/1937	07:15:21	Vi	18/11/1937	15:09:36	Gê	28/03/1938	17:51:40	Pe		
13/07/1937	14:04:05	Li	20/11/1937	14:47:11	Câ	31/03/1938	00:33:16	Ár		
16/07/1937	00:35:58	Es	22/11/1937	15:54:48	Le	02/04/1938	04:42:42	To		
18/07/1937	13:20:01	Sa	24/11/1937	19:55:30	Vi	04/04/1938	07:33:19	Gê		
21/07/1937	01:50:15	Cp	27/11/1937	03:21:30	Li	06/04/1938	10:07:25	Câ		
23/07/1937	12:19:44	Aq	29/11/1937	13:46:05	Es	08/04/1938	13:04:06	Le		
25/07/1937	20:20:54	Pe	02/12/1937	02:05:07	Sa	10/04/1938	16:50:52	Vi		
28/07/1937	02:15:06	Ár	04/12/1937	15:07:20	Cp	12/04/1938	22:01:48	Li		
30/07/1937	06:31:07	To	07/12/1937	03:40:04	Aq	15/04/1938	05:21:02	Es		
01/08/1937	09:29:06	Gê	09/12/1937	14:21:15	Pe	17/04/1938	15:19:11	Sa		
03/08/1937	11:33:48	Câ	11/12/1937	21:54:43	Ár	20/04/1938	03:31:07	Cp		
05/08/1937	13:35:17	Le	14/12/1937	01:49:38	To	22/04/1938	16:10:32	Aq		
07/08/1937	16:53:50	Vi	16/12/1937	02:42:12	Gê	25/04/1938	02:53:10	Pe		
09/08/1937	22:58:09	Li	18/12/1937	02:02:40	Câ	27/04/1938	10:08:17	Ár		
12/08/1937	08:36:34	Es	20/12/1937	01:48:16	Le	29/04/1938	14:01:29	To		
14/08/1937	20:58:49	Sa	22/12/1937	03:56:58	Vi	01/05/1938	15:44:44	Gê		
17/08/1937	09:37:14	Cp	24/12/1937	09:52:56	Li	03/05/1938	16:50:30	Câ		
19/08/1937	20:04:52	Aq	26/12/1937	19:44:29	Es	05/05/1938	18:41:44	Le		
22/08/1937	03:28:16	Pe	29/12/1937	08:11:31	Sa	07/05/1938	22:16:45	Vi		
24/08/1937	08:23:09	Ár	31/12/1937	21:16:38	Cp	10/05/1938	04:05:31	Li		
26/08/1937	11:56:40	To	03/01/1938	09:31:03	Aq	12/05/1938	12:15:48	Es		
28/08/1937	15:01:23	Gê	05/01/1938	20:06:28	Pe	14/05/1938	22:40:25	Sa		
30/08/1937	18:03:11	Câ	08/01/1938	04:28:37	Ár	17/05/1938	10:50:49	Cp		
01/09/1937	21:21:10	Le	10/01/1938	10:05:45	To	19/05/1938	23:37:25	Aq		
04/09/1937	01:34:22	Vi	12/01/1938	12:49:55	Gê	22/05/1938	11:08:13	Pe		
06/09/1937	07:48:01	Li	14/01/1938	13:21:16	Câ	24/05/1938	19:35:21	Ár		
08/09/1937	16:59:15	Es	16/01/1938	13:09:10	Le	27/05/1938	00:16:50	To		
11/09/1937	04:58:52	Sa	18/01/1938	14:12:32	Vi	29/05/1938	01:51:52	Gê		
13/09/1937	17:51:25	Cp	20/01/1938	18:27:05	Li	31/05/1938	01:52:25	Câ		
16/09/1937	04:50:58	Aq	23/01/1938	02:54:48	Es	02/06/1938	02:08:33	Le		
18/09/1937	12:19:00	Pe	25/01/1938	14:51:11	Sa	04/06/1938	04:21:03	Vi		
20/09/1937	16:30:44	Ár	28/01/1938	03:57:53	Cp	06/06/1938	09:35:18	Li		
22/09/1937	18:49:13	To	30/01/1938	15:59:49	Aq	08/06/1938	18:01:03	Es		
24/09/1937	20:45:50	Gê	02/02/1938	01:58:16	Pe	11/06/1938	04:57:06	Sa		

130 — Signos Lunares

13/06/1938	17:20:40	Cp	21/10/1938	04:42:51	Li	28/02/1939	18:06:26	Câ
16/06/1938	06:07:09	Aq	23/10/1938	09:59:53	Es	02/03/1939	19:29:55	Le
18/06/1938	18:02:28	Pe	25/10/1938	17:54:00	Sa	04/03/1939	19:16:34	Vi
21/06/1938	03:39:31	Ár	28/10/1938	04:38:31	Cp	06/03/1939	19:25:31	Li
23/06/1938	09:49:31	To	30/10/1938	17:08:20	Aq	08/03/1939	21:59:32	Es
25/06/1938	12:24:43	Gê	02/11/1938	05:09:00	Pe	11/03/1939	04:22:59	Sa
27/06/1938	12:27:06	Câ	04/11/1938	14:34:41	Ár	13/03/1939	14:35:20	Cp
29/06/1938	11:45:19	Le	06/11/1938	20:40:37	To	16/03/1939	03:01:04	Aq
01/07/1938	12:23:38	Vi	09/11/1938	00:03:16	Gê	18/03/1939	15:31:22	Pe
03/07/1938	16:08:42	Li	11/11/1938	01:59:22	Câ	21/03/1939	02:40:40	Ár
05/07/1938	23:48:30	Es	13/11/1938	03:49:37	Le	23/03/1939	11:58:19	To
08/07/1938	10:45:14	Sa	15/11/1938	06:37:46	Vi	25/03/1939	19:14:31	Gê
10/07/1938	23:21:46	Cp	17/11/1938	11:03:07	Li	28/03/1939	00:19:06	Câ
13/07/1938	12:05:20	Aq	19/11/1938	17:25:33	Es	30/03/1939	03:14:35	Le
15/07/1938	23:55:23	Pe	22/11/1938	01:56:19	Sa	01/04/1939	04:38:51	Vi
18/07/1938	10:02:27	Ár	24/11/1938	12:37:28	Cp	03/04/1939	05:48:28	Li
20/07/1938	17:30:57	To	27/11/1938	00:58:25	Aq	05/04/1939	08:21:25	Es
22/07/1938	21:42:44	Gê	29/11/1938	13:29:47	Pe	07/04/1939	13:47:16	Sa
24/07/1938	22:54:26	Câ	02/12/1938	00:02:15	Ár	09/04/1939	22:46:37	Cp
26/07/1938	22:25:38	Le	04/12/1938	07:00:32	To	12/04/1939	10:33:24	Aq
28/07/1938	22:16:43	Vi	06/12/1938	10:18:18	Gê	14/04/1939	23:04:25	Pe
31/07/1938	00:34:42	Li	08/12/1938	11:07:28	Câ	17/04/1939	10:13:06	Ár
02/08/1938	06:49:20	Es	10/12/1938	11:17:15	Le	19/04/1939	18:56:33	To
04/08/1938	17:01:34	Sa	12/12/1938	12:37:19	Vi	22/04/1939	01:16:07	Gê
07/08/1938	05:33:11	Cp	14/12/1938	16:27:08	Li	24/04/1939	05:43:19	Câ
09/08/1938	18:14:49	Aq	16/12/1938	23:12:56	Es	26/04/1939	08:54:36	Le
12/08/1938	05:44:48	Pe	19/12/1938	08:30:47	Sa	28/04/1939	11:26:25	Vi
14/08/1938	15:34:10	Ár	21/12/1938	19:38:36	Cp	30/04/1939	14:01:52	Li
16/08/1938	23:25:12	To	24/12/1938	07:58:46	Aq	02/05/1939	17:36:02	Es
19/08/1938	04:51:01	Gê	26/12/1938	20:40:55	Pe	04/05/1939	23:10:43	Sa
21/08/1938	07:39:22	Câ	29/12/1938	08:14:10	Ár	07/05/1939	07:33:35	Cp
23/08/1938	08:26:40	Le	31/12/1938	16:47:24	To	09/05/1939	18:40:59	Aq
25/08/1938	08:42:33	Vi	02/01/1939	21:19:18	Gê	12/05/1939	07:09:04	Pe
27/08/1938	10:25:58	Li	04/01/1939	22:20:00	Câ	14/05/1939	18:40:49	Ár
29/08/1938	15:25:56	Es	06/01/1939	21:32:04	Le	17/05/1939	03:27:59	To
01/09/1938	00:27:53	Sa	08/01/1939	21:07:51	Vi	19/05/1939	09:06:22	Gê
03/09/1938	12:29:43	Cp	10/01/1939	23:10:30	Li	21/05/1939	12:22:37	Câ
06/09/1938	01:10:20	Aq	13/01/1939	04:53:46	Es	23/05/1939	14:33:10	Le
08/09/1938	12:28:19	Pe	15/01/1939	14:09:32	Sa	25/05/1939	16:50:35	Vi
10/09/1938	21:40:10	Ár	18/01/1939	01:43:27	Cp	27/05/1939	20:05:42	Li
13/09/1938	04:53:57	To	20/01/1939	14:14:53	Aq	30/05/1939	00:47:14	Es
15/09/1938	10:22:45	Gê	23/01/1939	02:51:02	Pe	01/06/1939	07:14:59	Sa
17/09/1938	14:09:08	Câ	25/01/1939	14:41:51	Ár	03/06/1939	15:49:55	Cp
19/09/1938	16:25:53	Le	28/01/1939	00:28:55	To	06/06/1939	02:40:18	Aq
21/09/1938	18:00:53	Vi	30/01/1939	06:50:02	Gê	08/06/1939	15:04:30	Pe
23/09/1938	20:18:39	Li	01/02/1939	09:21:44	Câ	11/06/1939	03:10:08	Ár
26/09/1938	00:56:32	Es	03/02/1939	09:05:42	Le	13/06/1939	12:42:37	To
28/09/1938	09:01:53	Sa	05/02/1939	08:02:20	Vi	15/06/1939	18:32:04	Gê
30/09/1938	20:20:08	Cp	07/02/1939	08:29:29	Li	17/06/1939	21:06:19	Câ
03/10/1938	08:57:32	Aq	09/02/1939	12:21:51	Es	19/06/1939	21:57:48	Le
05/10/1938	20:26:54	Pe	11/02/1939	20:23:42	Sa	21/06/1939	22:56:06	Vi
08/10/1938	05:22:23	Ár	14/02/1939	07:41:12	Cp	24/06/1939	01:30:22	Li
10/10/1938	11:42:34	To	16/02/1939	20:21:42	Aq	26/06/1939	06:24:58	Es
12/10/1938	16:10:05	Gê	19/02/1939	08:51:47	Pe	28/06/1939	13:39:02	Sa
14/10/1938	19:30:45	Câ	21/02/1939	20:23:06	Ár	30/06/1939	22:53:23	Cp
16/10/1938	22:19:27	Le	24/02/1939	06:18:47	To	03/07/1939	09:54:00	Aq
19/10/1938	01:08:45	Vi	26/02/1939	13:47:07	Gê	05/07/1939	22:17:06	Pe

Signos Lunares

08/07/1939	10:49:48	Ár	14/11/1939	10:42:01	Cp	23/03/1940	14:47:19	Li
10/07/1939	21:26:42	To	16/11/1939	20:00:04	Aq	25/03/1940	14:33:14	Es
13/07/1939	04:20:23	Gê	19/11/1939	07:59:56	Pe	27/03/1940	16:30:54	Sa
15/07/1939	07:15:40	Câ	21/11/1939	20:35:34	Ár	29/03/1940	21:59:28	Cp
17/07/1939	07:30:15	Le	24/11/1939	07:22:37	To	01/04/1940	07:13:16	Aq
19/07/1939	07:07:27	Vi	26/11/1939	15:08:56	Gê	03/04/1940	19:10:51	Pe
21/07/1939	08:10:14	Li	28/11/1939	20:11:21	Câ	06/04/1940	08:09:58	Ár
23/07/1939	12:03:57	Es	30/11/1939	23:33:53	Le	08/04/1940	20:38:32	To
25/07/1939	19:09:33	Sa	03/12/1939	02:22:46	Vi	11/04/1940	07:32:07	Gê
28/07/1939	04:50:35	Cp	05/12/1939	05:22:17	Li	13/04/1940	16:03:54	Câ
30/07/1939	16:14:36	Aq	07/12/1939	08:56:55	Es	15/04/1940	21:43:44	Le
02/08/1939	04:41:23	Pe	09/12/1939	13:32:07	Sa	18/04/1940	00:34:28	Vi
04/08/1939	17:22:11	Ár	11/12/1939	19:51:02	Cp	20/04/1940	01:22:51	Li
07/08/1939	04:47:12	To	14/12/1939	04:42:21	Aq	22/04/1940	01:32:46	Es
09/08/1939	13:05:59	Gê	16/12/1939	16:14:01	Pe	24/04/1940	02:48:05	Sa
11/08/1939	17:20:52	Câ	19/12/1939	05:02:41	Ár	26/04/1940	06:49:34	Cp
13/08/1939	18:09:08	Le	21/12/1939	16:31:52	To	28/04/1940	14:38:54	Aq
15/08/1939	17:19:07	Vi	24/12/1939	00:37:03	Gê	01/05/1940	01:55:53	Pe
17/08/1939	17:03:30	Li	26/12/1939	05:03:01	Câ	03/05/1940	14:51:43	Ár
19/08/1939	19:19:51	Es	28/12/1939	07:04:55	Le	06/05/1940	03:12:25	To
22/08/1939	01:13:32	Sa	30/12/1939	08:28:40	Vi	08/05/1940	13:33:31	Gê
24/08/1939	10:33:22	Cp	01/01/1940	10:43:29	Li	10/05/1940	21:33:23	Câ
26/08/1939	22:08:57	Aq	03/01/1940	14:35:49	Es	13/05/1940	03:22:27	Le
29/08/1939	10:42:18	Pe	05/01/1940	20:12:07	Sa	15/05/1940	07:17:30	Vi
31/08/1939	23:14:46	Ár	08/01/1940	03:29:33	Cp	17/05/1940	09:40:26	Li
03/09/1939	10:47:11	To	10/01/1940	12:41:46	Aq	19/05/1940	11:11:45	Es
05/09/1939	20:01:49	Gê	13/01/1940	00:03:01	Pe	21/05/1940	12:59:52	Sa
08/09/1939	01:51:47	Câ	15/01/1940	12:55:13	Ár	23/05/1940	16:34:31	Cp
10/09/1939	04:11:25	Le	18/01/1940	01:15:26	To	25/05/1940	23:18:52	Aq
12/09/1939	04:09:04	Vi	20/01/1940	10:31:44	Gê	28/05/1940	09:39:06	Pe
14/09/1939	03:38:34	Li	22/01/1940	15:34:49	Câ	30/05/1940	22:18:16	Ár
16/09/1939	04:43:19	Es	24/01/1940	17:10:26	Le	02/06/1940	10:43:36	To
18/09/1939	09:01:45	Sa	26/01/1940	17:11:52	Vi	04/06/1940	20:49:07	Gê
20/09/1939	17:10:36	Cp	28/01/1940	17:42:46	Li	07/06/1940	04:01:57	Câ
23/09/1939	04:23:52	Aq	30/01/1940	20:17:18	Es	09/06/1940	09:00:23	Le
25/09/1939	16:59:52	Pe	02/02/1940	01:35:43	Sa	11/06/1940	12:40:45	Vi
28/09/1939	05:22:02	Ár	04/02/1940	09:26:51	Cp	13/06/1940	15:43:23	Li
30/09/1939	16:28:27	To	06/02/1940	19:21:19	Aq	15/06/1940	18:31:29	Es
03/10/1939	01:37:57	Gê	09/02/1940	06:58:19	Pe	17/06/1940	21:33:48	Sa
05/10/1939	08:16:24	Câ	11/02/1940	19:49:13	Ár	20/06/1940	01:44:16	Cp
07/10/1939	12:09:46	Le	14/02/1940	08:35:53	To	22/06/1940	08:15:00	Aq
09/10/1939	13:45:32	Vi	16/02/1940	19:09:40	Gê	24/06/1940	17:55:27	Pe
11/10/1939	14:15:19	Li	19/02/1940	01:46:25	Câ	27/06/1940	06:13:00	Ár
13/10/1939	15:18:10	Es	21/02/1940	04:18:57	Le	29/06/1940	18:52:11	To
15/10/1939	18:36:00	Sa	23/02/1940	04:11:26	Vi	02/07/1940	05:15:07	Gê
18/10/1939	01:21:45	Cp	25/02/1940	03:28:44	Li	04/07/1940	12:10:28	Câ
20/10/1939	11:39:35	Aq	27/02/1940	04:13:26	Es	06/07/1940	16:12:06	Le
23/10/1939	00:05:07	Pe	29/02/1940	07:54:26	Sa	08/07/1940	18:44:12	Vi
25/10/1939	12:28:06	Ár	02/03/1940	15:02:23	Cp	10/07/1940	21:06:35	Li
27/10/1939	23:08:55	To	05/03/1940	01:07:10	Aq	13/07/1940	00:06:54	Es
30/10/1939	07:30:57	Gê	07/03/1940	13:07:11	Pe	15/07/1940	04:04:34	Sa
01/11/1939	13:41:06	Câ	10/03/1940	02:00:55	Ár	17/07/1940	09:17:26	Cp
03/11/1939	18:01:07	Le	12/03/1940	14:44:10	To	19/07/1940	16:21:52	Aq
05/11/1939	20:56:42	Vi	15/03/1940	01:52:35	Gê	22/07/1940	01:58:06	Pe
07/11/1939	23:03:00	Li	17/03/1940	09:56:56	Câ	24/07/1940	14:01:31	Ár
10/11/1939	01:13:40	Es	19/03/1940	14:14:48	Le	27/07/1940	02:56:03	To
12/11/1939	04:41:16	Sa	21/03/1940	15:20:25	Vi	29/07/1940	14:03:46	Gê

31/07/1940	21:32:01	Câ	07/12/1940	23:26:08	Ár	16/04/1941	11:38:29	Cp
03/08/1940	01:20:01	Le	10/12/1940	12:27:05	To	18/04/1941	16:30:49	Aq
05/08/1940	02:50:23	Vi	13/12/1940	00:07:33	Gê	21/04/1941	01:06:51	Pe
07/08/1940	03:49:34	Li	15/12/1940	09:19:35	Câ	23/04/1941	12:34:14	Ár
09/08/1940	05:45:40	Es	17/12/1940	16:16:11	Le	26/04/1941	01:22:29	To
11/08/1940	09:28:52	Sa	19/12/1940	21:34:43	Vi	28/04/1941	14:10:50	Gê
13/08/1940	15:15:02	Cp	22/12/1940	01:36:52	Li	01/05/1941	01:55:50	Câ
15/08/1940	23:07:05	Aq	24/12/1940	04:29:46	Es	03/05/1941	11:33:47	Le
18/08/1940	09:09:49	Pe	26/12/1940	06:36:15	Sa	05/05/1941	18:05:32	Vi
20/08/1940	21:13:47	Ár	28/12/1940	08:58:04	Cp	07/05/1941	21:11:13	Li
23/08/1940	10:16:53	To	30/12/1940	13:08:37	Aq	09/05/1941	21:33:31	Es
25/08/1940	22:12:55	Gê	01/01/1941	20:34:42	Pe	11/05/1941	20:49:25	Sa
28/08/1940	06:53:19	Câ	04/01/1941	07:34:16	Ár	13/05/1941	21:03:27	Cp
30/08/1940	11:31:05	Le	06/01/1941	20:28:11	To	16/05/1941	00:14:53	Aq
01/09/1940	12:56:35	Vi	09/01/1941	08:26:56	Gê	18/05/1941	07:33:23	Pe
03/09/1940	12:54:05	Li	11/01/1941	17:33:08	Câ	20/05/1941	18:33:59	Ár
05/09/1940	13:16:27	Es	13/01/1941	23:39:08	Le	23/05/1941	07:26:04	To
07/09/1940	15:35:59	Sa	16/01/1941	03:45:26	Vi	25/05/1941	20:09:57	Gê
09/09/1940	20:45:26	Cp	18/01/1941	06:59:48	Li	28/05/1941	07:36:23	Câ
12/09/1940	04:51:13	Aq	20/01/1941	10:03:45	Es	30/05/1941	17:15:03	Le
14/09/1940	15:25:09	Pe	22/01/1941	13:16:19	Sa	02/06/1941	00:38:11	Vi
17/09/1940	03:42:58	Ár	24/01/1941	17:00:53	Cp	04/06/1941	05:17:02	Li
19/09/1940	16:45:24	To	26/01/1941	22:05:38	Aq	06/06/1941	07:13:19	Es
22/09/1940	05:05:13	Gê	29/01/1941	05:34:07	Pe	08/06/1941	07:23:25	Sa
24/09/1940	14:57:24	Câ	31/01/1941	16:01:57	Ár	10/06/1941	07:31:31	Cp
26/09/1940	21:08:56	Le	03/02/1941	04:40:52	To	12/06/1941	09:41:10	Aq
28/09/1940	23:41:27	Vi	05/02/1941	17:09:13	Gê	14/06/1941	15:33:20	Pe
30/09/1940	23:46:21	Li	08/02/1941	02:57:15	Câ	17/06/1941	01:30:10	Ár
02/10/1940	23:12:04	Es	10/02/1941	09:07:08	Le	19/06/1941	14:02:38	To
04/10/1940	23:53:51	Sa	12/02/1941	12:21:06	Vi	22/06/1941	02:44:18	Gê
07/10/1940	03:28:22	Cp	14/02/1941	14:07:22	Li	24/06/1941	13:51:04	Câ
09/10/1940	10:43:44	Aq	16/02/1941	15:52:17	Es	26/06/1941	22:54:43	Le
11/10/1940	21:17:32	Pe	18/02/1941	18:36:37	Sa	29/06/1941	06:02:38	Vi
14/10/1940	09:49:58	Ár	20/02/1941	22:53:31	Cp	01/07/1941	11:16:49	Li
16/10/1940	22:49:01	To	23/02/1941	05:01:30	Aq	03/07/1941	14:33:30	Es
19/10/1940	10:59:18	Gê	25/02/1941	13:18:08	Pe	05/07/1941	16:13:08	Sa
21/10/1940	21:17:58	Câ	27/02/1941	23:54:11	Ár	07/07/1941	17:20:30	Cp
24/10/1940	04:50:36	Le	02/03/1941	12:23:14	To	09/07/1941	19:35:43	Aq
26/10/1940	09:09:30	Vi	05/03/1941	01:11:57	Gê	12/07/1941	00:41:50	Pe
28/10/1940	10:36:31	Li	07/03/1941	12:03:35	Câ	14/07/1941	09:34:32	Ár
30/10/1940	10:24:37	Es	09/03/1941	19:18:45	Le	16/07/1941	21:29:36	To
01/11/1940	10:20:48	Sa	11/03/1941	22:51:10	Vi	19/07/1941	10:09:27	Gê
03/11/1940	12:22:22	Cp	13/03/1941	23:51:23	Li	21/07/1941	21:15:02	Câ
05/11/1940	18:03:05	Aq	16/03/1941	00:02:43	Es	24/07/1941	05:47:47	Le
08/11/1940	03:45:35	Pe	18/03/1941	01:07:33	Sa	26/07/1941	12:03:16	Vi
10/11/1940	16:13:01	Ár	20/03/1941	04:24:54	Cp	28/07/1941	16:40:29	Li
13/11/1940	05:12:40	To	22/03/1941	10:33:53	Aq	30/07/1941	20:08:45	Es
15/11/1940	17:00:14	Gê	24/03/1941	19:29:58	Pe	01/08/1941	22:49:26	Sa
18/11/1940	02:52:15	Câ	27/03/1941	06:39:11	Ár	04/08/1941	01:16:56	Cp
20/11/1940	10:38:22	Le	29/03/1941	19:13:27	To	06/08/1941	04:31:49	Aq
22/11/1940	16:10:33	Vi	01/04/1941	08:06:21	Gê	08/08/1941	09:50:43	Pe
24/11/1940	19:24:33	Li	03/04/1941	19:43:34	Câ	10/08/1941	18:12:45	Ár
26/11/1940	20:44:25	Es	06/04/1941	04:25:40	Le	13/08/1941	05:32:00	To
28/11/1940	21:18:09	Sa	08/04/1941	09:20:57	Vi	15/08/1941	18:09:19	Gê
30/11/1940	22:50:06	Cp	10/04/1941	10:54:16	Li	18/08/1941	05:37:21	Câ
03/12/1940	03:12:25	Aq	12/04/1941	10:31:23	Es	20/08/1941	14:15:13	Le
05/12/1940	11:35:04	Pe	14/04/1941	10:07:26	Sa	22/08/1941	19:52:42	Vi

Signos Lunares

24/08/1941	23:21:09	Li	01/01/1942	16:41:29	Câ	10/05/1942	20:31:19	Ár
27/08/1941	01:48:25	Es	04/01/1942	03:32:27	Le	13/05/1942	06:36:50	To
29/08/1941	04:12:44	Sa	06/01/1942	12:42:08	Vi	15/05/1942	18:14:45	Gê
31/08/1941	07:17:32	Cp	08/01/1942	19:48:24	Li	18/05/1942	06:48:59	Câ
02/09/1941	11:38:34	Aq	11/01/1942	00:24:03	Es	20/05/1942	19:21:05	Le
04/09/1941	17:51:42	Pe	13/01/1942	02:31:20	Sa	23/05/1942	06:07:21	Vi
07/09/1941	02:28:17	Ár	15/01/1942	03:06:55	Cp	25/05/1942	13:21:49	Li
09/09/1941	13:31:51	To	17/01/1942	03:52:14	Aq	27/05/1942	16:31:39	Es
12/09/1941	02:05:36	Gê	19/01/1942	06:43:04	Pe	29/05/1942	16:38:42	Sa
14/09/1941	14:08:59	Câ	21/01/1942	13:08:03	Ár	31/05/1942	15:43:30	Cp
16/09/1941	23:35:50	Le	23/01/1942	23:18:27	To	02/06/1942	15:59:24	Aq
19/09/1941	05:28:47	Vi	26/01/1942	11:43:42	Gê	04/06/1942	19:13:45	Pe
21/09/1941	08:17:14	Li	29/01/1942	00:03:08	Câ	07/06/1942	02:10:36	Ár
23/09/1941	09:23:29	Es	31/01/1942	10:36:46	Le	09/06/1942	12:15:40	To
25/09/1941	10:24:22	Sa	02/02/1942	18:57:22	Vi	12/06/1942	00:11:27	Gê
27/09/1941	12:44:15	Cp	05/02/1942	01:17:49	Li	14/06/1942	12:49:48	Câ
29/09/1941	17:16:40	Aq	07/02/1942	05:55:42	Es	17/06/1942	01:19:15	Le
02/10/1941	00:17:50	Pe	09/02/1942	09:06:25	Sa	19/06/1942	12:33:27	Vi
04/10/1941	09:37:04	Ár	11/02/1942	11:18:40	Cp	21/06/1942	21:04:07	Li
06/10/1941	20:51:39	To	13/02/1942	13:27:27	Aq	24/06/1942	01:50:20	Es
09/10/1941	09:22:33	Gê	15/02/1942	16:50:28	Pe	26/06/1942	03:08:37	Sa
11/10/1941	21:52:37	Câ	17/02/1942	22:46:19	Ár	28/06/1942	02:29:40	Cp
14/10/1941	08:28:58	Le	20/02/1942	07:57:23	To	30/06/1942	02:00:27	Aq
16/10/1941	15:35:56	Vi	22/02/1942	19:47:06	Gê	02/07/1942	03:45:48	Pe
18/10/1941	18:54:01	Li	25/02/1942	08:15:24	Câ	04/07/1942	09:10:24	Ár
20/10/1941	19:25:25	Es	27/02/1942	19:05:42	Le	06/07/1942	18:22:26	To
22/10/1941	19:00:18	Sa	02/03/1942	03:05:43	Vi	09/07/1942	06:10:04	Gê
24/10/1941	19:39:48	Cp	04/03/1942	08:22:59	Li	11/07/1942	18:51:22	Câ
26/10/1941	23:02:24	Aq	06/03/1942	11:49:57	Es	14/07/1942	07:08:02	Le
29/10/1941	05:50:40	Pe	08/03/1942	14:27:57	Sa	16/07/1942	18:08:11	Vi
31/10/1941	15:38:02	Ár	10/03/1942	17:08:22	Cp	19/07/1942	03:01:52	Li
03/11/1941	03:18:53	To	12/03/1942	20:30:20	Aq	21/07/1942	09:02:03	Es
05/11/1941	15:52:06	Gê	15/03/1942	01:08:38	Pe	23/07/1942	11:58:04	Sa
08/11/1941	04:25:36	Câ	17/03/1942	07:40:39	Ár	25/07/1942	12:37:55	Cp
10/11/1941	15:48:42	Le	19/03/1942	16:38:37	To	27/07/1942	12:36:48	Aq
13/11/1941	00:28:52	Vi	22/03/1942	04:00:03	Gê	29/07/1942	13:48:46	Pe
15/11/1941	05:21:28	Li	24/03/1942	16:32:48	Câ	31/07/1942	17:55:09	Ár
17/11/1941	06:39:49	Es	27/03/1942	04:04:10	Le	03/08/1942	01:47:25	To
19/11/1941	05:53:13	Sa	29/03/1942	12:36:24	Vi	05/08/1942	12:54:14	Gê
21/11/1941	05:11:24	Cp	31/03/1942	17:36:18	Li	08/08/1942	01:30:18	Câ
23/11/1941	06:46:08	Aq	02/04/1942	19:54:27	Es	10/08/1942	13:39:20	Le
25/11/1941	12:08:48	Pe	04/04/1942	21:04:09	Sa	13/08/1942	00:08:46	Vi
27/11/1941	21:26:15	Ár	06/04/1942	22:41:26	Cp	15/08/1942	08:30:37	Li
30/11/1941	09:18:16	To	09/04/1942	01:56:23	Aq	17/08/1942	14:37:45	Es
02/12/1941	21:59:48	Gê	11/04/1942	07:19:14	Pe	19/08/1942	18:34:41	Sa
05/12/1941	10:21:30	Câ	13/04/1942	14:49:03	Ár	21/08/1942	20:46:27	Cp
07/12/1941	21:42:42	Le	16/04/1942	00:17:38	To	23/08/1942	22:06:58	Aq
10/12/1941	07:12:19	Vi	18/04/1942	11:36:31	Gê	25/08/1942	23:55:04	Pe
12/12/1941	13:45:40	Li	21/04/1942	00:09:32	Câ	28/08/1942	03:38:52	Ár
14/12/1941	16:51:19	Es	23/04/1942	12:21:31	Le	30/08/1942	10:29:03	To
16/12/1941	17:09:56	Sa	25/04/1942	22:02:27	Vi	01/09/1942	20:40:14	Gê
18/12/1941	16:26:13	Cp	28/04/1942	03:49:49	Li	04/09/1942	09:00:09	Câ
20/12/1941	16:53:21	Aq	30/04/1942	05:59:02	Es	06/09/1942	21:15:13	Le
22/12/1941	20:32:42	Pe	02/05/1942	06:02:57	Sa	09/09/1942	07:30:38	Vi
25/12/1941	04:23:53	Ár	04/05/1942	06:04:26	Cp	11/09/1942	15:04:49	Li
27/12/1941	15:43:01	To	06/05/1942	07:55:34	Aq	13/09/1942	20:18:29	Es
30/12/1941	04:27:02	Gê	08/05/1942	12:43:28	Pe	15/09/1942	23:57:45	Sa

Signos Lunares

18/09/1942	02:47:58	Cp	26/01/1943	08:46:56	Li	04/06/1943	10:45:20	Câ
20/09/1942	05:27:02	Aq	28/01/1943	16:50:31	Es	06/06/1943	23:02:58	Le
22/09/1942	08:33:34	Pe	30/01/1943	21:33:49	Sa	09/06/1943	12:03:06	Vi
24/09/1942	12:56:58	Ár	01/02/1943	23:15:09	Cp	11/06/1943	23:21:47	Li
26/09/1942	19:34:29	To	03/02/1943	23:10:14	Aq	14/06/1943	06:58:34	Es
29/09/1942	05:04:57	Gê	05/02/1943	23:07:29	Pe	16/06/1943	10:35:57	Sa
01/10/1942	17:03:05	Câ	08/02/1943	01:00:09	Ár	18/06/1943	11:29:31	Cp
04/10/1942	05:35:07	Le	10/02/1943	06:17:04	To	20/06/1943	11:33:30	Aq
06/10/1942	16:13:20	Vi	12/02/1943	15:24:59	Gê	22/06/1943	12:36:04	Pe
08/10/1942	23:32:36	Li	15/02/1943	03:24:26	Câ	24/06/1943	15:52:20	Ár
11/10/1942	03:46:14	Es	17/02/1943	16:18:20	Le	26/06/1943	21:51:53	To
13/10/1942	06:10:23	Sa	20/02/1943	04:19:52	Vi	29/06/1943	06:26:45	Gê
15/10/1942	08:13:20	Cp	22/02/1943	14:29:40	Li	01/07/1943	17:13:09	Câ
17/10/1942	11:01:00	Aq	24/02/1943	22:24:57	Es	04/07/1943	05:39:16	Le
19/10/1942	15:05:00	Pe	27/02/1943	03:58:58	Sa	06/07/1943	18:44:51	Vi
21/10/1942	20:36:30	Ár	01/03/1943	07:18:45	Cp	09/07/1943	06:44:11	Li
24/10/1942	03:51:57	To	03/03/1943	08:56:06	Aq	11/07/1943	15:40:25	Es
26/10/1942	13:18:21	Gê	05/03/1943	09:54:04	Pe	13/07/1943	20:36:43	Sa
29/10/1942	01:00:00	Câ	07/03/1943	11:41:07	Ár	15/07/1943	22:06:29	Cp
31/10/1942	13:48:09	Le	09/03/1943	15:53:13	To	17/07/1943	21:45:32	Aq
03/11/1942	01:18:50	Vi	11/03/1943	23:39:00	Gê	19/07/1943	21:30:21	Pe
05/11/1942	09:21:14	Li	14/03/1943	10:50:33	Câ	21/07/1943	23:08:04	Ár
07/11/1942	13:26:47	Es	16/03/1943	23:41:00	Le	24/07/1943	03:52:33	To
09/11/1942	14:46:59	Sa	19/03/1943	11:42:50	Vi	26/07/1943	12:03:30	Gê
11/11/1942	15:17:40	Cp	21/03/1943	21:21:00	Li	28/07/1943	23:03:40	Câ
13/11/1942	16:48:23	Aq	24/03/1943	04:22:37	Es	31/07/1943	11:42:57	Le
15/11/1942	20:27:43	Pe	26/03/1943	09:23:16	Sa	03/08/1943	00:45:03	Vi
18/11/1942	02:30:16	Ár	28/03/1943	13:04:47	Cp	05/08/1943	12:51:19	Li
20/11/1942	10:37:29	To	30/03/1943	15:57:01	Aq	07/08/1943	22:39:42	Es
22/11/1942	20:34:33	Gê	01/04/1943	18:26:47	Pe	10/08/1943	05:08:14	Sa
25/11/1942	08:16:35	Câ	03/04/1943	21:17:24	Ár	12/08/1943	08:09:04	Cp
27/11/1942	21:09:18	Le	06/04/1943	01:37:17	To	14/08/1943	08:36:21	Aq
30/11/1942	09:29:10	Vi	08/04/1943	08:41:20	Gê	16/08/1943	08:06:24	Pe
02/12/1942	18:55:05	Li	10/04/1943	19:02:59	Câ	18/08/1943	08:32:13	Ár
05/12/1942	00:06:24	Es	13/04/1943	07:39:29	Le	20/08/1943	11:39:29	To
07/12/1942	01:33:50	Sa	15/04/1943	19:58:58	Vi	22/08/1943	18:34:09	Gê
09/12/1942	01:06:41	Cp	18/04/1943	05:40:49	Li	25/08/1943	05:06:44	Câ
11/12/1942	00:56:36	Aq	20/04/1943	12:03:38	Es	27/08/1943	17:49:13	Le
13/12/1942	02:55:45	Pe	22/04/1943	15:56:04	Sa	30/08/1943	06:46:40	Vi
15/12/1942	08:04:05	Ár	24/04/1943	18:39:27	Cp	01/09/1943	18:33:07	Li
17/12/1942	16:16:22	To	26/04/1943	21:21:00	Aq	04/09/1943	04:20:06	Es
20/12/1942	02:45:59	Gê	29/04/1943	00:35:39	Pe	06/09/1943	11:38:28	Sa
22/12/1942	14:45:42	Câ	01/05/1943	04:39:08	Ár	08/09/1943	16:13:17	Cp
25/12/1942	03:35:21	Le	03/05/1943	09:56:53	To	10/09/1943	18:17:59	Aq
27/12/1942	16:10:07	Vi	05/05/1943	17:15:39	Gê	12/09/1943	18:46:18	Pe
30/12/1942	02:44:26	Li	08/05/1943	03:16:38	Câ	14/09/1943	19:08:29	Ár
01/01/1943	09:39:30	Es	10/05/1943	15:38:36	Le	16/09/1943	21:14:14	To
03/01/1943	12:33:30	Sa	13/05/1943	04:21:24	Vi	19/09/1943	02:42:05	Gê
05/01/1943	12:34:34	Cp	15/05/1943	14:44:07	Li	21/09/1943	12:10:19	Câ
07/01/1943	11:41:49	Aq	17/05/1943	21:19:08	Es	24/09/1943	00:33:47	Le
09/01/1943	12:02:49	Pe	20/05/1943	00:32:53	Sa	26/09/1943	13:30:20	Vi
11/01/1943	15:20:31	Ár	22/05/1943	01:59:39	Cp	29/09/1943	00:56:11	Li
13/01/1943	22:21:30	To	24/05/1943	03:22:58	Aq	01/10/1943	10:04:09	Es
16/01/1943	08:38:38	Gê	26/05/1943	05:57:31	Pe	03/10/1943	17:02:43	Sa
18/01/1943	20:53:28	Câ	28/05/1943	10:16:12	Ár	05/10/1943	22:10:58	Cp
21/01/1943	09:43:33	Le	30/05/1943	16:24:42	To	08/10/1943	01:39:21	Aq
23/01/1943	22:02:36	Vi	02/06/1943	00:29:29	Gê	10/10/1943	03:44:10	Pe

Signos Lunares

12/10/1943	05:11:52	Ár	19/02/1944	17:32:46	Cp	28/06/1944	03:39:35	Li
14/10/1943	07/25/46	To	21/02/1944	19:26:38	Aq	30/06/1944	15:10:02	Es
16/10/1943	12:06:44	Gê	23/02/1944	19:08:43	Pe	02/07/1944	23:38:04	Sa
18/10/1943	20:27:48	Câ	25/02/1944	18:30:49	Ár	05/07/1944	04:41:34	Cp
21/10/1943	08:12:07	Le	27/02/1944	19:35:54	To	07/07/1944	07:13:45	Aq
23/10/1943	21:09:31	Vi	01/03/1944	00:05:40	Gê	09/07/1944	08:38:36	Pe
26/10/1943	08:37:46	Li	03/03/1944	08:38:01	Câ	11/07/1944	10:18:17	Ár
28/10/1943	17:14:14	Es	05/03/1944	20:19:25	Le	13/07/1944	13:16:12	To
30/10/1943	23:14:21	Sa	08/03/1944	09:18:14	Vi	15/07/1944	18:11:13	Gê
02/11/1943	03:36:30	Cp	10/03/1944	21:55:03	Li	18/07/1944	01:21:27	Câ
04/11/1943	07:09:31	Aq	13/03/1944	09:12:01	Es	20/07/1944	10:50:47	Le
06/11/1943	10:15:40	Pe	15/03/1944	18:30:57	Sa	22/07/1944	22:24:14	Vi
08/11/1943	13:10:22	Ár	18/03/1944	01:13:07	Cp	25/07/1944	11:07:44	Li
10/11/1943	16:32:13	To	20/03/1944	04:54:53	Aq	27/07/1944	23:16:11	Es
12/11/1943	21:31:23	Gê	22/03/1944	05:58:35	Pe	30/07/1944	08:49:55	Sa
15/11/1943	05:22:28	Câ	24/03/1944	05:41:51	Ár	01/08/1944	14:42:04	Cp
17/11/1943	16:27:22	Le	26/03/1944	06:00:42	To	03/08/1944	17:10:09	Aq
20/11/1943	05:21:20	Vi	28/03/1944	08:58:16	Gê	05/08/1944	17:34:48	Pe
22/11/1943	17:18:39	Li	30/03/1944	15:59:08	Câ	07/08/1944	17:43:12	Ár
25/11/1943	02:09:00	Es	02/04/1944	02:54:02	Le	09/08/1944	19:19:25	To
27/11/1943	07:34:46	Sa	04/04/1944	15:48:46	Vi	11/08/1944	23:38:12	Gê
29/11/1943	10:42:52	Cp	07/04/1944	04:21:52	Li	14/08/1944	07:03:24	Câ
01/12/1943	13:01:04	Aq	09/04/1944	15:11:44	Es	16/08/1944	17:08:02	Le
03/12/1943	15:35:34	Pe	12/04/1944	00:02:08	Sa	19/08/1944	05:00:26	Vi
05/12/1943	18:59:37	Ár	14/04/1944	06:55:53	Cp	21/08/1944	17:45:03	Li
07/12/1943	23:30:01	To	16/04/1944	11:45:38	Aq	24/08/1944	06:13:02	Es
10/12/1943	05:32:19	Gê	18/04/1944	14:27:58	Pe	26/08/1944	16:51:35	Sa
12/12/1943	13:46:20	Câ	20/04/1944	15:35:22	Ár	29/08/1944	00:12:18	Cp
15/12/1943	00:36:36	Le	22/04/1944	16:28:28	To	31/08/1944	03:44:07	Aq
17/12/1943	13:22:09	Vi	24/04/1944	18:58:34	Gê	02/09/1944	04:14:25	Pe
20/12/1943	01:55:05	Li	27/04/1944	00:48:38	Câ	04/09/1944	03:27:04	Ár
22/12/1943	11:45:42	Es	29/04/1944	10:35:55	Le	06/09/1944	03:28:22	To
24/12/1943	17:43:40	Sa	01/05/1944	23:04:17	Vi	08/09/1944	06:13:31	Gê
26/12/1943	20:23:56	Cp	04/05/1944	11:39:30	Li	10/09/1944	12:46:45	Câ
28/12/1943	21:20:42	Aq	06/05/1944	22:17:57	Es	12/09/1944	22:50:16	Le
30/12/1943	22:16:51	Pe	09/05/1944	06:26:42	Sa	15/09/1944	11:00:22	Vi
02/01/1944	00:33:46	Ár	11/05/1944	12:32:50	Cp	17/09/1944	23:47:48	Li
04/01/1944	04:58:09	To	13/05/1944	17:09:54	Aq	20/09/1944	12:11:00	Es
06/01/1944	11:44:08	Gê	15/05/1944	20:34:56	Pe	22/09/1944	23:16:14	Sa
08/01/1944	20:48:01	Câ	17/05/1944	23:03:13	Ár	25/09/1944	07:55:28	Cp
11/01/1944	07:57:30	Le	20/05/1944	01:15:27	To	27/09/1944	13:09:49	Aq
13/01/1944	20:38:13	Vi	22/05/1944	04:26:17	Gê	29/09/1944	14:57:36	Pe
16/01/1944	09:28:50	Li	24/05/1944	10:03:48	Câ	01/10/1944	14:29:37	Ár
18/01/1944	20:27:28	Es	26/05/1944	19:04:28	Le	03/10/1944	13:45:44	To
21/01/1944	03:53:09	Sa	29/05/1944	06:58:30	Vi	05/10/1944	14:59:22	Gê
23/01/1944	07:26:24	Cp	31/05/1944	19:37:22	Li	07/10/1944	19:56:09	Câ
25/01/1944	08:09:25	Aq	03/06/1944	06:31:31	Es	10/10/1944	05:03:02	Le
27/01/1944	07:47:35	Pe	05/06/1944	14:27:15	Sa	12/10/1944	17:04:27	Vi
29/01/1944	08:14:36	Ár	07/06/1944	19:41:04	Cp	15/10/1944	05:55:05	Li
31/01/1944	11:06:41	To	09/06/1944	23:12:01	Aq	17/10/1944	18:03:21	Es
02/02/1944	17:17:10	Gê	12/06/1944	01:58:09	Pe	20/10/1944	04:49:56	Sa
05/02/1944	02:39:44	Câ	14/06/1944	04:40:36	Ár	22/10/1944	13:48:19	Cp
07/02/1944	14:19:53	Le	16/06/1944	07:51:43	To	24/10/1944	20:18:56	Aq
10/02/1944	03:07:40	Vi	18/06/1944	12:10:48	Gê	26/10/1944	23:53:05	Pe
12/02/1944	15:54:20	Li	20/06/1944	18:28:03	Câ	29/10/1944	00:53:41	Ár
15/02/1944	03:23:57	Es	23/06/1944	03:25:26	Le	31/10/1944	00:44:59	To
17/02/1944	12:14:47	Sa	25/06/1944	14:57:47	Vi	02/11/1944	01:28:12	Gê

04/11/1944	05:04:13	Câ	14/03/1945	14:32:04	Ár	22/07/1945	16:28:34	Cp
06/11/1944	12:44:04	Le	16/03/1945	13:54:22	To	24/07/1945	23:16:14	Aq
08/11/1944	23:58:55	Vi	18/03/1945	15:04:26	Gê	27/07/1945	03:26:29	Pe
11/11/1944	12:44:33	Li	20/03/1945	19:31:20	Câ	29/07/1945	06:07:09	Ár
14/11/1944	00:47:33	Es	23/03/1945	03:31:30	Le	31/07/1945	08:28:38	To
16/11/1944	11:01:40	Sa	25/03/1945	14:10:50	Vi	02/08/1945	11:23:03	Gê
18/11/1944	19:19:49	Cp	28/03/1945	02:14:57	Li	04/08/1945	15:22:32	Câ
21/11/1944	01:46:58	Aq	30/03/1945	14:49:49	Es	06/08/1945	20:52:29	Le
23/11/1944	06:18:13	Pe	02/04/1945	03:07:32	Sa	09/08/1945	04:23:39	Vi
25/11/1944	08:56:49	Ár	04/04/1945	13:51:29	Cp	11/08/1945	14:20:58	Li
27/11/1944	10:22:08	To	06/04/1945	21:28:04	Aq	14/08/1945	02:24:29	Es
29/11/1944	11:54:47	Gê	09/04/1945	01:10:11	Pe	16/08/1945	14:55:44	Sa
01/12/1944	15:16:30	Câ	11/04/1945	01:37:43	Ár	19/08/1945	01:30:34	Cp
03/12/1944	21:52:51	Le	13/04/1945	00:39:35	To	21/08/1945	08:32:09	Aq
06/12/1944	08:03:45	Vi	15/04/1945	00:31:03	Gê	23/08/1945	12:04:57	Pe
08/12/1944	20:28:27	Li	17/04/1945	03:13:33	Câ	25/08/1945	13:29:54	Ár
11/12/1944	08:41:56	Es	19/04/1945	09:52:00	Le	27/08/1945	14:33:29	To
13/12/1944	18:50:04	Sa	21/04/1945	20:03:03	Vi	29/08/1945	16:46:46	Gê
16/12/1944	02:21:39	Cp	24/04/1945	08:14:35	Li	31/08/1945	20:59:43	Câ
18/12/1944	07:43:56	Aq	26/04/1945	20:52:07	Es	03/09/1945	03:19:33	Le
20/12/1944	11:39:07	Pe	29/04/1945	08:55:48	Sa	05/09/1945	11:36:23	Vi
22/12/1944	14:42:06	Ár	01/05/1945	19:39:46	Cp	07/09/1945	21:48:11	Li
24/12/1944	17:24:06	To	04/05/1945	04:05:37	Aq	10/09/1945	09:47:43	Es
26/12/1944	20:25:48	Gê	06/05/1945	09:20:57	Pe	12/09/1945	22:37:24	Sa
29/12/1944	00:43:36	Câ	08/05/1945	11:24:46	Ár	15/09/1945	10:11:20	Cp
31/12/1944	07:19:06	Le	10/05/1945	11:24:09	To	17/09/1945	18:19:26	Aq
02/01/1945	16:48:51	Vi	12/05/1945	11:11:50	Gê	19/09/1945	22:18:47	Pe
05/01/1945	04:43:51	Li	14/05/1945	12:50:51	Câ	21/09/1945	23:10:32	Ár
07/01/1945	17:12:53	Es	16/05/1945	17:56:54	Le	23/09/1945	22:53:09	To
10/01/1945	03:55:12	Sa	19/05/1945	02:55:56	Vi	25/09/1945	23:31:30	Gê
12/01/1945	11:27:41	Cp	21/05/1945	14:42:50	Li	28/09/1945	02:38:21	Câ
14/01/1945	15:56:42	Aq	24/05/1945	03:20:32	Es	30/09/1945	08:46:53	Le
16/01/1945	18:27:05	Pe	26/05/1945	15:11:05	Sa	02/10/1945	17:33:46	Vi
18/01/1945	20:20:33	Ár	29/05/1945	01:24:03	Cp	05/10/1945	04:16:31	Li
20/01/1945	22:47:38	To	31/05/1945	09:34:58	Aq	07/10/1945	16:23:46	Es
23/01/1945	02:34:32	Gê	02/06/1945	15:25:06	Pe	10/10/1945	05:17:27	Sa
25/01/1945	08:04:54	Câ	04/06/1945	18:50:34	Ár	12/10/1945	17:32:49	Cp
27/01/1945	15:32:35	Le	06/06/1945	20:23:06	To	15/10/1945	03:06:32	Aq
30/01/1945	01:08:47	Vi	08/06/1945	21:14:35	Gê	17/10/1945	08:33:41	Pe
01/02/1945	12:45:37	Li	10/06/1945	23:01:44	Câ	19/10/1945	10:08:50	Ár
04/02/1945	01:22:11	Es	13/06/1945	03:19:49	Le	21/10/1945	09:30:06	To
06/02/1945	12:57:26	Sa	15/06/1945	11:07:11	Vi	23/10/1945	08:49:26	Gê
08/02/1945	21:29:13	Cp	17/06/1945	22:06:15	Li	25/10/1945	10:10:54	Câ
11/02/1945	02:12:01	Aq	20/06/1945	10:35:57	Es	27/10/1945	14:55:06	Le
13/02/1945	03:52:27	Pe	22/06/1945	22:27:05	Sa	29/10/1945	23:12:00	Vi
15/02/1945	04:12:13	Ár	25/06/1945	08:14:15	Cp	01/11/1945	10:07:44	Li
17/02/1945	05:04:48	To	27/06/1945	15:36:23	Aq	03/11/1945	22:29:21	Es
19/02/1945	08:00:57	Gê	29/06/1945	20:51:12	Pe	06/11/1945	11:18:03	Sa
21/02/1945	13:42:25	Câ	02/07/1945	00:29:07	Ár	08/11/1945	23:35:09	Cp
23/02/1945	21:58:23	Le	04/07/1945	03:04:26	To	11/11/1945	09:58:47	Aq
26/02/1945	08:13:27	Vi	06/07/1945	05:19:33	Gê	13/11/1945	17:04:50	Pe
28/02/1945	19:56:45	Li	08/07/1945	08:10:23	Câ	15/11/1945	20:24:09	Ár
03/03/1945	08:32:24	Es	10/07/1945	12:43:13	Le	17/11/1945	20:47:38	To
05/03/1945	20:44:38	Sa	12/07/1945	19:57:44	Vi	19/11/1945	20:02:22	Gê
08/03/1945	06:37:19	Cp	15/07/1945	06:12:40	Li	21/11/1945	20:13:36	Câ
10/03/1945	12:39:37	Aq	17/07/1945	18:28:34	Es	23/11/1945	23:11:56	Le
12/03/1945	14:49:42	Pe	20/07/1945	06:35:46	Sa	26/11/1945	05:59:07	Vi

Signos Lunares

28/11/1945	16:18:24	Li	07/04/1946	12:20:53	Câ	15/08/1946	23:36:58	Ár
01/12/1945	04:43:01	Es	09/04/1946	16:37:09	Le	18/08/1946	03:59:07	To
03/12/1945	17:29:46	Sa	11/04/1946	23:20:02	Vi	20/08/1946	07:22:18	Gê
06/12/1945	05:23:23	Cp	14/04/1946	08:13:12	Li	22/08/1946	10:06:05	Câ
08/12/1945	15:34:03	Aq	16/04/1946	19:03:07	Es	24/08/1946	12:37:47	Le
10/12/1945	23:20:17	Pe	19/04/1946	07:29:42	Sa	26/08/1946	15:53:49	Vi
13/12/1945	04:15:06	Ár	21/04/1946	20:28:12	Cp	28/08/1946	21:14:57	Li
15/12/1945	06:29:38	To	24/04/1946	07:56:19	Aq	31/08/1946	05:49:17	Es
17/12/1945	07:02:30	Gê	26/04/1946	15:54:05	Pe	02/09/1946	17:31:02	Sa
19/12/1945	07:27:17	Câ	28/04/1946	19:45:23	Ár	05/09/1946	06:23:37	Cp
21/12/1945	09:30:25	Le	30/04/1946	20:30:43	To	07/09/1946	17:41:07	Aq
23/12/1945	14:43:38	Vi	02/05/1946	20:03:10	Gê	10/09/1946	01:45:45	Pe
25/12/1945	23:44:53	Li	04/05/1946	20:22:36	Câ	12/09/1946	06:48:50	Ár
28/12/1945	11:42:45	Es	06/05/1946	23:04:26	Le	14/09/1946	10:03:27	To
31/12/1945	00:32:15	Sa	09/05/1946	04:57:01	Vi	16/09/1946	12:45:27	Gê
02/01/1946	12:10:57	Cp	11/05/1946	13:53:19	Li	18/09/1946	15:41:45	Câ
04/01/1946	21:37:40	Aq	14/05/1946	01:08:26	Es	20/09/1946	19:12:34	Le
07/01/1946	04:46:42	Pe	16/05/1946	13:45:55	Sa	22/09/1946	23:37:58	Vi
09/01/1946	09:55:34	Ár	19/05/1946	02:41:45	Cp	25/09/1946	05:39:59	Li
11/01/1946	13:25:11	To	21/05/1946	14:31:16	Aq	27/09/1946	14:12:04	Es
13/01/1946	15:42:23	Gê	23/05/1946	23:38:42	Pe	30/09/1946	01:32:25	Sa
15/01/1946	17:32:10	Câ	26/05/1946	05:04:39	Ár	02/10/1946	14:29:10	Cp
17/01/1946	20:03:29	Le	28/05/1946	07:03:28	To	05/10/1946	02:27:02	Aq
20/01/1946	00:40:17	Vi	30/05/1946	06:54:23	Gê	07/10/1946	11:08:51	Pe
22/01/1946	08:31:26	Li	01/06/1946	06:28:33	Câ	09/10/1946	16:04:48	Ár
24/01/1946	19:39:51	Es	03/06/1946	07:39:23	Le	11/10/1946	18:20:21	To
27/01/1946	08:27:08	Sa	05/06/1946	11:56:39	Vi	13/10/1946	19:36:31	Gê
29/01/1946	20:17:48	Cp	07/06/1946	19:56:50	Li	15/10/1946	21:22:54	Câ
01/02/1946	05:23:26	Aq	10/06/1946	07:04:22	Es	18/10/1946	00:35:01	Le
03/02/1946	11:32:22	Pe	12/06/1946	19:50:27	Sa	20/10/1946	05:35:25	Vi
05/02/1946	15:37:56	Ár	15/06/1946	08:39:18	Cp	22/10/1946	12:33:06	Li
07/02/1946	18:46:33	To	17/06/1946	20:15:48	Aq	24/10/1946	21:40:35	Es
09/02/1946	21:45:12	Gê	20/06/1946	05:42:46	Pe	27/10/1946	09:03:04	Sa
12/02/1946	00:58:39	Câ	22/06/1946	12:19:19	Ár	29/10/1946	21:59:22	Cp
14/02/1946	04:50:05	Le	24/06/1946	15:55:43	To	01/11/1946	10:36:14	Aq
16/02/1946	10:02:49	Vi	26/06/1946	17:07:07	Gê	03/11/1946	20:31:52	Pe
18/02/1946	17:36:01	Li	28/06/1946	17:10:17	Câ	06/11/1946	02:27:55	Ár
21/02/1946	04:04:38	Es	30/06/1946	17:47:26	Le	08/11/1946	04:48:47	To
23/02/1946	16:41:00	Sa	02/07/1946	20:44:52	Vi	10/11/1946	05:07:13	Gê
26/02/1946	05:01:25	Cp	05/07/1946	03:20:47	Li	12/11/1946	05:15:25	Câ
28/02/1946	14:34:22	Aq	07/07/1946	13:41:20	Es	14/11/1946	06:52:39	Le
02/03/1946	20:24:57	Pe	10/07/1946	02:20:14	Sa	16/11/1946	11:04:39	Vi
04/03/1946	23:23:23	Ár	12/07/1946	15:05:21	Cp	18/11/1946	18:12:20	Li
07/03/1946	01:08:11	To	15/07/1946	02:16:44	Aq	21/11/1946	03:57:54	Es
09/03/1946	03:11:38	Gê	17/07/1946	11:15:11	Pe	23/11/1946	15:43:39	Sa
11/03/1946	06:28:27	Câ	19/07/1946	17:58:43	Ár	26/11/1946	04:39:31	Cp
13/03/1946	11:14:15	Le	21/07/1946	22:35:07	To	28/11/1946	17:29:46	Aq
15/03/1946	17:32:07	Vi	24/07/1946	01:18:26	Gê	01/12/1946	04:29:33	Pe
18/03/1946	01:40:13	Li	26/07/1946	02:43:30	Câ	03/12/1946	12:05:03	Ár
20/03/1946	12:04:20	Es	28/07/1946	03:57:02	Le	05/12/1946	15:48:16	To
23/03/1946	00:30:13	Sa	30/07/1946	06:32:26	Vi	07/12/1946	16:29:37	Gê
25/03/1946	13:17:35	Cp	01/08/1946	12:04:40	Li	09/12/1946	15:49:41	Câ
27/03/1946	23:50:36	Aq	03/08/1946	21:22:35	Es	11/12/1946	15:46:24	Le
30/03/1946	06:26:00	Pe	06/08/1946	09:36:15	Sa	13/12/1946	18:08:49	Vi
01/04/1946	09:16:06	Ár	08/08/1946	22:23:22	Cp	16/12/1946	00:07:12	Li
03/04/1946	09:56:14	To	11/08/1946	09:23:30	Aq	18/12/1946	09:42:58	Es
05/04/1946	10:24:59	Gê	13/08/1946	17:40:50	Pe	20/12/1946	21:48:27	Sa

23/12/1946	10:50:09	Cp	01/05/1947	19:23:40	Li	09/09/1947	06:12:01	Câ
25/12/1946	23:29:29	Aq	04/05/1947	02:35:11	Es	11/09/1947	08:02:52	Le
28/12/1946	10:43:20	Pe	06/05/1947	12:09:06	Sa	13/09/1947	08:50:34	Vi
30/12/1946	19:31:00	Ár	08/05/1947	23:54:44	Cp	15/09/1947	10:16:01	Li
02/01/1947	01:05:50	To	11/05/1947	12:40:47	Aq	17/09/1947	14:10:35	Es
04/01/1947	03:25:53	Gê	14/05/1947	00:20:11	Pe	19/09/1947	21:49:21	Sa
06/01/1947	03:27:42	Câ	16/05/1947	08:56:16	Ár	22/09/1947	08:57:28	Cp
08/01/1947	02:53:03	Le	18/05/1947	13:51:20	To	24/09/1947	21:37:31	Aq
10/01/1947	03:44:32	Vi	20/05/1947	15:51:09	Gê	27/09/1947	09:24:27	Pe
12/01/1947	07:53:55	Li	22/05/1947	16:26:42	Câ	29/09/1947	18:58:06	Ár
14/01/1947	16:15:23	Es	24/05/1947	17:17:57	Le	02/10/1947	02:15:03	To
17/01/1947	04:02:54	Sa	26/05/1947	19:49:39	Vi	04/10/1947	07:43:31	Gê
19/01/1947	17:10:15	Cp	29/05/1947	00:53:50	Li	06/10/1947	11:46:54	Câ
22/01/1947	05:36:55	Aq	31/05/1947	08:42:07	Es	08/10/1947	14:41:25	Le
24/01/1947	16:22:53	Pe	02/06/1947	18:54:01	Sa	10/10/1947	16:56:47	Vi
27/01/1947	01:10:22	Ár	05/06/1947	06:51:24	Cp	12/10/1947	19:31:22	Li
29/01/1947	07:45:25	To	07/06/1947	19:37:54	Aq	14/10/1947	23:45:26	Es
31/01/1947	11:51:52	Gê	10/06/1947	07:46:55	Pe	17/10/1947	06:52:39	Sa
02/02/1947	13:38:20	Câ	12/06/1947	17:33:46	Ár	19/10/1947	17:13:57	Cp
04/02/1947	14:01:18	Le	14/06/1947	23:45:15	To	22/10/1947	05:38:48	Aq
06/02/1947	14:41:47	Vi	17/06/1947	02:21:27	Gê	24/10/1947	17:45:27	Pe
08/02/1947	17:39:21	Li	19/06/1947	02:32:14	Câ	27/10/1947	03:30:42	Ár
11/02/1947	00:28:03	Es	21/06/1947	02:06:25	Le	29/10/1947	10:16:01	To
13/02/1947	11:15:28	Sa	23/06/1947	03:01:02	Vi	31/10/1947	14:35:40	Gê
16/02/1947	00:11:51	Cp	25/06/1947	06:51:07	Li	02/11/1947	17:31:53	Câ
18/02/1947	12:38:27	Aq	27/06/1947	14:16:32	Es	04/11/1947	20:03:17	Le
20/02/1947	22:57:14	Pe	30/06/1947	00:45:58	Sa	06/11/1947	22:54:46	Vi
23/02/1947	06:57:30	Ár	02/07/1947	13:02:35	Cp	09/11/1947	02:42:20	Li
25/02/1947	13:07:36	To	05/07/1947	01:49:35	Aq	11/11/1947	08:02:29	Es
27/02/1947	17:46:43	Gê	07/07/1947	14:02:54	Pe	13/11/1947	15:33:20	Sa
01/03/1947	20:58:37	Câ	10/07/1947	00:34:21	Ár	16/11/1947	01:36:57	Cp
03/03/1947	22:59:54	Le	12/07/1947	08:11:58	To	18/11/1947	13:45:01	Aq
06/03/1947	00:46:21	Vi	14/07/1947	12:16:28	Gê	21/11/1947	02:16:06	Pe
08/03/1947	03:50:44	Li	16/07/1947	13:14:19	Câ	23/11/1947	12:53:00	Ár
10/03/1947	09:50:47	Es	18/07/1947	12:34:08	Le	25/11/1947	20:05:43	To
12/03/1947	19:33:48	Sa	20/07/1947	12:19:01	Vi	27/11/1947	23:55:06	Gê
15/03/1947	08:00:06	Cp	22/07/1947	14:33:18	Li	30/11/1947	01:30:52	Câ
17/03/1947	20:35:16	Aq	24/07/1947	20:40:49	Es	02/12/1947	02:29:58	Le
20/03/1947	06:57:23	Pe	27/07/1947	06:40:12	Sa	04/12/1947	04:23:25	Vi
22/03/1947	14:22:44	Ár	29/07/1947	19:01:24	Cp	06/12/1947	08:13:40	Li
24/03/1947	19:28:55	To	01/08/1947	07:49:40	Aq	08/12/1947	14:24:16	Es
26/03/1947	23:15:40	Gê	03/08/1947	19:48:58	Pe	10/12/1947	22:49:21	Sa
29/03/1947	02:25:45	Câ	06/08/1947	06:19:32	Ár	13/12/1947	09:13:53	Cp
31/03/1947	05:21:59	Le	08/08/1947	14:43:11	To	15/12/1947	21:15:34	Aq
02/04/1947	08:30:12	Vi	10/08/1947	20:17:25	Gê	18/12/1947	09:58:50	Pe
04/04/1947	12:39:21	Li	12/08/1947	22:49:26	Câ	20/12/1947	21:36:45	Ár
06/04/1947	18:56:27	Es	14/08/1947	23:06:02	Le	23/12/1947	06:11:03	To
09/04/1947	04:12:10	Sa	16/08/1947	22:48:36	Vi	25/12/1947	10:46:59	Gê
11/04/1947	16:08:23	Cp	19/08/1947	00:03:57	Li	27/12/1947	12:02:50	Câ
14/04/1947	04:51:09	Aq	21/08/1947	04:44:23	Es	29/12/1947	11:41:14	Le
16/04/1947	15:47:01	Pe	23/08/1947	13:34:13	Sa	31/12/1947	11:46:51	Vi
18/04/1947	23:25:27	Ár	26/08/1947	01:30:38	Cp	02/01/1948	14:09:52	Li
21/04/1947	03:55:36	To	28/08/1947	14:18:03	Aq	04/01/1948	19:50:55	Es
23/04/1947	06:27:31	Gê	31/08/1947	02:03:20	Pe	07/01/1948	04:40:31	Sa
25/04/1947	08:22:09	Câ	02/09/1947	12:02:27	Ár	09/01/1948	15:40:55	Cp
27/04/1947	10:43:57	Le	04/09/1947	20:10:10	To	12/01/1948	03:53:58	Aq
29/04/1947	14:15:02	Vi	07/09/1947	02:18:08	Gê	14/01/1948	16:35:13	Pe

Signos Lunares

17/01/1948	04:43:41	Ár	25/05/1948	05:07:40	Cp	02/10/1948	04:29:57	Li
19/01/1948	14:42:24	To	27/05/1948	15:30:44	Aq	04/10/1948	04:58:17	Es
21/01/1948	21:01:14	Gê	30/05/1948	03:45:56	Pe	06/10/1948	07:54:56	Sa
23/01/1948	23:23:13	Câ	01/06/1948	15:54:44	Ár	08/10/1948	14:30:48	Cp
25/01/1948	22:59:37	Le	04/06/1948	01:43:22	To	11/10/1948	00:42:03	Aq
27/01/1948	21:55:56	Vi	06/06/1948	08:06:05	Gê	13/10/1948	13:03:05	Pe
29/01/1948	22:29:01	Li	08/06/1948	11:28:22	Câ	16/10/1948	01:36:07	Ár
01/02/1948	02:27:11	Es	10/06/1948	13:11:25	Le	18/10/1948	12:53:51	To
03/02/1948	10:25:44	Sa	12/06/1948	14:48:30	Vi	20/10/1948	22:14:29	Gê
05/02/1948	21:29:32	Cp	14/06/1948	17:33:03	Li	23/10/1948	05:21:20	Câ
08/02/1948	09:58:57	Aq	16/06/1948	22:03:14	Es	25/10/1948	10:09:36	Le
10/02/1948	22:36:49	Pe	19/06/1948	04:28:19	Sa	27/10/1948	12:53:10	Vi
13/02/1948	10:37:16	Ár	21/06/1948	12:50:44	Cp	29/10/1948	14:15:44	Li
15/02/1948	21:08:01	To	23/06/1948	23:15:00	Aq	31/10/1948	15:31:03	Es
18/02/1948	04:55:41	Gê	26/06/1948	11:23:08	Pe	02/11/1948	18:10:25	Sa
20/02/1948	09:08:40	Câ	28/06/1948	23:55:43	Ár	04/11/1948	23:39:31	Cp
22/02/1948	10:06:45	Le	01/07/1948	10:39:50	To	07/11/1948	08:41:11	Aq
24/02/1948	09:22:14	Vi	03/07/1948	17:47:38	Gê	09/11/1948	20:33:29	Pe
26/02/1948	09:05:07	Li	05/07/1948	21:06:35	Câ	12/11/1948	09:12:05	Ár
28/02/1948	11:23:46	Es	07/07/1948	21:52:55	Le	14/11/1948	20:23:59	To
01/03/1948	17:41:12	Sa	09/07/1948	22:03:28	Vi	17/11/1948	05:01:53	Gê
04/03/1948	03:50:26	Cp	11/07/1948	23:30:36	Li	19/11/1948	11:11:01	Câ
06/03/1948	16:14:02	Aq	14/07/1948	03:27:49	Es	21/11/1948	15:32:10	Le
09/03/1948	04:53:02	Pe	16/07/1948	10:11:00	Sa	23/11/1948	18:48:16	Vi
11/03/1948	16:32:54	Ár	18/07/1948	19:13:17	Cp	25/11/1948	21:32:50	Li
14/03/1948	02:40:07	To	21/07/1948	06:02:11	Aq	28/11/1948	00:18:30	Es
16/03/1948	10:45:10	Gê	23/07/1948	18:12:50	Pe	30/11/1948	03:51:44	Sa
18/03/1948	16:13:48	Câ	26/07/1948	06:57:17	Ár	02/12/1948	09:16:22	Cp
20/03/1948	18:57:45	Le	28/07/1948	18:33:59	To	04/12/1948	17:31:50	Aq
22/03/1948	19:42:22	Vi	31/07/1948	03:01:10	Gê	07/12/1948	04:45:42	Pe
24/03/1948	20:01:23	Li	02/08/1948	07:20:05	Câ	09/12/1948	17:29:42	Ár
26/03/1948	21:49:26	Es	04/08/1948	08:13:11	Le	12/12/1948	05:08:33	To
29/03/1948	02:46:27	Sa	06/08/1948	07:32:23	Vi	14/12/1948	13:44:01	Gê
31/03/1948	11:33:39	Cp	08/08/1948	07:29:35	Li	16/12/1948	19:00:46	Câ
02/04/1948	23:18:23	Aq	10/08/1948	09:56:29	Es	18/12/1948	22:02:54	Le
05/04/1948	11:55:51	Pe	12/08/1948	15:49:01	Sa	21/12/1948	00:18:51	Vi
07/04/1948	23:28:09	Ár	15/08/1948	00:51:24	Cp	23/12/1948	02:59:04	Li
10/04/1948	08:58:28	To	17/08/1948	12:02:30	Aq	25/12/1948	06:38:33	Es
12/04/1948	16:19:48	Gê	20/08/1948	00:22:58	Pe	27/12/1948	11:28:43	Sa
14/04/1948	21:41:20	Câ	22/08/1948	13:05:18	Ár	29/12/1948	17:46:29	Cp
17/04/1948	01:15:59	Le	25/08/1948	01:03:20	To	01/01/1949	02:07:20	Aq
19/04/1948	03:30:17	Vi	27/08/1948	10:39:53	Gê	03/01/1949	12:58:11	Pe
21/04/1948	05:16:11	Li	29/08/1948	16:33:46	Câ	06/01/1949	01:40:29	Ár
23/04/1948	07:49:04	Es	31/08/1948	18:40:59	Le	08/01/1949	14:02:47	To
25/04/1948	12:31:09	Sa	02/09/1948	18:20:20	Vi	10/01/1949	23:30:35	Gê
27/04/1948	20:21:32	Cp	04/09/1948	17:35:27	Li	13/01/1949	04:56:35	Câ
30/04/1948	07:15:55	Aq	06/09/1948	18:34:03	Es	15/01/1949	07:07:34	Le
02/05/1948	19:43:45	Pe	08/09/1948	22:51:35	Sa	17/01/1949	07:51:59	Vi
05/05/1948	07:28:07	Ár	11/09/1948	06:56:20	Cp	19/01/1949	09:02:55	Li
07/05/1948	16:47:51	To	13/09/1948	17:58:23	Aq	21/01/1949	11:59:23	Es
09/05/1948	23:19:47	Gê	16/09/1948	06:26:42	Pe	23/01/1949	17:08:49	Sa
12/05/1948	03:38:17	Câ	18/09/1948	19:01:39	Ár	26/01/1949	00:21:31	Cp
14/05/1948	06:38:56	Le	21/09/1948	06:45:20	To	28/01/1949	09:26:25	Aq
16/05/1948	09:14:14	Vi	23/09/1948	16:40:00	Gê	30/01/1949	20:26:03	Pe
18/05/1948	12:06:56	Li	25/09/1948	23:45:49	Câ	02/02/1949	09:04:15	Ár
20/05/1948	15:55:31	Es	28/09/1948	03:34:45	Le	04/02/1949	21:56:59	To
22/05/1948	21:21:48	Sa	30/09/1948	04:40:10	Vi	07/02/1949	08:40:11	Gê

Signos Lunares

09/02/1949	15:22:14	Câ	18/06/1949	18:44:36	Ár	26/10/1949	02:10:20	Cp
11/02/1949	18:00:26	Le	21/06/1949	07:30:01	To	28/10/1949	07:50:00	Aq
13/02/1949	18:05:18	Vi	23/06/1949	18:19:36	Gê	30/10/1949	17:21:18	Pe
15/02/1949	17:43:41	Li	26/06/1949	02:01:23	Câ	02/11/1949	05:34:21	Ár
17/02/1949	18:52:54	Es	28/06/1949	07:00:31	Le	04/11/1949	18:36:31	To
19/02/1949	22:49:12	Sa	30/06/1949	10:26:28	Vi	07/11/1949	06:54:58	Gê
22/02/1949	05:50:07	Cp	02/07/1949	13:21:55	Li	09/11/1949	17:34:57	Câ
24/02/1949	15:25:47	Aq	04/07/1949	16:21:44	Es	12/11/1949	02:00:18	Le
27/02/1949	02:53:49	Pe	06/07/1949	19:44:53	Sa	14/11/1949	07:42:17	Vi
01/03/1949	15:35:33	Ár	09/07/1949	00:02:11	Cp	16/11/1949	10:35:28	Li
04/03/1949	04:32:51	To	11/07/1949	06:08:53	Aq	18/11/1949	11:18:23	Es
06/03/1949	16:05:08	Gê	13/07/1949	15:01:19	Pe	20/11/1949	11:15:17	Sa
09/03/1949	00:21:27	Câ	16/07/1949	02:42:45	Ár	22/11/1949	12:19:31	Cp
11/03/1949	04:33:05	Le	18/07/1949	15:35:39	To	24/11/1949	16:24:12	Aq
13/03/1949	05:23:54	Vi	21/07/1949	02:56:58	Gê	27/11/1949	00:35:06	Pe
15/03/1949	04:39:47	Li	23/07/1949	10:51:51	Câ	29/11/1949	12:17:54	Ár
17/03/1949	04:25:08	Es	25/07/1949	15:18:46	Le	02/12/1949	01:21:44	To
19/03/1949	06:30:31	Sa	27/07/1949	17:35:49	Vi	04/12/1949	13:28:26	Gê
21/03/1949	12:04:23	Cp	29/07/1949	19:19:38	Li	06/12/1949	23:31:13	Câ
23/03/1949	21:10:03	Aq	31/07/1949	21:43:49	Es	09/12/1949	07:27:28	Le
26/03/1949	08:49:44	Pe	03/08/1949	01:24:50	Sa	11/12/1949	13:31:04	Vi
28/03/1949	21:41:19	Ár	05/08/1949	06:36:00	Cp	13/12/1949	17:44:51	Li
31/03/1949	10:29:07	To	07/08/1949	13:33:44	Aq	15/12/1949	20:13:17	Es
02/04/1949	22:02:38	Gê	09/08/1949	22:45:24	Pe	17/12/1949	21:31:51	Sa
05/04/1949	07:09:57	Câ	12/08/1949	10:19:49	Ár	19/12/1949	22:59:46	Cp
07/04/1949	12:59:11	Le	14/08/1949	23:17:53	To	22/12/1949	02:24:21	Aq
09/04/1949	15:31:30	Vi	17/08/1949	11:22:31	Gê	24/12/1949	09:19:46	Pe
11/04/1949	15:47:35	Li	19/08/1949	20:14:46	Câ	26/12/1949	20:04:34	Ár
13/04/1949	15:27:15	Es	22/08/1949	01:07:31	Le	29/12/1949	08:57:53	To
15/04/1949	16:23:14	Sa	24/08/1949	02:55:32	Vi	31/12/1949	21:12:43	Gê
17/04/1949	20:15:46	Cp	26/08/1949	03:24:02	Li	03/01/1950	06:56:01	Câ
20/04/1949	03:59:08	Aq	28/08/1949	04:19:29	Es	05/01/1950	13:57:43	Le
22/04/1949	15:07:38	Pe	30/08/1949	07:00:18	Sa	07/01/1950	19:05:47	Vi
25/04/1949	04:00:43	Ár	01/09/1949	12:04:42	Cp	09/01/1950	23:08:13	Li
27/04/1949	16:40:47	To	03/09/1949	19:36:57	Aq	12/01/1950	02:27:38	Es
30/04/1949	03:47:39	Gê	06/09/1949	05:25:58	Pe	14/01/1950	05:15:57	Sa
02/05/1949	12:43:04	Câ	08/09/1949	17:12:58	Ár	16/01/1950	08:06:16	Cp
04/05/1949	19:11:11	Le	11/09/1949	06:12:01	To	18/01/1950	12:06:48	Aq
06/05/1949	23:11:18	Vi	13/09/1949	18:46:37	Gê	20/01/1950	18:41:06	Pe
09/05/1949	01:06:46	Li	16/09/1949	04:51:31	Câ	23/01/1950	04:37:29	Ár
11/05/1949	01:53:32	Es	18/09/1949	11:04:24	Le	25/01/1950	17:07:52	To
13/05/1949	02:56:55	Sa	20/09/1949	13:33:42	Vi	28/01/1950	05:42:54	Gê
15/05/1949	05:56:58	Cp	22/09/1949	13:41:29	Li	30/01/1950	15:49:43	Câ
17/05/1949	12:18:55	Aq	24/09/1949	13:20:30	Es	01/02/1950	22:33:33	Le
19/05/1949	22:25:59	Pe	26/09/1949	14:21:03	Sa	04/02/1950	02:36:32	Vi
22/05/1949	11:01:38	Ár	28/09/1949	18:06:45	Cp	06/02/1950	05:18:51	Li
24/05/1949	23:41:34	To	01/10/1949	01:13:04	Aq	08/02/1950	07:50:02	Es
27/05/1949	10:26:50	Gê	03/10/1949	11:19:28	Pe	10/02/1950	10:51:03	Sa
29/05/1949	18:38:30	Câ	05/10/1949	23:27:10	Ár	12/02/1950	14:44:32	Cp
01/06/1949	00:35:52	Le	08/10/1949	12:26:15	To	14/02/1950	19:57:21	Aq
03/06/1949	04:53:23	Vi	11/10/1949	01:02:12	Gê	17/02/1950	03:10:46	Pe
05/06/1949	07:57:29	Li	13/10/1949	11:50:49	Câ	19/02/1950	13:00:36	Ár
07/06/1949	10:13:09	Es	15/10/1949	19:34:48	Le	22/02/1950	01:11:35	To
09/06/1949	12:23:31	Sa	17/10/1949	23:42:20	Vi	24/02/1950	14:02:41	Gê
11/06/1949	15:39:41	Cp	20/10/1949	00:47:42	Li	27/02/1950	01:02:58	Câ
13/06/1949	21:26:09	Aq	22/10/1949	00:18:19	Es	01/03/1950	08:30:03	Le
16/06/1949	06:38:25	Pe	24/10/1949	00:07:43	Sa	03/03/1950	12:24:18	Vi

Signos Lunares

Data	Hora	Signo	Data	Hora	Signo	Data	Hora	Signo
05/03/1950	14:00:03	Li	13/07/1950	10:33:30	Câ	19/11/1950	11:39:18	Ár
07/03/1950	14:55:13	Es	15/07/1950	19:52:19	Le	21/11/1950	23:07:34	To
09/03/1950	16:37:19	Sa	18/07/1950	03:05:19	Vi	24/11/1950	11:38:25	Gê
11/03/1950	20:06:39	Cp	20/07/1950	08:33:40	Li	27/11/1950	00:13:01	Câ
14/03/1950	01:52:07	Aq	22/07/1950	12:26:38	Es	29/11/1950	12:01:55	Le
16/03/1950	09:59:17	Pe	24/07/1950	14:55:11	Sa	01/12/1950	21:53:27	Vi
18/03/1950	20:20:53	Ár	26/07/1950	16:39:07	Cp	04/12/1950	04:28:51	Li
21/03/1950	08:31:58	To	28/07/1950	18:55:12	Aq	06/12/1950	07:19:09	Es
23/03/1950	21:27:50	Gê	30/07/1950	23:18:34	Pe	08/12/1950	07:16:50	Sa
26/03/1950	09:16:48	Câ	02/08/1950	07:02:36	Ár	10/12/1950	06:16:07	Cp
28/03/1950	18:04:25	Le	04/08/1950	18:05:38	To	12/12/1950	06:34:06	Aq
30/03/1950	23:00:40	Vi	07/08/1950	06:43:56	Gê	14/12/1950	10:10:29	Pe
02/04/1950	00:40:29	Li	09/08/1950	18:26:50	Câ	16/12/1950	17:58:11	Ár
04/04/1950	00:35:23	Es	12/08/1950	03:36:14	Le	19/12/1950	05:09:29	To
06/04/1950	00:36:54	Sa	14/08/1950	10:03:06	Vi	21/12/1950	17:49:17	Gê
08/04/1950	02:29:21	Cp	16/08/1950	14:30:40	Li	24/12/1950	06:17:36	Câ
10/04/1950	07:24:15	Aq	18/08/1950	17:48:56	Es	26/12/1950	17:45:05	Le
12/04/1950	15:37:55	Pe	20/08/1950	20:35:37	Sa	29/12/1950	03:41:02	Vi
15/04/1950	02:31:34	Ár	22/08/1950	23:22:55	Cp	31/12/1950	11:19:56	Li
17/04/1950	14:59:30	To	25/08/1950	02:52:45	Aq	02/01/1951	15:57:44	Es
20/04/1950	03:54:03	Gê	27/08/1950	08:01:38	Pe	04/01/1951	17:38:06	Sa
22/04/1950	16:01:46	Câ	29/08/1950	15:44:29	Ár	06/01/1951	17:31:41	Cp
25/04/1950	01:57:18	Le	01/09/1950	02:18:38	To	08/01/1951	17:35:20	Aq
27/04/1950	08:29:49	Vi	03/09/1950	14:45:18	Gê	10/01/1951	19:55:41	Pe
29/04/1950	11:24:55	Li	06/09/1950	02:53:29	Câ	13/01/1951	02:05:05	Ár
01/05/1950	11:37:17	Es	08/09/1950	12:33:54	Le	15/01/1951	12:10:21	To
03/05/1950	10:50:31	Sa	10/09/1950	18:54:47	Vi	18/01/1951	00:35:49	Gê
05/05/1950	11:07:58	Cp	12/09/1950	22:27:36	Li	20/01/1951	13:05:55	Câ
07/05/1950	14:21:55	Aq	15/09/1950	00:26:43	Es	23/01/1951	00:11:31	Le
09/05/1950	21:33:32	Pe	17/09/1950	02:12:03	Sa	25/01/1951	09:25:49	Vi
12/05/1950	08:17:59	Ár	19/09/1950	04:48:38	Cp	27/01/1951	16:45:50	Li
14/05/1950	20:58:41	To	21/09/1950	08:59:28	Aq	29/01/1951	22:03:41	Es
17/05/1950	09:52:17	Gê	23/09/1950	15:09:08	Pe	01/02/1951	01:16:14	Sa
19/05/1950	21:50:25	Câ	25/09/1950	23:31:34	Ár	03/02/1951	02:52:26	Cp
22/05/1950	08:06:04	Le	28/09/1950	10:08:01	To	05/02/1951	04:03:40	Aq
24/05/1950	15:50:29	Vi	30/09/1950	22:26:29	Gê	07/02/1951	06:28:43	Pe
26/05/1950	20:26:00	Li	03/10/1950	10:59:03	Câ	09/02/1951	11:42:37	Ár
28/05/1950	22:00:49	Es	05/10/1950	21:39:52	Le	11/02/1951	20:33:08	To
30/05/1950	21:43:23	Sa	08/10/1950	04:53:32	Vi	14/02/1951	08:18:03	Gê
01/06/1950	21:26:44	Cp	10/10/1950	08:28:43	Li	16/02/1951	20:51:12	Câ
03/06/1950	23:17:54	Aq	12/10/1950	09:30:55	Es	19/02/1951	08:00:45	Le
06/06/1950	04:57:00	Pe	14/10/1950	09:43:54	Sa	21/02/1951	16:42:33	Vi
08/06/1950	14:43:50	Ár	16/10/1950	10:55:01	Cp	23/02/1951	23:00:59	Li
11/06/1950	03:12:06	To	18/10/1950	14:26:33	Aq	26/02/1951	03:30:55	Es
13/06/1950	16:04:54	Gê	20/10/1950	20:52:57	Pe	28/02/1951	06:49:12	Sa
16/06/1950	03:44:49	Câ	23/10/1950	05:58:36	Ár	02/03/1951	09:29:23	Cp
18/06/1950	13/37:08	Le	25/10/1950	17:02:36	To	04/03/1951	12:10:34	Aq
20/06/1950	21:31:15	Vi	28/10/1950	05:22:11	Gê	06/03/1951	15:45:24	Pe
23/06/1950	03:09:21	Li	30/10/1950	18:03:11	Câ	08/03/1951	21:15:56	Ár
25/06/1950	06:18:44	Es	02/11/1950	05:37:54	Le	11/03/1951	05:32:32	To
27/06/1950	07:25:37	Sa	04/11/1950	14:20:49	Vi	13/03/1951	16:36:00	Gê
29/06/1950	07:48:08	Cp	06/11/1950	19:09:58	Li	16/03/1951	05:05:53	Câ
01/07/1950	09:19:16	Aq	08/11/1950	20:28:32	Es	18/03/1951	16:44:21	Le
03/07/1950	13:51:22	Pe	10/11/1950	19:51:06	Sa	21/03/1951	01:38:50	Vi
05/07/1950	22:24:13	Ár	12/11/1950	19:25:15	Cp	23/03/1951	07:20:53	Li
08/07/1950	10:13:25	To	14/11/1950	21:14:19	Aq	25/03/1951	10:35:33	Es
10/07/1950	23:01:34	Gê	17/11/1950	02:38:25	Pe	27/03/1951	12:40:17	Sa

142   *Signos Lunares*

29/03/1951	14:50:51	Cp	06/08/1951	23:34:08	Li	14/12/1951	04:22:11	Câ
31/03/1951	18:02:04	Aq	09/08/1951	06:23:46	Es	16/12/1951	17:04:36	Le
02/04/1951	22:44:30	Pe	11/08/1951	10:30:50	Sa	19/12/1951	05:52:01	Vi
05/04/1951	05:15:38	Ár	13/08/1951	12:18:04	Cp	21/12/1951	16:40:30	Li
07/04/1951	13:52:03	To	15/08/1951	12:52:54	Aq	23/12/1951	23:38:30	Es
10/04/1951	00:40:31	Gê	17/08/1951	13:52:22	Pe	26/12/1951	02:26:53	Sa
12/04/1951	13:04:11	Câ	19/08/1951	16:58:23	Ár	28/12/1951	02:23:54	Cp
15/04/1951	01:17:48	Le	21/08/1951	23:26:29	To	30/12/1951	01:35:42	Aq
17/04/1951	11:06:56	Vi	24/08/1951	09:27:16	Gê	01/01/1952	02:10:06	Pe
19/04/1951	17:13:13	Li	26/08/1951	21:44:09	Câ	03/01/1952	05:41:37	Ár
21/04/1951	19:54:45	Es	29/08/1951	10:09:38	Le	05/01/1952	12:43:07	To
23/04/1951	20:39:33	Sa	31/08/1951	20:59:45	Vi	07/01/1952	22:42:09	Gê
25/04/1951	21:19:28	Cp	03/09/1951	05:31:48	Li	10/01/1952	10:34:00	Câ
27/04/1951	23:32:09	Aq	05/09/1951	11:48:38	Es	12/01/1952	23:19:02	Le
30/04/1951	04:12:58	Pe	07/09/1951	16:10:59	Sa	15/01/1952	12:00:15	Vi
02/05/1951	11:26:04	Ár	09/09/1951	19:06:01	Cp	17/01/1952	23:19:12	Li
04/05/1951	20:46:31	To	11/09/1951	21:11:17	Aq	20/01/1952	07:43:59	Es
07/05/1951	07:50:41	Gê	13/09/1951	23:21:26	Pe	22/01/1952	12:21:54	Sa
09/05/1951	20:12:52	Câ	16/09/1951	02:47:09	Ár	24/01/1952	13:38:46	Cp
12/05/1951	08:49:20	Le	18/09/1951	08:41:13	To	26/01/1952	13:06:20	Aq
14/05/1951	19:43:53	Vi	20/09/1951	17:46:42	Gê	28/01/1952	12:45:18	Pe
17/05/1951	03:04:58	Li	23/09/1951	05:34:08	Câ	30/01/1952	14:32:35	Ár
19/05/1951	06:22:57	Es	25/09/1951	18:07:30	Le	01/02/1952	19:50:37	To
21/05/1951	06:43:39	Sa	28/09/1951	05:05:26	Vi	04/02/1952	04:54:56	Gê
23/05/1951	06:07:03	Cp	30/09/1951	13:08:20	Li	06/02/1952	16:43:53	Câ
25/05/1951	06:41:24	Aq	02/10/1951	18:23:09	Es	09/02/1952	05:35:54	Le
27/05/1951	10:05:00	Pe	04/10/1951	21:48:03	Sa	11/02/1952	18:01:39	Vi
29/05/1951	16:53:11	Ár	07/10/1951	00:29:54	Cp	14/02/1952	05:00:01	Li
01/06/1951	02:33:10	To	09/10/1951	03:18:55	Aq	16/02/1952	13:44:48	Es
03/06/1951	14:02:38	Gê	11/10/1951	06:46:17	Pe	18/02/1952	19:42:18	Sa
06/06/1951	02:31:01	Câ	13/10/1951	11:19:21	Ár	20/02/1952	22:49:25	Cp
08/06/1951	15:11:38	Le	15/10/1951	17:36:58	To	22/02/1952	23:48:15	Aq
11/06/1951	02:46:31	Vi	18/10/1951	02:21:57	Gê	25/02/1952	00:00:58	Pe
13/06/1951	11:30:43	Li	20/10/1951	13:42:31	Câ	27/02/1952	01:11:29	Ár
15/06/1951	16:16:38	Es	23/10/1951	02:24:39	Le	29/02/1952	05:01:36	To
17/06/1951	17:25:59	Sa	25/10/1951	14:01:18	Vi	02/03/1952	12:36:09	Gê
19/06/1951	16:37:39	Cp	27/10/1951	22:25:06	Li	04/03/1952	23:40:19	Câ
21/06/1951	16:03:43	Aq	30/10/1951	03:09:17	Es	07/03/1952	12:30:01	Le
23/06/1951	17:49:04	Pe	01/11/1951	05:19:41	Sa	10/03/1952	00:51:21	Vi
25/06/1951	23:13:04	Ár	03/11/1951	06:39:45	Cp	12/03/1952	11:16:11	Li
28/06/1951	08:17:06	To	05/11/1951	08:42:47	Aq	14/03/1952	19:20:24	Es
30/06/1951	19:51:12	Gê	07/11/1951	12:22:57	Pe	17/03/1952	01:15:03	Sa
03/07/1951	08:27:21	Câ	09/11/1951	17:52:29	Ár	19/03/1952	05:19:08	Cp
05/07/1951	21:00:23	Le	12/11/1951	01:07:19	To	21/03/1952	07:54:39	Aq
08/07/1951	08:35:45	Vi	14/11/1951	10:15:12	Gê	23/03/1952	09:38:42	Pe
10/07/1951	18:04:16	Li	16/11/1951	21:27:27	Câ	25/03/1952	11:33:57	Ár
13/07/1951	00:18:40	Es	19/11/1951	10:11:59	Le	27/03/1952	15:06:16	To
15/07/1951	03:02:49	Sa	21/11/1951	22:35:27	Vi	29/03/1952	21:35:38	Gê
17/07/1951	03:14:05	Cp	24/11/1951	08:08:38	Li	01/04/1952	07:38:46	Câ
19/07/1951	02:41:13	Aq	26/11/1951	13:31:46	Es	03/04/1952	20:09:42	Le
21/07/1951	03:28:35	Pe	28/11/1951	15:19:53	Sa	06/04/1952	08:40:03	Vi
23/07/1951	07:21:17	Ár	30/11/1951	15:22:13	Cp	08/04/1952	18:55:42	Li
25/07/1951	15:06:41	To	02/12/1951	15:44:44	Aq	11/04/1952	02:13:11	Es
28/07/1951	02:07:29	Gê	04/12/1951	18:07:53	Pe	13/04/1952	07:07:44	Sa
30/07/1951	14:42:04	Câ	06/12/1951	23:17:47	Ár	15/04/1952	10:41:21	Cp
02/08/1951	03:07:30	Le	09/12/1951	07:04:19	To	17/04/1952	13:43:05	Aq
04/08/1951	14:18:01	Vi	11/12/1951	16:53:48	Gê	19/04/1952	16:40:10	Pe

Signos Lunares

21/04/1952	19:56:12	Ár	30/08/1952	07:23:33	Cp	06/01/1953	22:36:25	Li
24/04/1952	00:14:36	To	01/09/1952	09:02:33	Aq	09/01/1953	09:43:42	Es
26/04/1952	06:40:16	Gê	03/09/1952	08:59:44	Pe	11/01/1953	17:13:58	Sa
28/04/1952	16:05:40	Câ	05/09/1952	08:57:08	Ár	13/01/1953	20:54:50	Cp
01/05/1952	04:12:14	Le	07/09/1952	10:47:45	To	15/01/1953	21:57:06	Aq
03/05/1952	16:57:21	Vi	09/09/1952	16:05:57	Gê	17/01/1953	22:06:52	Pe
06/05/1952	03:38:46	Li	12/09/1952	01:23:44	Câ	19/01/1953	23:08:15	Ár
08/05/1952	10:48:47	Es	14/09/1952	13:38:11	Le	22/01/1953	02:20:10	To
10/05/1952	14:50:24	Sa	17/09/1952	02:41:30	Vi	24/01/1953	08:20:55	Gê
12/05/1952	17:08:52	Cp	19/09/1952	14:41:10	Li	26/01/1953	17:06:31	Câ
14/05/1952	19:14:02	Aq	22/09/1952	00:42:59	Es	29/01/1953	04:05:58	Le
16/05/1952	22:05:26	Pe	24/09/1952	08:32:40	Sa	31/01/1953	16:36:15	Vi
19/05/1952	02:06:55	Ár	26/09/1952	14:05:56	Cp	03/02/1953	05:31:20	Li
21/05/1952	07:29:15	To	28/09/1952	17:24:09	Aq	05/02/1953	17:20:36	Es
23/05/1952	14:37:07	Gê	30/09/1952	18:52:22	Pe	08/02/1953	02:20:01	Sa
26/05/1952	00:05:53	Câ	02/10/1952	19:33:46	Ár	10/02/1953	07:31:49	Cp
28/05/1952	11:59:19	Le	04/10/1952	21:05:23	To	12/02/1953	09:16:29	Aq
31/05/1952	00:56:57	Vi	07/10/1952	01:14:48	Gê	14/02/1953	08:57:55	Pe
02/06/1952	12:25:39	Li	09/10/1952	09:15:50	Câ	16/02/1953	08:30:31	Ár
04/06/1952	20:19:14	Es	11/10/1952	20:49:58	Le	18/02/1953	09:50:34	To
07/06/1952	00:20:36	Sa	14/10/1952	09:50:41	Vi	20/02/1953	14:26:55	Gê
09/06/1952	01:46:05	Cp	16/10/1952	21:44:17	Li	22/02/1953	22:47:27	Câ
11/06/1952	02:26:30	Aq	19/10/1952	07:09:52	Es	25/02/1953	10:05:16	Le
13/06/1952	04:00:27	Pe	21/10/1952	14:11:48	Sa	27/02/1953	22:50:51	Vi
15/06/1952	07:28:40	Ár	23/10/1952	19:28:20	Cp	02/03/1953	11:40:47	Li
17/06/1952	13:10:35	To	25/10/1952	23:27:51	Aq	04/03/1953	23:30:48	Es
19/06/1952	21:03:19	Gê	28/10/1952	02:22:40	Pe	07/03/1953	09:19:48	Sa
22/06/1952	07:03:48	Câ	30/10/1952	04:34:18	Ár	09/03/1953	16:09:54	Cp
24/06/1952	19:02:20	Le	01/11/1952	06:58:10	To	11/03/1953	19:37:06	Aq
27/06/1952	08:06:10	Vi	03/11/1952	11:01:55	Gê	13/03/1953	20:16:35	Pe
29/06/1952	20:18:03	Li	05/11/1952	18:12:19	Câ	15/03/1953	19:38:35	Ár
02/07/1952	05:25:08	Es	08/11/1952	04:56:11	Le	17/03/1953	19:44:19	To
04/07/1952	10:26:33	Sa	10/11/1952	17:46:54	Vi	19/03/1953	22:34:59	Gê
06/07/1952	12:02:13	Cp	13/11/1952	05:57:02	Li	22/03/1953	05:29:08	Câ
08/07/1952	11:54:14	Aq	15/11/1952	15:18:22	Es	24/03/1953	16:14:02	Le
10/07/1952	11:59:07	Pe	17/11/1952	21:33:08	Sa	27/03/1953	05:03:44	Vi
12/07/1952	13:55:58	Ár	20/11/1952	01:40:06	Cp	29/03/1953	17:51:17	Li
14/07/1952	18:45:01	To	22/11/1952	04:51:40	Aq	01/04/1953	05:19:16	Es
17/07/1952	02:37:25	Gê	24/11/1952	07:54:41	Pe	03/04/1953	14:58:18	Sa
19/07/1952	13:04:40	Câ	26/11/1952	11:09:04	Ár	05/04/1953	22:28:56	Cp
22/07/1952	01:20:02	Le	28/11/1952	14:54:01	To	08/04/1953	03:27:11	Aq
24/07/1952	14:24:27	Vi	30/11/1952	19:52:52	Gê	10/04/1953	05:49:04	Pe
27/07/1952	02:53:53	Li	03/12/1952	03:08:31	Câ	12/04/1953	06:18:56	Ár
29/07/1952	13:04:08	Es	05/12/1952	13:22:43	Le	14/04/1953	06:31:13	To
31/07/1952	19:37:06	Sa	08/12/1952	01:57:19	Vi	16/04/1953	08:26:43	Gê
02/08/1952	22:27:14	Cp	10/12/1952	14:35:02	Li	18/04/1953	13:52:49	Câ
04/08/1952	22:40:59	Aq	13/12/1952	00:38:39	Es	20/04/1953	23:26:49	Le
06/08/1952	22:04:41	Pe	15/12/1952	06:59:40	Sa	23/04/1953	11:52:31	Vi
08/08/1952	22:33:17	Ár	17/12/1952	10:17:01	Cp	26/04/1953	00:40:12	Li
11/08/1952	01:45:32	To	19/12/1952	12:02:01	Aq	28/04/1953	11:51:48	Es
13/08/1952	08:36:12	Gê	21/12/1952	13:45:28	Pe	30/04/1953	20:52:07	Sa
15/08/1952	18:52:00	Câ	23/12/1952	16:29:47	Ár	03/05/1953	03:54:30	Cp
18/08/1952	07:18:43	Le	25/12/1952	20:45:39	To	05/05/1953	09:12:20	Aq
20/08/1952	20:22:12	Vi	28/12/1952	02:47:51	Gê	07/05/1953	12:46:14	Pe
23/08/1952	08:41:28	Li	30/12/1952	10:53:13	Câ	09/05/1953	14:48:52	Ár
25/08/1952	19:10:02	Es	01/01/1953	21:17:06	Le	11/05/1953	16:11:55	To
28/08/1952	02:53:03	Sa	04/01/1953	09:40:50	Vi	13/05/1953	18:26:33	Gê

15/05/1953	23:16:04	Câ	23/09/1953	04:30:20	Ár	31/01/1954	10:26:26	Cp
18/05/1953	07:46:57	Le	25/09/1953	03:44:50	To	02/02/1954	15:37:41	Aq
20/05/1953	19:30:48	Vi	27/09/1953	05:00:36	Gê	04/02/1954	18:03:08	Pe
23/05/1953	08:15:48	Li	29/09/1953	09:56:21	Câ	06/02/1954	19:14:10	Ár
25/05/1953	19:32:08	Es	01/10/1953	18:53:08	Le	08/02/1954	20:46:55	To
28/05/1953	04:07:59	Sa	04/10/1953	06:40:13	Vi	10/02/1954	23:54:05	Gê
30/05/1953	10:16:40	Cp	06/10/1953	19:27:57	Li	13/02/1954	05:09:53	Câ
01/06/1953	14:44:59	Aq	09/10/1953	07:55:59	Es	15/02/1954	12:35:16	Le
03/06/1953	18:11:49	Pe	11/10/1953	19:19:10	Sa	17/02/1954	22:00:14	Vi
05/06/1953	21:01:09	Ár	14/10/1953	04:51:23	Cp	20/02/1954	09:14:02	Li
07/06/1953	23:41:04	To	16/10/1953	11:34:10	Aq	22/02/1954	21:43:15	Es
10/06/1953	03:02:39	Gê	18/10/1953	14:54:58	Pe	25/02/1954	10:00:05	Sa
12/06/1953	08:17:18	Câ	20/10/1953	15:26:48	Ár	27/02/1954	19:57:41	Cp
14/06/1953	16:27:07	Le	22/10/1953	14:46:35	To	02/03/1954	02:06:47	Aq
17/06/1953	03:36:34	Vi	24/10/1953	15:04:07	Gê	04/03/1954	04:32:11	Pe
19/06/1953	16:16:15	Li	26/10/1953	18:23:44	Câ	06/03/1954	04:40:00	Ár
22/06/1953	03:57:13	Es	29/10/1953	01:54:43	Le	08/03/1954	04:32:19	To
24/06/1953	12:47:30	Sa	31/10/1953	13:04:15	Vi	10/03/1954	06:06:04	Gê
26/06/1953	18:28:35	Cp	03/11/1953	01:50:55	Li	12/03/1954	10:37:20	Câ
28/06/1953	21:51:21	Aq	05/11/1953	14:11:48	Es	14/03/1954	18:16:45	Le
01/07/1953	00:08:23	Pe	08/11/1953	01:06:26	Sa	17/03/1954	04:21:05	Vi
03/07/1953	02:23:27	Ár	10/11/1953	10:18:22	Cp	19/03/1954	15:57:20	Li
05/07/1953	05:23:02	To	12/11/1953	17:30:37	Aq	22/03/1954	04:25:56	Es
07/07/1953	09:42:16	Gê	14/11/1953	22:17:05	Pe	24/03/1954	16:55:58	Sa
09/07/1953	15:54:04	Câ	17/11/1953	00:35:08	Ár	27/03/1954	03:55:02	Cp
12/07/1953	00:27:47	Le	19/11/1953	01:14:52	To	29/03/1954	11:37:12	Aq
14/07/1953	11:28:20	Vi	21/11/1953	01:54:31	Gê	31/03/1954	15:16:17	Pe
17/07/1953	00:03:36	Li	23/11/1953	04:31:29	Câ	02/04/1954	15:39:55	Ár
19/07/1953	12:16:37	Es	25/11/1953	10:40:29	Le	04/04/1954	14:42:35	To
21/07/1953	21:58:55	Sa	27/11/1953	20:40:47	Vi	06/04/1954	14:39:56	Gê
24/07/1953	04:06:29	Cp	30/11/1953	09:05:41	Li	08/04/1954	17:28:35	Câ
26/07/1953	07:02:40	Aq	02/12/1953	21:30:16	Es	11/04/1954	00:05:19	Le
28/07/1953	08:06:47	Pe	05/12/1953	08:08:35	Sa	13/04/1954	10:02:40	Vi
30/07/1953	08:55:34	Ár	07/12/1953	16:32:50	Cp	15/04/1954	21:57:31	Li
01/08/1953	10:56:41	To	09/12/1953	22:59:03	Aq	18/04/1954	10:32:03	Es
03/08/1953	15:10:18	Gê	12/12/1953	03:46:03	Pe	20/04/1954	22:54:51	Sa
05/08/1953	21:59:29	Câ	14/12/1953	07:05:58	Ár	23/04/1954	10:11:06	Cp
08/08/1953	07:15:47	Le	16/12/1953	09:22:17	To	25/04/1954	19:02:00	Aq
10/08/1953	18:33:05	Vi	18/12/1953	11:27:14	Gê	28/04/1954	00:21:01	Pe
13/08/1953	07:08:02	Li	20/12/1953	14:39:43	Câ	30/04/1954	02:08:27	Ár
15/08/1953	19:43:24	Es	22/12/1953	20:22:42	Le	02/05/1954	01:42:24	To
18/08/1953	06:29:47	Sa	25/12/1953	05:23:56	Vi	04/05/1954	01:06:25	Gê
20/08/1953	13:52:51	Cp	27/12/1953	17:10:50	Li	06/05/1954	02:30:00	Câ
22/08/1953	17:28:36	Aq	30/12/1953	05:42:51	Es	08/05/1954	07:28:41	Le
24/08/1953	18:11:43	Pe	01/01/1954	16:39:20	Sa	10/05/1954	16:22:30	Vi
26/08/1953	17:45:58	Ár	04/01/1954	00:45:27	Cp	13/05/1954	04:03:13	Li
28/08/1953	18:10:00	To	06/01/1954	06:08:59	Aq	15/05/1954	16:41:48	Es
30/08/1953	21:06:31	Gê	08/01/1954	09:42:51	Pe	18/05/1954	04:53:16	Sa
02/09/1953	03:29:37	Câ	10/01/1954	12:26:49	Ár	20/05/1954	15:48:49	Cp
04/09/1953	13:04:34	Le	12/01/1954	15:09:39	To	23/05/1954	00:48:05	Aq
07/09/1953	00:47:00	Vi	14/01/1954	18:29:05	Gê	25/05/1954	07:08:20	Pe
09/09/1953	13:27:09	Li	16/01/1954	23:00:42	Câ	27/05/1954	10:31:32	Ár
12/09/1953	02:05:17	Es	19/01/1954	05:24:05	Le	29/05/1954	11:33:18	To
14/09/1953	13:31:42	Sa	21/01/1954	14:13:49	Vi	31/05/1954	11:40:31	Gê
16/09/1953	22:20:39	Cp	24/01/1954	01:29:55	Li	02/06/1954	12:45:37	Câ
19/09/1953	03:29:46	Aq	26/01/1954	14:03:18	Es	04/06/1954	16:34:10	Le
21/09/1953	05:06:18	Pe	29/01/1954	01:42:21	Sa	07/06/1954	00:06:09	Vi

Signos Lunares

09/06/1954	10:58:53	Li	17/10/1954	00:49:41	Câ	24/02/1955	14:05:58	Ár
11/06/1954	23:29:30	Es	19/10/1954	05:40:57	Le	26/02/1955	16:46:14	To
14/06/1954	11:37:10	Sa	21/10/1954	13:44:23	Vi	28/02/1955	19:23:53	Gê
16/06/1954	22:05:00	Cp	24/10/1954	00:11:57	Li	02/03/1955	22:39:35	Câ
19/06/1954	06:25:52	Aq	26/10/1954	12:10:35	Es	05/03/1955	02:48:28	Le
21/06/1954	12:36:37	Pe	29/10/1954	00:58:37	Sa	07/03/1955	08:08:38	Vi
23/06/1954	16:43:29	Ár	31/10/1954	13:36:05	Cp	09/03/1955	15:19:44	Li
25/06/1954	19:08:50	To	03/11/1954	00:21:58	Aq	12/03/1955	01:04:04	Es
27/06/1954	20:41:23	Gê	05/11/1954	07:34:11	Pe	14/03/1955	13:13:07	Sa
29/06/1954	22:35:21	Câ	07/11/1954	10:42:20	Ár	17/03/1955	02:01:18	Cp
02/07/1954	02:16:22	Le	09/11/1954	10:48:22	To	19/03/1955	12:46:31	Aq
04/07/1954	08:55:48	Vi	11/11/1954	09:50:31	Gê	21/03/1955	19:44:48	Pe
06/07/1954	18:53:03	Li	13/11/1954	09:59:22	Câ	23/03/1955	23:09:02	Ár
09/07/1954	07:03:36	Es	15/11/1954	13:02:54	Le	26/03/1955	00:31:16	To
11/07/1954	19:18:29	Sa	17/11/1954	19:52:13	Vi	28/03/1955	01:41:40	Gê
14/07/1954	05:39:47	Cp	20/11/1954	06:02:07	Li	30/03/1955	04:05:00	Câ
16/07/1954	13:19:02	Aq	22/11/1954	18:12:51	Es	01/04/1955	08:20:26	Le
18/07/1954	18:32:40	Pe	25/11/1954	07:01:21	Sa	03/04/1955	14:30:50	Vi
20/07/1954	22:07:12	Ár	27/11/1954	19:23:52	Cp	05/04/1955	22:33:31	Li
23/07/1954	00:52:12	To	30/11/1954	06:18:59	Aq	08/04/1955	08:37:52	Es
25/07/1954	03:30:11	Gê	02/12/1954	14:38:07	Pe	10/04/1955	20:41:17	Sa
27/07/1954	06:40:59	Câ	04/12/1954	19:34:56	Ár	13/04/1955	09:40:24	Cp
29/07/1954	11:10:22	Le	06/12/1954	21:22:38	To	15/04/1955	21:19:48	Aq
31/07/1954	17:49:31	Vi	08/12/1954	21:16:11	Gê	18/04/1955	05:28:05	Pe
03/08/1954	03:13:53	Li	10/12/1954	21:06:06	Câ	20/04/1955	09:29:09	Ár
05/08/1954	15:02:36	Es	12/12/1954	22:48:17	Le	22/04/1955	10:29:09	To
08/08/1954	03:32:11	Sa	15/12/1954	03:53:43	Vi	24/04/1955	10:23:43	Gê
10/08/1954	14:20:00	Cp	17/12/1954	12:51:07	Li	26/04/1955	11:08:46	Câ
12/08/1954	21:54:08	Aq	20/12/1954	00:43:13	Es	28/04/1955	14:08:28	Le
15/08/1954	02:16:48	Pe	22/12/1954	13:34:48	Sa	30/04/1955	19:57:30	Vi
17/08/1954	04:37:29	Ár	25/12/1954	01:40:18	Cp	03/05/1955	04:25:46	Li
19/08/1954	06:25:48	To	27/12/1954	12:00:13	Aq	05/05/1955	15:03:40	Es
21/08/1954	08:56:01	Gê	29/12/1954	20:09:09	Pe	08/05/1955	03:18:32	Sa
23/08/1954	12:49:48	Câ	01/01/1955	01:55:57	Ár	10/05/1955	16:18:33	Cp
25/08/1954	18:22:06	Le	03/01/1955	05:24:00	To	13/05/1955	04:29:00	Aq
28/08/1954	01:43:32	Vi	05/01/1955	07:04:08	Gê	15/05/1955	13:53:00	Pe
30/08/1954	11:11:56	Li	07/01/1955	08:00:09	Câ	17/05/1955	19:20:33	Ár
01/09/1954	22:48:30	Es	09/01/1955	09:41:05	Le	19/05/1955	21:11:34	To
04/09/1954	11:32:10	Sa	11/01/1955	13:42:43	Vi	21/05/1955	20:56:19	Gê
06/09/1954	23:09:54	Cp	13/01/1955	21:14:50	Li	23/05/1955	20:32:42	Câ
09/09/1954	07:30:49	Aq	16/01/1955	08:14:30	Es	25/05/1955	21:52:30	Le
11/09/1954	11:54:50	Pe	18/01/1955	21:01:16	Sa	28/05/1955	02:15:40	Vi
13/09/1954	13:22:03	Ár	21/01/1955	09:09:04	Cp	30/05/1955	10:07:33	Li
15/09/1954	13:44:08	To	23/01/1955	18:58:21	Aq	01/06/1955	20:53:39	Es
17/09/1954	14:54:39	Gê	26/01/1955	02:10:54	Pe	04/06/1955	09:23:32	Sa
19/09/1954	18:12:46	Câ	28/01/1955	07:19:23	Ár	06/06/1955	22:20:44	Cp
22/09/1954	00:03:43	Vi	30/01/1955	11:05:57	To	09/06/1955	10:29:42	Aq
24/09/1954	08:10:37	Vi	01/02/1955	14:02:23	Gê	11/06/1955	20:31:55	Pe
26/09/1954	18:10:50	Li	03/02/1955	16:36:07	Câ	14/06/1955	03:23:42	Ár
29/09/1954	05:51:54	Es	05/02/1955	19:28:11	Le	16/06/1955	06:49:46	To
01/10/1954	18:41:09	Sa	07/02/1955	23:42:49	Vi	18/06/1955	07:36:25	Gê
04/10/1954	07:04:14	Cp	10/02/1955	06:33:17	Li	20/06/1955	07:14:59	Câ
06/10/1954	16:45:15	Aq	12/02/1955	16:38:19	Es	22/06/1955	07:36:11	Le
08/10/1954	22:16:41	Pe	15/02/1955	05:07:01	Sa	24/06/1955	10:26:00	Vi
10/10/1954	23:58:02	Ár	17/02/1955	17:34:19	Cp	26/06/1955	16:55:16	Li
12/10/1954	23:31:46	To	20/02/1955	03:32:55	Aq	29/06/1955	03:04:22	Es
14/10/1954	23:09:40	Gê	22/02/1955	10:09:16	Pe	01/07/1955	15:33:59	Sa

04/07/1955	04:29:16	Cp	10/11/1955	09:15:09	Li	19/03/1956	18:47:09	Câ
06/07/1955	16:18:08	Aq	12/11/1955	18:12:03	Es	21/03/1956	21:30:44	Le
09/07/1955	02:08:28	Pe	15/11/1955	05:16:52	Sa	23/03/1956	23:52:52	Vi
11/07/1955	09:32:55	Ár	17/11/1955	17:58:54	Cp	26/03/1956	02:59:38	Li
13/07/1955	14:20:03	To	20/11/1955	06:58:27	Aq	28/03/1956	08:18:30	Es
15/07/1955	16:42:50	Gê	22/11/1955	18:10:14	Pe	30/03/1956	16:55:34	Sa
17/07/1955	17:29:41	Câ	25/11/1955	01:47:19	Ár	02/04/1956	04:37:26	Cp
19/07/1955	18:03:07	Le	27/11/1955	05:26:44	To	04/04/1956	17:24:16	Aq
21/07/1955	20:06:13	Vi	29/11/1955	06:10:50	Gê	07/04/1956	04:37:04	Pe
24/07/1955	01:15:59	Li	01/12/1955	05:46:17	Câ	09/04/1956	12:46:24	Ár
26/07/1955	10:18:36	Es	03/12/1955	06:07:13	Le	11/04/1956	18:03:00	To
28/07/1955	22:23:54	Sa	05/12/1955	08:49:42	Vi	13/04/1956	21:30:28	Gê
31/07/1955	11:18:27	Cp	07/12/1955	14:48:04	Li	16/04/1956	00:14:36	Câ
02/08/1955	22:51:37	Aq	09/12/1955	23:59:23	Es	18/04/1956	03:00:16	Le
05/08/1955	08:03:57	Pe	12/12/1955	11:33:33	Sa	20/04/1956	06:16:42	Vi
07/08/1955	14:59:28	Ár	15/12/1955	00:23:16	Cp	22/04/1956	10:36:13	Li
09/08/1955	20:02:50	To	17/12/1955	13:19:12	Aq	24/04/1956	16:44:16	Es
11/08/1955	23:32:22	Gê	20/12/1955	01:01:50	Pe	27/04/1956	01:25:14	Sa
14/08/1955	01:50:17	Câ	22/12/1955	10:05:17	Ár	29/04/1956	12:44:11	Cp
16/08/1955	03:33:55	Le	24/12/1955	15:32:56	To	02/05/1956	01:27:23	Aq
18/08/1955	05:57:21	Vi	26/12/1955	17:32:58	Gê	04/05/1956	13:15:19	Pe
20/08/1955	10:33:45	Li	28/12/1955	17:17:14	Câ	06/05/1956	22:05:25	Ár
22/08/1955	18:37:11	Es	30/12/1955	16:36:01	Le	09/05/1956	03:23:55	To
25/08/1955	06:03:16	Sa	01/01/1956	17:30:39	Vi	11/05/1956	06:00:15	Gê
27/08/1955	18:56:31	Cp	03/01/1956	21:43:57	Li	13/05/1956	07:20:47	Câ
30/08/1955	06:35:02	Aq	06/01/1956	05:59:44	Es	15/05/1956	08:51:43	Le
01/09/1955	15:22:40	Pe	08/01/1956	17:32:28	Sa	17/05/1956	11:39:46	Vi
03/09/1955	21:23:44	Ár	11/01/1956	06:33:26	Cp	19/05/1956	16:25:22	Li
06/09/1955	01:36:21	To	13/01/1956	19:19:17	Aq	21/05/1956	23:26:28	Es
08/09/1955	04:58:03	Gê	16/01/1956	06:47:07	Pe	24/05/1956	08:46:15	Sa
10/09/1955	08:00:46	Câ	18/01/1956	16:16:58	Ár	26/05/1956	20:10:59	Cp
12/09/1955	11:01:51	Le	20/01/1956	23:11:00	To	29/05/1956	08:51:38	Aq
14/09/1955	14:32:59	Vi	23/01/1956	03:05:29	Gê	31/05/1956	21:09:24	Pe
16/09/1955	19:35:01	Li	25/01/1956	04:19:41	Câ	03/06/1956	07:04:27	Ár
19/09/1955	03:18:29	Es	27/01/1956	04:06:17	Le	05/06/1956	13:21:43	To
21/09/1955	14:11:11	Sa	29/01/1956	04:17:14	Vi	07/06/1956	16:09:17	Gê
24/09/1955	03:00:45	Cp	31/01/1956	06:55:39	Li	09/06/1956	16:41:53	Câ
26/09/1955	15:07:17	Aq	02/02/1956	13:33:02	Es	11/06/1956	16:44:40	Le
29/09/1955	00:12:23	Pe	05/02/1956	00:12:47	Sa	13/06/1956	18:03:18	Vi
01/10/1955	05:46:24	Ár	07/02/1956	13:08:10	Cp	15/06/1956	21:58:23	Li
03/10/1955	08:51:35	To	10/02/1956	01:51:50	Aq	18/06/1956	05:02:40	Es
05/10/1955	10:59:05	Gê	12/02/1956	12:51:40	Pe	20/06/1956	14:55:12	Sa
07/10/1955	13:22:34	Câ	14/02/1956	21:48:04	Ár	23/06/1956	02:42:55	Cp
09/10/1955	16:41:06	Le	17/02/1956	04:48:20	To	25/06/1956	15:25:28	Aq
11/10/1955	21:11:13	Vi	19/02/1956	09:50:23	Gê	28/06/1956	03:54:18	Pe
14/10/1955	03:13:21	Li	21/02/1956	12:49:32	Câ	30/06/1956	14:42:44	Ár
16/10/1955	11:23:19	Es	23/02/1956	14:10:19	Le	02/07/1956	22:25:32	To
18/10/1955	22:07:25	Sa	25/02/1956	15:04:44	Vi	05/07/1956	02:25:45	Gê
21/10/1955	10:51:31	Cp	27/02/1956	17:20:22	Li	07/07/1956	03:19:41	Câ
23/10/1955	23:32:34	Aq	29/02/1956	22:44:48	Es	09/07/1956	02:41:56	Le
26/10/1955	09:37:01	Pe	03/03/1956	08:09:18	Sa	11/07/1956	02:34:20	Vi
28/10/1955	15:45:59	Ár	05/03/1956	20:32:22	Cp	13/07/1956	04:54:11	Li
30/10/1955	18:29:35	To	08/03/1956	09:19:05	Aq	15/07/1956	10:56:22	Es
01/11/1955	19:22:35	Gê	10/03/1956	20:11:22	Pe	17/07/1956	20:37:38	Sa
03/11/1955	20:11:07	Câ	13/03/1956	04:26:00	Ár	20/07/1956	08:40:29	Cp
05/11/1955	22:19:41	Le	15/03/1956	10:31:57	To	22/07/1956	21:28:13	Aq
08/11/1955	02:36:24	Vi	17/03/1956	15:11:28	Gê	25/07/1956	09:50:06	Pe

Signos Lunares

27/07/1956	20:53:33	Ár	03/12/1956	22:35:56	Cp	12/04/1957	20:08:15	Li
30/07/1956	05:40:06	To	06/12/1956	10:16:05	Aq	14/04/1957	21:45:11	Es
01/08/1956	11:15:51	Gê	08/12/1956	22:56:38	Pe	17/04/1957	01:42:46	Sa
03/08/1956	13:32:05	Câ	11/12/1956	10:36:47	Ár	19/04/1957	09:08:00	Cp
05/08/1956	13:26:44	Le	13/12/1956	19:15:26	To	21/04/1957	19:53:29	Aq
07/08/1956	12:49:37	Vi	16/12/1956	00:06:02	Gê	24/04/1957	08:22:46	Pe
09/08/1956	13:50:31	Li	18/12/1956	01:51:49	Câ	26/04/1957	20:21:42	Ár
11/08/1956	18:20:10	Es	20/12/1956	02:10:58	Le	29/04/1957	06:17:33	To
14/08/1956	02:59:42	Sa	22/12/1956	02:55:32	Vi	01/05/1957	13:46:35	Gê
16/08/1956	14:47:24	Cp	24/12/1956	05:38:47	Li	03/05/1957	19:07:58	Câ
19/08/1956	03:37:37	Aq	26/12/1956	11:08:39	Es	05/05/1957	22:53:29	Le
21/08/1956	15:47:06	Pe	28/12/1956	19:19:48	Sa	08/05/1957	01:36:38	Vi
24/08/1956	02:29:29	Ár	31/12/1956	05:36:47	Cp	10/05/1957	03:57:12	Li
26/08/1956	11:23:20	To	02/01/1957	17:24:28	Aq	12/05/1957	06:48:03	Es
28/08/1956	17:59:15	Gê	05/01/1957	06:04:16	Pe	14/05/1957	11:13:25	Sa
30/08/1956	21:51:10	Câ	07/01/1957	18:22:31	Ár	16/05/1957	18:13:25	Cp
01/09/1956	23:13:55	Le	10/01/1957	04:26:29	To	19/05/1957	04:12:11	Aq
03/09/1956	23:20:16	Vi	12/01/1957	10:43:35	Gê	21/05/1957	16:20:04	Pe
06/09/1956	00:04:17	Li	14/01/1957	13:05:27	Câ	24/05/1957	04:33:43	Ár
08/09/1956	03:26:35	Es	16/01/1957	12:50:21	Le	26/05/1957	14:42:55	To
10/09/1956	10:45:50	Sa	18/01/1957	12:03:23	Vi	28/05/1957	21:46:47	Gê
12/09/1956	21:45:34	Cp	20/01/1957	12:54:58	Li	31/05/1957	02:05:30	Câ
15/09/1956	10:27:53	Aq	22/01/1957	17:02:25	Es	02/06/1957	04:45:03	Le
17/09/1956	22:33:32	Pe	25/01/1957	00:51:53	Sa	04/06/1957	06:59:04	Vi
20/09/1956	08:47:24	Ár	27/01/1957	11:32:02	Cp	06/06/1957	09:45:29	Li
22/09/1956	17:00:54	To	29/01/1957	23:41:44	Aq	08/06/1957	13:40:43	Es
24/09/1956	23:24:41	Gê	01/02/1957	12:20:23	Pe	10/06/1957	19:09:14	Sa
27/09/1956	03:59:43	Câ	04/02/1957	00:41:50	Ar	13/06/1957	02:36:18	Cp
29/09/1956	06:48:33	Le	06/02/1957	11:37:02	To	15/06/1957	12:23:06	Aq
01/10/1956	08:24:13	Vi	08/02/1957	19:34:22	Gê	18/06/1957	00:14:43	Pe
03/10/1956	10:01:10	Li	10/02/1957	23:38:39	Câ	20/06/1957	12:45:33	Ár
05/10/1956	13:18:59	Es	13/02/1957	00:18:29	Le	22/06/1957	23:38:04	To
07/10/1956	19:45:50	Sa	14/02/1957	23:16:46	Vi	25/06/1957	07:06:37	Gê
10/10/1956	05:47:45	Cp	16/02/1957	22:49:35	Li	27/06/1957	11:00:30	Câ
12/10/1956	18:09:12	Aq	19/02/1957	01:05:44	Es	29/06/1957	12:30:54	Le
15/10/1956	06:24:34:	Pe	21/02/1957	07:22:46	Sa	01/07/1957	13:23:24	Vi
17/10/1956	16:35:11	Ár	23/02/1957	17:26:37	Cp	03/07/1957	15:15:57	Li
20/10/1956	00:07:09	To	26/02/1957	05:42:22	Aq	05/07/1957	19:09:49	Es
22/10/1956	05:28:27	Gê	28/02/1957	18:24:57	Pe	08/07/1957	01:20:13	Sa
24/10/1956	09:23:13	Câ	03/03/1957	06:30:38	Ár	10/07/1957	09:34:55	Cp
26/10/1956	12:26:54	Le	05/03/1957	17:20:16	To	12/07/1957	19:42:42	Aq
28/10/1956	15:09:22	Vi	08/03/1957	02:03:18	Gê	15/07/1957	07:32:05	Pe
30/10/1956	18:09:44	Li	10/03/1957	07:44:44	Câ	17/07/1957	20:14:16	Ár
01/11/1956	22:24:20	Es	12/03/1957	10:11:33	Le	20/07/1957	07:57:40	To
04/11/1956	04:56:15	Sa	14/03/1957	10:19:50	Vi	22/07/1957	16:33:43	Gê
06/11/1956	14:23:58	Cp	16/03/1957	09:58:38	Li	24/07/1957	21:04:56	Câ
09/11/1956	02:19:22	Aq	18/03/1957	11:14:40	Es	26/07/1957	22:16:23	Le
11/11/1956	14:50:39	Pe	20/03/1957	15:53:35	Sa	28/07/1957	21:59:09	Vi
14/11/1956	01:36:10	Ár	23/03/1957	00:34:00	Cp	30/07/1957	22:19:50	Li
16/11/1956	09:12:18	To	25/03/1957	12:17:04	Aq	02/08/1957	01:00:29	Es
18/11/1956	13:44:53	Gê	28/03/1957	00:59:38	Pe	04/08/1957	06:47:10	Sa
20/11/1956	16:17:27	Câ	30/03/1957	12:54:39	Ár	06/08/1957	15:23:14	Cp
22/11/1956	18:09:53	Le	01/04/1957	23:10:54	To	09/08/1957	02:01:28	Aq
24/11/1956	20:31:48	Vi	04/04/1957	07:30:03	Gê	11/08/1957	14:01:47	Pe
27/11/1956	00:10:56	Li	06/04/1957	13:37:14	Câ	14/08/1957	02:45:55	Ár
29/11/1956	05:34:21	Es	08/04/1957	17:24:04	Le	16/08/1957	15:00:19	To
01/12/1956	12:58:48	Sa	10/04/1957	19:12:51	Vi	19/08/1957	00:51:14	Gê

148 — Signos Lunares

21/08/1957	06:48:18	Câ	26/12/1957	01:40:56	Pe	02/05/1958	16:13:58	Es
23/08/1957	08:50:54	Le	28/12/1957	14:12:35	Ár	04/05/1958	16:43:17	Sa
25/08/1957	08:25:42	Vi	31/12/1957	02:37:02	To	06/05/1958	19:20:38	Cp
27/08/1957	07:41:22	Li	02/01/1958	12:21:14	Gê	09/05/1958	01:29:17	Aq
29/08/1957	08:45:27	Es	04/01/1958	18:21:32	Câ	11/05/1958	11:26:48	Pe
31/08/1957	13:07:00	Sa	06/01/1958	21:21:23	Le	13/05/1958	23:57:41	Ár
02/09/1957	21:05:14	Cp	08/01/1958	22:58:49	Vi	16/05/1958	12:49:41	To
05/09/1957	07:49:48	Aq	11/01/1958	00:51:32	Li	19/05/1958	00:13:40	Gê
07/09/1957	20:03:48	Pe	13/01/1958	04:01:59	Es	21/05/1958	09:22:51	Câ
10/09/1957	08:44:43	Ár	15/01/1958	08:49:22	Sa	23/05/1958	16:14:27	Le
12/09/1957	20:57:01	To	17/01/1958	15:12:34	Cp	25/05/1958	20:59:47	Vi
15/09/1957	07:26:02	Gê	19/01/1958	23:22:12	Aq	27/05/1958	23:55:15	Li
17/09/1957	14:49:27	Câ	22/01/1958	09:41:32	Pe	30/05/1958	01:33:09	Es
19/09/1957	18:30:38	Le	24/01/1958	22:02:56	Ár	01/06/1958	02:53:28	Sa
21/09/1957	19:11:01	Vi	27/01/1958	10:56:26	To	03/06/1958	05:22:37	Cp
23/09/1957	18:32:34	Li	29/01/1958	21:47:08	Gê	05/06/1958	10:33:38	Aq
25/09/1957	18:40:12	Es	01/02/1958	04:40:29	Câ	07/06/1958	19:23:42	Pe
27/09/1957	21:27:06	Sa	03/02/1958	07:37:25	Le	10/06/1958	07:20:20	Ár
30/09/1957	03:59:04	Cp	05/02/1958	08:10:33	Vi	12/06/1958	20:12:16	To
02/10/1957	14:03:49	Aq	07/02/1958	08:23:14	Li	15/06/1958	07:30:50	Gê
05/10/1957	02:17:18	Pe	09/02/1958	10:02:58	Es	17/06/1958	16:03:38	Câ
07/10/1957	14:56:53	Ár	11/02/1958	14:11:13	Sa	19/06/1958	22:03:52	Le
10/10/1957	02:47:40	To	13/02/1958	20:55:05	Cp	22/06/1958	02:21:55	Vi
12/10/1957	13:00:37	Gê	16/02/1958	05:51:10	Aq	24/06/1958	05:42:07	Li
14/10/1957	20:54:11	Câ	18/02/1958	16:39:12	Pe	26/06/1958	08:30:25	Es
17/10/1957	01:59:16	Le	21/02/1958	05:01:41	Ár	28/06/1958	11:11:29	Sa
19/10/1957	04:23:26	Vi	23/02/1958	18:04:39	To	30/06/1958	14:32:07	Cp
21/10/1957	05:03:01	Li	26/02/1958	05:52:18	Gê	02/07/1958	19:44:26	Aq
23/10/1957	05:30:52	Es	28/02/1958	14:16:38	Câ	05/07/1958	03:56:53	Pe
25/10/1957	07:33:12	Sa	02/03/1958	18:26:42	Le	07/07/1958	15:17:46	Ár
27/10/1957	12:40:57	Cp	04/03/1958	19:14:50	Vi	10/07/1958	04:08:55	To
29/10/1957	21:32:04	Aq	06/03/1958	18:35:13	Li	12/07/1958	15:46:24	Gê
01/11/1957	09:18:14	Pe	08/03/1958	18:34:20	Es	15/07/1958	00:15:24	Câ
03/11/1957	21:59:52	Ár	10/03/1958	20:56:18	Sa	17/07/1958	05:30:48	Le
06/11/1957	09:37:40	To	13/03/1958	02:36:17	Cp	19/07/1958	08:41:54	Vi
08/11/1957	19:08:49	Gê	15/03/1958	11:27:51	Aq	21/07/1958	11:11:28	Li
11/11/1957	02:23:30	Câ	17/03/1958	22:41:12	Pe	23/07/1958	13:57:13	Es
13/11/1957	07:35:59	Le	20/03/1958	11:16:56	Ár	25/07/1958	17:25:27	Sa
15/11/1957	11:06:56	Vi	23/03/1958	00:15:32	To	27/07/1958	21:52:47	Cp
17/11/1957	13:25:08	Li	25/03/1958	12:19:32	Gê	30/07/1958	03:52:08	Aq
19/11/1957	15:17:11	Es	27/03/1958	21:52:45	Câ	01/08/1958	12:11:27	Pe
21/11/1957	17:51:32	Sa	30/03/1958	03:45:27	Le	03/08/1958	23:14:14	Ár
23/11/1957	22:29:10	Cp	01/04/1958	06:00:52	Vi	06/08/1958	12:04:07	To
26/11/1957	06:15:59	Aq	03/04/1958	05:53:42	Li	09/08/1958	00:16:11	Gê
28/11/1957	17:15:49	Pe	05/04/1958	05:16:26	Es	11/08/1958	09:24:58	Câ
01/12/1957	05:56:20	Ár	07/04/1958	06:06:46	Sa	13/08/1958	14:43:20	Le
03/12/1957	17:47:41	To	09/04/1958	10:00:32	Cp	15/08/1958	17:06:51	Vi
06/12/1957	03:00:13	Gê	11/04/1958	17:41:19	Aq	17/08/1958	18:16:53	Li
08/12/1957	09:15:51	Câ	14/04/1958	04:38:21	Pe	19/08/1958	19:49:31	Es
10/12/1957	13:23:06	Le	16/04/1958	17:22:45	Ár	21/08/1958	22:47:51	Sa
12/12/1957	16:28:16	Vi	19/04/1958	06:16:13	To	24/08/1958	03:38:09	Cp
14/12/1957	19:22:35	Li	21/04/1958	18:02:53	Gê	26/08/1958	10:27:37	Aq
16/12/1957	22:35:27	Es	24/04/1958	03:46:13	Câ	28/08/1958	19:24:51	Pe
19/12/1957	02:30:28	Sa	26/04/1958	10:43:37	Le	31/08/1958	06:35:00	Ár
21/12/1957	07:46:43	Cp	28/04/1958	14:40:26	Vi	02/09/1958	19:23:46	To
23/12/1957	15:18:38	Aq	30/04/1958	16:06:20	Li	05/09/1958	08:06:36	Gê

Signos Lunares

07/09/1958	18:21:57	Câ	12/01/1959	07:39:29	Pe	20/05/1959	12:24:09	Es
10/09/1958	00:41:31	Le	14/01/1959	17:09:29	Ár	22/05/1959	11:50:41	Sa
12/09/1958	03:19:21	Vi	17/01/1959	05:32:34	To	24/05/1959	11:23:51	Cp
14/09/1958	03:44:18	Li	19/01/1959	18:15:32	Gê	26/05/1959	13:09:25	Aq
16/09/1958	03:49:18	Es	22/01/1959	04:46:35	Câ	28/05/1959	18:42:10	Pe
18/09/1958	05:15:58	Sa	24/01/1959	12:13:06	Le	31/05/1959	04:18:13	Ár
20/09/1958	09:12:36	Cp	26/01/1959	17:13:16	Vi	02/06/1959	16:36:49	To
22/09/1958	16:03:10	Aq	28/01/1959	20:54:02	Li	05/06/1959	05:35:12	Gê
25/09/1958	01:33:06	Pe	31/01/1959	00:05:16	Es	07/06/1959	17:43:36	Câ
27/09/1958	13:07:23	Ár	02/02/1959	03:10:29	Sa	10/06/1959	04:18:46	Le
30/09/1958	01:57:54	To	04/02/1959	06:28:37	Cp	12/06/1959	12:50:00	Vi
02/10/1958	14:50:21	Gê	06/02/1959	10:40:17	Aq	14/06/1959	18:41:45	Li
05/10/1958	02:00:02	Câ	08/02/1959	16:50:03	Pe	16/06/1959	21:38:03	Es
07/10/1958	09:50:28	Le	11/02/1959	01:54:32	Ár	18/06/1959	22:14:22	Sa
09/10/1958	13:49:20	Vi	13/02/1959	13:47:02	To	20/06/1959	22:01:09	Cp
11/10/1958	14:43:33	Li	16/02/1959	02:39:19	Gê	22/06/1959	23:00:25	Aq
13/10/1958	14:11:27	Es	18/02/1959	13:50:26	Câ	25/06/1959	03:09:07	Pe
15/10/1958	14:08:49	Sa	20/02/1959	21:37:40	Le	27/06/1959	11:27:34	Ár
17/10/1958	16:22:42	Cp	23/02/1959	02:05:45	Vi	29/06/1959	23:10:48	To
19/10/1958	22:03:52	Aq	25/02/1959	04:28:37	Li	02/07/1959	12:05:22	Gê
22/10/1958	07:19:28	Pe	27/02/1959	06:14:29	Es	05/07/1959	00:03:16	Câ
24/10/1958	19:10:24	Ár	01/03/1959	08:32:48	Sa	07/07/1959	10:07:51	Le
27/10/1958	08:07:25	To	03/03/1959	12:05:28	Cp	09/07/1959	18:15:06	Vi
29/10/1958	20:49:25	Gê	05/03/1959	17:16:04	Aq	12/07/1959	00:26:18	Li
01/11/1958	08:08:38	Câ	08/03/1959	00:25:20	Pe	14/07/1959	04:33:01	Es
03/11/1958	17:02:28	Le	10/03/1959	09:53:30	Ár	16/07/1959	06:41:40	Sa
05/11/1958	22:45:25	Vi	12/03/1959	21:36:33	To	18/07/1959	07:41:27	Cp
08/11/1958	01:16:16	Li	15/03/1959	10:30:29	Gê	20/07/1959	09:04:38	Aq
10/11/1958	01:29:34	Es	17/03/1959	22:27:45	Câ	22/07/1959	12:40:54	Pe
12/11/1958	01:02:55	Sa	20/03/1959	07:22:20	Le	24/07/1959	19:53:24	Ár
14/11/1958	01:54:14	Cp	22/03/1959	12:27:34	Vi	27/07/1959	06:43:05	To
16/11/1958	05:52:52	Aq	24/03/1959	14:26:51	Li	29/07/1959	19:23:23	Gê
18/11/1958	13:56:20	Pe	26/03/1959	14:53:32	Es	01/08/1959	07:23:32	Câ
21/11/1958	01:28:16	Ár	28/03/1959	15:31:18	Sa	03/08/1959	17:09:00	Le
23/11/1958	14:30:20	To	30/03/1959	17:48:44	Cp	06/08/1959	00:29:27	Vi
26/11/1958	03:00:19	Gê	01/04/1959	22:41:26	Aq	08/08/1959	05:56:16	Li
28/11/1958	13:51:00	Câ	04/04/1959	06:22:58	Pe	10/08/1959	09:59:29	Es
30/11/1958	22:40:39	Le	06/04/1959	16:32:39	Ár	12/08/1959	12:58:04	Sa
03/12/1958	05:17:46	Vi	09/04/1959	04:31:38	To	14/08/1959	15:18:28	Cp
05/12/1958	09:30:34	Li	11/04/1959	17:24:43	Gê	16/08/1959	17:53:16	Aq
07/12/1958	11:27:57	Es	14/04/1959	05:47:38	Câ	18/08/1959	21:59:14	Pe
09/12/1958	12:01:37	Sa	16/04/1959	15:54:49	Le	21/08/1959	04:51:27	Ár
11/12/1958	12:46:14	Cp	18/04/1959	22:27:26	Vi	23/08/1959	14:58:12	To
13/12/1958	15:37:38	Aq	21/04/1959	01:18:45	Li	26/08/1959	03:18:22	Gê
15/12/1958	22:11:53	Pe	23/04/1959	01:33:38	Es	28/08/1959	15:33:21	Câ
18/12/1958	08:45:24	Ár	25/04/1959	00:58:49	Sa	31/08/1959	01:33:14	Le
20/12/1958	21:37:31	To	27/04/1959	01:32:24	Cp	02/09/1959	08:30:43	Vi
23/12/1958	10:08:49	Gê	29/04/1959	04:55:23	Aq	04/09/1959	12:56:24	Li
25/12/1958	20:32:43	Câ	01/05/1959	11:58:21	Pe	06/09/1959	15:52:51	Es
28/12/1958	04:33:06	Le	03/05/1959	22:18:44	Ár	08/09/1959	18:20:08	Sa
30/12/1958	10:40:34	Vi	06/05/1959	10:38:51	To	10/09/1959	21:04:28	Cp
01/01/1959	15:21:01	Li	08/05/1959	23:34:13	Gê	13/09/1959	00:43:08	Aq
03/01/1959	18:41:46	Es	11/05/1959	11:56:30	Câ	15/09/1959	05:53:56	Pe
05/01/1959	20:55:29	Sa	13/05/1959	22:40:22	Le	17/09/1959	13:16:02	Ár
07/01/1959	22:49:45	Cp	16/05/1959	06:37:38	Vi	19/09/1959	23:12:12	To
10/01/1959	01:51:31	Aq	18/05/1959	11:06:18	Li	22/09/1959	11:15:58	Gê

24/09/1959	23:49:06	Câ	29/01/1960	19:56:25	Pe	06/06/1960	06:19:43	Es
27/09/1959	10:36:03	Le	01/02/1960	00:38:57	Ár	08/06/1960	07:30:45	Sa
29/09/1959	18:03:55	Vi	03/02/1960	09:15:59	To	10/06/1960	06:47:38	Cp
01/10/1959	22:08:15	Li	05/02/1960	20:58:24	Gê	12/06/1960	06:22:55	Aq
03/10/1959	23:53:53	Es	08/02/1960	09:37:02	Câ	14/06/1960	08:17:27	Pe
06/10/1959	00:53:58	Sa	10/02/1960	21:08:00	Le	16/06/1960	13:42:20	Ár
08/10/1959	02:38:18	Cp	13/02/1960	06:34:39	Vi	18/06/1960	22:33:08	To
10/10/1959	06:12:11	Aq	15/02/1960	13:55:14	Li	21/06/1960	09:45:54	Gê
12/10/1959	12:05:52	Pe	17/02/1960	19:23:37	Es	23/06/1960	22:09:35	Câ
14/10/1959	20:19:49	Ár	19/02/1960	23:11:35	Sa	26/06/1960	10:51:23	Le
17/10/1959	06:39:49	To	22/02/1960	01:39:22	Cp	28/06/1960	22:52:38	Vi
19/10/1959	18:39:56	Gê	24/02/1960	03:32:24	Aq	01/07/1960	08:46:04	Li
22/10/1959	07:22:21	Câ	26/02/1960	06:03:37	Pe	03/07/1960	15:08:22	Es
24/10/1959	19:03:16	Le	28/02/1960	10:37:39	Ár	05/07/1960	17:42:13	Sa
27/10/1959	03:48:24	Vi	01/03/1960	18:18:24	To	07/07/1960	17:34:07	Cp
29/10/1959	08:41:21	Li	04/03/1960	05:07:40	Gê	09/07/1960	16:42:56	Aq
31/10/1959	10:13:53	Es	06/03/1960	17:36:35	Câ	11/07/1960	17:18:56	Pe
02/11/1959	10:01:39	Sa	09/03/1960	05:24:53	Le	13/07/1960	21:06:54	Ár
04/11/1959	10:04:50	Cp	11/03/1960	14:47:20	Vi	16/07/1960	04:48:07	To
06/11/1959	12:13:51	Aq	13/03/1960	21:19:26	Li	18/07/1960	15:40:19	Gê
08/11/1959	17:35:29	Pe	16/03/1960	01:36:57	Es	21/07/1960	04:08:49	Câ
11/11/1959	02:09:52	Ár	18/03/1960	04:37:17	Sa	23/07/1960	16:45:40	Le
13/11/1959	13:04:07	To	20/03/1960	07:14:06	Cp	26/07/1960	04:31:12	Vi
16/11/1959	01:16:22	Gê	22/03/1960	10:09:59	Aq	28/07/1960	14:33:02	Li
18/11/1959	13:56:30	Câ	24/03/1960	14:01:55	Pe	30/07/1960	21:54:49	Es
21/11/1959	02:03:51	Le	26/03/1960	19:29:27	Ár	02/08/1960	02:04:03	Sa
23/11/1959	12:07:48	Vi	29/03/1960	03:13:00	To	04/08/1960	03:25:26	Cp
25/11/1959	18:41:03	Li	31/03/1960	13:31:45	Gê	06/08/1960	03:20:37	Aq
27/11/1959	21:21:25	Es	03/04/1960	01:45:43	Câ	08/08/1960	03:41:58	Pe
29/11/1959	21:11:33	Sa	05/04/1960	14:00:53	Le	10/08/1960	06:21:21	Ár
01/12/1959	20:10:46	Cp	08/04/1960	00:01:44	Vi	12/08/1960	12:35:33	To
03/12/1959	20:34:45	Aq	10/04/1960	06:35:26	Li	14/08/1960	22:29:11	Gê
06/12/1959	00:16:12	Pe	12/04/1960	10:00:58	Es	17/08/1960	10:42:43	Câ
08/12/1959	07:59:23	Ár	14/04/1960	11:37:25	Sa	19/08/1960	23:17:33	Le
10/12/1959	18:55:47	To	16/04/1960	13:00:54	Cp	22/08/1960	10:41:22	Vi
13/12/1959	07:24:00	Gê	18/04/1960	15:31:48	Aq	24/08/1960	20:09:09	Li
15/12/1959	20:00:22	Câ	20/04/1960	19:55:27	Pe	27/08/1960	03:23:27	Es
18/12/1959	07:57:38	Le	23/04/1960	02:22:48	Ár	29/08/1960	08:18:58	Sa
20/12/1959	18:29:30	Vi	25/04/1960	10:50:27	To	31/08/1960	11:08:35	Cp
23/12/1959	02:28:35	Li	27/04/1960	21:16:12	Gê	02/09/1960	12:34:57	Aq
25/12/1959	07:00:30	Es	30/04/1960	09:22:24	Câ	04/09/1960	13:50:45	Pe
27/12/1959	08:15:27	Sa	02/05/1960	21:58:36	Le	06/09/1960	16:25:46	Ár
29/12/1959	07:37:37	Cp	05/05/1960	08:58:49	Vi	08/09/1960	21:44:23	To
31/12/1959	07:14:44	Aq	07/05/1960	16:29:56	Li	11/09/1960	06:30:57	Gê
02/01/1960	09:18:52	Pe	09/05/1960	20:06:30	Es	13/09/1960	18:10:22	Câ
04/01/1960	15:21:12	Ár	11/05/1960	20:54:56	Sa	16/09/1960	06:46:24	Le
07/01/1960	01:22:23	To	13/05/1960	20:50:15	Cp	18/09/1960	18:06:57	Vi
09/01/1960	13:44:59	Gê	15/05/1960	21:51:00	Aq	21/09/1960	02:58:14	Li
12/01/1960	02:23:16	Câ	18/05/1960	01:23:20	Pe	23/09/1960	09:17:39	Es
14/01/1960	13:59:02	Le	20/05/1960	07:55:05	Ár	25/09/1960	13:41:39	Sa
17/01/1960	00:03:16	Vi	22/05/1960	16:59:53	To	27/09/1960	16:53:51	Cp
19/01/1960	08:14:07	Li	25/05/1960	03:54:44	Gê	29/09/1960	19:32:16	Aq
21/01/1960	13:59:05	Es	27/05/1960	16:06:11	Câ	01/10/1960	22:14:00	Pe
23/01/1960	17:02:26	Sa	30/05/1960	04:50:19	Le	04/10/1960	01:46:11	Ár
25/01/1960	17:59:28	Cp	01/06/1960	16:37:53	Vi	06/10/1960	07:08:43	To
27/01/1960	18:18:46	Aq	04/06/1960	01:31:05	Li	08/10/1960	15:16:28	Gê

Signos Lunares 151

11/10/1960	02:18:07	Câ	15/02/1961	13:52:47	Pe	23/06/1961	18:50:40	Es
13/10/1960	14:54:51	Le	17/02/1961	14:40:40	Ár	26/06/1961	00:05:23	Sa
16/10/1960	02:39:58	Vi	19/02/1961	18:21:09	To	28/06/1961	01:59:37	Cp
18/10/1960	11:32:15	Li	22/02/1961	01:51:22	Gê	30/06/1961	02:17:45	Aq
20/10/1960	17:05:41	Es	24/02/1961	12:48:36	Câ	02/07/1961	02:52:28	Pe
22/10/1960	20:15:38	Sa	27/02/1961	01:34:21	Le	04/07/1961	05:11:44	Ár
24/10/1960	22:27:59	Cp	01/03/1961	14:11:51	Vi	06/07/1961	10:01:27	To
27/10/1960	00:57:17	Aq	04/03/1961	01:20:56	Li	08/07/1961	17:27:07	Gê
29/10/1960	04:26:07	Pe	06/03/1961	10:23:32	Es	11/07/1961	03:12:54	Câ
31/10/1960	09:11:04	Ár	08/03/1961	17:03:36	Sa	13/07/1961	14:56:17	Le
02/11/1960	15:27:19	To	10/03/1961	21:18:42	Cp	16/07/1961	03:54:32	Vi
04/11/1960	23:44:21	Gê	12/03/1961	23:28:51	Aq	18/07/1961	16:38:32	Li
07/11/1960	10:25:57	Câ	15/03/1961	00:26:01	Pe	21/07/1961	03:04:30	Es
09/11/1960	22:59:18	Le	17/03/1961	01:32:10	Ár	23/07/1961	09:41:45	Sa
12/11/1960	11:23:51	Vi	19/03/1961	04:25:21	To	25/07/1961	12:28:26	Cp
14/11/1960	21:07:22	Li	21/03/1961	10:32:05	Gê	27/07/1961	12:41:15	Aq
17/11/1960	02:53:01	Es	23/03/1961	20:22:12	Câ	29/07/1961	12:12:41	Pe
19/11/1960	05:16:34	Sa	26/03/1961	08:48:24	Le	31/07/1961	12:55:40	Ár
21/11/1960	06:01:59	Cp	28/03/1961	21:29:33	Vi	02/08/1961	16:18:40	To
23/11/1960	07:04:24	Aq	31/03/1961	08:20:59	Li	04/08/1961	23:03:52	Gê
25/11/1960	09:49:18	Pe	02/04/1961	16:36:26	Es	07/08/1961	08:56:23	Câ
27/11/1960	14:50:33	Ár	04/04/1961	22:33:48	Sa	09/08/1961	20:59:04	Le
29/11/1960	21:59:32	To	07/04/1961	02:51:53	Cp	12/08/1961	10:00:11	Vi
02/12/1960	07:00:32	Gê	09/04/1961	06:02:35	Aq	14/08/1961	22:43:30	Li
04/12/1960	17:52:01	Câ	11/04/1961	08:31:19	Pe	17/08/1961	09:44:14	Es
07/12/1960	06:20:59	Le	13/04/1961	10:55:07	Ár	19/08/1961	17:43:39	Sa
09/12/1960	19:13:13	Vi	15/04/1961	14:16:25	To	21/08/1961	22:07:02	Cp
12/12/1960	06:10:09	Li	17/04/1961	19:54:50	Gê	23/08/1961	23:25:15	Aq
14/12/1960	13:12:56	Es	20/04/1961	04:49:49	Câ	25/08/1961	23:02:18	Pe
16/12/1960	16:06:45	Sa	22/04/1961	16:42:55	Le	27/08/1961	22:48:38	Ár
18/12/1960	16:16:02	Cp	25/04/1961	05:30:51	Vi	30/08/1961	00:36:35	To
20/12/1960	15:48:35	Aq	27/04/1961	16:34:17	Li	01/09/1961	05:52:28	Gê
22/12/1960	16:47:14	Pe	30/04/1961	00:26:54	Es	03/09/1961	15:00:03	Câ
24/12/1960	20:34:26	Ár	02/05/1961	05:24:45	Sa	06/09/1961	03:00:42	Le
27/12/1960	03:30:03	To	04/05/1961	08:39:30	Cp	08/09/1961	16:04:53	Vi
29/12/1960	13:01:16	Gê	06/05/1961	11:23:51	Aq	11/09/1961	04:33:11	Li
01/01/1961	00:21:33	Câ	08/05/1961	14:22:32	Pe	13/09/1961	15:22:41	Es
03/01/1961	12:53:46	Le	10/05/1961	17:55:40	Ár	15/09/1961	23:54:17	Sa
06/01/1961	01:47:59	Vi	12/05/1961	22:24:56	To	18/09/1961	05:41:47	Cp
08/01/1961	13:30:57	Li	15/05/1961	04:34:13	Gê	20/09/1961	08:42:59	Aq
10/01/1961	22:08:32	Es	17/05/1961	13:16:33	Câ	22/09/1961	09:35:50	Pe
13/01/1961	02:40:19	Sa	20/05/1961	00:44:51	Le	24/09/1961	09:39:47	Ár
15/01/1961	03:41:03	Cp	22/05/1961	13:38:07	Vi	26/09/1961	10:41:49	To
17/01/1961	02:55:25	Aq	25/05/1961	01:17:34	Li	28/09/1961	14:31:30	Gê
19/01/1961	02:31:50	Pe	27/05/1961	09:34:18	Es	30/09/1961	22:18:58	Câ
21/01/1961	04:26:23	Ár	29/05/1961	14:10:46	Sa	03/10/1961	09:43:27	Le
23/01/1961	09:51:16	To	31/05/1961	16:19:59	Cp	05/10/1961	22:45:28	Vi
25/01/1961	18:49:48	Gê	02/06/1961	17:44:36	Aq	08/10/1961	11:03:38	Li
28/01/1961	06:21:49	Câ	04/06/1961	19:50:11	Pe	10/10/1961	21:18:57	Es
30/01/1961	19:04:59	Le	06/06/1961	23:23:22	Ár	13/10/1961	05:20:41	Sa
02/02/1961	07:48:10	Vi	09/06/1961	04:37:39	To	15/10/1961	11:23:34	Cp
04/02/1961	19:26:54	Li	11/06/1961	11:40:14	Gê	17/10/1961	15:36:57	Aq
07/02/1961	04:50:36	Es	13/06/1961	20:49:31	Câ	19/10/1961	18:09:45	Pe
09/02/1961	11:01:02	Sa	16/06/1961	08:15:36	Le	21/10/1961	19:35:28	Ár
11/02/1961	13:50:24	Cp	18/06/1961	21:11:51	Vi	23/10/1961	21:06:39	To
13/02/1961	14:14:23	Aq	21/06/1961	09:31:45	Li	26/10/1961	00:24:24	Gê

28/10/1961	07:02:46	Câ	05/03/1962	10:16:18	Pe	11/07/1962	01:05:10	Es
30/10/1961	17:29:32	Le	07/03/1962	09:31:48	Ár	13/07/1962	11:00:06	Sa
02/11/1961	06:17:25	Vi	09/03/1962	09:39:55	To	15/07/1962	17:31:52	Cp
04/11/1961	18:42:15	Li	11/03/1962	12:35:02	Gê	17/07/1962	21:07:05	Aq
07/11/1961	04:40:19	Es	13/03/1962	19:25:28	Câ	19/07/1962	23:00:04	Pe
09/11/1961	11:50:43	Sa	16/03/1962	05:55:45	Le	22/07/1962	00:33:32	Ár
11/11/1961	16:59:20	Cp	18/03/1962	18:32:45	Vi	24/07/1962	02:56:40	To
13/11/1961	20:59:02	Aq	21/03/1962	07:28:10	Li	26/07/1962	06:56:37	Gê
16/11/1961	00:18:18	Pe	23/03/1962	19:28:29	Es	28/07/1962	13:00:11	Câ
18/11/1961	03:10:06	Ár	26/03/1962	05:48:30	Sa	30/07/1962	21:20:40	Le
20/11/1961	06:02:47	To	28/03/1962	13:45:30	Cp	02/08/1962	07:57:16	Vi
22/11/1961	09:58:51	Gê	30/03/1962	18:43:03	Aq	04/08/1962	20:17:28	Li
24/11/1961	16:20:18	Câ	01/04/1962	20:42:12	Pe	07/08/1962	08:55:34	Es
27/11/1961	02:01:12	Le	03/04/1962	20:40:57	Ár	09/08/1962	19:47:58	Sa
29/11/1961	14:24:57	Vi	05/04/1962	20:24:54	To	12/08/1962	03:17:31	Cp
02/12/1961	03:07:53	Li	07/04/1962	21:59:36	Gê	14/08/1962	07:07:13	Aq
04/12/1961	13:29:44	Es	10/04/1962	03:11:57	Câ	16/08/1962	08:16:32	Pe
06/12/1961	20:24:30	Sa	12/04/1962	12:35:59	Le	18/08/1962	08:25:07	Ár
09/12/1961	00:30:33	Cp	15/04/1962	00:56:41	Vi	20/08/1962	09:19:44	To
11/12/1961	03:11:16	Aq	17/04/1962	13:53:32	Li	22/08/1962	12:27:44	Gê
13/12/1961	05:41:24	Pe	20/04/1962	01:36:51	Es	24/08/1962	18:33:31	Câ
15/12/1961	08:43:57	Ár	22/04/1962	11:26:48	Sa	27/08/1962	03:29:49	Le
17/12/1961	12:38:35	To	24/04/1962	19:19:40	Cp	29/08/1962	14:35:30	Vi
19/12/1961	17:47:18	Gê	27/04/1962	01:07:49	Aq	01/09/1962	03:00:46	Li
22/12/1961	00:49:34	Câ	29/04/1962	04:39:53	Pe	03/09/1962	15:46:15	Es
24/12/1961	10:25:39	Le	01/05/1962	06:11:54	Ár	06/09/1962	03:25:57	Sa
26/12/1961	22:29:17	Vi	03/05/1962	06:48:54	To	08/09/1962	12:19:44	Cp
29/12/1961	11:26:11	Li	05/05/1962	08:16:15	Gê	10/09/1962	17:26:01	Aq
31/12/1961	22:41:47	Es	07/05/1962	12:27:49	Câ	12/09/1962	19:01:36	Pe
03/01/1962	06:22:59	Sa	09/05/1962	20:35:25	Le	14/09/1962	18:32:32	Ár
05/01/1962	10:23:51	Cp	12/05/1962	08:11:05	Vi	16/09/1962	18:00:33	To
07/01/1962	11:59:54	Aq	14/05/1962	21:02:30	Li	18/09/1962	19:28:49	Gê
09/01/1962	12:53:09	Pe	17/05/1962	08:42:50	Es	21/09/1962	00:25:36	Câ
11/01/1962	14:33:44	Ár	19/05/1962	18:02:22	Sa	23/09/1962	09:06:42	Le
13/01/1962	18:01:14	To	22/05/1962	01:07:57	Cp	25/09/1962	20:30:46	Vi
15/01/1962	23:41:46	Gê	24/05/1962	06:30:37	Aq	28/09/1962	09:07:51	Li
18/01/1962	07:39:28	Câ	26/05/1962	10:29:20	Pe	30/09/1962	21:48:37	Es
20/01/1962	17:49:41	Le	28/05/1962	13:14:43	Ár	03/10/1962	09:39:43	Sa
23/01/1962	05:53:25	Vi	30/05/1962	15:16:32	To	05/10/1962	19:34:56	Cp
25/01/1962	18:51:52	Li	01/06/1962	17:40:18	Gê	08/10/1962	02:21:29	Aq
28/01/1962	06:54:02	Es	03/06/1962	21:56:22	Câ	10/10/1962	05:28:36	Pe
30/01/1962	15:59:09	Sa	06/06/1962	05:23:05	Le	12/10/1962	05:40:26	Ár
01/02/1962	21:09:27	Cp	08/06/1962	16:12:00	Vi	14/10/1962	04:43:08	To
03/02/1962	22:56:39	Aq	11/06/1962	04:50:29	Li	16/10/1962	04:50:14	Gê
05/02/1962	22:52:41	Pe	13/06/1962	16:44:40	Es	18/10/1962	08:04:38	Câ
07/02/1962	22:50:21	Ár	16/06/1962	02:03:26	Sa	20/10/1962	15:30:06	Le
10/02/1962	00:34:36	To	18/06/1962	08:29:40	Cp	23/10/1962	02:30:57	Vi
12/02/1962	05:18:08	Gê	20/06/1962	12:48:47	Aq	25/10/1962	15:13:30	Li
14/02/1962	13:19:38	Câ	22/06/1962	15:58:30	Pe	28/10/1962	03:48:32	Es
17/02/1962	00:03:37	Le	24/06/1962	18:42:52	Ár	30/10/1962	15:19:26	Sa
19/02/1962	12:26:30	Vi	26/06/1962	21:34:16	To	02/11/1962	01:17:06	Cp
22/02/1962	01:21:28	Li	29/06/1962	01:09:16	Gê	04/11/1962	09:02:09	Aq
24/02/1962	13:36:15	Es	01/07/1962	06:18:32	Câ	06/11/1962	13:52:07	Pe
26/02/1962	23:46:11	Sa	03/07/1962	13:55:25	Le	08/11/1962	15:45:15	Ár
01/03/1962	06:37:55	Cp	06/07/1962	00:21:57	Vi	10/11/1962	15:44:47	To
03/03/1962	09:51:36	Aq	08/07/1962	12:47:37	Li	12/11/1962	15:43:23	Gê

Signos Lunares

Data	Hora	Signo	Data	Hora	Signo	Data	Hora	Signo
14/11/1962	17:48:43	Câ	23/03/1963	05:04:06	Pe	28/07/1963	03:38:21	Es
16/11/1962	23:39:47	Le	25/03/1963	05:37:28	Ár	30/07/1963	16:07:48	Sa
19/11/1962	09:33:08	Vi	27/03/1963	04:56:40	To	02/08/1963	03:12:11	Cp
21/11/1962	21:57:48	Li	29/03/1963	05:12:52	Gê	04/08/1963	11:25:24	Aq
24/11/1962	10:33:14	Es	31/03/1963	08:13:31	Câ	06/08/1963	16:45:34	Pe
26/11/1962	21:43:11	Sa	02/04/1963	14:45:23	Le	08/08/1963	20:06:31	Ár
29/11/1962	07:00:17	Cp	05/04/1963	00:20:21	Vi	10/08/1963	22:37:22	To
01/12/1962	14:25:36	Aq	07/04/1963	11:49:27	Li	13/08/1963	01:15:37	Gê
03/12/1962	19:53:24	Pe	10/04/1963	00:13:33	Es	15/08/1963	04:39:19	Câ
05/12/1962	23:17:02	Ár	12/04/1963	12:47:52	Sa	17/08/1963	09:16:37	Le
08/12/1962	00:59:10	To	15/04/1963	00:26:55	Cp	19/08/1963	15:40:13	Vi
10/12/1962	02:07:20	Gê	17/04/1963	09:33:56	Aq	22/08/1963	00:25:20	Li
12/12/1962	04:21:04	Câ	19/04/1963	14:53:13	Pe	24/08/1963	11:38:50	Es
14/12/1962	09:20:13	Le	21/04/1963	16:29:40	Ár	27/08/1963	00:15:00	Sa
16/12/1962	17:59:17	Vi	23/04/1963	15:50:36	To	29/08/1963	11:57:08	Cp
19/12/1962	05:40:58	Li	25/04/1963	15:06:06	Gê	31/08/1963	20:37:07	Aq
21/12/1962	18:17:48	Es	27/04/1963	16:27:02	Câ	03/09/1963	01:37:01	Pe
24/12/1962	05:32:32	Sa	29/04/1963	21:24:54	Le	05/09/1963	03:51:55	Ár
26/12/1962	14:18:34	Cp	02/05/1963	06:12:50	Vi	07/09/1963	05:01:59	To
28/12/1962	20:42:16	Aq	04/05/1963	17:42:07	Li	09/09/1963	06:45:30	Gê
31/12/1962	01:20:13	Pe	07/05/1963	06:15:44	Es	11/09/1963	10:07:36	Câ
02/01/1963	04:47:32	Ár	09/05/1963	18:42:20	Sa	13/09/1963	15:29:42	Le
04/01/1963	07:33:27	To	12/05/1963	06:13:17	Cp	15/09/1963	22:47:23	Vi
06/01/1963	10:13:49	Gê	14/05/1963	15:51:14	Aq	18/09/1963	07:59:36	Li
08/01/1963	13:41:15	Câ	16/05/1963	22:31:44	Pe	20/09/1963	19:10:24	Es
10/01/1963	19:00:46	Le	19/05/1963	01:47:32	Ár	23/09/1963	07:49:55	Sa
13/01/1963	03:06:55	Vi	21/05/1963	02:21:11	To	25/09/1963	20:15:20	Cp
15/01/1963	14:04:33	Li	23/05/1963	01:53:21	Gê	28/09/1963	06:03:09	Aq
18/01/1963	02:35:26	Es	25/05/1963	02:28:32	Câ	30/09/1963	11:46:20	Pe
20/01/1963	14:20:25	Sa	27/05/1963	05:58:31	Le	02/10/1963	13:47:48	Ár
22/01/1963	23:23:28	Cp	29/05/1963	13:21:32	Vi	04/10/1963	13:49:37	To
25/01/1963	05:13:35	Aq	01/06/1963	00:08:54	Li	06/10/1963	13:58:05	Gê
27/01/1963	08:34:50	Pe	03/06/1963	12:38:28	Es	08/10/1963	16:00:39	Câ
29/01/1963	10:43:35	Ár	06/06/1963	01:00:35	Sa	10/10/1963	20:53:56	Le
31/01/1963	12:54:37	To	08/06/1963	12:06:34	Cp	13/10/1963	04:34:04	Vi
02/02/1963	16:02:52	Gê	10/06/1963	21:21:47	Aq	15/10/1963	14:24:05	Li
04/02/1963	20:40:16	Câ	13/06/1963	04:20:29	Pe	18/10/1963	01:52:29	Es
07/02/1963	03:05:43	Le	15/06/1963	08:46:16	Ár	20/10/1963	14:32:21	Sa
09/02/1963	11:35:54	Vi	17/06/1963	10:54:20	To	23/10/1963	03:20:39	Cp
11/02/1963	22:17:57	Li	19/06/1963	11:43:35	Gê	25/10/1963	14:19:59	Aq
14/02/1963	10:38:18	Es	21/06/1963	12:46:15	Câ	27/10/1963	21:35:56	Pe
16/02/1963	22:56:56	Sa	23/06/1963	15:43:59	Le	30/10/1963	00:39:52	Ár
19/02/1963	09:00:04	Cp	25/06/1963	21:56:11	Vi	01/11/1963	00:42:20	To
21/02/1963	15:23:15	Aq	28/06/1963	07:40:36	Li	02/11/1963	23:47:59	Gê
23/02/1963	18:17:04	Pe	30/06/1963	19:47:35	Es	05/11/1963	00:08:06	Câ
25/02/1963	19:04:54	Ár	03/07/1963	08:11:06	Sa	07/11/1963	03:26:46	Le
27/02/1963	19:38:16	To	05/07/1963	19:02:53	Cp	09/11/1963	10:13:53	Vi
01/03/1963	21:38:31	Gê	08/07/1963	03:36:03	Aq	11/11/1963	20:07:29	Li
04/03/1963	02:07:40	Câ	10/07/1963	09:52:49	Pe	14/11/1963	07:56:39	Es
06/03/1963	09:14:51	Le	12/07/1963	14:15:59	Ár	16/11/1963	20:39:42	Sa
08/03/1963	18:33:41	Vi	14/07/1963	17:14:49	To	19/11/1963	09:22:42	Cp
11/03/1963	05:34:49	Li	16/07/1963	19:26:59	Gê	21/11/1963	20:51:21	Aq
13/03/1963	17:51:14	Es	18/07/1963	21:44:44	Câ	24/11/1963	05:32:09	Pe
16/03/1963	06:26:46	Sa	21/07/1963	01:14:52	Le	26/11/1963	10:24:53	Ár
18/03/1963	17:34:32	Cp	23/07/1963	07:06:28	Vi	28/11/1963	11:48:55	To
21/03/1963	01:21:05	Aq	25/07/1963	16:02:14	Li	30/11/1963	11:14:29	Gê

154 — Signos Lunares

Data	Hora	Signo	Data	Hora	Signo	Data	Hora	Signo
02/12/1963	10:44:33	Câ	08/04/1964	18:46:44	Pe	13/08/1964	07:31:20	Es
04/12/1963	12:19:49	Le	10/04/1964	23:08:16	Ár	15/08/1964	18:44:11	Sa
06/12/1963	17:26:12	Vi	13/04/1964	00:36:44	To	18/08/1964	07:37:57	Cp
09/12/1963	02:21:22	Li	15/04/1964	01:05:50	Gê	20/08/1964	19:38:57	Aq
11/12/1963	14:04:11	Es	17/04/1964	02:23:24	Câ	23/08/1964	05:13:20	Pe
14/12/1963	02:53:16	Sa	19/04/1964	05:39:44	Le	25/08/1964	12:15:09	Ár
16/12/1963	15:21:11	Cp	21/04/1964	11:17:21	Vi	27/08/1964	17:23:29	To
19/12/1963	02:28:45	Aq	23/04/1964	19:07:56	Li	29/08/1964	21:15:53	Gê
21/12/1963	11:28:23	Pe	26/04/1964	05:00:36	Es	01/09/1964	00:13:08	Câ
23/12/1963	17:40:48	Ár	28/04/1964	16:45:47	Sa	03/09/1964	02:36:21	Le
25/12/1963	20:57:19	To	01/05/1964	05:42:21	Cp	05/09/1964	05:12:22	Vi
27/12/1963	21:58:08	Gê	03/05/1964	18:06:19	Aq	07/09/1964	09:19:07	Li
29/12/1963	22:06:43	Câ	06/05/1964	03:43:05	Pe	09/09/1964	16:19:34	Es
31/12/1963	23:08:53	Le	08/05/1964	09:15:26	Ár	12/09/1964	02:47:18	Sa
03/01/1964	02:47:46	Vi	10/05/1964	11:08:50	To	14/09/1964	15:30:02	Cp
05/01/1964	10:09:50	Li	12/05/1964	11:01:22	Gê	17/09/1964	03:47:17	Aq
07/01/1964	21:03:39	Es	14/05/1964	10:53:22	Câ	19/09/1964	13:22:07	Pe
10/01/1964	09:49:05	Sa	16/05/1964	12:31:11	Le	21/09/1964	19:43:44	Ár
12/01/1964	22:13:39	Cp	18/05/1964	17:02:15	Vi	23/09/1964	23:46:03	To
15/01/1964	08:47:40	Aq	21/05/1964	00:41:07	Li	26/09/1964	02:45:56	Gê
17/01/1964	17:03:52	Pe	23/05/1964	10:57:47	Es	28/09/1964	05:39:27	Câ
19/01/1964	23:10:06	Ár	25/05/1964	23:02:59	Sa	30/09/1964	08:52:29	Le
22/01/1964	03:23:09	To	28/05/1964	11:59:58	Cp	02/10/1964	12:42:11	Vi
24/01/1964	06:04:29	Gê	31/05/1964	00:32:24	Aq	04/10/1964	17:44:26	Li
26/01/1964	07:51:11	Câ	02/06/1964	11:01:11	Pe	07/10/1964	00:56:55	Es
28/01/1964	09:44:57	Le	04/06/1964	18:02:43	Ár	09/10/1964	11:02:09	Sa
30/01/1964	13:08:45	Vi	06/06/1964	21:19:45	To	11/10/1964	23:31:43	Cp
01/02/1964	19:25:07	Li	08/06/1964	21:49:52	Gê	14/10/1964	12:15:24	Aq
04/02/1964	05:12:27	Es	10/06/1964	21:16:21	Câ	16/10/1964	22:32:37	Pe
06/02/1964	17:35:19	Sa	12/06/1964	21:34:50	Le	19/10/1964	05:04:42	Ár
09/02/1964	06:10:37	Cp	15/06/1964	00:27:07	Vi	21/10/1964	08:24:16	To
11/02/1964	16:39:13	Aq	17/06/1964	06:53:49	Li	23/10/1964	10:03:18	Gê
14/02/1964	00:08:47	Pe	19/06/1964	16:48:58	Es	25/10/1964	11:37:24	Câ
16/02/1964	05:09:40	Ár	22/06/1964	05:03:11	Sa	27/10/1964	14:13:55	Le
18/02/1964	08:44:52	To	24/06/1964	18:01:48	Cp	29/10/1964	18:25:17	Vi
20/02/1964	11:47:51	Gê	27/06/1964	06:21:30	Aq	01/11/1964	00:24:08	Li
22/02/1964	14:49:11	Câ	29/06/1964	16:56:02	Pe	03/11/1964	08:24:42	Es
24/02/1964	18:10:47	Le	02/07/1964	00:52:15	Ár	05/11/1964	18:43:11	Sa
26/02/1964	22:29:54	Vi	04/07/1964	05:42:22	To	08/11/1964	07:05:39	Cp
29/02/1964	04:46:05	Li	06/07/1964	07:42:45	Gê	10/11/1964	20:08:09	Aq
02/03/1964	13:53:53	Es	08/07/1964	07:56:49	Câ	13/11/1964	07:28:13	Pe
05/03/1964	01:46:43	Sa	10/07/1964	08:00:54	Le	15/11/1964	15:10:07	Ár
07/03/1964	14:35:14	Cp	12/07/1964	09:44:04	Vi	17/11/1964	18:56:39	To
10/03/1964	01:35:28	Aq	14/07/1964	14:41:09	Li	19/11/1964	19:58:27	Gê
12/03/1964	09:05:01	Pe	16/07/1964	23:32:19	Es	21/11/1964	20:03:46	Câ
14/03/1964	13:15:12	Ár	19/07/1964	11:27:54	Sa	23/11/1964	20:58:35	Le
16/03/1964	15:29:59	To	22/07/1964	00:26:45	Cp	26/11/1964	00:02:29	Vi
18/03/1964	17:25:51	Gê	24/07/1964	12:30:27	Aq	28/11/1964	05:54:06	Li
20/03/1964	20:11:23	Câ	26/07/1964	22:35:33	Pe	30/11/1964	14:30:36	Es
23/03/1964	00:14:42	Le	29/07/1964	06:25:14	Ár	03/12/1964	01:23:48	Sa
25/03/1964	05:41:45	Vi	31/07/1964	12:00:22	To	05/12/1964	13:53:12	Cp
27/03/1964	12:47:38	Li	02/08/1964	15:28:00	Gê	08/12/1964	02:57:15	Aq
29/03/1964	22:03:22	Es	04/08/1964	17:12:48	Câ	10/12/1964	14:59:40	Pe
01/04/1964	09:40:38	Sa	06/08/1964	18:10:52	Le	13/12/1964	00:12:00	Ár
03/04/1964	22:36:00	Cp	08/08/1964	19:49:57	Vi	15/12/1964	05:32:31	To
06/04/1964	10:24:10	Aq	10/08/1964	23:51:26	Li	17/12/1964	07:21:04	Gê

Signos Lunares

19/12/1964	07:02:21	Câ	26/04/1965	02:02:00	Pe	30/08/1965	16:53:45	Es
21/12/1964	06:30:40	Le	28/04/1965	11:11:51	Ár	01/09/1965	23:59:35	Sa
23/12/1964	07:41:30	Vi	30/04/1965	17:03:29	To	04/09/1965	10:51:09	Cp
25/12/1964	12:04:22	Li	02/05/1965	20:26:31	Gê	06/09/1965	23:33:33	Aq
27/12/1964	20:11:02	Es	04/05/1965	22:38:45	Câ	09/09/1965	11:56:30	Pe
30/12/1964	07:20:27	Sa	07/05/1965	00:49:29	Le	11/09/1965	22:49:41	Ár
01/01/1965	20:06:21	Cp	09/05/1965	03:47:02	Vi	14/09/1965	07:55:55	To
04/01/1965	09:04:08	Aq	11/05/1965	08:04:02	Li	16/09/1965	15:06:05	Gê
06/01/1965	21:06:01	Pe	13/05/1965	14:09:31	Es	18/09/1965	20:00:45	Câ
09/01/1965	07:07:54	Ár	15/05/1965	22:31:37	Sa	20/09/1965	22:34:55	Le
11/01/1965	14:10:20	To	18/05/1965	09:19:34	Cp	22/09/1965	23:29:43	Vi
13/01/1965	17:48:08	Gê	20/05/1965	21:50:28	Aq	25/09/1965	00:15:25	Li
15/01/1965	18:34:42	Câ	23/05/1965	10:14:11	Pe	27/09/1965	02:46:46	Es
17/01/1965	17:57:22	Le	25/05/1965	20:18:29	Ár	29/09/1965	08:41:56	Sa
19/01/1965	17:54:38	Vi	28/05/1965	02:48:17	To	01/10/1965	18:28:45	Cp
21/01/1965	20:27:43	Li	30/05/1965	05:58:21	Gê	04/10/1965	06:48:00	Aq
24/01/1965	03:00:54	Es	01/06/1965	07:05:12	Câ	06/10/1965	19:13:53	Pe
26/01/1965	13:31:58	Sa	03/06/1965	07:46:32	Le	09/10/1965	05:53:50	Ár
29/01/1965	02:21:11	Cp	05/06/1965	09:33:01	Vi	11/10/1965	14:16:23	To
31/01/1965	15:17:28	Aq	07/06/1965	13:29:26	Li	13/10/1965	20:39:39	Gê
03/02/1965	02:55:35	Pe	09/06/1965	20:03:41	Es	16/10/1965	01:26:42	Câ
05/02/1965	12:43:14	Ár	12/06/1965	05:09:41	Sa	18/10/1965	04:51:00	Le
07/02/1965	20:23:44	To	14/06/1965	16:20:14	Cp	20/10/1965	07:13:02	Vi
10/02/1965	01:36:01	Gê	17/06/1965	04:51:11	Aq	22/10/1965	09:20:50	Li
12/02/1965	04:13:41	Câ	19/06/1965	17:28:52	Pe	24/10/1965	12:31:23	Es
14/02/1965	04:54:15	Le	22/06/1965	04:28:57	Ár	26/10/1965	18:08:59	Sa
16/02/1965	05:05:17	Vi	24/06/1965	12:16:04	To	29/10/1965	03:04:47	Cp
18/02/1965	06:44:56	Li	26/06/1965	16:18:00	Gê	31/10/1965	14:49:25	Aq
20/02/1965	11:45:20	Es	28/06/1965	17:19:50	Câ	03/11/1965	03:22:34	Pe
22/02/1965	20:56:57	Sa	30/06/1965	16:58:45	Le	05/11/1965	14:21:25	Ár
25/02/1965	09:16:53	Cp	02/07/1965	17:11:03	Vi	07/11/1965	22:29:27	To
27/02/1965	22:14:21	Aq	04/07/1965	19:42:44	Li	10/11/1965	03:54:22	Gê
02/03/1965	09:38:13	Pe	07/07/1965	01:37:48	Es	12/11/1965	07:29:19	Câ
04/03/1965	18:44:36	Ár	09/07/1965	10:53:21	Sa	14/11/1965	10:13:27	Le
07/03/1965	01:49:21	To	11/07/1965	22:28:46	Cp	16/11/1965	12:54:30	Vi
09/03/1965	07:13:56	Gê	14/07/1965	11:07:50	Aq	18/11/1965	16:09:57	Li
11/03/1965	11:02:43	Câ	16/07/1965	23:44:41	Pe	20/11/1965	20:36:42	Es
13/03/1965	13:22:47	Le	19/07/1965	11:12:34	Ár	23/11/1965	02:56:29	Sa
15/03/1965	14:55:21	Vi	21/07/1965	20:13:53	To	25/11/1965	11:45:25	Cp
17/03/1965	17:03:51	Li	24/07/1965	01:47:54	Gê	27/11/1965	23:03:16	Aq
19/03/1965	21:31:54	Es	26/07/1965	03:53:00	Câ	30/11/1965	11:39:41	Pe
22/03/1965	05:36:39	Sa	28/07/1965	03:37:08	Le	02/12/1965	23:22:23	Ár
24/03/1965	17:06:53	Cp	30/07/1965	02:54:41	Vi	05/12/1965	08:10:59	To
27/03/1965	05:58:46	Aq	01/08/1965	03:54:03	Li	07/12/1965	13:27:22	Gê
29/03/1965	17:31:44	Pe	03/08/1965	08:20:14	Es	09/12/1965	15:56:45	Câ
01/04/1965	02:18:41	Ár	05/08/1965	16:48:53	Sa	11/12/1965	17:07:57	Le
03/04/1965	08:28:32	To	08/08/1965	04:22:14	Cp	13/12/1965	18:35:29	Vi
05/04/1965	12:54:33	Gê	10/08/1965	17:09:01	Aq	15/12/1965	21:33:23	Li
07/04/1965	16:24:09	Câ	13/08/1965	05:37:26	Pe	18/12/1965	02:40:09	Es
09/04/1965	19:23:28	Le	15/08/1965	16:56:44	Ár	20/12/1965	10:01:00	Sa
11/04/1965	22:14:17	Vi	18/08/1965	02:27:14	To	22/12/1965	19:26:39	Cp
14/04/1965	01:38:18	Li	20/08/1965	09:20:26	Gê	25/12/1965	06:43:58	Aq
16/04/1965	06:41:53	Es	22/08/1965	13:04:08	Câ	27/12/1965	19:17:20	Pe
18/04/1965	14:31:13	Sa	24/08/1965	14:01:02	Le	30/12/1965	07:39:37	Ár
21/04/1965	01:23:53	Cp	26/08/1965	13:36:05	Vi	01/01/1966	17:45:58	To
23/04/1965	14:03:58	Aq	28/08/1965	13:52:06	Li	04/01/1966	00:06:05	Gê

Signos Lunares

Data	Hora	Signo	Data	Hora	Signo	Data	Hora	Signo
06/01/1966	02:40:12	Câ	13/05/1966	04:54:44	Pe	17/09/1966	08:33:59	Es
08/01/1966	02:49:41	Le	15/05/1966	17:15:12	Ár	19/09/1966	11:21:14	Sa
10/01/1966	02:34:15	Vi	18/05/1966	03:48:55	To	21/09/1966	17:52:28	Cp
12/01/1966	03:52:52	Li	20/05/1966	11:39:35	Gê	24/09/1966	03:47:51	Aq
14/01/1966	08:08:26	Es	22/05/1966	16:59:58	Câ	26/09/1966	15:48:28	Pe
16/01/1966	15:39:26	Sa	24/05/1966	20:36:49	Le	29/09/1966	04:29:17	Ár
19/01/1966	01:44:42	Cp	26/05/1966	23:21:53	Vi	01/10/1966	16:46:50	To
21/01/1966	13:25:54	Aq	29/05/1966	01:59:53	Li	04/10/1966	03:43:16	Gê
24/01/1966	01:58:24	Pe	31/05/1966	05:10:56	Es	06/10/1966	12:12:22	Câ
26/01/1966	14:32:51	Ár	02/06/1966	09:38:26	Sa	08/10/1966	17:24:36	Le
29/01/1966	01:42:47	To	04/06/1966	16:10:02	Cp	10/10/1966	19:26:46	Vi
31/01/1966	09:43:19	Gê	07/06/1966	01:20:47	Aq	12/10/1966	19:29:09	Li
02/02/1966	13:40:49	Câ	09/06/1966	12:56:49	Pe	14/10/1966	19:21:01	Es
04/02/1966	14:13:37	Le	12/06/1966	01:26:05	Ár	16/10/1966	20:59:05	Sa
06/02/1966	13:11:13	Vi	14/06/1966	12:29:28	To	19/10/1966	01:55:24	Cp
08/02/1966	12:50:15	Li	16/06/1966	20:25:54	Gê	21/10/1966	10:40:31	Aq
10/02/1966	15:14:38	Es	19/06/1966	01:04:58	Câ	23/10/1966	22:20:16	Pe
12/02/1966	21:32:57	Sa	21/06/1966	03:28:53	Le	26/10/1966	11:03:02	Ár
15/02/1966	07:25:36	Cp	23/06/1966	05:07:46	Vi	28/10/1966	23:05:28	To
17/02/1966	19:25:29	Aq	25/06/1966	07:22:31	Li	31/10/1966	09:27:49	Gê
20/02/1966	08:04:57	Pe	27/06/1966	11:03:46	Es	02/11/1966	17:42:34	Câ
22/02/1966	20:30:00	Ár	29/06/1966	16:31:04	Sa	04/11/1966	23:35:58	Le
25/02/1966	07:53:05	To	01/07/1966	23:51:13	Cp	07/11/1966	03:09:36	Vi
27/02/1966	17:02:35	Gê	04/07/1966	09:14:11	Aq	09/11/1966	04:53:55	Li
01/03/1966	22:47:50	Câ	06/07/1966	20:39:20	Pe	11/11/1966	05:53:05	Es
04/03/1966	00:56:32	Le	09/07/1966	09:15:38	Ár	13/11/1966	07:35:59	Sa
06/03/1966	00:36:25	Vi	11/07/1966	21:03:25	To	15/11/1966	11:36:42	Cp
07/03/1966	23:48:28	Li	14/07/1966	05:51:18	Gê	17/11/1966	19:03:01	Aq
10/03/1966	00:46:48	Es	16/07/1966	10:44:10	Câ	20/11/1966	05:52:49	Pe
12/03/1966	05:18:06	Sa	18/07/1966	12:27:24	Le	22/11/1966	18:30:55	Ár
14/03/1966	13:55:19	Cp	20/07/1966	12:46:33	Vi	25/11/1966	06:36:43	To
17/03/1966	01:34:33	Aq	22/07/1966	13:38:08	Li	27/11/1966	16:30:35	Gê
19/03/1966	14:18:30	Pe	24/07/1966	16:31:38	Es	29/11/1966	23:49:32	Câ
22/03/1966	02:33:18	Ár	26/07/1966	22:04:28	Sa	02/12/1966	05:01:35	Le
24/03/1966	13:31:35	To	29/07/1966	06:04:17	Cp	04/12/1966	08:47:58	Vi
26/03/1966	22:41:20	Gê	31/07/1966	16:01:39	Aq	06/12/1966	11:43:06	Li
29/03/1966	05:23:15	Câ	03/08/1966	03:35:30	Pe	08/12/1966	14:17:37	Es
31/03/1966	09:11:51	Le	05/08/1966	16:14:36	Ár	10/12/1966	17:12:58	Sa
02/04/1966	10:30:49	Vi	08/08/1966	04:37:39	To	12/12/1966	21:30:18	Cp
04/04/1966	10:39:30	Li	10/08/1966	14:38:16	Gê	15/12/1966	04:18:58	Aq
06/04/1966	11:29:54	Es	12/08/1966	20:41:25	Câ	17/12/1966	14:17:11	Pe
08/04/1966	14:53:37	Sa	14/08/1966	22:49:59	Le	20/12/1966	02:39:18	Ár
10/04/1966	22:01:39	Cp	16/08/1966	22:34:50	Vi	22/12/1966	15:07:08	To
13/04/1966	08:41:54	Aq	18/08/1966	22:05:10	Li	25/12/1966	01:13:33	Gê
15/04/1966	21:13:14	Pe	20/08/1966	23:23:53	Es	27/12/1966	07:58:06	Câ
18/04/1966	09:27:08	Ár	23/08/1966	03:50:44	Sa	29/12/1966	11:57:13	Le
20/04/1966	20:00:21	To	25/08/1966	11:36:51	Cp	31/12/1966	14:33:01	Vi
23/04/1966	04:26:52	Gê	27/08/1966	21:55:50	Aq	02/01/1967	17:03:37	Li
25/04/1966	10:47:34	Câ	30/08/1966	09:48:04	Pe	04/01/1967	20:15:59	Es
27/04/1966	15:09:16	Le	01/09/1966	22:27:25	Ár	07/01/1967	00:27:49	Sa
29/04/1966	17:49:34	Vi	04/09/1966	10:59:08	To	09/01/1967	05:53:13	Cp
01/05/1966	19:30:53	Li	06/09/1966	21:52:16	Gê	11/01/1967	13:05:24	Aq
03/05/1966	21:23:18	Es	09/09/1966	05:26:23	Câ	13/01/1967	22:44:30	Pe
06/05/1966	00:52:04	Sa	11/09/1966	09:00:46	Le	16/01/1967	10:47:48	Ár
08/05/1966	07:12:23	Cp	13/09/1966	09:25:27	Vi	18/01/1967	23:39:16	To
10/05/1966	16:51:42	Aq	15/09/1966	08:32:53	Li	21/01/1967	10:38:09	Gê

Signos Lunares

23/01/1967	17:50:53	Câ	30/05/1967	08:18:04	Pe	05/10/1967	04:14:04	Es
25/01/1967	21:20:21	Le	01/06/1967	20:06:34	Ár	07/10/1967	04:31:55	Sa
27/01/1967	22:36:02	Vi	04/06/1967	09:04:04	To	09/10/1967	07:03:37	Cp
29/01/1967	23:32:37	Li	06/06/1967	20:51:59	Gê	11/10/1967	12:44:58	Aq
01/02/1967	01:43:38	Es	09/06/1967	06:17:34	Câ	13/10/1967	21:37:36	Pe
03/02/1967	05:55:26	Sa	11/06/1967	13:18:45	Le	16/10/1967	08:57:32	Ár
05/02/1967	12:10:03	Cp	13/06/1967	18:23:31	Vi	18/10/1967	21:40:59	To
07/02/1967	20:16:48	Aq	15/06/1967	21:58:13	Li	21/10/1967	10:38:05	Gê
10/02/1967	06:18:46	Pe	18/06/1967	00:25:04	Es	23/10/1967	22:27:01	Câ
12/02/1967	18:16:44	Ár	20/06/1967	02:19:49	Sa	26/10/1967	07:39:57	Le
15/02/1967	07:18:36	To	22/06/1967	04:46:20	Cp	28/10/1967	13:19:04	Vi
17/02/1967	19:15:31	Gê	24/06/1967	09:10:50	Aq	30/10/1967	15:31:08	Li
20/02/1967	03:47:37	Câ	26/06/1967	16:49:27	Pe	01/11/1967	15:26:05	Es
22/02/1967	08:04:07	Le	29/06/1967	03:52:34	Ár	03/11/1967	14:51:05	Sa
24/02/1967	09:03:49	Vi	01/07/1967	16:42:37	To	05/11/1967	15:43:55	Cp
26/02/1967	08:44:21	Li	04/07/1967	04:38:34	Gê	07/11/1967	19:45:23	Aq
28/02/1967	09:09:25	Es	06/07/1967	13:47:23	Câ	10/11/1967	03:42:22	Pe
02/03/1967	11:52:46	Sa	08/07/1967	19:58:27	Le	12/11/1967	14:58:20	Ár
04/03/1967	17:34:58	Cp	11/07/1967	00:07:21	Vi	15/11/1967	03:52:09	To
07/03/1967	02:03:25	Aq	13/07/1967	03:19:33	Li	17/11/1967	16:39:55	Gê
09/03/1967	12:41:04	Pe	15/07/1967	06:17:23	Es	20/11/1967	04:12:47	Câ
12/03/1967	00:52:47	Ár	17/07/1967	09:22:01	Sa	22/11/1967	13:46:53	Le
14/03/1967	13:53:51	To	19/07/1967	12:59:06	Cp	24/11/1967	20:45:36	Vi
17/03/1967	02:18:53	Gê	21/07/1967	17:59:19	Aq	27/11/1967	00:48:04	Li
19/03/1967	12:09:47	Câ	24/07/1967	01:27:59	Pe	29/11/1967	02:13:18	Es
21/03/1967	18:03:35	Le	26/07/1967	11:59:57	Ár	01/12/1967	02:10:00	Sa
23/03/1967	20:08:01	Vi	29/07/1967	00:40:25	To	03/12/1967	02:24:39	Cp
25/03/1967	19:49:53	Li	31/07/1967	13:00:24	Gê	05/12/1967	04:56:46	Aq
27/03/1967	19:10:26	Es	02/08/1967	22:31:38	Câ	07/12/1967	11:19:08	Pe
29/03/1967	20:08:09	Sa	05/08/1967	04:25:58	Le	09/12/1967	21:43:12	Ár
01/04/1967	00:10:32	Cp	07/08/1967	07:35:53	Vi	12/12/1967	10:31:36	To
03/04/1967	07:48:40	Aq	09/08/1967	09:34:26	Li	14/12/1967	23:17:51	Gê
05/04/1967	18:28:30	Pe	11/08/1967	11:43:56	Es	17/12/1967	10:22:38	Câ
08/04/1967	06:56:40	Ár	13/08/1967	14:52:10	Sa	19/12/1967	19:20:47	Le
10/04/1967	19:56:02	To	15/08/1967	19:17:56	Cp	22/12/1967	02:20:58	Vi
13/04/1967	08:14:38	Gê	18/08/1967	01:16:38	Aq	24/12/1967	07:26:42	Li
15/04/1967	18:36:40	Câ	20/08/1967	09:17:43	Pe	26/12/1967	10:35:50	Es
18/04/1967	01:54:03	Le	22/08/1967	19:47:26	Ár	28/12/1967	12:09:01	Sa
20/04/1967	05:42:28	Vi	25/08/1967	08:21:14	To	30/12/1967	13:10:49	Cp
22/04/1967	06:41:08	Li	27/08/1967	21:08:05	Gê	01/01/1968	15:23:35	Aq
24/04/1967	06:18:48	Es	30/08/1967	07:34:22	Câ	03/01/1968	20:35:24	Pe
26/04/1967	06:26:45	Sa	01/09/1967	14:08:04	Le	06/01/1968	05:45:18	Ár
28/04/1967	08:53:51	Cp	03/09/1967	17:07:13	Vi	08/01/1968	18:02:28	To
30/04/1967	14:57:21	Aq	05/09/1967	18:02:56	Li	11/01/1968	06:54:09	Gê
03/05/1967	00:46:51	Pe	07/09/1967	18:43:55	Es	13/01/1968	17:53:33	Câ
05/05/1967	13:09:37	Ár	09/09/1967	20:39:40	Sa	16/01/1968	02:09:21	Le
08/05/1967	02:09:21	To	12/09/1967	00:42:31	Cp	18/01/1968	08:10:50	Vi
10/05/1967	14:08:10	Gê	14/09/1967	07:08:15	Aq	20/01/1968	12:47:15	Li
13/05/1967	00:10:31	Câ	16/09/1967	15:52:48	Pe	22/01/1968	16:27:46	Es
15/05/1967	07:48:49	Le	19/09/1967	02:46:04	Ár	24/01/1968	19:23:23	Sa
17/05/1967	12:51:51	Vi	21/09/1967	15:20:24	To	26/01/1968	21:56:49	Cp
19/05/1967	15:30:45	Li	24/09/1967	04:21:06	Gê	29/01/1968	01:05:50	Aq
21/05/1967	16:29:39	Es	26/09/1967	15:45:11	Câ	31/01/1968	06:15:50	Pe
23/05/1967	17:05:47	Sa	28/09/1967	23:41:09	Le	02/02/1968	14:39:24	Ár
25/05/1967	18:58:01	Cp	01/10/1967	03:38:17	Vi	05/02/1968	02:14:56	To
27/05/1967	23:43:41	Aq	03/10/1967	04:34:10	Li	07/02/1968	15:08:44	Gê

Signos Lunares

10/02/1968	02:34:11	Câ	15/06/1968	16:41:57	Pe	22/10/1968	00:05:32	Es
12/02/1968	10:49:46	Le	18/06/1968	00:49:43	Ár	24/10/1968	00:32:11	Sa
14/02/1968	16:02:29	Vi	20/06/1968	12:24:51	To	26/10/1968	01:13:21	Cp
16/02/1968	19:21:07	Li	23/06/1968	01:21:58	Gê	28/10/1968	03:42:44	Aq
18/02/1968	21:59:40	Es	25/06/1968	13:42:52	Câ	30/10/1968	08:54:04	Pe
21/02/1968	00:47:42	Sa	28/06/1968	00:30:20	Le	01/11/1968	16:50:35	Ár
23/02/1968	04:11:49	Cp	30/06/1968	09:25:48	Vi	04/11/1968	03:01:09	To
25/02/1968	08:36:42	Aq	02/07/1968	16:09:48	Li	06/11/1968	14:47:35	Gê
27/02/1968	14:42:11	Pe	04/07/1968	20:20:11	Es	09/11/1968	03:26:27	Câ
29/02/1968	23:14:24	Ár	06/07/1968	22:04:33	Sa	11/11/1968	15:44:34	Le
03/03/1968	10:27:29	To	08/07/1968	22:23:41	Cp	14/11/1968	01:54:39	Vi
05/03/1968	23:16:45	Gê	10/07/1968	23:03:10	Aq	16/11/1968	08:26:10	Li
08/03/1968	11:21:15	Câ	13/07/1968	02:02:50	Pe	18/11/1968	11:05:45	Es
10/03/1968	20:27:00	Le	15/07/1968	08:51:29	Ár	20/11/1968	11:03:50	Sa
13/03/1968	01:51:18	Vi	17/07/1968	19:30:26	To	22/11/1968	10:19:37	Cp
15/03/1968	04:22:54	Li	20/07/1968	08:12:37	Gê	24/11/1968	11:02:03	Aq
17/03/1968	05:33:03	Es	22/07/1968	20:30:54	Câ	26/11/1968	14:52:28	Pe
19/03/1968	06:53:33	Sa	25/07/1968	06:54:44	Le	28/11/1968	22:25:42	Ár
21/03/1968	09:34:28	Cp	27/07/1968	15:09:41	Vi	01/12/1968	08:57:34	To
23/03/1968	14:16:25	Aq	29/07/1968	21:32:03	Li	03/12/1968	21:05:39	Gê
25/03/1968	21:15:01	Pe	01/08/1968	02:11:02	Es	06/12/1968	09:43:16	Câ
28/03/1968	06:31:46	Ár	03/08/1968	05:10:34	Sa	08/12/1968	22:02:24	Le
30/03/1968	17:54:49	To	05/08/1968	06:57:16	Cp	11/12/1968	08:59:26	Vi
02/04/1968	06:40:14	Gê	07/08/1968	08:37:13	Aq	13/12/1968	17:08:25	Li
04/04/1968	19:12:35	Câ	09/08/1968	11:45:30	Pe	15/12/1968	21:31:14	Es
07/04/1968	05:28:16	Le	11/08/1968	17:52:55	Ár	17/12/1968	22:27:29	Sa
09/04/1968	12:03:45	Vi	14/08/1968	03:35:49	To	19/12/1968	21:32:19	Cp
11/04/1968	15:00:42	Li	16/08/1968	15:51:01	Gê	21/12/1968	20:59:23	Aq
13/04/1968	15:31:49	Es	19/08/1968	04:15:10	Câ	23/12/1968	23:00:40	Pe
15/04/1968	15:23:00	Sa	21/08/1968	14:39:42	Le	26/12/1968	05:01:52	Ár
17/04/1968	16:22:39	Cp	23/08/1968	22:20:52	Vi	28/12/1968	14:56:45	To
19/04/1968	19:56:52	Aq	26/08/1968	03:44:33	Li	31/12/1968	03:10:53	Gê
22/04/1968	02:45:31	Pe	28/08/1968	07:38:08	Es	02/01/1969	15:52:33	Câ
24/04/1968	12:32:05	Ár	30/08/1968	10:40:25	Sa	05/01/1969	03:54:29	Le
27/04/1968	00:22:01	To	01/09/1968	13:21:40	Cp	07/01/1969	14:42:00	Vi
29/04/1968	13:10:58	Gê	03/09/1968	16:19:06	Aq	09/01/1969	23:32:23	Li
02/05/1968	01:49:39	Câ	05/09/1968	20:27:10	Pe	12/01/1969	05:31:48	Es
04/05/1968	12:53:47	Le	08/09/1968	02:48:54	Ár	14/01/1969	08:18:42	Sa
06/05/1968	20:58:10	Vi	10/09/1968	12:05:35	To	16/01/1969	08:38:55	Cp
09/05/1968	01:20:37	Li	12/09/1968	23:54:21	Gê	18/01/1969	08:16:39	Aq
11/05/1968	02:29:36	Es	15/09/1968	12:28:16	Câ	20/01/1969	09:20:32	Pe
13/05/1968	01:53:15	Sa	17/09/1968	23:25:06	Le	22/01/1969	13:43:24	Ár
15/05/1968	01:30:36	Cp	20/09/1968	07:15:28	Vi	24/01/1969	22:12:42	To
17/05/1968	03:21:49	Aq	22/09/1968	11:59:47	Li	27/01/1969	09:53:06	Gê
19/05/1968	08:52:31	Pe	24/09/1968	14:38:35	Es	29/01/1969	22:36:14	Câ
21/05/1968	18:14:07	Ár	26/09/1968	16:30:13	Sa	01/02/1969	10:28:43	Le
24/05/1968	06:15:26	To	28/09/1968	18:44:15	Cp	03/02/1969	20:40:27	Vi
26/05/1968	19:12:00	Gê	30/09/1968	22:10:36	Aq	06/02/1969	05:00:07	Li
29/05/1968	07:42:36	Câ	03/10/1968	03:20:42	Pe	08/02/1969	11:18:05	Es
31/05/1968	18:53:13	Le	05/10/1968	10:35:12	Ár	10/02/1969	15:23:02	Sa
03/06/1968	03:52:03	Vi	07/10/1968	20:06:31	To	12/02/1969	17:28:12	Cp
05/06/1968	09:49:07	Li	10/10/1968	07:43:27	Gê	14/02/1969	18:30:26	Aq
07/06/1968	12:30:13	Es	12/10/1968	20:23:18	Câ	16/02/1969	20:02:53	Pe
09/06/1968	12:42:08	Sa	15/10/1968	08:08:03	Le	18/02/1969	23:48:28	Ár
11/06/1968	12:05:21	Cp	17/10/1968	16:58:26	Vi	21/02/1969	07:01:35	To
13/06/1968	12:46:23	Aq	19/10/1968	22:05:04	Li	23/02/1969	17:41:10	Gê

Signos Lunares

26/02/1969	06:11:00	Câ	03/07/1969	07:26:13	Pe	08/11/1969	16:17:41	Es
28/02/1969	18:11:38	Le	05/07/1969	11:16:19	Ár	10/11/1969	19:29:50	Sa
03/03/1969	04:06:41	Vi	07/07/1969	18:52:48	To	12/11/1969	21:08:23	Cp
05/03/1969	11:33:50	Li	10/07/1969	05:31:04	Gê	14/11/1969	22:52:44	Aq
07/03/1969	16:56:13	Es	12/07/1969	17:47:03	Câ	17/11/1969	01:51:55	Pe
09/03/1969	20:47:43	Sa	15/07/1969	06:28:59	Le	19/11/1969	06:31:43	Ár
11/03/1969	23:40:08	Cp	17/07/1969	18:41:54	Vi	21/11/1969	12:52:02	To
14/03/1969	02:09:04	Aq	20/07/1969	05:19:39	Li	23/11/1969	20:58:38	Gê
16/03/1969	05:03:38	Pe	22/07/1969	13:03:47	Es	26/11/1969	07:10:13	Câ
18/03/1969	09:26:48	Ár	24/07/1969	17:10:18	Sa	28/11/1969	19:21:53	Le
20/03/1969	16:20:19	To	26/07/1969	18:09:02	Cp	01/12/1969	08:13:38	Vi
23/03/1969	02:12:24	Gê	28/07/1969	17:34:30	Aq	03/12/1969	19:16:48	Li
25/03/1969	14:18:24	Câ	30/07/1969	17:30:30	Pe	06/12/1969	02:30:07	Es
28/03/1969	02:36:38	Le	01/08/1969	19:54:35	Ár	08/12/1969	05:42:31	Sa
30/03/1969	12:53:32	Vi	04/08/1969	02:01:36	To	10/12/1969	06:20:11	Cp
01/04/1969	20:03:03	Li	06/08/1969	11:49:16	Gê	12/12/1969	06:27:06	Aq
04/04/1969	00:22:19	Es	08/08/1969	23:57:09	Câ	14/12/1969	07:56:17	Pe
06/04/1969	02:57:17	Sa	11/08/1969	12:38:14	Le	16/12/1969	11:55:41	Ár
08/04/1969	05:04:26	Cp	14/08/1969	00:32:26	Vi	18/12/1969	18:35:04	To
10/04/1969	07:45:53	Aq	16/08/1969	10:50:41	Li	21/12/1969	03:27:42	Gê
12/04/1969	11:40:56	Pe	18/08/1969	18:53:47	Es	23/12/1969	14:08:30	Câ
14/04/1969	17:13:01	Ár	21/08/1969	00:12:00	Sa	26/12/1969	02:21:04	Le
17/04/1969	00:42:52	To	23/08/1969	02:48:39	Cp	28/12/1969	15:20:04	Vi
19/04/1969	10:28:18	Gê	25/08/1969	03:35:37	Aq	31/12/1969	03:17:52	Li
21/04/1969	22:16:50	Câ	27/08/1969	04:03:18	Pe	02/01/1970	12:03:14	Es
24/04/1969	10:50:44	Le	29/08/1969	05:57:21	Ár	04/01/1970	16:32:47	Sa
26/04/1969	21:56:43	Vi	31/08/1969	10:49:57	To	06/01/1970	17:29:46	Cp
29/04/1969	05:43:27	Li	02/09/1969	19:23:26	Gê	08/01/1970	16:47:23	Aq
01/05/1969	09:49:28	Es	05/09/1969	06:56:51	Câ	10/01/1970	16:36:35	Pe
03/05/1969	11:18:47	Sa	07/09/1969	19:35:59	Le	12/01/1970	18:47:49	Ár
05/05/1969	11:56:41	Cp	10/09/1969	07:20:18	Vi	15/01/1970	00:20:18	To
07/05/1969	13:27:36	Aq	12/09/1969	17:01:28	Li	17/01/1970	09:06:49	Gê
09/05/1969	17:03:50	Pe	15/09/1969	00:24:48	Es	19/01/1970	20:13:26	Câ
11/05/1969	23:08:48	Ár	17/09/1969	05:41:56	Sa	22/01/1970	08:39:58	Le
14/05/1969	07:28:17	To	19/09/1969	09:13:41	Cp	24/01/1970	21:32:42	Vi
16/05/1969	17:41:19	Gê	21/09/1969	11:30:56	Aq	27/01/1970	09:42:14	Li
19/05/1969	05:30:21	Câ	23/09/1969	13:22:10	Pe	29/01/1970	19:34:00	Es
21/05/1969	18:12:09	Le	25/09/1969	15:55:27	Ár	01/02/1970	01:49:41	Sa
24/05/1969	06:06:39	Vi	27/09/1969	20:28:50	To	03/02/1970	04:21:30	Cp
26/05/1969	15:07:19	Li	30/09/1969	04:05:30	Gê	05/02/1970	04:19:20	Aq
28/05/1969	20:04:48	Es	02/10/1969	14:51:57	Câ	07/02/1970	03:37:11	Pe
30/05/1969	21:29:52	Sa	05/10/1969	03:24:50	Le	09/02/1970	04:17:02	Ár
01/06/1969	21:06:34	Cp	07/10/1969	15:21:15	Vi	11/02/1970	07:58:56	To
03/06/1969	21:03:31	Aq	10/10/1969	00:48:19	Li	13/02/1970	15:28:54	Gê
05/06/1969	23:13:04	Pe	12/10/1969	07:18:35	Es	16/02/1970	02:16:40	Câ
08/06/1969	04:36:25	Ár	14/10/1969	11:32:51	Sa	18/02/1970	14:53:06	Le
10/06/1969	13:05:48	To	16/10/1969	14:35:17	Cp	21/02/1970	03:41:35	Vi
12/06/1969	23:48:25	Gê	18/10/1969	17:20:54	Aq	23/02/1970	15:29:38	Li
15/06/1969	11:52:03	Câ	20/10/1969	20:25:37	Pe	26/02/1970	01:23:12	Es
18/06/1969	00:35:03	Le	23/10/1969	00:17:06	Ár	28/02/1970	08:38:06	Sa
20/06/1969	12:53:24	Vi	25/10/1969	05:32:23	To	02/03/1970	12:53:57	Cp
22/06/1969	23:03:27	Li	27/10/1969	13:00:15	Gê	04/03/1970	14:34:22	Aq
25/06/1969	05:30:47	Es	29/10/1969	23:12:40	Câ	06/03/1970	14:48:40	Pe
27/06/1969	07:59:38	Sa	01/11/1969	11:34:32	Le	08/03/1970	15:16:01	Ár
29/06/1969	07:44:09	Cp	04/11/1969	00:00:07	Vi	10/03/1970	17:43:25	To
01/07/1969	06:49:06	Aq	06/11/1969	09:58:45	Li	12/03/1970	23:36:33	Gê

160 *Signos Lunares*

15/03/1970	09:18:23	Câ	21/07/1970	02:36:23	Pe	26/11/1970	02:24:35	Es
17/03/1970	21:39:27	Le	23/07/1970	03:42:22	Ár	28/11/1970	10:02:10	Sa
20/03/1970	10:29:36	Vi	25/07/1970	07:17:54	To	30/11/1970	15:05:29	Cp
22/03/1970	21:56:32	Li	27/07/1970	13:52:43	Gê	02/12/1970	18:44:40	Aq
25/03/1970	07:09:51	Es	29/07/1970	23:13:45	Câ	04/12/1970	21:55:16	Pe
27/03/1970	14:06:29	Sa	01/08/1970	10:43:55	Le	07/12/1970	01:03:12	Ár
29/03/1970	19:00:01	Cp	03/08/1970	23:34:07	Vi	09/12/1970	04:24:09	To
31/03/1970	22:08:07	Aq	06/08/1970	12:32:31	Li	11/12/1970	08:33:06	Gê
03/04/1970	00:00:33	Pe	08/08/1970	23:56:36	Es	13/12/1970	14:32:00	Câ
05/04/1970	01:31:38	Ár	11/08/1970	08:06:58	Sa	15/12/1970	23:21:24	Le
07/04/1970	04:01:51	To	13/08/1970	12:24:37	Cp	18/12/1970	11:04:28	Vi
09/04/1970	09:01:46	Gê	15/08/1970	13:30:45	Aq	21/12/1970	00:01:06	Li
11/04/1970	17:33:10	Câ	17/08/1970	13:00:58	Pe	23/12/1970	11:26:49	Es
14/04/1970	05:15:30	Le	19/08/1970	12:50:04	Ár	25/12/1970	19:27:28	Sa
16/04/1970	18:06:52	Vi	21/08/1970	14:45:50	To	28/12/1970	00:01:15	Cp
19/04/1970	05:34:49	Li	23/08/1970	20:03:16	Gê	30/12/1970	02:23:35	Aq
21/04/1970	14:15:16	Es	26/08/1970	04:57:48	Câ	01/01/1971	04:07:43	Pe
23/04/1970	20:14:40	Sa	28/08/1970	16:37:58	Le	03/01/1971	06:26:20	Ár
26/04/1970	00:26:12	Cp	31/08/1970	05:35:42	Vi	05/01/1971	10:00:04	To
28/04/1970	03:42:55	Aq	02/09/1970	18:25:20	Li	07/01/1971	15:08:14	Gê
30/04/1970	06:37:23	Pe	05/09/1970	05:54:16	Es	09/01/1971	22:08:41	Câ
02/05/1970	09:32:18	Ár	07/09/1970	14:57:57	Sa	12/01/1971	07:23:57	Le
04/05/1970	13:04:48	To	09/09/1970	20:51:21	Cp	14/01/1971	18:57:27	Vi
06/05/1970	18:17:20	Gê	11/09/1970	23:33:28	Aq	17/01/1971	07:53:00	Li
09/05/1970	02:16:42	Câ	13/09/1970	23:56:50	Pe	19/01/1971	20:03:48	Es
11/05/1970	13:21:47	Le	15/09/1970	23:34:55	Ár	22/01/1971	05:15:27	Sa
14/05/1970	02:10:28	Vi	18/09/1970	00:20:48	To	24/01/1971	10:32:24	Cp
16/05/1970	14:02:25	Li	20/09/1970	04:01:49	Gê	26/01/1971	12:35:48	Aq
18/05/1970	22:49:13	Es	22/09/1970	11:40:46	Câ	28/01/1971	13:01:29	Pe
21/05/1970	04:10:52	Sa	24/09/1970	22:54:09	Le	30/01/1971	13:35:54	Ár
23/05/1970	07:12:55	Cp	27/09/1970	11:53:23	Vi	01/02/1971	15:48:33	To
25/05/1970	09:25:26	Aq	30/09/1970	00:33:02	Li	03/02/1971	20:34:24	Gê
27/05/1970	11:58:32	Pe	02/10/1970	11:35:13	Es	06/02/1971	04:06:40	Câ
29/05/1970	15:26:36	Ár	04/10/1970	20:31:09	Sa	08/02/1971	14:06:13	Le
31/05/1970	20:03:05	To	07/10/1970	03:10:06	Cp	11/02/1971	01:57:42	Vi
03/06/1970	02:09:32	Gê	09/10/1970	07:25:41	Aq	13/02/1971	14:50:00	Li
05/06/1970	10:25:12	Câ	11/10/1970	09:29:55	Pe	16/02/1971	03:21:34	Es
07/06/1970	21:16:35	Le	13/10/1970	10:11:52	Ár	18/02/1971	13:45:24	Sa
10/06/1970	10:01:51	Vi	15/10/1970	10:59:39	To	20/02/1971	20:36:44	Cp
12/06/1970	22:27:33	Li	17/10/1970	13:43:15	Gê	22/02/1971	23:42:48	Aq
15/06/1970	08:01:24	Es	19/10/1970	19:58:41	Câ	25/02/1971	00:05:11	Pe
17/06/1970	13:38:46	Sa	22/10/1970	06:12:06	Le	26/02/1971	23:29:33	Ár
19/06/1970	16:04:28	Cp	24/10/1970	18:56:55	Vi	28/02/1971	23:53:28	To
21/06/1970	17:00:28	Aq	27/10/1970	07:36:50	Li	03/03/1971	03:01:23	Gê
23/06/1970	18:11:27	Pe	29/10/1970	18:14:48	Es	05/03/1971	09:47:17	Câ
25/06/1970	20:51:49	Ár	01/11/1970	02:23:58	Sa	07/03/1971	19:55:15	Le
28/06/1970	01:34:33	To	03/11/1970	08:32:21	Cp	10/03/1971	08:10:16	Vi
30/06/1970	08:24:04	Gê	05/11/1970	13:10:50	Aq	12/03/1971	21:05:38	Li
02/07/1970	17:20:45	Câ	07/11/1970	16:32:44	Pe	15/03/1971	09:31:05	Es
05/07/1970	04:25:46	Le	09/11/1970	18:51:33	Ár	17/03/1971	20:23:25	Sa
07/07/1970	17:10:56	Vi	11/11/1970	20:49:51	To	20/03/1971	04:37:17	Cp
10/07/1970	06:02:29	Li	13/11/1970	23:48:09	Gê	22/03/1971	09:28:27	Aq
12/07/1970	16:40:35	Es	16/11/1970	05:22:55	Câ	24/03/1971	11:07:16	Pe
14/07/1970	23:25:38	Sa	18/11/1970	14:35:41	Le	26/03/1971	10:45:17	Ár
17/07/1970	02:19:00	Cp	21/11/1970	02:49:45	Vi	28/03/1971	10:15:31	To
19/07/1970	02:44:22	Aq	23/11/1970	15:39:00	Li	30/03/1971	11:43:31	Gê

Signos Lunares

01/04/1971	16:50:38	Câ	07/08/1971	23:34:13	Pe	13/12/1971	07:01:27	Es
04/04/1971	02:05:19	Le	09/08/1971	23:26:40	Ár	15/12/1971	18:37:14	Sa
06/04/1971	14:16:06	Vi	12/08/1971	00:55:15	To	18/12/1971	04:07:11	Cp
09/04/1971	03:16:45	Li	14/08/1971	04:10:28	Gê	20/12/1971	11:32:28	Aq
11/04/1971	15:27:45	Es	16/08/1971	09:49:34	Câ	22/12/1971	17:09:47	Pe
14/04/1971	02:02:48	Sa	18/08/1971	17:57:26	Le	24/12/1971	21:09:05	Ár
16/04/1971	10:38:03	Cp	21/08/1971	04:18:31	Vi	26/12/1971	23:44:58	To
18/04/1971	16:45:33	Aq	23/08/1971	16:22:23	Li	29/12/1971	01:38:12	Gê
20/04/1971	20:07:29	Pe	26/08/1971	05:08:51	Es	31/12/1971	04:01:09	Câ
22/04/1971	21:08:13	Ár	28/08/1971	16:56:30	Sa	02/01/1972	08:21:47	Le
24/04/1971	21:06:26	To	31/08/1971	01:54:13	Cp	04/01/1972	15:50:09	Vi
26/04/1971	21:58:16	Gê	02/09/1971	07:03:47	Aq	07/01/1972	02:32:55	Li
29/04/1971	01:43:16	Câ	04/09/1971	08:50:35	Pe	09/01/1972	15:03:10	Es
01/05/1971	09:34:27	Le	06/09/1971	08:43:10	Ár	12/01/1972	02:57:14	Sa
03/05/1971	21:02:49	Vi	08/09/1971	08:37:25	To	14/01/1972	12:25:44	Cp
06/05/1971	09:59:04	Li	10/09/1971	10:24:46	Gê	16/01/1972	19:03:39	Aq
08/05/1971	22:03:22	Es	12/09/1971	15:20:38	Câ	18/01/1972	23:27:48	Pe
11/05/1971	08:07:33	Sa	14/09/1971	23:37:35	Le	21/01/1972	02:35:09	Ár
13/05/1971	16:08:49	Cp	17/09/1971	10:28:45	Vi	23/01/1972	05:17:01	To
15/05/1971	22:19:23	Aq	19/09/1971	22:46:53	Li	25/01/1972	08:13:40	Gê
18/05/1971	02:39:10	Pe	22/09/1971	11:32:50	Es	27/01/1972	12:01:28	Câ
20/05/1971	05:10:53	Ár	24/09/1971	23:43:09	Sa	29/01/1972	17:21:15	Le
22/05/1971	06:31:10	To	27/09/1971	09:52:31	Cp	01/02/1972	00:55:37	Vi
24/05/1971	08:00:52	Gê	29/09/1971	16:38:35	Aq	03/02/1972	11:06:31	Li
26/05/1971	11:25:56	Câ	01/10/1971	19:36:26	Pe	05/02/1972	23:17:37	Es
28/05/1971	18:16:14	Le	03/10/1971	19:40:23	Ár	08/02/1972	11:37:46	Sa
31/05/1971	04:47:56	Vi	05/10/1971	18:41:47	To	10/02/1972	21:49:51	Cp
02/06/1971	17:26:16	Li	07/10/1971	18:52:59	Gê	13/02/1972	04:36:03	Aq
05/06/1971	05:35:56	Es	09/10/1971	22:10:27	Câ	15/02/1972	08:10:46	Pe
07/06/1971	15:27:59	Sa	12/10/1971	05:30:13	Le	17/02/1972	09:50:36	Ár
09/06/1971	22:44:52	Cp	14/10/1971	16:16:02	Vi	19/02/1972	11:11:20	To
12/06/1971	04:02:36	Aq	17/10/1971	04:47:18	Li	21/02/1972	13:35:26	Gê
14/06/1971	08:01:16	Pe	19/10/1971	17:30:39	Es	23/02/1972	17:52:02	Câ
16/06/1971	11:05:37	Ár	22/10/1971	05:31:24	Sa	26/02/1972	00:14:45	Le
18/06/1971	13:38:37	To	24/10/1971	16:05:07	Cp	28/02/1972	08:39:07	Vi
20/06/1971	16:23:37	Gê	27/10/1971	00:11:03	Aq	01/03/1972	18:59:54	Li
22/06/1971	20:29:54	Câ	29/10/1971	04:56:32	Pe	04/03/1972	07:00:07	Es
25/06/1971	03:11:59	Le	31/10/1971	06:25:52	Ár	06/03/1972	19:36:27	Sa
27/06/1971	13:06:06	Vi	02/11/1971	05:55:08	To	09/03/1972	06:49:24	Cp
30/06/1971	01:22:17	Li	04/11/1971	05:27:08	Gê	11/03/1972	14:42:26	Aq
02/07/1971	13:45:47	Es	06/11/1971	07:14:45	Câ	13/03/1972	18:39:11	Pe
04/07/1971	23:58:36	Sa	08/11/1971	12:56:26	Le	15/03/1972	19:36:52	Ár
07/07/1971	07:03:04	Cp	10/11/1971	22:43:56	Vi	17/03/1972	19:27:24	To
09/07/1971	11:26:23	Aq	13/11/1971	11:05:23	Li	19/03/1972	20:12:25	Gê
11/07/1971	14:14:12	Pe	15/11/1971	23:49:23	Es	21/03/1972	23:26:11	Câ
13/07/1971	16:32:06	Ár	18/11/1971	11:29:38	Sa	24/03/1972	05:45:51	Le
15/07/1971	19:10:18	To	20/11/1971	21:36:14	Cp	26/03/1972	14:47:32	Vi
17/07/1971	22:46:36	Gê	23/11/1971	05:52:04	Aq	29/03/1972	01:41:44	Li
20/07/1971	03:56:27	Câ	25/11/1971	11:47:36	Pe	31/03/1972	13:48:19	Es
22/07/1971	11:16:26	Le	27/11/1971	15:03:27	Ár	03/04/1972	02:26:54	Sa
24/07/1971	21:09:10	Vi	29/11/1971	16:08:00	To	05/04/1972	14:20:31	Cp
27/07/1971	09:11:36	Li	01/12/1971	16:25:04	Gê	07/04/1972	23:37:20	Aq
29/07/1971	21:50:01	Es	03/12/1971	17:50:51	Câ	10/04/1972	04:57:34	Pe
01/08/1971	08:49:21	Sa	05/12/1971	22:16:45	Le	12/04/1972	06:32:04	Ár
03/08/1971	16:31:47	Cp	08/12/1971	06:40:26	Vi	14/04/1972	05:54:25	To
05/08/1971	20:46:30	Aq	10/12/1971	18:18:59	Li	16/04/1972	05:16:29	Gê

162 Signos Lunares

18/04/1972	06:45:57	Câ	24/08/1972	15:28:24	Pe	29/12/1972	10:09:58	Es
20/04/1972	11:46:30	Le	26/08/1972	18:40:23	Ár	31/12/1972	22:51:21	Sa
22/04/1972	20:24:11	Vi	28/08/1972	20:42:42	To	03/01/1973	11:30:04	Cp
25/04/1972	07:34:16	Li	30/08/1972	22:55:31	Gê	05/01/1973	22:46:52	Aq
27/04/1972	19:55:36	Es	02/09/1972	02:11:23	Câ	08/01/1973	08:02:32	Pe
30/04/1972	08:30:31	Sa	04/09/1972	06:53:36	Le	10/01/1973	14:57:21	Ár
02/05/1972	20:28:33	Cp	06/09/1972	13:15:01	Vi	12/01/1973	19:24:19	To
05/05/1972	06:35:05	Aq	08/09/1972	21:36:26	Li	14/01/1973	21:40:47	Gê
07/05/1972	13:27:35	Pe	11/09/1972	08:15:16	Es	16/01/1973	22:38:32	Câ
09/05/1972	16:34:40	Ár	13/09/1972	20:42:06	Sa	18/01/1973	23:40:03	Le
11/05/1972	16:47:13	To	16/09/1972	09:07:22	Cp	21/01/1973	02:23:28	Vi
13/05/1972	15:57:01	Gê	18/09/1972	19:04:27	Aq	23/01/1973	08:16:08	Li
15/05/1972	16:15:59	Câ	21/09/1972	01:08:59	Pe	25/01/1973	17:51:52	Es
17/05/1972	19:37:39	Le	23/09/1972	03:44:20	Ár	28/01/1973	06:10:16	Sa
20/05/1972	02:55:48	Vi	25/09/1972	04:27:27	To	30/01/1973	18:53:55	Cp
22/05/1972	13:36:12	Li	27/09/1972	05:14:17	Gê	02/02/1973	05:55:12	Aq
25/05/1972	02:00:46	Es	29/09/1972	07:38:33	Câ	04/02/1973	14:22:04	Pe
27/05/1972	14:33:06	Sa	01/10/1972	12:25:08	Le	06/02/1973	20:28:42	Ár
30/05/1972	02:12:31	Cp	03/10/1972	19:30:41	Vi	09/02/1973	00:53:26	To
01/06/1972	12:14:58	Aq	06/10/1972	04:34:36	Li	11/02/1973	04:09:47	Gê
03/06/1972	19:51:49	Pe	08/10/1972	15:26:55	Es	13/02/1973	06:44:11	Câ
06/06/1972	00:27:24	Ár	11/10/1972	03:52:24	Sa	15/02/1973	09:11:54	Le
08/06/1972	02:14:29	To	13/10/1972	16:43:59	Cp	17/02/1973	12:31:04	Vi
10/06/1972	02:24:09	Gê	16/10/1972	03:51:03	Aq	19/02/1973	17:58:03	Li
12/06/1972	02:44:34	Câ	18/10/1972	11:12:16	Pe	22/02/1973	02:34:57	Es
14/06/1972	05:09:37	Le	20/10/1972	14:22:19	Ár	24/02/1973	14:14:16	Sa
16/06/1972	11:03:03	Vi	22/10/1972	14:37:01	To	27/02/1973	03:03:40	Cp
18/06/1972	20:38:39	Li	24/10/1972	14:02:07	Gê	01/03/1973	14:22:04	Aq
21/06/1972	08:42:32	Es	26/10/1972	14:44:21	Câ	03/03/1973	22:30:56	Pe
23/06/1972	21:14:12	Sa	28/10/1972	18:14:15	Le	06/03/1973	03:36:50	Ár
26/06/1972	08:36:15	Cp	31/10/1972	00:59:03	Vi	08/03/1973	06:50:35	To
28/06/1972	18:02:24	Aq	02/11/1972	10:26:55	Li	10/03/1973	09:30:40	Gê
01/07/1972	01:18:24	Pe	04/11/1972	21:46:10	Es	12/03/1973	12:28:53	Câ
03/07/1972	06:21:57	Ár	07/11/1972	10:16:22	Sa	14/03/1973	16:07:18	Le
05/07/1972	09:24:39	To	09/11/1972	23:10:53	Cp	16/03/1973	20:41:54	Vi
07/07/1972	11:04:30	Gê	12/11/1972	11:02:19	Aq	19/03/1973	02:47:51	Li
09/07/1972	12:29:09	Câ	14/11/1972	19:56:06	Pe	21/03/1973	11:15:20	Es
11/07/1972	15:05:08	Le	17/11/1972	00:43:56	Ár	23/03/1973	22:26:02	Sa
13/07/1972	20:15:57	Vi	19/11/1972	01:52:46	To	26/03/1973	11:15:41	Cp
16/07/1972	04:48:41	Li	21/11/1972	01:04:51	Gê	28/03/1973	23:12:21	Aq
18/07/1972	16:15:11	Es	23/11/1972	00:30:48	Câ	31/03/1973	07:54:41	Pe
21/07/1972	04:46:08	Sa	25/11/1972	02:11:34	Le	02/04/1973	12:47:54	Ár
23/07/1972	16:09:57	Cp	27/11/1972	07:24:17	Vi	04/04/1973	14:58:05	To
26/07/1972	01:06:58	Aq	29/11/1972	16:14:51	Li	06/04/1973	16:11:46	Gê
28/07/1972	07:28:47	Pe	02/12/1972	03:42:12	Es	08/04/1973	18:04:18	Câ
30/07/1972	11:50:07	Ár	04/12/1972	16:22:26	Sa	10/04/1973	21:31:05	Le
01/08/1972	14:57:22	To	07/12/1972	05:06:26	Cp	13/04/1973	02:46:31	Vi
03/08/1972	17:33:14	Gê	09/12/1972	16:53:23	Aq	15/04/1973	09:49:48	Li
05/08/1972	20:17:38	Câ	12/12/1972	02:32:29	Pe	17/04/1973	18:50:59	Es
07/08/1972	23:55:57	Le	14/12/1972	08:59:16	Ár	20/04/1973	06:01:35	Sa
10/08/1972	05:22:37	Vi	16/12/1972	11:58:50	To	22/04/1973	18:48:57	Cp
12/08/1972	13:27:20	Li	18/12/1972	12:24:12	Gê	25/04/1973	07:20:54	Aq
15/08/1972	00:19:27	Es	20/12/1972	11:56:36	Câ	27/04/1973	17:09:28	Pe
17/08/1972	12:48:49	Sa	22/12/1972	12:34:07	Le	29/04/1973	22:53:11	Ár
20/08/1972	00:37:36	Cp	24/12/1972	16:02:36	Vi	02/05/1973	01:01:20	To
22/08/1972	09:42:55	Aq	26/12/1972	23:21:26	Li	04/05/1973	01:15:42	Gê

06/05/1973	01:34:53	Câ	11/09/1973	02:40:04	Pe	15/01/1974	16:53:51	Es
08/05/1973	03:36:07	Le	13/09/1973	09:55:46	Ár	18/01/1974	03:11:50	Sa
10/05/1973	08:12:41	Vi	15/09/1973	14:58:49	To	20/01/1974	15:47:11	Cp
12/05/1973	15:30:42	Li	17/09/1973	18:47:40	Gê	23/01/1974	04:49:37	Aq
15/05/1973	01:09:03	Es	19/09/1973	22:00:48	Câ	25/01/1974	17:00:25	Pe
17/05/1973	12:41:24	Sa	22/09/1973	00:56:16	Le	28/01/1974	03:31:40	Ár
20/05/1973	01:29:52	Cp	24/09/1973	03:58:17	Vi	30/01/1974	11:41:15	To
22/05/1973	14:17:08	Aq	26/09/1973	08:00:18	Li	01/02/1974	16:53:02	Gê
25/05/1973	01:05:11	Pe	28/09/1973	14:18:00	Es	03/02/1974	19:05:27	Câ
27/05/1973	08:14:19	Ár	30/09/1973	23:47:15	Sa	05/02/1974	19:11:25	Le
29/05/1973	11:27:31	To	03/10/1973	12:02:05	Cp	07/02/1974	18:51:39	Vi
31/05/1973	11:52:31	Gê	06/10/1973	00:48:30	Aq	09/02/1974	20:10:00	Li
02/06/1973	11:20:50	Câ	08/10/1973	11:23:14	Pe	12/02/1974	00:57:43	Es
04/06/1973	11:49:03	Le	10/10/1973	18:28:42	Ár	14/02/1974	10:00:50	Sa
06/06/1973	14:51:14	Vi	12/10/1973	22:35:47	To	16/02/1974	22:15:38	Cp
08/06/1973	21:15:38	Li	15/10/1973	01:08:38	Gê	19/02/1974	11:20:32	Aq
11/06/1973	06:51:36	Es	17/10/1973	03:28:24	Câ	21/02/1974	23:15:02	Pe
13/06/1973	18:42:43	Sa	19/10/1973	06:24:39	Le	24/02/1974	09:12:19	Ár
16/06/1973	07:36:37	Cp	21/10/1973	10:18:35	Vi	26/02/1974	17:11:06	To
18/06/1973	20:18:50	Aq	23/10/1973	15:28:03	Li	28/02/1974	23:10:06	Gê
21/06/1973	07:28:40	Pe	25/10/1973	22:27:42	Es	03/03/1974	02:59:27	Câ
23/06/1973	15:48:11	Ár	28/10/1973	07:57:30	Sa	05/03/1974	04:48:38	Le
25/06/1973	20:36:58	To	30/10/1973	19:56:55	Cp	07/03/1974	05:33:00	Vi
27/06/1973	22:17:39	Gê	02/11/1973	08:58:06	Aq	09/03/1974	06:51:39	Li
29/06/1973	22:08:03	Câ	04/11/1973	20:25:46	Pe	11/03/1974	10:39:39	Es
01/07/1973	21:55:20	Le	07/11/1973	04:19:01	Ár	13/03/1974	18:19:49	Sa
03/07/1973	23:30:48	Vi	09/11/1973	08:25:18	To	16/03/1974	05:41:05	Cp
06/07/1973	04:23:27	Li	11/11/1973	09:59:25	Gê	18/03/1974	18:38:12	Aq
08/07/1973	13:05:08	Es	13/11/1973	10:46:21	Câ	21/03/1974	06:33:20	Pe
11/07/1973	00:47:34	Sa	15/11/1973	12:19:44	Le	23/03/1974	16:02:23	Ár
13/07/1973	13:45:22	Cp	17/11/1973	15:40:51	Vi	25/03/1974	23:09:24	To
16/07/1973	02:14:41	Aq	19/11/1973	21:15:24	Li	28/03/1974	04:32:46	Gê
18/07/1973	13:07:11	Pe	22/11/1973	05:06:29	Es	30/03/1974	08:39:35	Câ
20/07/1973	21:43:26	Ár	24/11/1973	15:10:34	Sa	01/04/1974	11:40:26	Le
23/07/1973	03:40:39	To	27/11/1973	03:12:33	Cp	03/04/1974	13:56:19	Vi
25/07/1973	06:58:01	Gê	29/11/1973	16:17:06	Aq	05/04/1974	16:22:27	Li
27/07/1973	08:09:59	Câ	02/12/1973	04:31:51	Pe	07/04/1974	20:24:45	Es
29/07/1973	08:28:56	Le	04/12/1973	13:49:55	Ár	10/04/1974	03:27:06	Sa
31/07/1973	09:34:31	Vi	06/12/1973	19:08:18	To	12/04/1974	13:56:16	Cp
02/08/1973	13:12:09	Li	08/12/1973	20:57:44	Gê	15/04/1974	02:33:56	Aq
04/08/1973	20:35:28	Es	10/12/1973	20:51:43	Câ	17/04/1974	14:44:08	Pe
07/08/1973	07:36:41	Sa	12/12/1973	20:44:15	Le	20/04/1974	00:20:00	Ár
09/08/1973	20:29:32	Cp	14/12/1973	22:20:26	Vi	22/04/1974	06:53:23	To
12/08/1973	08:52:09	Aq	17/12/1973	02:53:17	Li	24/04/1974	11:10:45	Gê
14/08/1973	19:13:51	Pe	19/12/1973	10:43:38	Es	26/04/1974	14:17:20	Câ
17/08/1973	03:15:30	Ár	21/12/1973	21:19:38	Sa	28/04/1974	17:03:15	Le
19/08/1973	09:13:38	To	24/12/1973	09:41:12	Cp	30/04/1974	20:00:18	Vi
21/08/1973	13:26:05	Gê	26/12/1973	22:42:39	Aq	02/05/1974	23:38:49	Li
23/08/1973	16:07:33	Câ	29/12/1973	11:09:43	Pe	05/05/1974	04:42:56	Es
25/08/1973	17:48:45	Le	31/12/1973	21:33:46	Ár	07/05/1974	12:05:09	Sa
27/08/1973	19:33:02	Vi	03/01/1974	04:37:40	To	09/05/1974	22:14:51	Cp
29/08/1973	22:52:15	Li	05/01/1974	07:59:38	Gê	12/05/1974	10:34:08	Aq
01/09/1973	05:17:26	Es	07/01/1974	08:28:10	Câ	14/05/1974	23:02:56	Pe
03/09/1973	15:24:15	Sa	09/01/1974	07:42:00	Le	17/05/1974	09:19:29	Ár
06/09/1973	04:00:49	Cp	11/01/1974	07:41:29	Vi	19/05/1974	16:10:00	To
08/09/1973	16:30:19	Aq	13/01/1974	10:21:12	Li	21/05/1974	19:53:51	Gê

23/05/1974	21:45:37	Câ	28/09/1974	08:14:31	Pe	02/02/1975	05:53:01	Es
25/05/1974	23:11:47	Le	30/09/1974	19:25:21	Ár	04/02/1975	12:09:58	Sa
28/05/1974	01:25:20	Vi	03/10/1974	04:39:07	To	06/02/1975	21:42:06	Cp
30/05/1974	05:15:46	Li	05/10/1974	12:00:26	Gê	09/02/1975	09:16:17	Aq
01/06/1974	11:10:17	Es	07/10/1974	17:29:56	Câ	11/02/1975	21:45:03	Pe
03/06/1974	19:21:21	Sa	09/10/1974	21:02:30	Le	14/02/1975	10:22:06	Ár
06/06/1974	05:48:14	Cp	11/10/1974	22:55:49	Vi	16/02/1975	22:08:57	To
08/06/1974	18:01:55	Aq	14/10/1974	00:10:39	Li	19/02/1975	07:34:36	Gê
11/06/1974	06:43:21	Pe	16/10/1974	02:23:07	Es	21/02/1975	13:18:17	Câ
13/06/1974	17:52:19	Ár	18/10/1974	07:14:19	Sa	23/02/1975	15:12:53	Le
16/06/1974	01:46:23	To	20/10/1974	15:43:46	Cp	25/02/1975	14:36:47	Vi
18/06/1974	05:58:41	Gê	23/10/1974	03:19:53	Aq	27/02/1975	13:38:20	Li
20/06/1974	07:21:04	Câ	25/10/1974	15:56:39	Pe	01/03/1975	14:33:32	Es
22/06/1974	07:29:37	Le	28/10/1974	03:13:16	Ár	03/03/1975	19:05:23	Sa
24/06/1974	08:11:08	Vi	30/10/1974	11:59:48	To	06/03/1975	03:39:26	Cp
26/06/1974	10:57:05	Li	01/11/1974	18:22:47	Gê	08/03/1975	15:09:25	Aq
28/06/1974	16:39:57	Es	03/11/1974	23:00:49	Câ	11/03/1975	03:48:50	Pe
01/07/1974	01:20:26	Sa	06/11/1974	02:29:54	Le	13/03/1975	16:18:15	Ár
03/07/1974	12:18:55	Cp	08/11/1974	05:17:55	Vi	16/03/1975	03:52:15	To
06/07/1974	00:41:10	Aq	10/11/1974	07:58:27	Li	18/03/1975	13:42:58	Gê
08/07/1974	13:25:27	Pe	12/11/1974	11:23:16	Es	20/03/1975	20:48:13	Câ
11/07/1974	01:10:11	Ár	14/11/1974	16:38:44	Sa	23/03/1975	00:31:03	Le
13/07/1974	10:20:57	To	17/11/1974	00:41:41	Cp	25/03/1975	01:20:49	Vi
15/07/1974	15:53:53	Gê	19/11/1974	11:38:14	Aq	27/03/1975	00:51:14	Li
17/07/1974	17:55:59	Câ	22/11/1974	00:11:13	Pe	29/03/1975	01:07:37	Es
19/07/1974	17:42:53	Le	24/11/1974	11:58:47	Ár	31/03/1975	04:09:35	Sa
21/07/1974	17:09:41	Vi	26/11/1974	21:04:37	To	02/04/1975	11:08:08	Cp
23/07/1974	18:18:44	Li	29/11/1974	02:57:46	Gê	04/04/1975	21:44:56	Aq
25/07/1974	22:45:25	Es	01/12/1974	06:21:38	Câ	07/04/1975	10:16:41	Pe
28/07/1974	06:59:34	Sa	03/12/1974	08:31:13	Le	09/04/1975	22:43:59	Ár
30/07/1974	18:10:37	Cp	05/12/1974	10:39:47	Vi	12/04/1975	09:53:14	To
02/08/1974	06:46:04	Aq	07/12/1974	13:42:24	Li	14/04/1975	19:14:06	Gê
04/08/1974	19:26:27	Pe	09/12/1974	18:13:18	Es	17/04/1975	02:26:56	Câ
07/08/1974	07:14:54	Ár	12/12/1974	00:34:20	Sa	19/04/1975	07:14:08	Le
09/08/1974	17:12:32	To	14/12/1974	09:03:43	Cp	21/04/1975	09:42:19	Vi
12/08/1974	00:14:50	Gê	16/12/1974	19:47:53	Aq	23/04/1975	10:41:24	Li
14/08/1974	03:48:31	Câ	19/12/1974	08:11:47	Pe	25/04/1975	11:39:27	Es
16/08/1974	04:26:13	Le	21/12/1974	20:35:01	Ár	27/04/1975	14:19:42	Sa
18/08/1974	03:42:29	Vi	24/12/1974	06:44:33	To	29/04/1975	20:08:23	Cp
20/08/1974	03:44:41	Li	26/12/1974	13:15:21	Gê	02/05/1975	05:33:40	Aq
22/08/1974	06:36:58	Es	28/12/1974	16:15:22	Câ	04/05/1975	17:34:08	Pe
24/08/1974	13:33:50	Sa	30/12/1974	17:04:38	Le	07/05/1975	06:02:39	Ár
27/08/1974	00:14:55	Cp	01/01/1975	17:32:28	Vi	09/05/1975	17:03:17	To
29/08/1974	12:52:31	Aq	03/01/1975	19:21:23	Li	12/05/1975	01:44:08	Gê
01/09/1974	01:29:02	Pe	05/01/1975	23:38:30	Es	14/05/1975	08:07:35	Câ
03/09/1974	12:57:46	Ár	08/01/1975	06:38:59	Sa	16/05/1975	12:38:13	Le
05/09/1974	22:50:06	To	10/01/1975	15:58:03	Cp	18/05/1975	15:45:26	Vi
08/09/1974	06:36:02	Gê	13/01/1975	03:02:58	Aq	20/05/1975	18:04:48	Li
10/09/1974	11:39:27	Câ	15/01/1975	15:23:12	Pe	22/05/1975	20:25:25	Es
12/09/1974	13:53:57	Le	18/01/1975	04:03:28	Ár	24/05/1975	23:51:19	Sa
14/09/1974	14:11:47	Vi	20/01/1975	15:21:01	To	27/05/1975	05:30:39	Cp
16/09/1974	14:16:47	Li	22/01/1975	23:22:41	Gê	29/05/1975	14:09:18	Aq
18/09/1974	16:13:48	Es	25/01/1975	03:20:09	Câ	01/06/1975	01:32:01	Pe
20/09/1974	21:46:13	Sa	27/01/1975	03:59:59	Le	03/06/1975	14:01:10	Ár
23/09/1974	07:21:33	Cp	29/01/1975	03:13:39	Vi	06/06/1975	01:18:37	To
25/09/1974	19:38:17	Aq	31/01/1975	03:13:16	Li	08/06/1975	09:49:09	Gê

Signos Lunares

10/06/1975	15:21:26	Câ	15/10/1975	11:40:03	Pe	20/02/1976	00:13:33	Es
12/06/1975	18:45:04	Le	18/10/1975	00:20:04	Ár	22/02/1976	03:18:01	Sa
14/06/1975	21:10:35	Vi	20/10/1975	12:43:04	To	24/02/1976	08:54:04	Cp
16/06/1975	23:40:42	Li	22/10/1975	23:51:05	Gê	26/02/1976	16:48:24	Aq
19/06/1975	02:58:52	Es	25/10/1975	08:57:02	Câ	29/02/1976	02:41:31	Pe
21/06/1975	07:34:25	Sa	27/10/1975	15:19:39	Le	02/03/1976	14:22:09	Ár
23/06/1975	13:55:47	Cp	29/10/1975	18:46:34	Vi	05/03/1976	03:17:58	To
25/06/1975	22:32:45	Aq	31/10/1975	19:54:59	Li	07/03/1976	15:55:39	Gê
28/06/1975	09:33:04	Pe	02/11/1975	20:07:25	Es	10/03/1976	01:58:39	Câ
30/06/1975	22:01:57	Ár	04/11/1975	21:09:51	Sa	12/03/1976	07:55:13	Le
03/07/1975	09:53:58	To	07/11/1975	00:45:05	Cp	14/03/1976	09:58:32	Vi
05/07/1975	18:58:21	Gê	09/11/1975	07:59:08	Aq	16/03/1976	09:44:14	Li
08/07/1975	00:22:59	Câ	11/11/1975	18:41:44	Pe	18/03/1976	09:17:37	Es
10/07/1975	02:50:05	Le	14/11/1975	07:17:12	Ár	20/03/1976	10:33:39	Sa
12/07/1975	03:55:20	Vi	16/11/1975	19:37:34	To	22/03/1976	14:48:11	Cp
14/07/1975	05:21:08	Li	19/11/1975	06:14:00	Gê	24/03/1976	22:19:21	Aq
16/07/1975	08:22:47	Es	21/11/1975	14:36:06	Câ	27/03/1976	08:33:42	Pe
18/07/1975	13:31:51	Sa	23/11/1975	20:47:52	Le	29/03/1976	20:36:58	Ár
20/07/1975	20:45:41	Cp	26/11/1975	01:04:19	Vi	01/04/1976	09:33:48	To
23/07/1975	05:55:39	Aq	28/11/1975	03:47:38	Li	03/04/1976	22:15:19	Gê
25/07/1975	16:58:17	Pe	30/11/1975	05:36:30	Es	06/04/1976	09:06:25	Câ
28/07/1975	05:27:04	Ár	02/12/1975	07:33:02	Sa	08/04/1976	16:36:25	Le
30/07/1975	17:53:21	To	04/12/1975	10:58:17	Cp	10/04/1976	20:15:44	Vi
02/08/1975	04:02:02	Gê	06/12/1975	17:11:55	Aq	12/04/1976	20:54:12	Li
04/08/1975	10:16:48	Câ	09/12/1975	02:51:34	Pe	14/04/1976	20:14:17	Es
06/08/1975	12:43:33	Le	11/12/1975	15:06:08	Ár	16/04/1976	20:14:53	Sa
08/08/1975	12:53:21	Vi	14/12/1975	03:38:54	To	18/04/1976	22:43:18	Cp
10/08/1975	12:50:51	Li	16/12/1975	14:12:10	Gê	21/04/1976	04:47:20	Aq
12/08/1975	14:29:56	Es	18/12/1975	21:48:47	Câ	23/04/1976	14:27:35	Pe
14/08/1975	18:59:16	Sa	21/12/1975	02:53:30	Le	26/04/1976	02:36:37	Ár
17/08/1975	02:24:49	Cp	23/12/1975	06:27:31	Vi	28/04/1976	15:37:26	To
19/08/1975	12:09:03	Aq	25/12/1975	09:27:12	Li	01/05/1976	04:04:52	Gê
21/08/1975	23:32:02	Pe	27/12/1975	12:27:44	Es	03/05/1976	14:53:14	Câ
24/08/1975	12:02:27	Ár	29/12/1975	15:52:43	Sa	05/05/1976	23:09:09	Le
27/08/1975	00:44:38	To	31/12/1975	20:16:15	Cp	08/05/1976	04:20:58	Vi
29/08/1975	11:53:17	Gê	03/01/1976	02:32:44	Aq	10/05/1976	06:39:17	Li
31/08/1975	19:34:48	Câ	05/01/1976	11:34:52	Pe	12/05/1976	07:02:35	Es
02/09/1975	23:07:49	Le	07/01/1976	23:20:46	Ár	14/05/1976	07:04:00	Sa
04/09/1975	23:29:15	Vi	10/01/1976	12:09:31	To	16/05/1976	08:31:26	Cp
06/09/1975	22:37:43	Li	12/01/1976	23:19:19	Gê	18/05/1976	13:02:29	Aq
08/09/1975	22:45:39	Es	15/01/1976	07:00:15	Câ	20/05/1976	21:26:37	Pe
11/09/1975	01:40:40	Sa	17/01/1976	11:15:00	Le	23/05/1976	09:06:47	Ár
13/09/1975	08:10:51	Cp	19/01/1976	13:24:56	Vi	25/05/1976	22:07:00	To
15/09/1975	17:51:01	Aq	21/01/1976	15:10:29	Li	28/05/1976	10:21:58	Gê
18/09/1975	05:31:44	Pe	23/01/1976	17:47:54	Es	30/05/1976	20:38:51	Câ
20/09/1975	18:06:53	Ár	25/01/1976	21:51:01	Sa	02/06/1976	04:37:22	Le
23/09/1975	06:43:11	To	28/01/1976	03:23:55	Cp	04/06/1976	10:20:48	Vi
25/09/1975	18:12:51	Gê	30/01/1976	10:33:51	Aq	06/06/1976	13:59:40	Li
28/09/1975	03:06:48	Câ	01/02/1976	19:46:31	Pe	08/06/1976	15:58:02	Es
30/09/1975	08:20:15	Le	04/02/1976	07:17:05	Ár	10/06/1976	17:06:29	Sa
02/10/1975	10:03:00	Vi	06/02/1976	20:13:12	To	12/06/1976	18:45:14	Cp
04/10/1975	09:38:38	Li	09/02/1976	08:15:48	Gê	14/06/1976	22:30:59	Aq
06/10/1975	09:08:36	Es	11/02/1976	16:58:32	Câ	17/06/1976	05:43:28	Pe
08/10/1975	10:35:32	Sa	13/02/1976	21:32:24	Le	19/06/1976	16:32:13	Ár
10/10/1975	15:28:44	Cp	15/02/1976	22:58:48	Vi	22/06/1976	05:21:19	To
13/10/1975	00:09:35	Aq	17/02/1976	23:13:49	Li	24/06/1976	17:36:40	Gê

Signos Lunares

27/06/1976	03:28:58	Câ	31/10/1976	17:53:09	Pe	08/03/1977	20:36:45	Es
29/06/1976	10:39:26	Le	03/11/1976	04:45:36	Ár	10/03/1977	22:41:39	Sa
01/07/1976	15:46:05	Vi	05/11/1976	17:22:53	To	13/03/1977	01:39:35	Cp
03/07/1976	19:34:19	Li	08/11/1976	06:20:52	Gê	15/03/1977	05:59:46	Aq
05/07/1976	22:33:22	Es	10/11/1976	18:27:44	Câ	17/03/1977	12:05:33	Pe
08/07/1976	01:05:17	Sa	13/11/1976	04:36:02	Le	19/03/1977	20:22:53	Ár
10/07/1976	03:49:12	Cp	15/11/1976	11:46:10	Vi	22/03/1977	07:05:25	To
12/07/1976	07:53:06	Aq	17/11/1976	15:33:47	Li	24/03/1977	19:38:38	Gê
14/07/1976	14:35:56	Pe	19/11/1976	16:31:27	Es	27/03/1977	08:16:28	Câ
17/07/1976	00:39:45	Ár	21/11/1976	16:03:19	Sa	29/03/1977	18:40:20	Le
19/07/1976	13:11:09	To	23/11/1976	16:03:27	Cp	01/04/1977	01:24:44	Vi
22/07/1976	01:40:15	Gê	25/11/1976	18:29:47	Aq	03/04/1977	04:38:45	Li
24/07/1976	11:39:12	Câ	28/11/1976	00:47:21	Pe	05/04/1977	05:39:38	Es
26/07/1976	18:18:32	Le	30/11/1976	11:01:20	Ár	07/04/1977	06:08:33	Sa
28/07/1976	22:23:14	Vi	02/12/1976	23:41:14	To	09/04/1977	07:40:17	Cp
31/07/1976	01:13:23	Li	05/12/1976	12:38:01	Gê	11/04/1977	11:23:39	Aq
02/08/1976	03:55:15	Es	08/12/1976	00:20:49	Câ	13/04/1977	17:49:23	Pe
04/08/1976	07:03:13	Sa	10/12/1976	10:11:53	Le	16/04/1977	02:51:44	Ár
06/08/1976	10:54:23	Cp	12/12/1976	17:54:57	Vi	18/04/1977	14:02:20	To
08/08/1976	15:56:56	Aq	14/12/1976	23:13:02	Li	21/04/1977	02:37:06	Gê
10/08/1976	23:00:26	Pe	17/12/1976	02:01:19	Es	23/04/1977	15:24:58	Câ
13/08/1976	08:48:55	Ár	19/12/1976	02:53:44	Sa	26/04/1977	02:42:55	Le
15/08/1976	21:05:12	To	21/12/1976	03:11:34	Cp	28/04/1977	10:51:51	Vi
18/08/1976	09:53:50	Gê	23/12/1976	04:48:14	Aq	30/04/1977	15:12:25	Li
20/08/1976	20:33:40	Câ	25/12/1976	09:35:52	Pe	02/05/1977	16:23:29	Es
23/08/1976	03:30:32	Le	27/12/1976	18:31:43	Ár	04/05/1977	15:58:44	Sa
25/08/1976	07:03:32	Vi	30/12/1976	06:43:08	To	06/05/1977	15:54:08	Cp
27/08/1976	08:41:35	Li	01/01/1977	19:42:38	Gê	08/05/1977	17:59:40	Aq
29/08/1976	10:04:51	Es	04/01/1977	07:12:12	Câ	10/05/1977	23:28:49	Pe
31/08/1976	12:28:08	Sa	06/01/1977	16:20:25	Le	13/05/1977	08:29:26	Ár
02/09/1976	16:28:57	Cp	08/01/1977	23:23:02	Vi	15/05/1977	20:04:04	To
04/09/1976	22:19:52	Aq	11/01/1977	04:47:39	Li	18/05/1977	08:50:11	Gê
07/09/1976	06:11:23	Pe	13/01/1977	08:44:07	Es	20/05/1977	21:35:18	Câ
09/09/1976	16:17:57	Ár	15/01/1977	11:17:45	Sa	23/05/1977	09:13:10	Le
12/09/1976	04:29:55	To	17/01/1977	13:01:42	Cp	25/05/1977	18:30:58	Vi
14/09/1976	17:32:10	Gê	19/01/1977	15:11:52	Aq	28/05/1977	00:28:18	Li
17/09/1976	05:06:32	Câ	21/01/1977	19:30:01	Pe	30/05/1977	02:56:31	Es
19/09/1976	13:10:27	Le	24/01/1977	03:19:31	Ár	01/06/1977	02:53:42	Sa
21/09/1976	17:15:56	Vi	26/01/1977	14:40:58	To	03/06/1977	02:07:06	Cp
23/09/1976	18:27:40	Li	29/01/1977	03:36:54	Gê	05/06/1977	02:43:39	Aq
25/09/1976	18:33:34	Es	31/01/1977	15:19:48	Câ	07/06/1977	06:35:25	Pe
27/09/1976	19:21:27	Sa	03/02/1977	00:11:20	Le	09/06/1977	14:34:08	Ár
29/09/1976	22:13:02	Cp	05/02/1977	06:17:03	Vi	12/06/1977	01:56:27	To
02/10/1976	03:49:07	Aq	07/02/1977	10:35:56	Li	14/06/1977	14:49:40	Gê
04/10/1976	12:09:43	Pe	09/02/1977	14:03:56	Es	17/06/1977	03:28:20	Câ
06/10/1976	22:49:39	Ár	11/02/1977	17:10:51	Sa	19/06/1977	14:53:12	Le
09/10/1976	11:11:03	To	13/02/1977	20:13:39	Cp	22/06/1977	00:28:44	Vi
12/10/1976	00:14:20	Gê	15/02/1977	23:44:43	Aq	24/06/1977	07:35:19	Li
14/10/1976	12:23:51	Câ	18/02/1977	04:44:40	Pe	26/06/1977	11:41:46	Es
16/10/1976	21:49:12	Le	20/02/1977	12:22:27	Ár	28/06/1977	13:01:41	Sa
19/10/1976	03:24:39	Vi	22/02/1977	23:06:02	To	30/06/1977	12:48:00	Cp
21/10/1976	05:26:18	Li	25/02/1977	11:49:45	Gê	02/07/1977	12:56:05	Aq
23/10/1976	05:16:46	Es	28/02/1977	00:02:10	Câ	04/07/1977	15:31:06	Pe
25/10/1976	04:48:38	Sa	02/03/1977	09:24:44	Le	06/07/1977	22:03:09	Ár
27/10/1976	05:55:20	Cp	04/03/1977	15:18:37	Vi	09/07/1977	08:32:44	To
29/10/1976	10:05:14	Aq	06/03/1977	18:34:25	Li	11/07/1977	21:14:47	Gê

Signos Lunares

14/07/1977	09:49:32	Câ	18/11/1977	05:58:26	Pe	26/03/1978	15:01:00	Es
16/07/1977	20:51:10	Le	20/11/1977	13:13:00	Ár	28/03/1978	18:37:10	Sa
19/07/1977	05:58:16	Vi	22/11/1977	23:09:19	To	30/03/1978	21:23:23	Cp
21/07/1977	13:09:16	Li	25/11/1977	10:48:20	Gê	02/04/1978	00:04:49	Aq
23/07/1977	18:13:14	Es	27/11/1977	23:19:55	Câ	04/04/1978	03:20:21	Pe
25/07/1977	21:04:24	Sa	30/11/1977	11:52:45	Le	06/04/1978	07:50:48	Ár
27/07/1977	22:14:40	Cp	02/12/1977	23:05:16	Vi	08/04/1978	14:21:27	To
29/07/1977	23:04:19	Aq	05/12/1977	07:17:29	Li	10/04/1978	23:27:22	Gê
01/08/1977	01:23:27	Pe	07/12/1977	11:32:53	Es	13/04/1978	10:58:53	Câ
03/08/1977	06:54:18	Ár	09/12/1977	12:21:35	Sa	15/04/1978	23:30:15	Le
05/08/1977	16:17:52	To	11/12/1977	11:25:47	Cp	18/04/1978	10:43:50	Vi
08/08/1977	04:29:17	Gê	13/12/1977	10:59:27	Aq	20/04/1978	18:52:47	Li
10/08/1977	17:03:52	Câ	15/12/1977	13:09:10	Pe	22/04/1978	23:38:57	Es
13/08/1977	03:56:42	Le	17/12/1977	19:11:08	Ár	25/04/1978	02:00:07	Sa
15/08/1977	12:25:40	Vi	20/12/1977	04:53:50	To	27/04/1978	03:27:27	Cp
17/08/1977	18:48:48	Li	22/12/1977	16:51:12	Gê	29/04/1978	05:27:49	Aq
19/08/1977	23:35:10	Es	25/12/1977	05:29:41	Câ	01/05/1978	08:59:41	Pe
22/08/1977	03:02:38	Sa	27/12/1977	17:51:32	Le	03/05/1978	14:26:44	Ár
24/08/1977	05:30:13	Cp	30/12/1977	05:13:23	Vi	05/05/1978	21:52:11	To
26/08/1977	07:40:39	Aq	01/01/1978	14:31:15	Li	08/05/1978	07:18:17	Gê
28/08/1977	10:46:26	Pe	03/01/1978	20:34:53	Es	10/05/1978	18:41:20	Câ
30/08/1977	16:11:27	Ár	05/01/1978	23:03:27	Sa	13/05/1978	07:16:44	Le
02/09/1977	00:51:41	To	07/01/1978	22:54:38	Cp	15/05/1978	19:14:47	Vi
04/09/1977	12:26:50	Gê	09/01/1978	22:04:58	Aq	18/05/1978	04:24:15	Li
07/09/1977	01:02:45	Câ	11/01/1978	22:50:22	Pe	20/05/1978	09:38:35	Es
09/09/1977	12:13:33	Le	14/01/1978	03:04:48	Ár	22/05/1978	11:30:50	Sa
11/09/1977	20:34:20	Vi	16/01/1978	11:30:18	To	24/05/1978	11:41:18	Cp
14/09/1977	02:07:28	Li	18/01/1978	23:06:25	Gê	26/05/1978	12:09:46	Aq
16/09/1977	05:45:18	Es	21/01/1978	11:50:20	Câ	28/05/1978	14:36:26	Pe
18/09/1977	08:27:59	Sa	24/01/1978	00:02:01	Le	30/05/1978	19:52:09	Ár
20/09/1977	11:04:06	Cp	26/01/1978	10:55:46	Vi	02/06/1978	03:50:07	To
22/09/1977	14:11:57	Aq	28/01/1978	20:07:36	Li	04/06/1978	13:53:27	Gê
24/09/1977	18:29:37	Pe	31/01/1978	03:03:30	Es	07/06/1978	01:29:58	Câ
27/09/1977	00:40:20	Ár	02/02/1978	07:13:17	Sa	09/06/1978	14:07:14	Le
29/09/1977	09:21:17	To	04/02/1978	08:49:46	Cp	12/06/1978	02:34:41	Vi
01/10/1977	20:33:24	Gê	06/02/1978	09:04:12	Aq	14/06/1978	12:55:21	Li
04/10/1977	09:08:46	Câ	08/02/1978	09:47:30	Pe	16/06/1978	19:28:19	Es
06/10/1977	20:57:32	Le	10/02/1978	12:56:22	Ár	18/06/1978	22:00:49	Sa
09/10/1977	05:58:33	Vi	12/02/1978	19:50:21	To	20/06/1978	21:51:44	Cp
11/10/1977	11:29:24	Li	15/02/1978	06:24:10	Gê	22/06/1978	21:07:27	Aq
13/10/1977	14:10:41	Es	17/02/1978	18:55:36	Câ	24/06/1978	21:56:43	Pe
15/10/1977	15:27:07	Sa	20/02/1978	07:09:28	Le	27/06/1978	01:52:45	Ár
17/10/1977	16:50:36	Cp	22/02/1978	17:39:24	Vi	29/06/1978	09:20:51	To
19/10/1977	19:35:53	Aq	25/02/1978	02:03:15	Li	01/07/1978	19:37:28	Gê
22/10/1977	00:26:20	Pe	27/02/1978	08:27:54	Es	04/07/1978	07:33:12	Câ
24/10/1977	07:34:00	Ár	01/03/1978	13:01:50	Sa	06/07/1978	20:12:46	Le
26/10/1977	16:52:51	To	03/03/1978	15:57:45	Cp	09/07/1978	08:44:23	Vi
29/10/1977	04:07:46	Gê	05/03/1978	17:50:32	Aq	11/07/1978	19:48:00	Li
31/10/1977	16:39:54	Câ	07/03/1978	19:45:31	Pe	14/07/1978	03:46:42	Es
03/11/1977	05:02:59	Le	09/03/1978	23:08:05	Ár	16/07/1978	07:49:36	Sa
05/11/1977	15:16:31	Vi	12/03/1978	05:17:46	To	18/07/1978	08:32:58	Cp
07/11/1977	21:50:57	Li	14/03/1978	14:48:17	Gê	20/07/1978	07:41:30	Aq
10/11/1977	00:41:48	Es	17/03/1978	02:48:50	Câ	22/07/1978	07:26:02	Pe
12/11/1977	01:03:29	Sa	19/03/1978	15:12:06	Le	24/07/1978	09:45:45	Ár
14/11/1977	00:50:23	Cp	22/03/1978	01:49:24	Vi	26/07/1978	15:50:22	To
16/11/1977	01:59:51	Aq	24/03/1978	09:4121	Li	29/07/1978	01:30:33	Gê

31/07/1978	13:28:01	Câ	05/12/1978	23:36:08	Pe	13/04/1979	04:15:36	Es
03/08/1978	02:10:10	Le	08/12/1978	03:39:31	Ár	15/04/1979	11:18:00	Sa
05/08/1978	14:28:51	Vi	10/12/1978	09:50:20	To	17/04/1979	16:22:44	Cp
08/08/1978	01:29:35	Li	12/12/1978	17:54:25	Gê	19/04/1979	20:02:06	Aq
10/08/1978	10:11:16	Es	15/12/1978	03:49:41	Câ	21/04/1979	22:41:00	Pe
12/08/1978	15:42:41	Sa	17/12/1978	15:37:24	Le	24/04/1979	00:50:59	Ár
14/08/1978	18:02:51	Cp	20/12/1978	04:34:06	Vi	26/04/1979	03:27:09	To
16/08/1978	18:14:46	Aq	22/12/1978	16:39:54	Li	28/04/1979	07:48:32	Gê
18/08/1978	18:04:28	Pe	25/12/1978	01:32:04	Es	30/04/1979	15:11:18	Câ
20/08/1978	19:29:20	Ár	27/12/1978	06:07:20	Sa	03/05/1979	01:56:26	Le
23/08/1978	00:05:34	To	29/12/1978	07:15:25	Cp	05/05/1979	14:41:12	Vi
25/08/1978	08:31:05	Gê	31/12/1978	06:52:51	Aq	08/05/1979	02:47:28	Li
27/08/1978	19:58:54	Câ	02/01/1979	07:07:56	Pe	10/05/1979	12:09:45	Es
30/08/1978	08:39:35	Le	04/01/1979	09:41:12	Ár	12/05/1979	18:24:39	Sa
01/09/1978	20:46:15	Vi	06/01/1979	15:17:26	To	14/05/1979	22:25:28	Cp
04/09/1978	07:15:23	Li	08/01/1979	23:42:28	Gê	17/05/1979	01:25:29	Aq
06/09/1978	15:37:55	Es	11/01/1979	10:14:10	Câ	19/05/1979	04:18:18	Pe
08/09/1978	21:39:11	Sa	13/01/1979	22:16:06	Le	21/05/1979	07:30:01	Ár
11/09/1978	01:19:38	Cp	16/01/1979	11:10:05	Vi	23/05/1979	11:20:17	To
13/09/1978	03:08:30	Aq	18/01/1979	23:40:21	Li	25/05/1979	16:27:51	Gê
15/09/1978	04:09:15	Pe	21/01/1979	09:50:39	Es	27/05/1979	23:50:35	Câ
17/09/1978	05:49:48	Ár	23/01/1979	16:07:43	Sa	30/05/1979	10:07:51	Le
19/09/1978	09:42:53	To	25/01/1979	18:27:21	Cp	01/06/1979	22:40:38	Vi
21/09/1978	16:55:59	Gê	27/01/1979	18:11:54	Aq	04/06/1979	11:11:32	Li
24/09/1978	03:31:11	Câ	29/01/1979	17:25:11	Pe	06/06/1979	21:04:44	Es
26/09/1978	16:01:30	Le	31/01/1979	18:11:17	Ár	09/06/1979	03:14:32	Sa
29/09/1978	04:11:02	Vi	02/02/1979	22:02:53	To	11/06/1979	06:23:17	Cp
01/10/1978	14:16:35	Li	05/02/1979	05:32:55	Gê	13/06/1979	08:06:07	Aq
03/10/1978	21:47:44	Es	07/02/1979	16:05:32	Câ	15/06/1979	09:55:02	Pe
06/10/1978	03:06:28	Sa	10/02/1979	04:25:17	Le	17/06/1979	12:52:10	Ár
08/10/1978	06:52:16	Cp	12/02/1979	17:17:36	Vi	19/06/1979	17:18:07	To
10/10/1978	09:42:26	Aq	15/02/1979	05:36:54	Li	21/06/1979	23:22:34	Gê
12/10/1978	12:12:18	Pe	17/02/1979	16:11:46	Es	24/06/1979	07:24:30	Câ
14/10/1978	15:05:45	Ár	19/02/1979	23:50:50	Sa	26/06/1979	17:46:51	Le
16/10/1978	19:21:53	To	22/02/1979	04:00:25	Cp	29/06/1979	06:13:48	Vi
19/10/1978	02:05:15	Gê	24/02/1979	05:12:00	Aq	01/07/1979	19:07:50	Li
21/10/1978	11:52:26	Câ	26/02/1979	04:52:12	Pe	04/07/1979	05:56:58	Es
24/10/1978	00:03:53	Le	28/02/1979	04:53:58	Ár	06/07/1979	12:55:27	Sa
26/10/1978	12:31:41	Vi	02/03/1979	07:09:06	To	08/07/1979	16:07:13	Cp
28/10/1978	22:50:48	Li	04/03/1979	12:58:04	Gê	10/07/1979	16:58:45	Aq
31/10/1978	05:52:30	Es	06/03/1979	22:34:06	Câ	12/07/1979	17:22:37	Pe
02/11/1978	10:03:18	Sa	09/03/1979	10:47:16	Le	14/07/1979	18:56:54	Ár
04/11/1978	12:40:27	Cp	11/03/1979	23:42:25	Vi	16/07/1979	22:42:41	To
06/11/1978	15:03:35	Aq	14/03/1979	11:41:30	Li	19/07/1979	04:59:31	Gê
08/11/1978	18:05:56	Pe	16/03/1979	21:49:02	Es	21/07/1979	13:40:12	Câ
10/11/1978	22:11:25	Ár	19/03/1979	05:37:59	Sa	24/07/1979	00:29:49	Le
13/11/1978	03:34:50	To	21/03/1979	10:56:13	Cp	26/07/1979	13:01:08	Vi
15/11/1978	10:44:33	Gê	23/03/1979	13:51:47	Aq	29/07/1979	02:05:59	Li
17/11/1978	20:15:59	Câ	25/03/1979	15:04:25	Pe	31/07/1979	13:46:11	Es
20/11/1978	08:08:46	Le	27/03/1979	15:47:15	Ár	02/08/1979	22:05:23	Sa
22/11/1978	20:57:06	Vi	29/03/1979	17:36:10	To	05/08/1979	02:22:39	Cp
25/11/1978	08:06:52	Li	31/03/1979	22:08:16	Gê	07/08/1979	03:28:09	Aq
27/11/1978	15:38:26	Es	03/04/1979	06:23:42	Câ	09/08/1979	03:05:24	Pe
29/11/1978	19:23:14	Sa	05/04/1979	17:57:34	Le	11/08/1979	03:09:55	Ár
01/12/1978	20:43:58	Cp	08/04/1979	06:51:44	Vi	13/08/1979	05:21:21	To
03/12/1978	21:35:21	Aq	10/04/1979	18:44:44	Li	15/08/1979	10:41:07	Gê

Signos Lunares

17/08/1979	19:17:02	Câ	23/12/1979	19:50:00	Pe	29/04/1980	11:34:41	Es
20/08/1979	06:28:28	Le	25/12/1979	22:40:01	Ár	01/05/1980	22:21:36	Sa
22/08/1979	19:11:08	Vi	28/12/1979	02:07:33	To	04/05/1980	07:14:06	Cp
25/08/1979	08:13:25	Li	30/12/1979	06:31:55	Gê	06/05/1980	14:03:28	Aq
27/08/1979	20:12:28	Es	01/01/1980	12:29:03	Câ	08/05/1980	18:33:14	Pe
30/08/1979	05:39:12	Sa	03/01/1980	20:47:05	Le	10/05/1980	20:44:20	Ár
01/09/1979	11:33:27	Cp	06/01/1980	07:48:22	Vi	12/05/1980	21:24:03	To
03/09/1979	13:58:59	Aq	08/01/1980	20:37:43	Li	14/05/1980	22:07:24	Gê
05/09/1979	14:02:41	Pe	11/01/1980	08:55:11	Es	17/05/1980	00:51:53	Câ
07/09/1979	13:28:47	Ár	13/01/1980	18:17:05	Sa	19/05/1980	07:14:20	Le
09/09/1979	14:12:20	To	15/01/1980	23:51:12	Cp	21/05/1980	17:32:26	Vi
11/09/1979	17:54:01	Gê	18/01/1980	02:24:45	Aq	24/05/1980	06:10:48	Li
14/09/1979	01:26:45	Câ	20/01/1980	03:32:57	Pe	26/05/1980	18:36:35	Es
16/09/1979	12:25:09	Le	22/01/1980	04:51:32	Ár	29/05/1980	05:04:35	Sa
19/09/1979	01:15:24	Vi	24/01/1980	07:31:25	To	31/05/1980	13:14:27	Cp
21/09/1979	14:10:36	Li	26/01/1980	12:10:47	Gê	02/06/1980	19:29:20	Aq
24/09/1979	01:53:48	Es	28/01/1980	19:02:25	Câ	05/06/1980	00:09:38	Pe
26/09/1979	11:35:36	Sa	31/01/1980	04:08:11	Le	07/06/1980	03:23:16	Ár
28/09/1979	18:39:44	Cp	02/02/1980	15:21:07	Vi	09/06/1980	05:29:28	To
30/09/1979	22:48:47	Aq	05/02/1980	04:04:06	Li	11/06/1980	07:22:23	Gê
03/10/1979	00:23:00	Pe	07/02/1980	16:45:49	Es	13/06/1980	10:29:18	Câ
05/10/1979	00:28:03	Ár	10/02/1980	03:19:05	Sa	15/06/1980	16:21:54	Le
07/10/1979	00:44:35	To	12/02/1980	10:11:43	Cp	18/06/1980	01:47:01	Vi
09/10/1979	03:07:05	Gê	14/02/1980	13:19:24	Aq	20/06/1980	13:55:07	Li
11/10/1979	09:08:57	Câ	16/02/1980	13:53:55	Pe	23/06/1980	02:26:17	Es
13/10/1979	19:11:32	Le	18/02/1980	13:42:32	Ár	25/06/1980	13:01:30	Sa
16/10/1979	07:51:10	Vi	20/02/1980	14:34:49	To	27/06/1980	20:45:52	Cp
18/10/1979	20:44:19	Li	22/02/1980	17:58:04	Gê	30/06/1980	02:03:35	Aq
21/10/1979	08:02:05	Es	25/02/1980	00:34:19	Câ	02/07/1980	05:48:16	Pe
23/10/1979	17:08:58	Sa	27/02/1980	10:10:06	Le	04/07/1980	08:46:11	Ár
26/10/1979	00:11:02	Cp	29/02/1980	21:53:05	Vi	06/07/1980	11:30:07	To
28/10/1979	05:16:30	Aq	03/03/1980	10:39:52	Li	08/07/1980	14:33:28	Gê
30/10/1979	08:28:44	Pe	05/03/1980	23:22:27	Es	10/07/1980	18:44:26	Câ
01/11/1979	10:08:42	Ár	08/03/1980	10:38:24	Sa	13/07/1980	01:02:30	Le
03/11/1979	11:15:43	To	10/03/1980	19:01:43	Cp	15/07/1980	10:11:11	Vi
05/11/1979	13:25:32	Gê	12/03/1980	23:45:08	Aq	17/07/1980	21:54:51	Li
07/11/1979	18:23:35	Câ	15/03/1980	01:10:28	Pe	20/07/1980	10:33:01	Es
10/11/1979	03:14:22	Le	17/03/1980	00:40:53	Ár	22/07/1980	21:41:58	Sa
12/11/1979	15:20:12	Vi	19/03/1980	00:12:50	To	25/07/1980	05:44:32	Cp
15/11/1979	04:16:20	Li	21/03/1980	01:47:14	Gê	27/07/1980	10:34:29	Aq
17/11/1979	15:29:25	Es	23/03/1980	06:55:23	Câ	29/07/1980	13:10:39	Pe
19/11/1979	23:56:24	Sa	25/03/1980	15:58:23	Le	31/07/1980	14:53:04	Ár
22/11/1979	06:01:22	Cp	28/03/1980	03:51:49	Vi	02/08/1980	16:54:44	To
24/11/1979	10:36:33	Aq	30/03/1980	16:48:41	Li	04/08/1980	20:09:38	Gê
26/11/1979	14:17:05	Pe	02/04/1980	05:21:12	Es	07/08/1980	01:12:06	Câ
28/11/1979	17:16:34	Ár	04/04/1980	16:34:31	Sa	09/08/1980	08:23:24	Le
30/11/1979	19:54:20	To	07/04/1980	01:42:34	Cp	11/08/1980	17:54:13	Vi
02/12/1979	23:01:58	Gê	09/04/1980	07:59:32	Aq	14/08/1980	05:31:56	Li
05/12/1979	04:01:28	Câ	11/04/1980	11:06:36	Pe	16/08/1980	18:14:52	Es
07/12/1979	12:08:47	Le	13/04/1980	11:39:56	Ár	19/08/1980	06:07:32	Sa
09/12/1979	23:32:40	Vi	15/04/1980	11:10:35	To	21/08/1980	15:11:08	Cp
12/12/1979	12:28:53	Li	17/04/1980	11:41:03	Gê	23/08/1980	20:32:27	Aq
15/12/1979	00:07:53	Es	19/04/1980	15:11:30	Câ	25/08/1980	22:43:14	Pe
17/12/1979	08:36:25	Sa	21/04/1980	22:51:49	Le	27/08/1980	23:10:44	Ár
19/12/1979	13:54:31	Cp	24/04/1980	10:11:53	Vi	29/08/1980	23:40:54	To
21/12/1979	17:12:33	Aq	26/04/1980	23:09:13	Li	01/09/1980	01:49:48	Gê

170 — Signos Lunares

Data	Hora	Signo	Data	Hora	Signo	Data	Hora	Signo
03/09/1980	06:39:17	Câ	09/01/1981	14:41:57	Pe	16/05/1981	15:37:17	Es
05/09/1980	14:22:08	Le	11/01/1981	18:43:27	Ár	19/05/1981	04:13:50	Sa
08/09/1980	00:30:43	Vi	13/01/1981	21:44:51	To	21/05/1981	16:19:52	Cp
10/09/1980	12:22:00	Li	16/01/1981	00:17:11	Gê	24/05/1981	03:00:28	Aq
13/09/1980	01:05:51	Es	18/01/1981	03:07:35	Câ	26/05/1981	11:05:15	Pe
15/09/1980	13:27:43	Sa	20/01/1981	07:20:42	Le	28/05/1981	15:43:36	Ár
17/09/1980	23:45:00	Cp	22/01/1981	14:02:14	Vi	30/05/1981	17:10:10	To
20/09/1980	06:30:26	Aq	24/01/1981	23:45:05	Li	01/06/1981	16:48:11	Gê
22/09/1980	09:27:00	Pe	27/01/1981	11:48:35	Es	03/06/1981	16:38:27	Câ
24/09/1980	09:37:08	Ár	30/01/1981	00:11:30	Sa	05/06/1981	18:42:43	Le
26/09/1980	08:53:00	To	01/02/1981	10:36:51	Cp	08/06/1981	00:25:27	Vi
28/09/1980	09:20:49	Gê	03/02/1981	17:54:57	Aq	10/06/1981	09:54:54	Li
30/09/1980	12:46:27	Câ	05/02/1981	22:21:22	Pe	12/06/1981	21:54:13	Es
02/10/1980	19:56:45	Le	08/02/1981	01:01:18	Ár	15/06/1981	10:31:19	Sa
05/10/1980	06:18:49	Vi	10/02/1981	03:10:29	To	17/06/1981	22:20:52	Cp
07/10/1980	18:30:09	Li	12/02/1981	05:50:52	Gê	20/06/1981	08:35:54	Aq
10/10/1980	07:14:38	Es	14/02/1981	09:42:34	Câ	22/06/1981	16:44:00	Pe
12/10/1980	19:37:18	Sa	16/02/1981	15:10:00	Le	24/06/1981	22:18:07	Ár
15/10/1980	06:36:41	Cp	18/02/1981	22:33:59	Vi	27/06/1981	01:16:13	To
17/10/1980	14:53:32	Aq	21/02/1981	08:12:05	Li	29/06/1981	02:21:06	Gê
19/10/1980	19:31:07	Pe	23/02/1981	19:54:23	Es	01/07/1981	02:56:48	Câ
21/10/1980	20:42:47	Ár	26/02/1981	08:29:00	Sa	03/07/1981	04:47:01	Le
23/10/1980	19:55:11	To	28/02/1981	19:46:16	Cp	05/07/1981	09:26:05	Vi
25/10/1980	19:16:42	Gê	03/03/1981	03:50:34	Aq	07/07/1981	17:42:05	Li
27/10/1980	20:59:57	Câ	05/03/1981	08:11:58	Pe	10/07/1981	05:01:36	Es
30/10/1980	02:38:29	Le	07/03/1981	09:48:09	Ár	12/07/1981	17:34:48	Sa
01/11/1980	12:18:28	Vi	09/03/1981	10:22:30	To	15/07/1981	05:19:10	Cp
04/11/1980	00:31:14	Li	11/03/1981	11:42:07	Gê	17/07/1981	15:01:42	Aq
06/11/1980	13:18:54	Es	13/03/1981	15:05:30	Câ	19/07/1981	22:25:34	Pe
09/11/1980	01:25:27	Sa	15/03/1981	21:02:27	Le	22/07/1981	03:43:26	Ár
11/11/1980	12:15:00	Cp	18/03/1981	05:19:37	Vi	24/07/1981	07:18:13	To
13/11/1980	21:10:11	Aq	20/03/1981	15:30:38	Li	26/07/1981	09:41:37	Gê
16/11/1980	03:20:45	Pe	23/03/1981	03:13:50	Es	28/07/1981	11:40:43	Câ
18/11/1980	06:21:29	Ár	25/03/1981	15:50:44	Sa	30/07/1981	14:20:16	Le
20/11/1980	06:50:41	To	28/03/1981	03:52:14	Cp	01/08/1981	18:54:22	Vi
22/11/1980	06:27:01	Gê	30/03/1981	13:15:25	Aq	04/08/1981	02:23:52	Li
24/11/1980	07:18:33	Câ	01/04/1981	18:40:47	Pe	06/08/1981	12:58:11	Es
26/11/1980	11:23:07	Le	03/04/1981	20:24:59	Ár	09/08/1981	01:22:16	Sa
28/11/1980	19:37:20	Vi	05/04/1981	20:04:08	To	11/08/1981	13:20:04	Cp
01/12/1980	07:13:07	Li	07/04/1981	19:47:08	Gê	13/08/1981	22:56:10	Aq
03/12/1980	20:00:06	Es	09/04/1981	21:33:33	Câ	16/08/1981	05:34:27	Pe
06/12/1980	07:57:18	Sa	12/04/1981	02:36:21	Le	18/08/1981	09:49:00	Ár
08/12/1980	18:11:44	Cp	14/04/1981	10:56:15	Vi	20/08/1981	12:43:23	To
11/12/1980	02:35:39	Aq	16/04/1981	21:37:45	Li	22/08/1981	15:18:07	Gê
13/12/1980	09:03:13	Pe	19/04/1981	09:38:46	Es	24/08/1981	18:16:35	Câ
15/12/1980	13:21:08	Ár	21/04/1981	22:14:36	Sa	26/08/1981	22:09:54	Le
17/12/1980	15:36:05	To	24/04/1981	10:31:02	Cp	29/08/1981	03:31:30	Vi
19/12/1980	16:39:21	Gê	26/04/1981	20:56:52	Aq	31/08/1981	11:02:27	Li
21/12/1980	18:02:58	Câ	29/04/1981	03:56:05	Pe	02/09/1981	21:10:05	Es
23/12/1980	21:33:33	Le	01/05/1981	06:57:08	Ár	05/09/1981	09:23:35	Sa
26/12/1980	04:32:14	Vi	03/05/1981	06:59:06	To	07/09/1981	21:48:16	Cp
28/12/1980	15:04:41	Li	05/05/1981	06:01:01	Gê	10/09/1981	07:58:30	Aq
31/12/1980	03:36:00	Es	07/05/1981	06:17:40	Câ	12/09/1981	14:33:47	Pe
02/01/1981	15:41:41	Sa	09/05/1981	09:40:06	Le	14/09/1981	17:55:25	Ár
05/01/1981	01:40:59	Cp	11/05/1981	16:55:00	Vi	16/09/1981	19:30:04	To
07/01/1981	09:12:25	Aq	14/05/1981	03:24:04	Li	18/09/1981	20:58:47	Gê

Signos Lunares

20/09/1981	23:39:26	Câ	27/01/1982	04:49:15	Pe	02/06/1982	21:11:40	Es
23/09/1981	04:08:17	Le	29/01/1982	11:58:23	Ár	05/06/1982	08:31:11	Sa
25/09/1981	10:28:39	Vi	31/01/1982	17:03:12	To	07/06/1982	21:11:47	Cp
27/09/1981	18:40:05	Li	02/02/1982	20:19:57	Gê	10/06/1982	10:07:42	Aq
30/09/1981	04:52:37	Es	04/02/1982	22:17:48	Câ	12/06/1982	21:43:57	Pe
02/10/1981	16:59:33	Sa	06/02/1982	23:49:58	Le	15/06/1982	06:20:05	Ár
05/10/1981	05:48:52	Cp	09/02/1982	02:14:55	Vi	17/06/1982	11:06:37	To
07/10/1981	17:00:58	Aq	11/02/1982	07:01:55	Li	19/06/1982	12:33:59	Gê
10/10/1981	00:32:25	Pe	13/02/1982	15:15:44	Es	21/06/1982	12:12:34	Câ
12/10/1981	04:00:51	Ár	16/02/1982	02:44:47	Sa	23/06/1982	11:56:39	Le
14/10/1981	04:43:12	To	18/02/1982	15:35:48	Cp	25/06/1982	13:36:00	Vi
16/10/1981	04:41:11	Gê	21/02/1982	03:14:53	Aq	27/06/1982	18:30:09	Li
18/10/1981	05:52:26	Câ	23/02/1982	12:08:48	Pe	30/06/1982	03:01:32	Es
20/10/1981	09:34:21	Le	25/02/1982	18:16:57	Ár	02/07/1982	14:25:14	Sa
22/10/1981	16:04:39	Vi	27/02/1982	22:31:37	To	05/07/1982	03:14:55	Cp
25/10/1981	00:56:30	Li	02/03/1982	01:49:46	Gê	07/07/1982	16:02:45	Aq
27/10/1981	11:38:00	Es	04/03/1982	04:48:21	Câ	10/07/1982	03:35:10	Pe
29/10/1981	23:48:23	Sa	06/03/1982	07:50:07	Le	12/07/1982	12:49:02	Ár
01/11/1981	12:46:00	Cp	08/03/1982	11:26:40	Vi	14/07/1982	18:59:46	To
04/11/1981	00:50:40	Aq	10/03/1982	16:33:43	Li	16/07/1982	22:03:07	Gê
06/11/1981	09:52:04	Pe	13/03/1982	00:16:36	Es	18/07/1982	22:45:48	Câ
08/11/1981	14:38:27	Ár	15/03/1982	11:03:11	Sa	20/07/1982	22:35:18	Le
10/11/1981	15:44:16	To	17/03/1982	23:46:51	Cp	22/07/1982	23:19:52	Vi
12/11/1981	14:59:18	Gê	20/03/1982	11:52:55	Aq	25/07/1982	02:44:53	Li
14/11/1981	14:36:38	Câ	22/03/1982	21:01:16	Pe	27/07/1982	09:57:58	Es
16/11/1981	16:32:33	Le	25/03/1982	02:36:51	Ár	29/07/1982	20:47:34	Sa
18/11/1981	21:52:44	Vi	27/03/1982	05:39:31	To	01/08/1982	09:36:03	Cp
21/11/1981	06:32:49	Li	29/03/1982	07:43:46	Gê	03/08/1982	22:17:02	Aq
23/11/1981	17:36:29	Es	31/03/1982	10:08:56	Câ	06/08/1982	09:23:25	Pe
26/11/1981	06:00:23	Sa	02/04/1982	13:36:26	Le	08/08/1982	18:20:32	Ár
28/11/1981	18:52:38	Cp	04/04/1982	18:18:09	Vi	11/08/1982	01:00:03	To
01/12/1981	07:08:57	Aq	07/04/1982	00:26:28	Li	13/08/1982	05:21:55	Gê
03/12/1981	17:15:55	Pe	09/04/1982	08:32:51	Es	15/08/1982	07:40:24	Câ
05/12/1981	23:48:43	Ár	11/04/1982	19:06:37	Sa	17/08/1982	08:39:52	Le
08/12/1981	02:31:17	To	14/04/1982	07:41:15	Cp	19/08/1982	09:39:40	Vi
10/12/1981	02:30:04	Gê	16/04/1982	20:17:52	Aq	21/08/1982	12:21:56	Li
12/12/1981	01:40:28	Câ	19/04/1982	06:19:32	Pe	23/08/1982	18:20:46	Es
14/12/1981	02:08:21	Le	21/04/1982	12:22:41	Ár	26/08/1982	04:10:57	Sa
16/12/1981	05:37:54	Vi	23/04/1982	14:58:36	To	28/08/1982	16:41:33	Cp
18/12/1981	12:57:54	Li	25/04/1982	15:48:05	Gê	31/08/1982	05:23:27	Aq
20/12/1981	23:38:48	Es	27/04/1982	16:43:22	Câ	02/09/1982	16:10:38	Pe
23/12/1981	12:11:02	Sa	29/04/1982	19:09:11	Le	05/09/1982	00:23:39	Ár
26/12/1981	00:59:09	Cp	01/05/1982	23:44:54	Vi	07/09/1982	06:26:45	To
28/12/1981	12:53:29	Aq	04/05/1982	06:32:27	Li	09/09/1982	10:57:17	Gê
30/12/1981	23:00:49	Pe	06/05/1982	15:23:57	Es	11/09/1982	14:18:06	Câ
02/01/1982	06:32:44	Ár	09/05/1982	02:16:31	Sa	13/09/1982	16:45:52	Le
04/01/1982	11:02:07	To	11/05/1982	14:49:32	Cp	15/09/1982	18:57:10	Vi
06/01/1982	12:48:27	Gê	14/05/1982	03:44:07	Aq	17/09/1982	22:02:44	Li
08/01/1982	13:01:02	Câ	16/05/1982	14:46:13	Pe	20/09/1982	03:32:26	Es
10/01/1982	13:20:57	Le	18/05/1982	22:04:00	Ár	22/09/1982	12:30:12	Sa
12/01/1982	15:37:03	Vi	21/05/1982	01:21:43	To	25/09/1982	00:31:23	Cp
14/01/1982	21:16:46	Li	23/05/1982	01:54:30	Gê	27/09/1982	13:21:17	Aq
17/01/1982	06:46:11	Es	25/05/1982	01:38:17	Câ	30/09/1982	00:18:22	Pe
19/01/1982	19:00:04	Sa	27/05/1982	02:26:45	Le	02/10/1982	08:05:39	Ár
22/01/1982	07:50:36	Cp	29/05/1982	05:43:06	Vi	04/10/1982	13:08:39	To
24/01/1982	19:24:38	Aq	31/05/1982	12:02:20	Li	06/10/1982	16:38:45	Gê

172 — Signos Lunares

Data	Hora	Signo	Data	Hora	Signo	Data	Hora	Signo
08/10/1982	19:39:24	Câ	13/02/1983	13:01:36	Pe	20/06/1983	07:59:20	Es
10/10/1982	22:44:00	Le	15/02/1983	23:45:45	Ár	22/06/1983	15:55:05	Sa
13/10/1982	02:08:46	Vi	18/02/1983	08:30:28	To	25/06/1983	02:08:10	Cp
15/10/1982	06:22:30	Li	20/02/1983	14:51:41	Gê	27/06/1983	14:06:31	Aq
17/10/1982	12:20:32	Es	22/02/1983	18:30:59	Câ	30/06/1983	02:51:38	Pe
19/10/1982	21:02:24	Sa	24/02/1983	19:46:31	Le	02/07/1983	14:47:28	Ár
22/10/1982	08:37:48	Cp	26/02/1983	19:49:04	Vi	05/07/1983	00:05:12	To
24/10/1982	21:35:39	Aq	28/02/1983	20:30:01	Li	07/07/1983	05:40:54	Gê
27/10/1982	09:12:18	Pe	02/03/1983	23:50:38	Es	09/07/1983	07:50:12	Câ
29/10/1982	17:24:55	Ár	05/03/1983	07:14:43	Sa	11/07/1983	07:53:38	Le
31/10/1982	22:03:37	To	07/03/1983	18:28:57	Cp	13/07/1983	07:42:50	Vi
03/11/1982	00:22:31	Gê	10/03/1983	07:29:49	Aq	15/07/1983	09:10:04	Li
05/11/1982	01:58:40	Câ	12/03/1983	19:47:04	Pe	17/07/1983	13:38:03	Es
07/11/1982	04:10:01	Le	15/03/1983	06:00:04	Ár	19/07/1983	21:31:18	Sa
09/11/1982	07:39:44	Vi	17/03/1983	14:04:24	To	22/07/1983	08:10:51	Cp
11/11/1982	12:45:36	Li	19/03/1983	20:19:38	Gê	24/07/1983	20:26:24	Aq
13/11/1982	19:42:12	Es	22/03/1983	00:52:20	Câ	27/07/1983	09:11:08	Pe
16/11/1982	04:51:35	Sa	24/03/1983	03:42:54	Le	29/07/1983	21:20:37	Ár
18/11/1982	16:21:17	Cp	26/03/1983	05:17:55	Vi	01/08/1983	07:36:49	To
21/11/1982	05/20/24	Aq	28/03/1983	06:48:17	Li	03/08/1983	14:42:50	Gê
23/11/1982	17:42:32	Pe	30/03/1983	09:56:42	Es	05/08/1983	18:08:39	Câ
26/11/1982	03:06:55	Ár	01/04/1983	16:19:40	Sa	07/08/1983	18:36:57	Le
28/11/1982	08:31:23	To	04/04/1983	02:29:35	Cp	09/08/1983	17:48:46	Vi
30/11/1982	10:35:37	Gê	06/04/1983	15:06:05	Aq	11/08/1983	17:51:26	Li
02/12/1982	10:57:32	Câ	09/04/1983	03:30:20	Pe	13/08/1983	20:43:47	Es
04/12/1982	11:26:10	Le	11/04/1983	13:36:59	Ár	16/08/1983	03:33:28	Sa
06/12/1982	13:32:12	Vi	13/04/1983	20:58:46	To	18/08/1983	13:59:19	Cp
08/12/1982	18:10:33	Li	16/04/1983	02:14:38	Gê	21/08/1983	02:25:30	Aq
11/12/1982	01:34:31	Es	18/04/1983	06:13:42	Câ	23/08/1983	15:09:39	Pe
13/12/1982	11:26:41	Sa	20/04/1983	09:26:10	Le	26/08/1983	03:07:57	Ár
15/12/1982	23:15:14	Cp	22/04/1983	12:11:30	Vi	28/08/1983	13:37:51	To
18/12/1982	12:12:17	Aq	24/04/1983	15:03:41	Li	30/08/1983	21:48:41	Gê
21/12/1982	00:55:47	Pe	26/04/1983	19:04:21	Es	02/09/1983	02:52:38	Câ
23/12/1982	11:34:00	Ár	29/04/1983	01:28:07	Sa	04/09/1983	04:47:04	Le
25/12/1982	18:36:37	To	01/05/1983	11:01:13	Cp	06/09/1983	04:35:58	Vi
27/12/1982	21:48:30	Gê	03/05/1983	23:09:00	Aq	08/09/1983	04:13:13	Li
29/12/1982	22:11:51	Câ	06/05/1983	11:43:27	Pe	10/09/1983	05:49:07	Es
31/12/1982	21:32:52	Le	08/05/1983	22:16:26	Ár	12/09/1983	11:07:41	Sa
02/01/1983	21:49:20	Vi	11/05/1983	05:35:50	To	14/09/1983	20:33:31	Cp
05/01/1983	00:44:18	Li	13/05/1983	10:03:15	Gê	17/09/1983	08:45:28	Aq
07/01/1983	07:16:08	Es	15/05/1983	12:47:43	Câ	19/09/1983	21:29:50	Pe
09/01/1983	17:13:32	Sa	17/05/1983	15:00:52	Le	22/09/1983	09:10:16	Ár
12/01/1983	05:25:42	Cp	19/05/1983	17:36:30	Vi	24/09/1983	19:12:22	To
14/01/1983	18:26:12	Aq	21/05/1983	21:11:22	Li	27/09/1983	03:24:16	Gê
17/01/1983	07:02:16	Pe	24/05/1983	02:17:03	Es	29/09/1983	09:24:25	Câ
19/01/1983	18:07:51	Ár	26/05/1983	09:27:17	Sa	01/10/1983	12:54:19	Le
22/01/1983	02:35:42	To	28/05/1983	19:06:36	Cp	03/10/1983	14:15:00	Vi
24/01/1983	07:39:48	Gê	31/05/1983	06:59:34	Aq	05/10/1983	14:41:37	Li
26/01/1983	09:28:18	Câ	02/06/1983	19:41:41	Pe	07/10/1983	16:05:54	Es
28/01/1983	09:09:53	Le	05/06/1983	06:59:04	Ár	09/10/1983	20:20:37	Sa
30/01/1983	08:34:35	Vi	07/06/1983	15:04:39	To	12/10/1983	04:30:08	Cp
01/02/1983	09:46:56	Li	09/06/1983	19:37:10	Gê	14/10/1983	15:59:52	Aq
03/02/1983	14:32:10	Es	11/06/1983	21:32:16	Câ	17/10/1983	04:41:10	Pe
05/02/1983	23:28:27	Sa	13/06/1983	22:21:17	Le	19/10/1983	16:18:18	Ár
08/02/1983	11:33:26	Cp	15/06/1983	23:37:47	Vi	22/10/1983	01:47:20	To
11/02/1983	00:40:21	Aq	18/06/1983	02:36:23	Li	24/10/1983	09:09:58	Gê

Signos Lunares

26/10/1983	14:46:52	Câ	01/03/1984	17:29:16	Pe	07/07/1984	00:28:17	Es
28/10/1983	18:50:18	Le	04/03/1984	06:06:49	Ár	09/07/1984	05:02:58	Sa
30/10/1983	21:32:47	Vi	06/03/1984	18:08:39	To	11/07/1984	11:22:47	Cp
01/11/1983	23:30:32	Li	09/03/1984	04:29:32	Gê	13/07/1984	19:41:13	Aq
04/11/1983	01:53:01	Es	11/03/1984	11:47:47	Câ	16/07/1984	06:10:17	Pe
06/11/1983	06:08:50	Sa	13/03/1984	15:20:51	Le	18/07/1984	18:25:50	Ár
08/11/1983	13:31:13	Cp	15/03/1984	15:46:47	Vi	21/07/1984	06:52:23	To
11/11/1983	00:10:23	Aq	17/03/1984	14:51:27	Li	23/07/1984	17:09:58	Gê
13/11/1983	12:40:38	Pe	19/03/1984	14:48:42	Es	25/07/1984	23:43:55	Câ
16/11/1983	00:36:21	Ár	21/03/1984	17:41:05	Sa	28/07/1984	02:41:14	Le
18/11/1983	10:06:09	To	24/03/1984	00:36:02	Cp	30/07/1984	03:29:01	Vi
20/11/1983	16:44:58	Gê	26/03/1984	11:08:42	Aq	01/08/1984	04:02:49	Li
22/11/1983	21:10:26	Câ	28/03/1984	23:37:02	Pe	03/08/1984	06:03:57	Es
25/11/1983	00:19:23	Le	31/03/1984	12:13:52	Ár	05/08/1984	10:29:35	Sa
27/11/1983	03:01:49	Vi	02/04/1984	23:55:20	To	07/08/1984	17:24:29	Cp
29/11/1983	05:56:40	Li	05/04/1984	10:04:25	Gê	10/08/1984	02:25:16	Aq
01/12/1983	09:40:32	Es	07/04/1984	17:59:26	Câ	12/08/1984	13:12:36	Pe
03/12/1983	14:56:04	Sa	09/04/1984	23:01:16	Le	15/08/1984	01:27:51	Ár
05/12/1983	22:28:01	Cp	12/04/1984	01:10:57	Vi	17/08/1984	14:13:15	To
08/12/1983	08:39:17	Aq	14/04/1984	01:29:15	Li	20/08/1984	01:31:15	Gê
10/12/1983	20:52:57	Pe	16/04/1984	01:41:00	Es	22/08/1984	09:20:09	Câ
13/12/1983	09:16:34	Ár	18/04/1984	03:43:40	Sa	24/08/1984	12:59:55	Le
15/12/1983	19:32:40	To	20/04/1984	09:10:25	Cp	26/08/1984	13:32:11	Vi
18/12/1983	02:23:29	Gê	22/04/1984	18:27:03	Aq	28/08/1984	12:56:55	Li
20/12/1983	06:02:15	Câ	25/04/1984	06:26:08	Pe	30/08/1984	13:23:02	Es
22/12/1983	07:43:36	Le	27/04/1984	19:02:29	Ár	01/09/1984	16:29:35	Sa
24/12/1983	09:01:25	Vi	30/04/1984	06:30:26	To	03/09/1984	22:54:38	Cp
26/12/1983	11:18:20	Li	02/05/1984	16:01:39	Gê	06/09/1984	08:11:28	Aq
28/12/1983	15:26:34	Es	04/05/1984	23:25:45	Câ	08/09/1984	19:24:19	Pe
30/12/1983	21:43:47	Sa	07/05/1984	04:42:55	Le	11/09/1984	07:46:31	Ár
02/01/1984	06:07:19	Cp	09/05/1984	08:01:49	Vi	13/09/1984	20:33:00	To
04/01/1984	16:30:29	Aq	11/05/1984	09:54:03	Li	16/09/1984	08:25:36	Gê
07/01/1984	04:34:09	Pe	13/05/1984	11:21:52	Es	18/09/1984	17:35:43	Câ
09/01/1984	17:15:08	Ár	15/05/1984	13:49:45	Sa	20/09/1984	22:48:38	Le
12/01/1984	04:36:03	To	17/05/1984	18:43:09	Cp	23/09/1984	00:19:00	Vi
14/01/1984	12:40:16	Gê	20/05/1984	02:55:33	Aq	24/09/1984	23:41:00	Li
16/01/1984	16:47:23	Câ	22/05/1984	14:08:33	Pe	26/09/1984	23:03:56	Es
18/01/1984	17:49:28	Le	25/05/1984	02:39:22	Ár	29/09/1984	00:31:50	Sa
20/01/1984	17:35:10	Vi	27/05/1984	14:13:27	To	01/10/1984	05:27:46	Cp
22/01/1984	18:06:44	Li	29/05/1984	23:22:54	Gê	03/10/1984	14:03:09	Aq
24/01/1984	21:03:58	Es	01/06/1984	05:53:32	Câ	06/10/1984	01:19:11	Pe
27/01/1984	03:12:17	Sa	03/06/1984	10:18:54	Le	08/10/1984	13:50:39	Ár
29/01/1984	12:12:21	Cp	05/06/1984	13:27:03	Vi	11/10/1984	02:28:08	To
31/01/1984	23:11:01	Aq	07/06/1984	16:03:08	Li	13/10/1984	14:13:47	Gê
03/02/1984	11:21:50	Pe	09/06/1984	18:48:12	Es	16/10/1984	00:00:03	Câ
06/02/1984	00:03:38	Ár	11/06/1984	22:26:13	Sa	18/10/1984	06:41:01	Le
08/02/1984	12:05:20	To	14/06/1984	03:48:00	Cp	20/10/1984	09:55:41	Vi
10/02/1984	21:39:12	Gê	16/06/1984	11:40:57	Aq	22/10/1984	10:31:30	Li
13/02/1984	03:20:18	Câ	18/06/1984	22:18:05	Pe	24/10/1984	10:07:40	Es
15/02/1984	05:09:05	Le	21/06/1984	10:40:08	Ár	26/10/1984	10:43:01	Sa
17/02/1984	04:31:51	Vi	23/06/1984	22:37:50	To	28/10/1984	14:04:41	Cp
19/02/1984	03:39:19	Li	26/06/1984	08:03:48	Gê	30/10/1984	21:13:05	Aq
21/02/1984	04:44:29	Es	28/06/1984	14:09:03	Câ	02/11/1984	07:49:32	Pe
23/02/1984	09:22:11	Sa	30/06/1984	17:29:54	Le	04/11/1984	20:20:20	Ár
25/02/1984	17:49:23	Cp	02/07/1984	19:27:31	Vi	07/11/1984	08:53:11	To
28/02/1984	05:02:01	Aq	04/07/1984	21:26:33	Li	09/11/1984	20:10:11	Gê

Signos Lunares

12/11/1984	05:31:07	Câ	18/03/1985	22:50:12	Pe	24/07/1985	20:15:59	Es
14/11/1984	12:33:32	Le	21/03/1985	10:20:09	Ár	26/07/1985	23:12:26	Sa
16/11/1984	17:07:37	Vi	23/03/1985	23:06:23	To	29/07/1985	02:20:53	Cp
18/11/1984	19:29:19	Li	26/03/1985	12:01:56	Gê	31/07/1985	06:25:18	Aq
20/11/1984	20:30:29	Es	28/03/1985	23:13:20	Câ	02/08/1985	12:33:24	Pe
22/11/1984	21:34:02	Sa	31/03/1985	06:51:24	Le	04/08/1985	21:42:36	Ár
25/11/1984	00:17:19	Cp	02/04/1985	10:24:43	Vi	07/08/1985	09:41:15	To
27/11/1984	06:05:59	Aq	04/04/1985	10:53:31	Li	09/08/1985	22:31:18	Gê
29/11/1984	15:33:11	Pe	06/04/1985	10:10:22	Es	12/08/1985	09:28:09	Câ
02/12/1984	03:41:53	Ár	08/04/1985	10:17:34	Sa	14/08/1985	16:56:59	Le
04/12/1984	16:20:23	To	10/04/1985	12:56:55	Cp	16/08/1985	21:14:51	Vi
07/12/1984	03:23:35	Gê	12/04/1985	19:03:47	Aq	18/08/1985	23:43:38	Li
09/12/1984	11:56:24	Câ	15/04/1985	04:30:26	Pe	21/08/1985	01:51:05	Es
11/12/1984	18:08:16	Le	17/04/1985	16:18:14	Ár	23/08/1985	04:35:59	Sa
13/12/1984	22:35:08	Vi	20/04/1985	05:12:21	To	25/08/1985	08:24:20	Cp
16/12/1984	01:51:42	Li	22/04/1985	18:00:30	Gê	27/08/1985	13:31:12	Aq
18/12/1984	04:27:14	Es	25/04/1985	05:26:05	Câ	29/08/1985	20:24:38	Pe
20/12/1984	06:58:10	Sa	27/04/1985	14:10:04	Le	01/09/1985	05:41:38	Ár
22/12/1984	10:20:37	Cp	29/04/1985	19:24:02	Vi	03/09/1985	17:27:38	To
24/12/1984	15:47:11	Aq	01/05/1985	21:21:55	Li	06/09/1985	06:27:00	Gê
27/12/1984	00:18:06	Pe	03/05/1985	21:16:59	Es	08/09/1985	18:10:09	Câ
29/12/1984	11:49:28	Ár	05/05/1985	20:55:46	Sa	11/09/1985	02:27:20	Le
01/01/1985	00:36:10	To	07/05/1985	22:11:25	Cp	13/09/1985	06:52:22	Vi
03/01/1985	12:00:04	Gê	10/05/1985	02:37:49	Aq	15/09/1985	08:33:40	Li
05/01/1985	20:17:33	Câ	12/05/1985	10:55:40	Pe	17/09/1985	09:17:01	Es
08/01/1985	01:28:04	Le	14/05/1985	22:25:21	Ár	19/09/1985	10:40:20	Sa
10/01/1985	04:39:31	Vi	17/05/1985	11:23:24	To	21/09/1985	13:49:09	Cp
12/01/1985	07:13:18	Li	20/05/1985	00:00:54	Gê	23/09/1985	19:11:25	Aq
14/01/1985	10:07:25	Es	22/05/1985	11:04:35	Câ	26/09/1985	02:50:24	Pe
16/01/1985	13:48:02	Sa	24/05/1985	19:53:49	Le	28/09/1985	12:42:29	Ár
18/01/1985	18:28:47	Cp	27/05/1985	02:06:22	Vi	01/10/1985	00:34:42	To
21/01/1985	00:38:10	Aq	29/05/1985	05:40:30	Li	03/10/1985	13:36:28	Gê
23/01/1985	09:01:58	Pe	31/05/1985	07:07:07	Es	06/10/1985	01:59:03	Câ
25/01/1985	20:05:06	Ár	02/06/1985	07:33:22	Sa	08/10/1985	11:33:24	Le
28/01/1985	08:53:16	To	04/06/1985	08:33:51	Cp	10/10/1985	17:09:22	Vi
30/01/1985	21:00:31	Gê	06/06/1985	11:51:56	Aq	12/10/1985	19:11:58	Li
02/02/1985	05:58:54	Câ	08/06/1985	18:46:31	Pe	14/10/1985	19:12:44	Es
04/02/1985	11:01:39	Le	11/06/1985	05:23:57	Ár	16/10/1985	19:05:30	Sa
06/02/1985	13:09:09	Vi	13/06/1985	18:11:19	To	18/10/1985	20:35:02	Cp
08/02/1985	14:10:23	Li	16/06/1985	06:45:10	Gê	21/10/1985	00:54:26	Aq
10/02/1985	15:48:48	Es	18/06/1985	17:21:41	Câ	23/10/1985	08:27:17	Pe
12/02/1985	19:08:39	Sa	21/06/1985	01:31:56	Le	25/10/1985	18:47:11	Ár
15/02/1985	00:26:53	Cp	23/06/1985	07:32:25	Vi	28/10/1985	06:59:10	To
17/02/1985	07:36:07	Aq	25/06/1985	11:47:29	Li	30/10/1985	19:59:01	Gê
19/02/1985	16:37:47	Pe	27/06/1985	14:37:05	Es	02/11/1985	08:30:51	Câ
22/02/1985	03:42:30	Ár	29/06/1985	16:30:10	Sa	04/11/1985	19:03:35	Le
24/02/1985	16:27:22	To	01/07/1985	18:22:00	Cp	07/11/1985	02:18:16	Vi
27/02/1985	05:11:09	Gê	03/07/1985	21:35:47	Aq	09/11/1985	05:51:38	Li
01/03/1985	15:23:26	Câ	06/07/1985	03:40:07	Pe	11/11/1985	06:30:47	Es
03/03/1985	21:28:01	Le	08/07/1985	13:20:32	Ár	13/11/1985	05:52:14	Sa
05/03/1985	23:42:34	Vi	11/07/1985	01:43:59	To	15/11/1985	05:53:11	Cp
07/03/1985	23:47:16	Li	13/07/1985	14:23:12	Gê	17/11/1985	08:25:26	Aq
09/03/1985	23:47:00	Es	16/07/1985	00:54:12	Câ	19/11/1985	14:42:15	Pe
12/03/1985	01:28:52	Sa	18/07/1985	08:24:57	Le	22/11/1985	00:42:26	Ár
14/03/1985	05:54:29	Cp	20/07/1985	13:29:12	Vi	24/11/1985	13:06:47	To
16/03/1985	13:10:54	Aq	22/07/1985	17:09:55	Li	27/11/1985	02:07:54	Gê

Signos Lunares

29/11/1985	14:23:01	Câ	05/04/1986	09:03:25	Pe	11/08/1986	15:35:39	Es
02/12/1985	00:59:18	Le	07/04/1986	17:12:02	Ár	13/08/1986	19:17:02	Sa
04/12/1985	09:13:59	Vi	10/04/1986	03:36:05	To	15/08/1986	21:22:18	Cp
06/12/1985	14:33:16	Li	12/04/1986	15:50:40	Gê	17/08/1986	22:43:59	Aq
08/12/1985	16:56:18	Es	15/04/1986	04:41:58	Câ	20/08/1986	00:51:58	Pe
10/12/1985	17:13:10	Sa	17/04/1986	16:09:37	Le	22/08/1986	05:27:10	Ár
12/12/1985	16:59:30	Cp	20/04/1986	00:23:56	Vi	24/08/1986	13:36:21	To
14/12/1985	18:14:51	Aq	22/04/1986	04:49:58	Li	27/08/1986	01:00:09	Gê
16/12/1985	22:49:55	Pe	24/04/1986	06:15:27	Es	29/08/1986	13:39:37	Câ
19/12/1985	07:36:30	Ár	26/04/1986	06:16:09	Sa	01/09/1986	01:08:20	Le
21/12/1985	19:40:34	To	28/04/1986	06:40:52	Cp	03/09/1986	10:05:38	Vi
24/12/1985	08:44:57	Gê	30/04/1986	09:05:40	Aq	05/09/1986	16:33:18	Li
26/12/1985	20:44:01	Câ	02/05/1986	14:30:04	Pe	07/09/1986	21:11:41	Es
29/12/1985	06:44:14	Le	04/05/1986	23:00:48	Ár	10/09/1986	00:40:15	Sa
31/12/1985	14:43:27	Vi	07/05/1986	09:58:47	To	12/09/1986	03:27:57	Cp
02/01/1986	20:45:17	Li	09/05/1986	22:25:50	Gê	14/09/1986	06:06:52	Aq
05/01/1986	00:44:01	Es	12/05/1986	11:17:48	Câ	16/09/1986	09:26:43	Pe
07/01/1986	02:46:49	Sa	14/05/1986	23:15:03	Le	18/09/1986	14:33:21	Ár
09/01/1986	03:41:47	Cp	17/05/1986	08:45:06	Vi	20/09/1986	22:25:22	To
11/01/1986	05:01:22	Aq	19/05/1986	14:40:58	Li	23/09/1986	09:13:31	Gê
13/01/1986	08:39:00	Pe	21/05/1986	17:02:08	Es	25/09/1986	21:44:27	Câ
15/01/1986	16:03:03	Ár	23/05/1986	16:56:36	Sa	28/09/1986	09:39:16	Le
18/01/1986	03:13:32	To	25/05/1986	16:14:56	Cp	30/09/1986	18:57:28	Vi
20/01/1986	16:11:51	Gê	27/05/1986	16:59:50	Aq	03/10/1986	01:02:47	Li
23/01/1986	04:14:29	Câ	29/05/1986	20:54:19	Pe	05/10/1986	04:35:10	Es
25/01/1986	13:47:10	Le	01/06/1986	04:42:35	Ár	07/10/1986	06:47:36	Sa
27/01/1986	20:50:59	Vi	03/06/1986	15:45:05	To	09/10/1986	08:52:17	Cp
30/01/1986	02:09:53	Li	06/06/1986	04:26:28	Gê	11/10/1986	11:44:59	Aq
01/02/1986	06:19:04	Es	08/06/1986	17:15:58	Câ	13/10/1986	16:03:11	Pe
03/02/1986	09:31:25	Sa	11/06/1986	05:11:10	Le	15/10/1986	22:13:00	Ár
05/02/1986	12:01:28	Cp	13/06/1986	15:17:49	Vi	18/10/1986	06:35:05	To
07/02/1986	14:34:48	Aq	15/06/1986	22:37:50	Li	20/10/1986	17:15:14	Gê
09/02/1986	18:32:09	Pe	18/06/1986	02:36:13	Es	23/10/1986	05:37:14	Câ
12/02/1986	01:20:34	Ár	20/06/1986	03:35:35	Sa	25/10/1986	18:02:15	Le
14/02/1986	11:38:05	To	22/06/1986	02:59:43	Cp	28/10/1986	04:19:55	Vi
17/02/1986	00:16:54	Gê	24/06/1986	02:50:01	Aq	30/10/1986	11:04:25	Li
19/02/1986	12:38:52	Câ	26/06/1986	05:12:34	Pe	01/11/1986	14:19:19	Es
21/02/1986	22:24:37	Le	28/06/1986	11:34:32	Ár	03/11/1986	15:19:06	Sa
24/02/1986	04:57:48	Vi	30/06/1986	21:54:10	To	05/11/1986	15:48:30	Cp
26/02/1986	09:07:03	Li	03/07/1986	10:31:50	Gê	07/11/1986	17:28:30	Aq
28/02/1986	12:05:52	Es	05/07/1986	23:19:20	Câ	09/11/1986	21:29:31	Pe
02/03/1986	14:51:24	Sa	08/07/1986	10:55:34	Le	12/11/1986	04:14:15	Ár
04/03/1986	17:55:44	Cp	10/07/1986	20:49:35	Vi	14/11/1986	13:24:15	To
06/03/1986	21:42:29	Aq	13/07/1986	04:40:00	Li	17/11/1986	00:26:27	Gê
09/03/1986	02:48:02	Pe	15/07/1986	09:58:10	Es	19/11/1986	12:45:44	Câ
11/03/1986	10:03:09	Ár	17/07/1986	12:34:20	Sa	22/11/1986	01:25:05	Le
13/03/1986	20:03:46	To	19/07/1986	13:09:36	Cp	24/11/1986	12:45:55	Vi
16/03/1986	08:22:46	Gê	21/07/1986	13:17:28	Aq	26/11/1986	20:58:56	Li
18/03/1986	21:04:21	Câ	23/07/1986	14:58:45	Pe	29/11/1986	01:13:15	Es
21/03/1986	07:38:24	Le	25/07/1986	20:02:16	Ár	01/12/1986	02:08:03	Sa
23/03/1986	14:39:22	Vi	28/07/1986	05:11:02	To	03/12/1986	01:28:11	Cp
25/03/1986	18:22:24	Li	30/07/1986	17:19:01	Gê	05/12/1986	01:22:52	Aq
27/03/1986	20:05:14	Es	02/08/1986	06:03:54	Câ	07/12/1986	03:48:22	Pe
29/03/1986	21:20:14	Sa	04/08/1986	17:26:20	Le	09/12/1986	09:48:51	Ár
31/03/1986	23:25:08	Cp	07/08/1986	02:44:21	Vi	11/12/1986	19:10:19	To
03/04/1986	03:11:02	Aq	09/08/1986	10:04:31	Li	14/12/1986	06:41:22	Gê

Signos Lunares

16/12/1986	19:09:13	Câ	23/04/1987	01:01:47	Pe	29/08/1987	06:49:12	Es
19/12/1986	07:43:52	Le	25/04/1987	05:40:35	Ár	31/08/1987	13:23:57	Sa
21/12/1986	19:30:24	Vi	27/04/1987	12:05:57	To	02/09/1987	17:03:49	Cp
24/12/1986	05:04:44	Li	29/04/1987	20:42:55	Gê	04/09/1987	18:21:30	Aq
26/12/1986	11:06:12	Es	02/05/1987	07:39:04	Câ	06/09/1987	18:36:33	Pe
28/12/1986	13:19:30	Sa	04/05/1987	20:06:26	Le	08/09/1987	19:33:59	Ár
30/12/1986	12:53:57	Cp	07/05/1987	09:07:08	Vi	10/09/1987	22:57:07	To
01/01/1987	11:53:34	Aq	09/05/1987	17:28:48	Li	13/09/1987	05:54:32	Gê
03/01/1987	12:35:52	Pe	11/05/1987	23:09:13	Es	15/09/1987	16:21:56	Câ
05/01/1987	16:50:50	Ár	14/05/1987	01:40:59	Sa	18/09/1987	04:50:08	Le
08/01/1987	01:12:51	To	16/05/1987	02:36:33	Cp	20/09/1987	17:13:03	Vi
10/01/1987	12:39:16	Gê	18/05/1987	03:42:26	Aq	23/09/1987	03:58:11	Li
13/01/1987	01:18:22	Câ	20/05/1987	06:23:57	Pe	25/09/1987	12:30:02	Es
15/01/1987	13:44:43	Le	22/05/1987	11:22:58	Ár	27/09/1987	18:48:50	Sa
18/01/1987	01:14:49	Vi	24/05/1987	18:38:55	To	29/09/1987	23:08:07	Cp
20/01/1987	11:09:08	Li	27/05/1987	03:55:07	Gê	02/10/1987	01:51:16	Aq
22/01/1987	18:30:16	Es	29/05/1987	14:59:08	Câ	04/10/1987	03:39:07	Pe
24/01/1987	22:35:21	Sa	01/06/1987	03:25:20	Le	06/10/1987	05:34:41	Ár
26/01/1987	23:42:13	Cp	03/06/1987	15:56:11	Vi	08/10/1987	08:57:21	To
28/01/1987	23:16:52	Aq	06/06/1987	02:24:17	Li	10/10/1987	15:03:33	Gê
30/01/1987	23:24:10	Pe	08/06/1987	09:06:16	Es	13/10/1987	00:30:39	Câ
02/02/1987	02:09:24	Ár	10/06/1987	11:52:51	Sa	15/10/1987	12:34:03	Le
04/02/1987	08:52:57	To	12/06/1987	12:04:36	Cp	18/10/1987	01:05:54	Vi
06/02/1987	19:23:17	Gê	14/06/1987	11:44:42	Aq	20/10/1987	11:49:52	Li
09/02/1987	07:55:01	Câ	16/06/1987	12:54:17	Pe	22/10/1987	19:41:30	Es
11/02/1987	20:21:11	Le	18/06/1987	16:56:09	Ár	25/10/1987	00:56:57	Sa
14/02/1987	07:25:51	Vi	21/06/1987	00:08:47	To	27/10/1987	04:32:48	Cp
16/02/1987	16:44:19	Li	23/06/1987	09:54:32	Gê	29/10/1987	07:26:44	Aq
19/02/1987	00:04:21	Es	25/06/1987	21:22:04	Câ	31/10/1987	10:19:27	Pe
21/02/1987	05:09:02	Sa	28/06/1987	09:52:03	Le	02/11/1987	13:39:43	Ár
23/02/1987	07:56:57	Cp	30/06/1987	22:33:58	Vi	04/11/1987	18:01:56	To
25/02/1987	09:08:23	Aq	03/07/1987	09:54:38	Li	07/11/1987	00:15:57	Gê
27/02/1987	10:06:41	Pe	05/07/1987	18:02:52	Es	09/11/1987	09:10:07	Câ
01/03/1987	12:36:47	Ár	07/07/1987	22:05:02	Sa	11/11/1987	20:44:54	Le
03/03/1987	18:11:23	To	09/07/1987	22:43:24	Cp	14/11/1987	09:29:19	Vi
06/03/1987	03:26:25	Gê	11/07/1987	21:49:11	Aq	16/11/1987	20:48:16	Li
08/03/1987	15:24:14	Câ	13/07/1987	21:35:59	Pe	19/11/1987	04:46:40	Es
11/03/1987	03:54:13	Le	16/07/1987	00:00:15	Ár	21/11/1987	09:16:18	Sa
13/03/1987	14:55:02	Vi	18/07/1987	06:04:16	To	23/11/1987	11:31:37	Cp
15/03/1987	23:34:00	Li	20/07/1987	15:32:33	Gê	25/11/1987	13:12:36	Aq
18/03/1987	05:56:54	Es	23/07/1987	03:13:01	Câ	27/11/1987	15:40:29	Pe
20/03/1987	10:31:54	Sa	25/07/1987	15:49:39	Le	29/11/1987	19:35:47	Ár
22/03/1987	13:48:20	Cp	28/07/1987	04:25:31	Vi	02/12/1987	01:05:30	To
24/03/1987	16:18:02	Aq	30/07/1987	15:59:25	Li	04/12/1987	08:13:26	Gê
26/03/1987	18:45:34	Pe	02/08/1987	01:09:18	Es	06/12/1987	17:19:59	Câ
28/03/1987	22:12:06	Ár	04/08/1987	06:47:03	Sa	09/12/1987	04:40:09	Le
31/03/1987	03:45:59	To	06/08/1987	08:51:24	Cp	11/12/1987	17:30:03	Vi
02/04/1987	12:16:22	Gê	08/08/1987	08:36:39	Aq	14/12/1987	05:39:55	Li
04/04/1987	23:33:25	Câ	10/08/1987	08:01:00	Pe	16/12/1987	14:41:05	Es
07/04/1987	12:03:42	Le	12/08/1987	09:09:21	Ár	18/12/1987	19:32:49	Sa
09/04/1987	23:27:53	Vi	14/08/1987	13:38:08	To	20/12/1987	21:07:30	Cp
12/04/1987	08:05:30	Li	16/08/1987	21:58:33	Gê	22/12/1987	21:19:45	Aq
14/04/1987	13:40:36	Es	19/08/1987	09:18:59	Câ	24/12/1987	22:10:02	Pe
16/04/1987	17:01:29	Sa	21/08/1987	21:57:50	Le	27/12/1987	01:05:13	Ár
18/04/1987	19:20:42	Cp	24/08/1987	10:23:11	Vi	29/12/1987	06:36:30	To
20/04/1987	21:45:04	Aq	26/08/1987	21:35:22	Li	31/12/1987	14:28:38	Gê

Signos Lunares

03/01/1988	00:16:32	Câ	09/05/1988	20:38:44	Pe	14/09/1988	16:07:08	Es
05/01/1988	11:47:13	Le	11/05/1988	23:23:19	Ár	17/09/1988	02:25:11	Sa
08/01/1988	00:35:02	Vi	14/05/1988	02:21:51	To	19/09/1988	09:44:59	Cp
10/01/1988	13:17:13	Li	16/05/1988	06:31:23	Gê	21/09/1988	13:42:49	Aq
12/01/1988	23:39:09	Es	18/05/1988	13:05:21	Câ	23/09/1988	14:50:34	Pe
15/01/1988	05:58:08	Sa	20/05/1988	22:51:30	Le	25/09/1988	14:29:23	Ár
17/01/1988	08:15:10	Cp	23/05/1988	11:12:25	Vi	27/09/1988	14:28:45	To
19/01/1988	08:01:50	Aq	25/05/1988	23:49:10	Li	29/09/1988	16:42:54	Gê
21/01/1988	07:26:36	Pe	28/05/1988	10:06:09	Es	01/10/1988	22:38:31	Câ
23/01/1988	08:30:53	Ár	30/05/1988	16:57:10	Sa	04/10/1988	08:30:43	Le
25/01/1988	12:36:18	To	01/06/1988	20:58:29	Cp	06/10/1988	21:01:13	Vi
27/01/1988	20:02:09	Gê	03/06/1988	23:33:37	Aq	09/10/1988	10:03:20	Li
30/01/1988	06:11:14	Câ	06/06/1988	02:00:19	Pe	11/10/1988	21:57:47	Es
01/02/1988	18:05:58	Le	08/06/1988	05:03:46	Ár	14/10/1988	07:57:44	Sa
04/02/1988	06:54:18	Vi	10/06/1988	09:02:13	To	16/10/1988	15:44:26	Cp
06/02/1988	19:35:59	Li	12/06/1988	14:14:23	Gê	18/10/1988	21:04:48	Aq
09/02/1988	06:41:39	Es	14/06/1988	21:18:48	Câ	20/10/1988	23:58:27	Pe
11/02/1988	14:35:35	Sa	17/06/1988	06:57:14	Le	23/10/1988	00:58:52	Ár
13/02/1988	18:36:12	Cp	19/06/1988	19:03:25	Vi	25/10/1988	01:22:09	To
15/02/1988	19:25:03	Aq	22/06/1988	07:57:04	Li	27/10/1988	02:55:25	Gê
17/02/1988	18:43:45	Pe	24/06/1988	18:58:16	Es	29/10/1988	07:28:13	Câ
19/02/1988	18:34:53	Ár	27/06/1988	02:17:42	Sa	31/10/1988	16:03:22	Le
21/02/1988	20:50:28	To	29/06/1988	05:59:42	Cp	03/11/1988	04:01:36	Vi
24/02/1988	02:42:00	Gê	01/07/1988	07:29:32	Aq	05/11/1988	17:03:50	Li
26/02/1988	12:11:45	Câ	03/07/1988	08:33:32	Pe	08/11/1988	04:46:12	Es
29/02/1988	00:12:02	Le	05/07/1988	10:36:55	Ár	10/11/1988	14:05:34	Sa
02/03/1988	13:06:16	Vi	07/07/1988	14:26:46	To	12/11/1988	21:12:12	Cp
05/03/1988	01:31:57	Li	09/07/1988	20:16:05	Gê	15/11/1988	02:36:19	Aq
07/03/1988	12:27:00	Es	12/07/1988	04:08:15	Câ	17/11/1988	06:33:43	Pe
09/03/1988	20:58:41	Sa	14/07/1988	14:11:09	Le	19/11/1988	09:12:19	Ár
12/03/1988	02:31:02	Cp	17/07/1988	02:17:15	Vi	21/11/1988	11:01:46	To
14/03/1988	05:07:39	Aq	19/07/1988	15:21:43	Li	23/11/1988	13:11:33	Gê
16/03/1988	05:41:56	Pe	22/07/1988	03:12:59	Es	25/11/1988	17:19:32	Câ
18/03/1988	05:45:05	Ár	24/07/1988	11:41:48	Sa	28/11/1988	00:51:42	Le
20/03/1988	07:04:59	To	26/07/1988	16:06:51	Cp	30/11/1988	11:59:30	Vi
22/03/1988	11:21:00	Gê	28/07/1988	17:24:43	Aq	03/12/1988	00:55:54	Li
24/03/1988	19:27:17	Câ	30/07/1988	17:22:44	Pe	05/12/1988	12:51:11	Es
27/03/1988	06:53:41	Le	01/08/1988	17:53:03	Ár	07/12/1988	21:55:24	Sa
29/03/1988	19:48:34	Vi	03/08/1988	20:23:59	To	10/12/1988	04:06:45	Cp
01/04/1988	08:05:00	Li	06/08/1988	01:42:42	Gê	12/12/1988	08:25:23	Aq
03/04/1988	18:25:41	Es	08/08/1988	09:52:12	Câ	14/12/1988	11:52:55	Pe
06/04/1988	02:28:43	Sa	10/08/1988	20:26:17	Le	16/12/1988	15:03:02	Ár
08/04/1988	08:19:21	Cp	13/08/1988	08:45:32	Vi	18/12/1988	18:10:47	To
10/04/1988	12:10:14	Aq	15/08/1988	21:51:39	Li	20/12/1988	21:42:38	Gê
12/04/1988	14:24:10	Pe	18/08/1988	10:11:46	Es	23/12/1988	02:34:41	Câ
14/04/1988	15:46:34	Ár	20/08/1988	19:54:36	Sa	25/12/1988	09:57:24	Le
16/04/1988	17:31:05	To	23/08/1988	01:48:54	Cp	27/12/1988	20:27:21	Vi
18/04/1988	21:09:56	Gê	25/08/1988	04:04:38	Aq	30/12/1988	09:09:26	Li
21/04/1988	04:04:24	Câ	27/08/1988	04:00:58	Pe	01/01/1989	21:33:46	Es
23/04/1988	14:34:08	Le	29/08/1988	03:29:07	Ár	04/01/1989	07:11:30	Sa
26/04/1988	03:15:49	Vi	31/08/1988	04:22:20	To	06/01/1989	13:13:52	Cp
28/04/1988	15:37:21	Li	02/09/1988	08:11:12	Gê	08/01/1989	16:30:31	Aq
01/05/1988	01:39:07	Es	04/09/1988	15:36:51	Câ	10/01/1989	18:30:50	Pe
03/05/1988	08:52:12	Sa	07/09/1988	02:14:09	Le	12/01/1989	20:35:34	Ár
05/05/1988	13:53:48	Cp	09/09/1988	14:47:40	Vi	14/01/1989	23:35:42	To
07/05/1988	17:36:44	Aq	12/09/1988	03:50:57	Li	17/01/1989	03:56:33	Gê

19/01/1989	09:56:52	Câ	27/05/1989	16:13:02	Pe	01/10/1989	20:52:43	Es
21/01/1989	18:02:20	Le	29/05/1989	19:25:20	Ár	04/10/1989	09:29:15	Sa
24/01/1989	04:32:21	Vi	31/05/1989	20:59:18	To	06/10/1989	20:45:07	Cp
26/01/1989	17:01:29	Li	02/06/1989	22:02:12	Gê	09/10/1989	05:06:28	Aq
29/01/1989	05:48:41	Es	05/06/1989	00:16:54	Câ	11/10/1989	09:37:21	Pe
31/01/1989	16:30:04	Sa	07/06/1989	05:28:07	Le	13/10/1989	10:41:20	Ár
02/02/1989	23:29:36	Cp	09/06/1989	14:29:23	Vi	15/10/1989	09:52:22	To
05/02/1989	02:50:48	Aq	12/06/1989	02:30:59	Li	17/10/1989	09:19:12	Gê
07/02/1989	03:52:00	Pe	14/06/1989	15:11:00	Es	19/10/1989	11:09:17	Câ
09/02/1989	04:17:42	Ár	17/06/1989	02:12:18	Sa	21/10/1989	16:47:25	Le
11/02/1989	05:44:47	To	19/06/1989	10:41:23	Cp	24/10/1989	02:14:49	Vi
13/02/1989	09:22:12	Gê	21/06/1989	16:56:38	Aq	26/10/1989	14:10:59	Li
15/02/1989	15:39:58	Câ	23/06/1989	21:36:05	Pe	29/10/1989	02:55:50	Es
18/02/1989	00:32:41	Le	26/06/1989	01:05:57	Ár	31/10/1989	15:22:36	Sa
20/02/1989	11:34:18	Vi	28/06/1989	03:45:03	To	03/11/1989	02:46:28	Cp
23/02/1989	00:04:41	Li	30/06/1989	06:08:05	Gê	05/11/1989	12:09:13	Aq
25/02/1989	12:56:54	Es	02/07/1989	09:18:41	Câ	07/11/1989	18:24:32	Pe
28/02/1989	00:29:06	Sa	04/07/1989	14:37:15	Le	09/11/1989	21:07:55	Ár
02/03/1989	08:57:45	Cp	06/07/1989	23:04:19	Vi	11/11/1989	21:09:10	To
04/03/1989	13:36:17	Aq	09/07/1989	10:30:18	Li	13/11/1989	20:18:38	Gê
06/03/1989	14:58:35	Pe	11/07/1989	23:08:58	Es	15/11/1989	20:51:06	Câ
08/03/1989	14:36:18	Ár	14/07/1989	10:31:00	Sa	18/11/1989	00:45:30	Le
10/03/1989	14:25:02	To	16/07/1989	19:01:03	Cp	20/11/1989	08:54:15	Vi
12/03/1989	16:16:07	Gê	19/07/1989	00:35:13	Aq	22/11/1989	20:25:03	Li
14/03/1989	21:27:15	Câ	21/07/1989	04:06:41	Pe	25/11/1989	09:13:05	Es
17/03/1989	06:12:43	Le	23/07/1989	06:40:31	Ár	27/11/1989	21:29:47	Sa
19/03/1989	17:39:25	Vi	25/07/1989	09:09:53	To	30/11/1989	08:26:07	Cp
22/03/1989	06:23:46	Li	27/07/1989	12:14:44	Gê	02/12/1989	17:41:54	Aq
24/03/1989	19:10:21	Es	29/07/1989	16:31:36	Câ	05/12/1989	00:47:38	Pe
27/03/1989	06:53:55	Sa	31/07/1989	22:40:59	Le	07/12/1989	05:11:20	Ár
29/03/1989	16:25:29	Cp	03/08/1989	07:18:48	Vi	09/12/1989	06:58:43	To
31/03/1989	22:44:48	Aq	05/08/1989	18:28:00	Li	11/12/1989	07:14:50	Gê
03/04/1989	01:36:51	Pe	08/08/1989	07:04:54	Es	13/12/1989	07:48:59	Câ
05/04/1989	01:50:47	Ár	10/08/1989	19:02:11	Sa	15/12/1989	10:41:26	Le
07/04/1989	01:07:15	To	13/08/1989	04:16:12	Cp	17/12/1989	17:19:22	Vi
09/04/1989	01:30:57	Gê	15/08/1989	09:58:45	Aq	20/12/1989	03:45:16	Li
11/04/1989	04:57:54	Câ	17/08/1989	12:45:32	Pe	22/12/1989	16:18:18	Es
13/04/1989	12:30:59	Le	19/08/1989	13:58:45	Ár	25/12/1989	04:37:03	Sa
15/04/1989	23:39:08	Vi	21/08/1989	15:10:23	To	27/12/1989	15:10:17	Cp
18/04/1989	12:31:23	Li	23/08/1989	17:38:35	Gê	29/12/1989	23:37:37	Aq
21/04/1989	01:13:08	Es	25/08/1989	22:13:02	Câ	01/01/1990	06:10:04	Pe
23/04/1989	12:38:14	Sa	28/08/1989	05:11:34	Le	03/01/1990	10:56:17	Ár
25/04/1989	22:15:01	Cp	30/08/1989	14:29:15	Vi	05/01/1990	14:03:52	To
28/04/1989	05:32:56	Aq	02/09/1989	01:47:16	Li	07/01/1990	16:01:32	Gê
30/04/1989	10:03:08	Pe	04/09/1989	14:23:05	Es	09/01/1990	17:51:52	Câ
02/05/1989	11:50:26	Ár	07/09/1989	02:50:39	Sa	11/01/1990	21:02:13	Le
04/05/1989	11:54:53	To	09/09/1989	13:13:00	Cp	14/01/1990	02:57:23	Vi
06/05/1989	12:03:09	Gê	11/09/1989	20:01:36	Aq	16/01/1990	12:17:32	Li
08/05/1989	14:19:28	Câ	13/09/1989	23:07:32	Pe	19/01/1990	00:15:56	Es
10/05/1989	20:22:45	Le	15/09/1989	23:38:11	Ár	21/01/1990	12:43:42	Sa
13/05/1989	06:30:03	Vi	17/09/1989	23:22:18	To	23/01/1990	23:27:17	Cp
15/05/1989	19:07:05	Li	20/09/1989	00:15:40	Gê	26/01/1990	07:24:54	Aq
18/05/1989	07:47:34	Es	22/09/1989	03:50:13	Câ	28/01/1990	12:50:37	Pe
20/05/1989	18:51:43	Sa	24/09/1989	10:44:03	Le	30/01/1990	16:33:58	Ár
23/05/1989	03:53:53	Cp	26/09/1989	20:32:15	Vi	01/02/1990	19:27:01	To
25/05/1989	11:00:59	Aq	29/09/1989	08:14:39	Li	03/02/1990	22:12:15	Gê

Signos Lunares 179

06/02/1990	01:26:44	Câ	14/06/1990	07:59:56	Pe	19/10/1990	01:23:53	Es			
08/02/1990	05:51:23	Le	16/06/1990	13:54:44	Ár	21/10/1990	13:09:13	Sa			
10/02/1990	12:13:01	Vi	18/06/1990	16:42:37	To	24/10/1990	02:02:55	Cp			
12/02/1990	21:09:13	Li	20/06/1990	17:14:26	Gê	26/10/1990	14:13:59	Aq			
15/02/1990	08:34:18	Es	22/06/1990	17:09:29	Câ	28/10/1990	23:21:42	Pe			
17/02/1990	21:06:55	Sa	24/06/1990	18:24:54	Le	31/10/1990	04:14:15	Ár			
20/02/1990	08:30:02	Cp	26/06/1990	22:41:53	Vi	02/11/1990	05:31:27	To			
22/02/1990	16:52:08	Aq	29/06/1990	06:46:56	Li	04/11/1990	05:05:43	Gê			
24/02/1990	21:49:26	Pe	01/07/1990	18:00:48	Es	06/11/1990	05:07:26	Câ			
27/02/1990	00:16:16	Ár	04/07/1990	06:35:25	Sa	08/11/1990	07:24:01	Le			
01/03/1990	01:42:46	To	06/07/1990	18:39:30	Cp	10/11/1990	12:48:03	Vi			
03/03/1990	03:37:26	Gê	09/07/1990	05:06:30	Aq	12/11/1990	21:08:23	Li			
05/03/1990	07:02:19	Câ	11/07/1990	13:29:09	Pe	15/11/1990	07:39:06	Es			
07/03/1990	12:24:27	Le	13/07/1990	19:36:17	Ár	17/11/1990	19:39:04	Sa			
09/03/1990	19:46:57	Vi	15/07/1990	23:28:38	To	20/11/1990	08:31:31	Cp			
12/03/1990	05:08:47	Li	18/07/1990	01:31:37	Gê	22/11/1990	21:06:58	Aq			
14/03/1990	16:24:53	Es	20/07/1990	02:43:35	Câ	25/11/1990	07:31:42	Pe			
17/03/1990	04:56:03	Sa	22/07/1990	04:28:35	Le	27/11/1990	14:06:08	Ár			
19/03/1990	17:01:30	Cp	24/07/1990	08:17:27	Vi	29/11/1990	16:37:06	To			
22/03/1990	02:31:01	Aq	26/07/1990	15:18:34	Li	01/12/1990	16:22:32	Gê			
24/03/1990	08:08:25	Pe	29/07/1990	01:39:05	Es	03/12/1990	15:27:20	Câ			
26/03/1990	10:15:19	Ár	31/07/1990	13:59:42	Sa	05/12/1990	16:00:01	Le			
28/03/1990	10:26:17	To	03/08/1990	02:08:30	Cp	07/12/1990	19:38:45	Vi			
30/03/1990	10:42:01	Gê	05/08/1990	12:18:54	Aq	10/12/1990	02:59:58	Li			
01/04/1990	12:49:35	Câ	07/08/1990	19:54:11	Pe	12/12/1990	13:27:34	Es			
03/04/1990	17:49:44	Le	10/08/1990	01:12:38	Ár	15/12/1990	01:43:48	Sa			
06/04/1990	01:41:34	Vi	12/08/1990	04:54:34	To	17/12/1990	14:34:43	Cp			
08/04/1990	11:44:21	Li	14/08/1990	07:41:23	Gê	20/12/1990	02:59:01	Aq			
10/04/1990	23:17:33	Es	16/08/1990	10:12:11	Câ	22/12/1990	13:47:41	Pe			
13/04/1990	11:47:37	Sa	18/08/1990	13:11:03	Le	24/12/1990	21:44:56	Ár			
16/04/1990	00:14:39	Cp	20/08/1990	17:32:57	Vi	27/12/1990	02:08:53	To			
18/04/1990	10:52:35	Aq	23/08/1990	00:16:34	Li	29/12/1990	03:25:45	Gê			
20/04/1990	17:56:38	Pe	25/08/1990	09:56:07	Es	31/12/1990	03:02:13	Câ			
22/04/1990	20:58:12	Ár	27/08/1990	21:57:26	Sa	02/01/1991	02:54:10	Le			
24/04/1990	21:02:35	To	30/08/1990	10:22:48	Cp	04/01/1991	04:56:44	Vi			
26/04/1990	20:11:55	Gê	01/09/1990	20:50:52	Aq	06/01/1991	10:33:12	Li			
28/04/1990	20:39:06	Câ	04/09/1990	04:05:34	Pe	08/01/1991	19:59:04	Es			
01/05/1990	00:08:20	Le	06/09/1990	08:23:00	Ár	11/01/1991	08:06:08	Sa			
03/05/1990	07:17:51	Vi	08/09/1990	10:55:16	To	13/01/1991	21:00:12	Cp			
05/05/1990	17:28:16	Li	10/09/1990	13:04:32	Gê	16/01/1991	09:04:18	Aq			
08/05/1990	05:22:18	Es	12/09/1990	15:52:39	Câ	18/01/1991	19:23:10	Pe			
10/05/1990	17:56:01	Sa	14/09/1990	19:51:56	Le	21/01/1991	03:27:29	Ár			
13/05/1990	06:20:54	Cp	17/09/1990	01:18:32	Vi	23/01/1991	09:00:34	To			
15/05/1990	17:30:06	Aq	19/09/1990	08:33:56	Li	25/01/1991	12:06:21	Gê			
18/05/1990	01:53:45	Pe	21/09/1990	18:05:37	Es	27/01/1991	13:22:54	Câ			
20/05/1990	06:31:19	Ár	24/09/1990	05:52:06	Sa	29/01/1991	14:03:24	Le			
22/05/1990	07:42:03	To	26/09/1990	18:36:23	Cp	31/01/1991	15:43:58	Vi			
24/05/1990	06:59:45	Gê	29/09/1990	05:53:43	Aq	02/02/1991	20:02:09	Li			
26/05/1990	06:33:42	Câ	01/10/1990	13:42:10	Pe	05/02/1991	04:01:10	Es			
28/05/1990	08:29:09	Le	03/10/1990	17:41:47	Ár	07/02/1991	15:23:06	Sa			
30/05/1990	14:07:38	Vi	05/10/1990	19:05:53	To	10/02/1991	04:15:38	Cp			
01/06/1990	23:30:45	Li	07/10/1990	19:47:00	Gê	12/02/1991	16:16:23	Aq			
04/06/1990	11:21:29	Es	09/10/1990	21:29:19	Câ	15/02/1991	01:58:42	Pe			
06/06/1990	23:59:27	Sa	12/10/1990	01:16:17	Le	17/02/1991	09:11:26	Ár			
09/06/1990	12:11:38	Cp	14/10/1990	07:20:33	Vi	19/02/1991	14:24:05	To			
11/06/1990	23:08:58	Aq	16/10/1990	15:26:26	Li	21/02/1991	18:10:17	Gê			

180 *Signos Lunares*

23/02/1991	20:56:19	Câ	01/07/1991	17:50:51	Pe	05/11/1991	10:08:38	Es
25/02/1991	23:12:34	Le	04/07/1991	03:33:29	Ár	07/11/1991	18:21:06	Sa
28/02/1991	01:49:58	Vi	06/07/1991	09:51:46	To	10/11/1991	05:16:13	Cp
02/03/1991	06:03:07	Li	08/07/1991	12:41:36	Gê	12/11/1991	18:06:10	Aq
04/03/1991	13:08:17	Es	10/07/1991	13:02:42	Câ	15/11/1991	06:33:14	Pe
06/03/1991	23:34:52	Sa	12/07/1991	12:35:02	Le	17/11/1991	16:07:32	Ár
09/03/1991	12:13:40	Cp	14/07/1991	13:11:40	Vi	19/11/1991	21:49:00	To
12/03/1991	00:30:47	Aq	16/07/1991	16:34:01	Li	22/11/1991	00:22:25	Gê
14/03/1991	10:10:40	Pe	18/07/1991	23:40:39	Es	24/11/1991	01:25:20	Câ
16/03/1991	16:37:30	Ár	21/07/1991	10:16:27	Sa	26/11/1991	02:37:24	Le
18/03/1991	20:40:22	To	23/07/1991	22:55:15	Cp	28/11/1991	05:11:56	Vi
20/03/1991	23:36:34	Gê	26/07/1991	11:48:57	Aq	30/11/1991	09:46:48	Li
23/03/1991	02:27:20	Câ	28/07/1991	23:34:36	Pe	02/12/1991	16:33:02	Es
25/03/1991	05:43:19	Le	31/07/1991	09:20:08	Ár	05/12/1991	01:32:19	Sa
27/03/1991	09:40:44	Vi	02/08/1991	16:31:34	To	07/12/1991	12:40:57	Cp
29/03/1991	14:49:26	Li	04/08/1991	20:54:15	Gê	10/12/1991	01:26:33	Aq
31/03/1991	22:01:00	Es	06/08/1991	22:46:55	Câ	12/12/1991	14:19:06	Pe
03/04/1991	07:58:48	Sa	08/08/1991	23:09:20	Le	15/12/1991	01:06:29	Ár
05/04/1991	20:19:34	Cp	10/08/1991	23:34:48	Vi	17/12/1991	08:09:37	To
08/04/1991	08:59:34	Aq	13/08/1991	01:51:50	Li	19/12/1991	11:21:19	Gê
10/04/1991	19:17:29	Pe	15/08/1991	07:33:36	Es	21/12/1991	11:54:32	Câ
13/04/1991	01:49:27	Ár	17/08/1991	17:10:41	Sa	23/12/1991	11:38:27	Le
15/04/1991	05:05:33	To	20/08/1991	05:34:13	Cp	25/12/1991	12:23:35	Vi
17/04/1991	06:41:05	Gê	22/08/1991	18:26:44	Aq	27/12/1991	15:37:27	Li
19/04/1991	08:17:20	Câ	25/08/1991	05:51:05	Pe	29/12/1991	22:03:11	Es
21/04/1991	11:04:11	Le	27/08/1991	15:00:50	Ár	01/01/1992	07:30:02	Sa
23/04/1991	15:29:14	Vi	29/08/1991	21:59:36	To	03/01/1992	19:09:01	Cp
25/04/1991	21:36:02	Li	01/09/1991	03:02:08	Gê	06/01/1992	07:59:03	Aq
28/04/1991	05:33:46	Es	03/09/1991	06:19:25	Câ	08/01/1992	20:51:59	Pe
30/04/1991	15:42:01	Sa	05/09/1991	08:12:59	Le	11/01/1992	08:22:25	Ár
03/05/1991	03:54:32	Cp	07/09/1991	09:34:59	Vi	13/01/1992	17:00:09	To
05/05/1991	16:50:52	Aq	09/09/1991	11:51:32	Li	15/01/1992	21:54:33	Gê
08/05/1991	04:04:15	Pe	11/09/1991	16:42:09	Es	17/01/1992	23:25:59	Câ
10/05/1991	11:34:24	Ár	14/09/1991	01:14:18	Sa	19/01/1992	22:56:40	Le
12/05/1991	15:07:12	To	16/09/1991	13:03:36	Cp	21/01/1992	22:21:55	Vi
14/05/1991	16:01:46	Gê	19/09/1991	01:57:35	Aq	23/01/1992	23:42:11	Li
16/05/1991	16:13:48	Câ	21/09/1991	13:20:15	Pe	26/01/1992	04:31:58	Es
18/05/1991	17:29:57	Le	23/09/1991	21:55:34	Ár	28/01/1992	13:19:34	Sa
20/05/1991	21:00:10	Vi	26/09/1991	03:59:14	To	31/01/1992	01:07:22	Cp
23/05/1991	03:07:34	Li	28/09/1991	08:25:24	Gê	02/02/1992	14:08:33	Aq
25/05/1991	11:41:20	Es	30/09/1991	11:58:10	Câ	05/02/1992	02:50:35	Pe
27/05/1991	22:21:01	Sa	02/10/1991	14:58:27	Le	07/02/1992	14:14:56	Ár
30/05/1991	10:40:25	Cp	04/10/1991	17:44:34	Vi	09/02/1992	23:35:38	To
01/06/1991	23:41:32	Aq	06/10/1991	21:00:17	Li	12/02/1992	06:07:50	Gê
04/06/1991	11:36:17	Pe	09/10/1991	01:59:49	Es	14/02/1992	09:30:38	Câ
06/06/1991	20:25:05	Ár	11/10/1991	09:57:45	Sa	16/02/1992	10:15:05	Le
09/06/1991	01:12:32	To	13/10/1991	21:10:15	Cp	18/02/1992	09:46:37	Vi
11/06/1991	02:36:26	Gê	16/10/1991	10:04:21	Aq	20/02/1992	10:04:34	Li
13/06/1991	02:16:30	Câ	18/10/1991	21:52:47	Pe	22/02/1992	13:11:12	Es
15/06/1991	02:10:27	Le	21/10/1991	06:33:00	Ár	24/02/1992	20:26:13	Sa
17/06/1991	04:02:52	Vi	23/10/1991	11:55:25	To	27/02/1992	07:33:07	Cp
19/06/1991	09:01:11	Li	25/10/1991	15:08:38	Gê	29/02/1992	20:34:00	Aq
21/06/1991	17:18:22	Es	27/10/1991	17:36:54	Câ	03/03/1992	09:10:45	Pe
24/06/1991	04:15:59	Sa	29/10/1991	20:20:12	Le	05/03/1992	20:06:37	Ár
26/06/1991	16:49:20	Cp	31/10/1991	23:46:35	Vi	08/03/1992	05:04:57	To
29/06/1991	05:47:21	Aq	03/11/1991	04:12:31	Li	10/03/1992	12:03:21	Gê

Signos Lunares

12/03/1992	16:49:33	Câ	17/07/1992	22:44:12	Pe	22/11/1992	00:51:45	Es
14/03/1992	19:20:22	Le	20/07/1992	11:07:17	Ár	24/11/1992	05:00:50	Sa
16/03/1992	20:13:12	Vi	22/07/1992	21:35:48	To	26/11/1992	11:38:08	Cp
18/03/1992	20:54:33	Li	25/07/1992	04:44:12	Gê	28/11/1992	21:18:58	Aq
20/03/1992	23:19:44	Es	27/07/1992	08:08:06	Câ	01/12/1992	09:23:21	Pe
23/03/1992	05:13:01	Sa	29/07/1992	08:39:08	Le	03/12/1992	21:48:35	Ár
25/03/1992	15:08:30	Cp	31/07/1992	08:01:08	Vi	06/12/1992	08:16:16	To
28/03/1992	03:44:21	Aq	02/08/1992	08:16:57	Li	08/12/1992	15:36:33	Gê
30/03/1992	16:23:06	Pe	04/08/1992	11:16:03	Es	10/12/1992	20:05:16	Câ
02/04/1992	03:03:51	Ár	06/08/1992	17:56:59	Sa	12/12/1992	22:46:59	Le
04/04/1992	11:17:51	To	09/08/1992	04:00:18	Cp	15/12/1992	00:55:51	Vi
06/04/1992	17:32:43	Gê	11/08/1992	16:06:29	Aq	17/12/1992	03:33:01	Li
08/04/1992	22:18:09	Câ	14/08/1992	04:50:55	Pe	19/12/1992	07:19:37	Es
11/04/1992	01:45:54	Le	16/08/1992	17:11:20	Ár	21/12/1992	12:42:28	Sa
13/04/1992	04:08:54	Vi	19/08/1992	04:09:40	To	23/12/1992	20:04:17	Cp
15/04/1992	06:10:14	Li	21/08/1992	12:36:10	Gê	26/12/1992	05:43:02	Aq
17/04/1992	09:09:39	Es	23/08/1992	17:36:22	Câ	28/12/1992	17:27:58	Pe
19/04/1992	14:40:10	Sa	25/08/1992	19:14:58	Le	31/12/1992	06:06:41	Ár
21/04/1992	23:40:33	Cp	27/08/1992	18:46:23	Vi	02/01/1993	17:29:56	To
24/04/1992	11:38:24	Aq	29/08/1992	18:10:37	Li	05/01/1993	01:41:52	Gê
27/04/1992	00:19:44	Pe	31/08/1992	19:38:23	Es	07/01/1993	06:10:09	Câ
29/04/1992	11:13:18	Ár	03/09/1992	00:49:59	Sa	09/01/1993	07:49:18	Le
01/05/1992	19:09:15	To	05/09/1992	10:05:54	Cp	11/01/1993	08:20:15	Vi
04/05/1992	00:28:09	Gê	07/09/1992	22:08:18	Aq	13/01/1993	09:30:14	Li
06/05/1992	04:09:27	Câ	10/09/1992	10:55:59	Pe	15/01/1993	12:41:44	Es
08/05/1992	07:07:04	Le	12/09/1992	23:02:08	Ár	17/01/1993	18:30:27	Sa
10/05/1992	09:55:59	Vi	15/09/1992	09:46:53	To	20/01/1993	02:46:15	Cp
12/05/1992	13:04:58	Li	17/09/1992	18:39:41	Gê	22/01/1993	13:00:25	Aq
14/05/1992	17:14:57	Es	20/09/1992	00:58:54	Câ	25/01/1993	00:47:08	Pe
16/05/1992	23:21:39	Sa	22/09/1992	04:18:44	Le	27/01/1993	13:27:35	Ár
19/05/1992	08:12:35	Cp	24/09/1992	05:07:57	Vi	30/01/1993	01:36:51	To
21/05/1992	19:43:32	Aq	26/09/1992	04:55:20	Li	01/02/1993	11:14:29	Gê
24/05/1992	08:25:06	Pe	28/09/1992	05:44:02	Es	03/02/1993	16:56:21	Câ
26/05/1992	19:52:28	Ár	30/09/1992	09:33:33	Sa	05/02/1993	18:51:03	Le
29/05/1992	04:16:01	To	02/10/1992	17:28:56	Cp	07/02/1993	18:29:00	Vi
31/05/1992	09:18:55	Gê	05/10/1992	04:52:46	Aq	09/02/1993	17:58:18	Li
02/06/1992	11:57:34	Câ	07/10/1992	17:37:40	Pe	11/02/1993	19:23:29	Es
04/06/1992	13:34:49	Le	10/10/1992	05:35:56	Ár	14/02/1993	00:07:31	Sa
06/06/1992	15:27:41	Vi	12/10/1992	15:48:17	To	16/02/1993	08:20:09	Cp
08/06/1992	18:33:07	Li	15/10/1992	00:08:09	Gê	18/02/1993	19:05:05	Aq
10/06/1992	23:26:36	Es	17/10/1992	06:35:40	Câ	21/02/1993	07:11:42	Pe
13/06/1992	06:28:48	Sa	19/10/1992	11:00:59	Le	23/02/1993	19:50:15	Ár
15/06/1992	15:49:49	Cp	21/10/1992	13:27:23	Vi	26/02/1993	08:11:20	To
18/06/1992	03:18:45	Aq	23/10/1992	14:39:21	Li	28/02/1993	18:52:10	Gê
20/06/1992	15:59:44	Pe	25/10/1992	16:04:18	Es	03/03/1993	02:16:06	Câ
23/06/1992	04:03:03	Ár	27/10/1992	19:28:47	Sa	05/03/1993	05:40:17	Le
25/06/1992	13:28:24	To	30/10/1992	02:17:52	Cp	07/03/1993	05:52:13	Vi
27/06/1992	19:13:46	Gê	01/11/1992	12:43:07	Aq	09/03/1993	04:46:11	Li
29/06/1992	21:41:58	Câ	04/11/1992	01:12:33	Pe	11/03/1993	04:39:42	Es
01/07/1992	22:15:00	Le	06/11/1992	13:19:14	Ár	13/03/1993	07:33:29	Sa
03/07/1992	22:37:18	Vi	08/11/1992	23:18:52	To	15/03/1993	14:27:52	Cp
06/07/1992	00:27:13	Li	11/11/1992	06:49:26	Gê	18/03/1993	00:52:13	Aq
08/07/1992	04:53:23	Es	13/11/1992	12:19:00	Câ	20/03/1993	13:10:32	Pe
10/07/1992	12:17:12	Sa	15/11/1992	16:22:55	Le	23/03/1993	01:51:16	Ár
12/07/1992	22:15:34	Cp	17/11/1992	19:28:02	Vi	25/03/1993	13:59:05	To
15/07/1992	10:02:41	Aq	19/11/1992	22:02:34	Li	28/03/1993	00:47:50	Gê

182 — Signos Lunares

Data	Hora	Signo	Data	Hora	Signo	Data	Hora	Signo	Data	Hora	Signo
30/03/1993	09:13:58	Câ	04/08/1993	02:43:30	Pe	09/12/1993	20:04:12	Es
01/04/1993	14:21:09	Le	06/08/1993	14:39:14	Ár	11/12/1993	21:39:13	Sa
03/04/1993	16:10:17	Vi	09/08/1993	03:22:29	To	14/12/1993	00:06:00	Cp
05/04/1993	15:54:19	Li	11/08/1993	14:46:39	Gê	16/12/1993	04:51:27	Aq
07/04/1993	15:31:51	Es	13/08/1993	22:46:16	Câ	18/12/1993	12:58:47	Pe
09/04/1993	17:09:45	Sa	16/08/1993	02:43:23	Le	21/12/1993	00:18:52	Ár
11/04/1993	22:23:59	Cp	18/08/1993	03:40:47	Vi	23/12/1993	13:04:33	To
14/04/1993	07:35:43	Aq	20/08/1993	03:35:09	Li	26/12/1993	00:45:39	Gê
16/04/1993	19:32:26	Pe	22/08/1993	04:27:28	Es	28/12/1993	09:45:57	Câ
19/04/1993	08:14:20	Ár	24/08/1993	07:45:19	Sa	30/12/1993	15:59:12	Le
21/04/1993	20:07:44	To	26/08/1993	13:57:46	Cp	01/01/1994	20:14:41	Vi
24/04/1993	06:26:37	Gê	28/08/1993	22:41:35	Aq	03/01/1994	23:30:47	Li
26/04/1993	14:45:22	Câ	31/08/1993	09:18:31	Pe	06/01/1994	02:28:44	Es
28/04/1993	20:39:16	Le	02/09/1993	21:20:46	Ár	08/01/1994	05:33:53	Sa
30/04/1993	23:59:51	Vi	05/09/1993	10:09:22	To	10/01/1994	09:15:49	Cp
03/05/1993	01:19:58	Li	07/09/1993	22:15:55	Gê	12/01/1994	14:25:05	Aq
05/05/1993	01:57:12	Es	10/09/1993	07:36:36	Câ	14/01/1994	22:03:37	Pe
07/05/1993	03:34:29	Sa	12/09/1993	12:51:16	Le	17/01/1994	08:41:52	Ár
09/05/1993	07:50:53	Cp	14/09/1993	14:20:00	Vi	19/01/1994	21:21:51	To
11/05/1993	15:43:57	Aq	16/09/1993	13:43:48	Li	22/01/1994	09:34:30	Gê
14/05/1993	02:50:29	Pe	18/09/1993	13:14:36	Es	24/01/1994	18:54:50	Câ
16/05/1993	15:24:04	Ár	20/09/1993	14:53:17	Sa	27/01/1994	00:38:06	Le
19/05/1993	03:16:18	To	22/09/1993	19:53:44	Cp	29/01/1994	03:38:51	Vi
21/05/1993	13:07:07	Gê	25/09/1993	04:18:42	Aq	31/01/1994	05:33:44	Li
23/05/1993	20:37:55	Câ	27/09/1993	15:12:48	Pe	02/02/1994	07:49:21	Es
26/05/1993	02:02:59	Le	30/09/1993	03:28:40	Ár	04/02/1994	11:14:24	Sa
28/05/1993	05:46:15	Vi	02/10/1993	16:13:07	To	06/02/1994	16:01:37	Cp
30/05/1993	08:18:01	Li	05/10/1993	04:26:47	Gê	08/02/1994	22:16:27	Aq
01/06/1993	10:22:25	Es	07/10/1993	14:42:20	Câ	11/02/1994	06:22:34	Pe
03/06/1993	13:01:03	Sa	09/10/1993	21:33:33	Le	13/02/1994	16:49:15	Ár
05/06/1993	17:26:04	Cp	12/10/1993	00:35:47	Vi	16/02/1994	05:19:36	To
08/06/1993	00:39:20	Aq	14/10/1993	00:47:20	Li	18/02/1994	18:05:22	Gê
10/06/1993	10:56:49	Pe	16/10/1993	00:00:47	Es	21/02/1994	04:27:10	Câ
12/06/1993	23:13:45	Ár	18/10/1993	00:23:15	Sa	23/02/1994	10:47:31	Le
15/06/1993	11:19:14	To	20/10/1993	03:41:59	Cp	25/02/1994	13:27:06	Vi
17/06/1993	21:11:48	Gê	22/10/1993	10:48:56	Aq	27/02/1994	14:05:59	Li
20/06/1993	04:05:00	Câ	24/10/1993	21:17:17	Pe	01/03/1994	14:43:08	Es
22/06/1993	08:26:11	Le	27/10/1993	09:39:04	Ár	03/03/1994	16:53:34	Sa
24/06/1993	11:18:09	Vi	29/10/1993	22:20:06	To	05/03/1994	21:24:03	Cp
26/06/1993	13:45:28	Li	01/11/1993	10:12:35	Gê	08/03/1994	04:14:54	Aq
28/06/1993	16:37:19	Es	03/11/1993	20:24:33	Câ	10/03/1994	13:09:19	Pe
30/06/1993	20:27:59	Sa	06/11/1993	04:06:24	Le	12/03/1994	23:58:39	Ár
03/07/1993	01:48:29	Cp	08/11/1993	08:47:07	Vi	15/03/1994	12:27:23	To
05/07/1993	09:14:05	Aq	10/11/1993	10:42:16	Li	18/03/1994	01:28:51	Gê
07/07/1993	19:09:33	Pe	12/11/1993	10:59:34	Es	20/03/1994	12:53:43	Câ
10/07/1993	07:11:05	Ár	14/11/1993	11:20:27	Sa	22/03/1994	20:39:03	Le
12/07/1993	19:37:14	To	16/11/1993	13:34:10	Cp	25/03/1994	00:13:48	Vi
15/07/1993	06:06:31	Gê	18/11/1993	19:07:47	Aq	27/03/1994	00:46:14	Li
17/07/1993	13:07:35	Câ	21/11/1993	04:27:23	Pe	29/03/1994	00:14:51	Es
19/07/1993	16:47:09	Le	23/11/1993	16:30:31	Ár	31/03/1994	00:41:05	Sa
21/07/1993	18:23:50	Vi	26/11/1993	05:14:01	To	02/04/1994	03:37:31	Cp
23/07/1993	19:39:27	Li	28/11/1993	16:47:33	Gê	04/04/1994	09:45:21	Aq
25/07/1993	22:00:00	Es	01/12/1993	02:17:00	Câ	06/04/1994	18:50:55	Pe
28/07/1993	02:12:45	Sa	03/12/1993	09:32:45	Le	09/04/1994	06:08:40	Ár
30/07/1993	08:26:36	Cp	05/12/1993	14:43:01	Vi	11/04/1994	18:47:33	To
01/08/1993	16:36:28	Aq	07/12/1993	18:03:27	Li	14/04/1994	07:47:38	Gê

Signos Lunares

16/04/1994	19:40:59	Câ	21/08/1994	10:27:11	Pe	27/12/1994	16:17:03	Es
19/04/1994	04:44:49	Le	23/08/1994	18:54:38	Ár	29/12/1994	17:45:29	Sa
21/04/1994	09:57:53	Vi	26/08/1994	06:13:20	To	31/12/1994	17:57:28	Cp
23/04/1994	11:40:03	Li	28/08/1994	19:07:25	Gê	02/01/1995	18:38:48	Aq
25/04/1994	11:18:06	Es	31/08/1994	06:59:53	Câ	04/01/1995	21:49:00	Pe
27/04/1994	10:48:13	Sa	02/09/1994	15:36:59	Le	07/01/1995	04:56:31	Ár
29/04/1994	12:04:52	Cp	04/09/1994	20:33:27	Vi	09/01/1995	15:58:12	To
01/05/1994	16:34:24	Aq	06/09/1994	22:56:35	Li	12/01/1995	04:57:27	Gê
04/05/1994	00:46:43	Pe	09/09/1994	00:25:35	Es	14/01/1995	17:19:56	Câ
06/05/1994	12:01:08	Ár	11/09/1994	02:25:06	Sa	17/01/1995	03:36:25	Le
09/05/1994	00:50:15	To	13/09/1994	05:44:17	Cp	19/01/1995	11:39:27	Vi
11/05/1994	13:43:27	Gê	15/09/1994	10:42:21	Aq	21/01/1995	17:53:35	Li
14/05/1994	01:26:55	Câ	17/09/1994	17:31:04	Pe	23/01/1995	22:32:11	Es
16/05/1994	10:58:19	Le	20/09/1994	02:29:34	Ár	26/01/1995	01:36:32	Sa
18/05/1994	17:30:43	Vi	22/09/1994	13:47:25	To	28/01/1995	03:26:09	Cp
20/05/1994	20:54:29	Li	25/09/1994	02:41:17	Gê	30/01/1995	05:02:54	Aq
22/05/1994	21:50:42	Es	27/09/1994	15:11:40	Câ	01/02/1995	08:05:03	Pe
24/05/1994	21:42:48	Sa	30/09/1994	00:55:08	Le	03/02/1995	14:12:30	Ár
26/05/1994	22:16:49	Cp	02/10/1994	06:39:18	Vi	06/02/1995	00:08:34	To
29/05/1994	01:18:53	Aq	04/10/1994	08:56:08	Li	08/02/1995	12:43:36	Gê
31/05/1994	08:03:20	Pe	06/10/1994	09:21:49	Es	11/02/1995	01:16:50	Câ
02/06/1994	18:31:02	Ár	08/10/1994	09:46:52	Sa	13/02/1995	11:31:05	Le
05/06/1994	07:13:58	To	10/10/1994	11:43:54	Cp	15/02/1995	18:51:38	Vi
07/06/1994	20:03:09	Gê	12/10/1994	16:09:17	Aq	18/02/1995	00:00:18	Li
10/06/1994	07:21:42	Câ	14/10/1994	23:18:13	Pe	20/02/1995	03:55:02	Es
12/06/1994	16:28:35	Le	17/10/1994	08:56:05	Ár	22/02/1995	07:12:37	Sa
14/06/1994	23:16:08	Vi	19/10/1994	20:34:16	To	24/02/1995	10:10:34	Cp
17/06/1994	03:48:00	Li	22/10/1994	09:27:35	Gê	26/02/1995	13:13:51	Aq
19/06/1994	06:19:49	Es	24/10/1994	22:15:20	Câ	28/02/1995	17:15:46	Pe
21/06/1994	07:32:03	Sa	27/10/1994	09:04:33	Le	02/03/1995	23:29:47	Ár
23/06/1994	08:36:45	Cp	29/10/1994	16:21:10	Vi	05/03/1995	08:50:18	To
25/06/1994	11:09:37	Aq	31/10/1994	19:46:06	Li	07/03/1995	20:54:59	Gê
27/06/1994	16:44:26	Pe	02/11/1994	20:19:19	Es	10/03/1995	09:40:08	Câ
30/06/1994	02:06:33	Ár	04/11/1994	19:45:51	Sa	12/03/1995	20:28:02	Le
02/07/1994	14:23:00	To	06/11/1994	20:01:40	Cp	15/03/1995	03:54:25	Vi
05/07/1994	03:12:20	Gê	08/11/1994	22:48:01	Aq	17/03/1995	08:17:42	Li
07/07/1994	14:17:25	Câ	11/11/1994	05:03:59	Pe	19/03/1995	10:52:14	Es
09/07/1994	22:43:16	Le	13/11/1994	14:43:43	Ár	21/03/1995	12:57:21	Sa
12/07/1994	04:48:09	Vi	16/11/1994	02:43:51	To	23/03/1995	15:31:23	Cp
14/07/1994	09:14:36	Li	18/11/1994	15:41:15	Gê	25/03/1995	19:09:40	Aq
16/07/1994	12:34:40	Es	21/11/1994	04:20:56	Câ	28/03/1995	00:18:01	Pe
18/07/1994	15:09:16	Sa	23/11/1994	15:33:00	Le	30/03/1995	07:25:38	Ár
20/07/1994	17:30:13	Cp	26/11/1994	00:08:38	Vi	01/04/1995	16:58:36	To
22/07/1994	20:38:16	Aq	28/11/1994	05:22:10	Li	04/04/1995	04:49:00	Gê
25/07/1994	01:56:06	Pe	30/11/1994	07:21:23	Es	06/04/1995	17:39:51	Câ
27/07/1994	10:30:37	Ár	02/12/1994	07:12:45	Sa	09/04/1995	05:15:32	Le
29/07/1994	22:12:53	To	04/12/1994	06:42:29	Cp	11/04/1995	13:38:49	Vi
01/08/1994	11:04:42	Gê	06/12/1994	07:51:32	Aq	13/04/1995	18:20:02	Li
03/08/1994	22:22:14	Câ	08/12/1994	12:24:14	Pe	15/04/1995	20:12:56	Es
06/08/1994	06:30:43	Le	10/12/1994	21:03:24	Ár	17/04/1995	20:51:31	Sa
08/08/1994	11:42:04	Vi	13/12/1994	08:55:48	To	19/04/1995	21:53:31	Cp
10/08/1994	15:06:33	Li	15/12/1994	21:59:47	Gê	22/04/1995	00:37:52	Aq
12/08/1994	17:55:47	Es	18/12/1994	10:24:35	Câ	24/04/1995	05:50:33	Pe
14/08/1994	20:53:01	Sa	20/12/1994	21:12:52	Le	26/04/1995	13:41:08	Ár
17/08/1994	00:17:53	Cp	23/12/1994	06:00:44	Vi	28/04/1995	23:52:59	To
19/08/1994	04:33:40	Aq	25/12/1994	12:27:25	Li	01/05/1995	11:53:05	Gê

184 Signos Lunares

Data	Hora	Signo	Data	Hora	Signo	Data	Hora	Signo
04/05/1995	00:44:45	Câ	08/09/1995	00:07:51	Pe	14/01/1996	09:29:55	Es
06/05/1995	12:54:53	Le	10/09/1995	04:13:58	Ár	16/01/1996	13:24:54	Sa
08/05/1995	22:33:22	Vi	12/09/1995	11:21:30	To	18/01/1996	14:06:52	Cp
11/05/1995	04:30:00	Li	14/09/1995	21:48:04	Gê	20/01/1996	13:14:38	Aq
13/05/1995	06:53:08	Es	17/09/1995	10:15:41	Câ	22/01/1996	13:01:49	Pe
15/05/1995	06:58:24	Sa	19/09/1995	22:19:28	Le	24/01/1996	15:36:43	Ár
17/05/1995	06:35:42	Cp	22/09/1995	08:01:17	Vi	26/01/1996	22:16:20	To
19/05/1995	07:39:25	Aq	24/09/1995	14:49:35	Li	29/01/1996	08:42:29	Gê
21/05/1995	11:39:56	Pe	26/09/1995	19:20:08	Es	31/01/1996	21:10:34	Câ
23/05/1995	19:13:00	Ár	28/09/1995	22:30:13	Sa	03/02/1996	09:45:41	Le
26/05/1995	05:46:33	To	01/10/1995	01:10:15	Cp	05/02/1996	21:22:09	Vi
28/05/1995	18:06:51	Gê	03/10/1995	03:59:26	Aq	08/02/1996	07:29:48	Li
31/05/1995	06:59:16	Câ	05/10/1995	07:35:06	Pe	10/02/1996	15:35:01	Es
02/06/1995	19:16:56	Le	07/10/1995	12:41:31	Ár	12/02/1996	20:57:59	Sa
05/06/1995	05:46:08	Vi	09/10/1995	20:05:01	To	14/02/1996	23:29:31	Cp
07/06/1995	13:13:04	Li	12/10/1995	06:09:35	Gê	16/02/1996	23:59:38	Aq
09/06/1995	17:03:16	Es	14/10/1995	18:20:02	Câ	19/02/1996	00:09:05	Pe
11/06/1995	17:49:49	Sa	17/10/1995	06:46:13	Le	21/02/1996	01:58:17	Ár
13/06/1995	17:04:58	Cp	19/10/1995	17:11:24	Vi	23/02/1996	07:08:21	To
15/06/1995	16:52:01	Aq	22/10/1995	00:15:08	Li	25/02/1996	16:13:51	Gê
17/06/1995	19:13:07	Pe	24/10/1995	04:06:31	Es	28/02/1996	04/10/18	Câ
20/06/1995	01:28:57	Ár	26/10/1995	05:56:09	Sa	01/03/1996	16:47:06	Le
22/06/1995	11:35:24	To	28/10/1995	07:14:37	Cp	04/03/1996	04:12:50	Vi
25/06/1995	00:02:09	Gê	30/10/1995	09:23:24	Aq	06/03/1996	13:40:19	Li
27/06/1995	12:56:10	Câ	01/11/1995	13:17:30	Pe	08/03/1996	21:05:20	Es
30/06/1995	01:01:33	Le	03/11/1995	19:20:38	Ár	11/03/1996	02:32:26	Sa
02/07/1995	11:35:16	Vi	06/11/1995	03:35:10	To	13/03/1996	06:07:42	Cp
04/07/1995	19:55:13	Li	08/11/1995	13:54:33	Gê	15/03/1996	08:15:10	Aq
07/07/1995	01:18:45	Es	11/11/1995	01:56:34	Câ	17/03/1996	09:50:16	Pe
09/07/1995	03:37:28	Sa	13/11/1995	14:37:06	Le	19/03/1996	12:15:23	Ár
11/07/1995	03:43:24	Cp	16/11/1995	02:02:07	Vi	21/03/1996	16:58:40	To
13/07/1995	03:20:50	Aq	18/11/1995	10:17:36	Li	24/03/1996	00:59:30	Gê
15/07/1995	04:37:03	Pe	20/11/1995	14:40:19	Es	26/03/1996	12:05:51	Câ
17/07/1995	09:22:59	Ár	22/11/1995	15:56:15	Sa	29/03/1996	00:36:54	Le
19/07/1995	18:20:16	To	24/11/1995	15:48:10	Cp	31/03/1996	12:14:31	Vi
22/07/1995	06:23:10	Gê	26/11/1995	16:15:17	Aq	02/04/1996	21:26:21	Li
24/07/1995	19:15:50	Câ	28/11/1995	18:58:54	Pe	05/04/1996	03:56:55	Es
27/07/1995	07:06:41	Le	01/12/1995	00:50:58	Ár	07/04/1996	08:21:23	Sa
29/07/1995	17:11:53	Vi	03/12/1995	09:39:54	To	09/04/1996	11:30:08	Cp
01/08/1995	01:23:25	Li	05/12/1995	20:34:35	Gê	11/04/1996	14:09:32	Aq
03/08/1995	07:29:14	Es	08/12/1995	08:44:17	Câ	13/04/1996	16:59:53	Pe
05/08/1995	11:13:57	Sa	10/12/1995	21:24:18	Le	15/04/1996	20:42:34	Ár
07/08/1995	12:51:47	Cp	13/12/1995	09:26:27	Vi	18/04/1996	02:05:20	To
09/08/1995	13:27:36	Aq	15/12/1995	19:09:02	Li	20/04/1996	09:54:11	Gê
11/08/1995	14:46:14	Pe	18/12/1995	01:06:57	Es	22/04/1996	20:24:45	Câ
13/08/1995	18:40:47	Ár	20/12/1995	03:13:13	Sa	25/04/1996	08:44:24	Le
16/08/1995	02:25:09	To	22/12/1995	02:46:00	Cp	27/04/1996	20:48:39	Vi
18/08/1995	13:39:53	Gê	24/12/1995	01:51:50	Aq	30/04/1996	06:27:06	Li
21/08/1995	02:23:39	Câ	26/12/1995	02:44:47	Pe	02/05/1996	12:42:29	Es
23/08/1995	14:12:36	Le	28/12/1995	07:05:58	Ár	04/05/1996	16:04:42	Sa
25/08/1995	23:50:26	Vi	30/12/1995	15:20:52	To	06/05/1996	17:53:48	Cp
28/08/1995	07:14:55	Li	02/01/1996	02:29:13	Gê	08/05/1996	19:38:49	Aq
30/08/1995	12:51:10	Es	04/01/1996	14:55:43	Câ	10/05/1996	22:28:51	Pe
01/09/1995	16:56:50	Sa	07/01/1996	03:30:31	Le	13/05/1996	03:00:20	Ár
03/09/1995	19:44:52	Cp	09/01/1996	15:29:21	Vi	15/05/1996	09:24:36	To
05/09/1995	21:47:03	Aq	12/01/1996	01:55:01	Li	17/05/1996	17:47:49	Gê

Signos Lunares

20/05/1996	04:16:00	Câ	24/09/1996	18:42:57	Pe	30/01/1997	20:47:55	Es
22/05/1996	16:27:53	Le	26/09/1996	19:45:34	Ár	02/02/1997	04:50:41	Sa
25/05/1996	04:58:30	Vi	28/09/1996	22:23:36	To	04/02/1997	08:44:25	Cp
27/05/1996	15:33:28	Li	01/10/1996	04:01:33	Gê	06/02/1997	09:21:09	Aq
29/05/1996	22:30:25	Es	03/10/1996	13:14:24	Câ	08/02/1997	08:33:41	Pe
01/06/1996	01:42:48	Sa	06/10/1996	01:11:41	Le	10/02/1997	08:29:23	Ár
03/06/1996	02:29:02	Cp	08/10/1996	13:48:35	Vi	12/02/1997	10:56:14	To
05/06/1996	02:44:35	Aq	11/10/1996	01:00:15	Li	14/02/1997	16:53:21	Gê
07/06/1996	04:19:02	Pe	13/10/1996	09:45:33	Es	17/02/1997	02:12:35	Câ
09/06/1996	08:22:57	Ár	15/10/1996	16:07:11	Sa	19/02/1997	13:52:28	Le
11/06/1996	15:10:42	To	17/10/1996	20:37:11	Cp	22/02/1997	02:38:16	Vi
14/06/1996	00:15:56	Gê	19/10/1996	23:51:02	Aq	24/02/1997	15:23:01	Li
16/06/1996	11:07:51	Câ	22/10/1996	02:22:01	Pe	27/02/1997	02:56:41	Es
18/06/1996	23:21:42	Le	24/10/1996	04:50:08	Ár	01/03/1997	12:00:40	Sa
21/06/1996	12:06:39	Vi	26/10/1996	08:11:23	To	03/03/1997	17:38:33	Cp
23/06/1996	23:37:31	Li	28/10/1996	13:34:35	Gê	05/03/1997	19:54:30	Aq
26/06/1996	07:53:25	Es	30/10/1996	21:56:30	Câ	07/03/1997	19:56:55	Pe
28/06/1996	12:00:53	Sa	02/11/1996	09:15:53	Le	09/03/1997	19:32:39	Ár
30/06/1996	12:46:55	Cp	04/11/1996	21:57:14	Vi	11/03/1997	20:37:24	To
02/07/1996	12:05:05	Aq	07/11/1996	09:28:36	Li	14/03/1997	00:48:28	Gê
04/07/1996	12:06:47	Pe	09/11/1996	18:01:47	Es	16/03/1997	08:50:43	Câ
06/07/1996	14:41:50	Ár	11/11/1996	23:26:30	Sa	18/03/1997	20:08:15	Le
08/07/1996	20:43:17	To	14/11/1996	02:43:44	Cp	21/03/1997	08:59:27	Vi
11/07/1996	05:52:28	Gê	16/11/1996	05:14:01	Aq	23/03/1997	21:35:15	Li
13/07/1996	17:07:45	Câ	18/11/1996	07:59:51	Pe	26/03/1997	08:41:59	Es
16/07/1996	05:31:26	Le	20/11/1996	11:33:42	Ár	28/03/1997	17:39:52	Sa
18/07/1996	18:16:23	Vi	22/11/1996	16:11:52	To	31/03/1997	00:06:49	Cp
21/07/1996	06:13:42	Li	24/11/1996	22:19:36	Gê	02/04/1997	03:58:48	Aq
23/07/1996	15:42:47	Es	27/11/1996	06:37:27	Câ	04/04/1997	05:42:06	Pe
25/07/1996	21:23:38	Sa	29/11/1996	17:29:56	Le	06/04/1997	06:19:02	Ár
27/07/1996	23:17:16	Cp	02/12/1996	06:10:43	Vi	08/04/1997	07:20:25	To
29/07/1996	22:47:26	Aq	04/12/1996	18:23:25	Li	10/04/1997	10:27:57	Gê
31/07/1996	22:00:36	Pe	07/12/1996	03:38:33	Es	12/04/1997	17:03:22	Câ
02/08/1996	23:04:49	Ár	09/12/1996	08:58:25	Sa	15/04/1997	03:21:49	Le
05/08/1996	03:33:09	To	11/12/1996	11:14:32	Cp	17/04/1997	16:00:14	Vi
07/08/1996	11:48:43	Gê	13/12/1996	12:13:54	Aq	20/04/1997	04:36:26	Li
09/08/1996	22:57:26	Câ	15/12/1996	13:43:50	Pe	22/04/1997	15:18:55	Es
12/08/1996	11:28:53	Le	17/12/1996	16:55:18	Ár	24/04/1997	23:31:58	Sa
15/08/1996	00:07:08	Vi	19/12/1996	22:09:31	To	27/04/1997	05:32:24	Cp
17/08/1996	11:54:59	Li	22/12/1996	05:17:14	Gê	29/04/1997	09:50:17	Aq
19/08/1996	21:50:16	Es	24/12/1996	14:14:07	Câ	01/05/1997	12:50:10	Pe
22/08/1996	04:48:15	Sa	27/12/1996	01:08:45	Le	03/05/1997	14:59:06	Ár
24/08/1996	08:21:45	Cp	29/12/1996	13:44:47	Vi	05/05/1997	17:04:25	To
26/08/1996	09:10:19	Aq	01/01/1997	02:31:47	Li	07/05/1997	20:20:34	Gê
28/08/1996	08:48:40	Pe	03/01/1997	13:01:40	Es	10/05/1997	02:12:41	Câ
30/08/1996	09:15:08	Ár	05/01/1997	19:27:22	Sa	12/05/1997	11:32:57	Le
01/09/1996	12:19:36	To	07/01/1997	21:54:38	Cp	14/05/1997	23:43:30	Vi
03/09/1996	19:08:09	Gê	09/01/1997	21:59:45	Aq	17/05/1997	12:26:49	Li
06/09/1996	05:29:22	Câ	11/01/1997	21:50:46	Pe	19/05/1997	23:11:33	Es
08/09/1996	17:53:56	Le	13/01/1997	23:21:36	Ár	22/05/1997	06:50:43	Sa
11/09/1996	06:28:19	Vi	16/01/1997	03:39:54	To	24/05/1997	11:51:06	Cp
13/09/1996	17:51:01	Li	18/01/1997	10:53:12	Gê	26/05/1997	15:20:12	Aq
16/09/1996	03:19:42	Es	20/01/1997	20:28:36	Câ	28/05/1997	18:17:58	Pe
18/09/1996	10:30:36	Sa	23/01/1997	07:49:52	Le	30/05/1997	21:17:42	Ár
20/09/1996	15:12:19	Cp	25/01/1997	20:26:22	Vi	02/06/1997	00:38:55	To
22/09/1996	17:39:22	Aq	28/01/1997	09:21:17	Li	04/06/1997	04:54:34	Gê

06/06/1997	11:02:01	Câ	12/10/1997	14:59:23	Pe	17/02/1998	02:12:48	Es
08/06/1997	19:58:00	Le	14/10/1997	15:24:48	Ár	19/02/1998	13:56:01	Sa
11/06/1997	07:43:06	Vi	16/10/1997	15:15:49	To	21/02/1998	22:29:34	Cp
13/06/1997	20:35:19	Li	18/10/1997	16:26:27	Gê	24/02/1998	03:10:06	Aq
16/06/1997	07:50:50	Es	20/10/1997	20:45:14	Câ	26/02/1998	04:42:06	Pe
18/06/1997	15:38:59	Sa	23/10/1997	05:09:50	Le	28/02/1998	04:42:05	Ár
20/06/1997	20:02:27	Cp	25/10/1997	16:59:24	Vi	02/03/1998	05:00:26	To
22/06/1997	22:20:32	Aq	28/10/1997	06:04:54	Li	04/03/1998	07:14:43	Gê
25/06/1997	00:08:50	Pe	30/10/1997	18:15:25	Es	06/03/1998	12:26:36	Câ
27/06/1997	02:38:29	Ár	02/11/1997	04:26:40	Sa	08/03/1998	20:45:37	Le
29/06/1997	06:23:16	To	04/11/1997	12:30:44	Cp	11/03/1998	07:35:09	Vi
01/07/1997	11:35:21	Gê	06/11/1997	18:33:27	Aq	13/03/1998	19:57:54	Li
03/07/1997	18:32:36	Câ	08/11/1997	22:34:35	Pe	16/03/1998	08:50:39	Es
06/07/1997	03:44:52	Le	11/11/1997	00:43:35	Ár	18/03/1998	20:56:18	Sa
08/07/1997	15:21:41	Vi	13/11/1997	01:44:56	To	21/03/1998	06:43:30	Cp
11/07/1997	04:20:41	Li	15/11/1997	03:04:45	Gê	23/03/1998	13:01:30	Aq
13/07/1997	16:20:20	Es	17/11/1997	06:32:12	Câ	25/03/1998	15:42:38	Pe
16/07/1997	01:02:26	Sa	19/11/1997	13:37:56	Le	27/03/1998	15:48:37	Ár
18/07/1997	05:45:16	Cp	22/11/1997	00:32:44	Vi	29/03/1998	15:06:14	To
20/07/1997	07:28:45	Aq	24/11/1997	13:29:23	Li	31/03/1998	15:37:36	Gê
22/07/1997	07:59:38	Pe	27/11/1997	01:43:07	Es	02/04/1998	19:09:39	Câ
24/07/1997	09:02:56	Ár	29/11/1997	11:28:19	Sa	05/04/1998	02:35:41	Le
26/07/1997	11:53:14	To	01/12/1997	18:38:21	Cp	07/04/1998	13:25:26	Vi
28/07/1997	17:04:13	Gê	03/12/1997	23:57:44	Aq	10/04/1998	02:04:30	Li
31/07/1997	00:38:16	Câ	06/12/1997	04:07:17	Pe	12/04/1998	14:55:33	Es
02/08/1997	10:26:51	Le	08/12/1997	07:23:48	Ár	15/04/1998	02:52:23	Sa
04/08/1997	22:15:04	Vi	10/12/1997	09:59:53	To	17/04/1998	13:04:59	Cp
07/08/1997	11:16:55	Li	12/12/1997	12:34:59	Gê	19/04/1998	20:41:28	Aq
09/08/1997	23:50:12	Es	14/12/1997	16:24:56	Câ	22/04/1998	01:05:40	Pe
12/08/1997	09:44:57	Sa	16/12/1997	22:57:38	Le	24/04/1998	02:30:30	Ár
14/08/1997	15:42:07	Cp	19/12/1997	08:59:41	Vi	26/04/1998	02:08:46	To
16/08/1997	17:58:04	Aq	21/12/1997	21:34:51	Li	28/04/1998	01:55:24	Gê
18/08/1997	18:00:49	Pe	24/12/1997	10:07:17	Es	30/04/1998	03:56:48	Câ
20/08/1997	17:44:43	Ár	26/12/1997	20:07:15	Sa	02/05/1998	09:49:20	Le
22/08/1997	18:57:18	To	29/12/1997	02:48:28	Cp	04/05/1998	19:46:45	Vi
24/08/1997	22:56:06	Gê	31/12/1997	06:58:28	Aq	07/05/1998	08:18:41	Li
27/08/1997	06:10:31	Câ	02/01/1998	09:55:55	Pe	09/05/1998	21:10:11	Es
29/08/1997	16:18:43	Le	04/01/1998	12:43:08	Ár	12/05/1998	08:47:57	Sa
01/09/1997	04:26:52	Vi	06/01/1998	15:52:17	To	14/05/1998	18:38:46	Cp
03/09/1997	17:29:34	Li	08/01/1998	19:42:00	Gê	17/05/1998	02:30:22	Aq
06/09/1997	06:09:34	Es	11/01/1998	00:42:59	Câ	19/05/1998	08:03:19	Pe
08/09/1997	16:54:28	Sa	13/01/1998	07:45:16	Le	21/05/1998	11:05:39	Ár
11/09/1997	00:23:14	Cp	15/01/1998	17:31:10	Vi	23/05/1998	12:06:01	To
13/09/1997	04:09:59	Aq	18/01/1998	05:44:07	Li	25/05/1998	12:25:17	Gê
15/09/1997	04:59:12	Pe	20/01/1998	18:34:18	Es	27/05/1998	13:58:25	Câ
17/09/1997	04:24:49	Ár	23/01/1998	05:25:08	Sa	29/05/1998	18:37:56	Le
19/09/1997	04:21:15	To	25/01/1998	12:39:19	Cp	01/06/1998	03:20:49	Vi
21/09/1997	06:38:34	Gê	27/01/1998	16:26:57	Aq	03/06/1998	15:16:53	Li
23/09/1997	12:32:57	Câ	29/01/1998	18:08:26	Pe	06/06/1998	04:05:35	Es
25/09/1997	22:12:24	Le	31/01/1998	19:20:54	Ár	08/06/1998	15:34:21	Sa
28/09/1997	10:27:27	Vi	02/02/1998	21:24:36	To	11/06/1998	00:50:30	Cp
30/09/1997	23:32:11	Li	05/02/1998	01:09:25	Gê	13/06/1998	08:02:55	Aq
03/10/1997	11:57:17	Es	07/02/1998	06:57:29	Câ	15/06/1998	13:31:23	Pe
05/10/1997	22:42:49	Sa	09/02/1998	14:56:53	Le	17/06/1998	17:22:53	Ár
08/10/1997	07:03:43	Cp	12/02/1998	01:09:32	Vi	19/06/1998	19:47:28	To
10/10/1997	12:28:41	Aq	14/02/1998	13:17:17	Li	21/06/1998	21:26:15	Gê

Signos Lunares

23/06/1998	23:39:00	Câ	30/10/1998	08:58:13	Pe	06/03/1999	05:22:07	Es
26/06/1998	04:03:50	Le	01/11/1998	11:26:59	Ár	08/03/1999	17:45:51	Sa
28/06/1998	11:54:24	Vi	03/11/1998	11:11:59	To	11/03/1999	05:53:38	Cp
30/06/1998	23:04:53	Li	05/11/1998	10:10:46	Gê	13/03/1999	15:31:55	Aq
03/07/1998	11:45:17	Es	07/11/1998	10:39:23	Câ	15/03/1999	21:30:12	Pe
05/07/1998	23:23:48	Sa	09/11/1998	14:32:57	Le	18/03/1999	00:12:54	Ár
08/07/1998	08:27:21	Cp	11/11/1998	22:36:55	Vi	20/03/1999	01:08:37	To
10/07/1998	14:52:08	Aq	14/11/1998	09:57:33	Li	22/03/1999	02:05:11	Gê
12/07/1998	19:22:15	Pe	16/11/1998	22:40:54	Es	24/03/1999	04:33:24	Câ
14/07/1998	22:44:47	Ár	19/11/1998	11:12:39	Sa	26/03/1999	09:22:16	Le
17/07/1998	01:33:21	To	21/11/1998	22:45:23	Cp	28/03/1999	16:34:27	Vi
19/07/1998	04:18:05	Gê	24/11/1998	08:43:25	Aq	31/03/1999	01:49:22	Li
21/07/1998	07:42:49	Câ	26/11/1998	16:14:23	Pe	02/04/1999	12:48:35	Es
23/07/1998	12:48:31	Le	28/11/1998	20:33:52	Ár	05/04/1999	01:07:28	Sa
25/07/1998	20:33:36	Vi	30/11/1998	21:52:32	To	07/04/1999	13:39:02	Cp
28/07/1998	07:14:14	Li	02/12/1998	21:29:36	Gê	10/04/1999	00:24:23	Aq
30/07/1998	19:44:31	Es	04/12/1998	21:27:43	Câ	12/04/1999	07:34:41	Pe
02/08/1998	07:47:45	Sa	06/12/1998	23:55:23	Le	14/04/1999	10:45:54	Ár
04/08/1998	17:17:49	Cp	09/12/1998	06:21:26	Vi	16/04/1999	11:07:14	To
06/08/1998	23:31:09	Aq	11/12/1998	16:43:03	Li	18/04/1999	10:39:01	Gê
09/08/1998	03:04:09	Pe	14/12/1998	05:16:26	Es	20/04/1999	11:27:18	Câ
11/08/1998	05:10:20	Ár	16/12/1998	17:47:29	Sa	22/04/1999	15:05:45	Le
13/08/1998	07:04:27	To	19/12/1998	04:55:04	Cp	24/04/1999	22:04:00	Vi
15/08/1998	09:45:53	Gê	21/12/1998	14:16:40	Aq	27/04/1999	07:46:17	Li
17/08/1998	13:55:22	Câ	23/12/1998	21:45:00	Pe	29/04/1999	19:12:32	Es
19/08/1998	20:00:34	Le	26/12/1998	03:03:32	Ár	02/05/1999	07:36:08	Sa
22/08/1998	04:21:22	Vi	28/12/1998	06:04:48	To	04/05/1999	20:11:51	Cp
24/08/1998	15:01:49	Li	30/12/1998	07:21:51	Gê	07/05/1999	07:40:29	Aq
27/08/1998	03:25:24	Es	01/01/1999	08:14:54	Câ	09/05/1999	16:16:03	Pe
29/08/1998	15:55:16	Sa	03/01/1999	10:31:01	Le	11/05/1999	20:53:02	Ár
01/09/1998	02:22:54	Cp	05/01/1999	15:49:05	Vi	13/05/1999	21:56:18	To
03/09/1998	09:20:50	Aq	08/01/1999	00:52:45	Li	15/05/1999	21:07:18	Gê
05/09/1998	12:47:40	Pe	10/01/1999	12:48:42	Es	17/05/1999	20:39:31	Câ
07/09/1998	13:52:30	Ár	13/01/1999	01:23:05	Sa	19/05/1999	22:37:01	Le
09/09/1998	14:16:21	To	15/01/1999	12:28:33	Cp	22/05/1999	04:15:12	Vi
11/09/1998	15:40:14	Gê	17/01/1999	21:11:14	Aq	24/05/1999	13:29:00	Li
13/09/1998	19:20:04	Câ	20/01/1999	03:39:59	Pe	27/05/1999	01:04:56	Es
16/09/1998	01:47:56	Le	22/01/1999	08:24:43	Ár	29/05/1999	13:37:20	Sa
18/09/1998	10:51:52	Vi	24/01/1999	11:52:16	To	01/06/1999	02:05:33	Cp
20/09/1998	21:57:02	Li	26/01/1999	14:29:24	Gê	03/06/1999	13:36:51	Aq
23/09/1998	10:21:42	Es	28/01/1999	16:56:50	Câ	05/06/1999	23:00:33	Pe
25/09/1998	23:04:45	Sa	30/01/1999	20:15:40	Le	08/06/1999	05:07:44	Ár
28/09/1998	10:30:08	Cp	02/02/1999	01:37:15	Vi	10/06/1999	07:43:31	To
30/09/1998	18:53:24	Aq	04/02/1999	09:55:38	Li	12/06/1999	07:48:15	Gê
02/10/1998	23:23:10	Pe	06/02/1999	21:06:08	Es	14/06/1999	07:14:01	Câ
05/10/1998	00:32:02	Ár	09/02/1999	09:38:05	Sa	16/06/1999	08:07:15	Le
06/10/1998	23:57:17	To	11/02/1999	21:09:57	Cp	18/06/1999	12:12:03	Vi
08/10/1998	23:43:33	Gê	14/02/1999	05:56:46	Aq	20/06/1999	20:10:28	Li
11/10/1998	01:48:25	Câ	16/02/1999	11:39:44	Pe	23/06/1999	07:18:01	Es
13/10/1998	07:25:09	Le	18/02/1999	15:06:22	Ár	25/06/1999	19:51:10	Sa
15/10/1998	16:31:58	Vi	20/02/1999	17:28:48	To	28/06/1999	08:11:50	Cp
18/10/1998	04:02:11	Li	22/02/1999	19:53:40	Gê	30/06/1999	19:19:22	Aq
20/10/1998	16:36:25	Es	24/02/1999	23:08:39	Câ	03/07/1999	04:34:27	Pe
23/10/1998	05:16:04	Sa	27/02/1999	03:44:09	Le	05/07/1999	11:21:26	Ár
25/10/1998	17:04:51	Cp	01/03/1999	10:04:35	Vi	07/07/1999	15:21:49	To
28/10/1998	02:44:29	Aq	03/03/1999	18:34:18	Li	09/07/1999	16:59:49	Gê

Data	Hora	Signo	Data	Hora	Signo	Data	Hora	Signo
11/07/1999	17:27:16	Câ	16/11/1999	21:20:49	Pe	22/03/2000	11:17:35	Es
13/07/1999	18:25:39	Le	19/11/1999	03:57:16	Ár	24/03/2000	20:42:59	Sa
15/07/1999	21:38:46	Vi	21/11/1999	06:26:05	To	27/03/2000	08:50:50	Cp
18/07/1999	04:19:20	Li	23/11/1999	06:13:37	Gê	29/03/2000	21:34:24	Aq
20/07/1999	14:30:06	Es	25/11/1999	05:29:01	Câ	01/04/2000	08:12:18	Pe
23/07/1999	02:48:10	Sa	27/11/1999	06:18:43	Le	03/04/2000	15:21:52	Ár
25/07/1999	15:08:23	Cp	29/11/1999	10:11:02	Vi	05/04/2000	19:29:02	To
28/07/1999	01:54:21	Aq	01/12/1999	17:29:23	Li	07/04/2000	21:58:20	Gê
30/07/1999	10:27:12	Pe	04/12/1999	03:35:23	Es	10/04/2000	00:15:52	Câ
01/08/1999	16:46:53	Ár	06/12/1999	15:27:28	Sa	12/04/2000	03:15:57	Le
03/08/1999	21:08:38	To	09/12/1999	04:13:39	Cp	14/04/2000	07:18:46	Vi
05/08/1999	23:57:07	Gê	11/12/1999	16:58:55	Aq	16/04/2000	12:35:42	Li
08/08/1999	01:52:34	Câ	14/12/1999	04:17:43	Pe	18/04/2000	19:35:28	Es
10/08/1999	03:55:30	Le	16/12/1999	12:30:08	Ár	21/04/2000	04:57:38	Sa
12/08/1999	07:21:36	Vi	18/12/1999	16:45:16	To	23/04/2000	16:47:15	Cp
14/08/1999	13:23:58	Li	20/12/1999	17:38:48	Gê	26/04/2000	05:41:56	Aq
16/08/1999	22:40:04	Es	22/12/1999	16:52:19	Câ	28/04/2000	17:06:03	Pe
19/08/1999	10:31:33	Sa	24/12/1999	16:31:54	Le	01/05/2000	00:54:35	Ár
21/08/1999	22:59:21	Cp	26/12/1999	18:34:14	Vi	03/05/2000	04:53:56	To
24/08/1999	09:49:07	Aq	29/12/1999	00:14:28	Li	05/05/2000	06:23:22	Gê
26/08/1999	17:49:43	Pe	31/12/1999	09:36:28	Es	07/05/2000	07:13:51	Câ
28/08/1999	23:09:12	Ár	02/01/2000	21:31:49	Sa	09/05/2000	09:01:17	Le
31/08/1999	02:40:40	To	05/01/2000	10:23:52	Cp	11/05/2000	12:41:03	Vi
02/09/1999	05:24:54	Gê	07/01/2000	22:52:50	Aq	13/05/2000	18:27:22	Li
04/09/1999	08:09:36	Câ	10/01/2000	09:59:12	Pe	16/05/2000	02:16:31	Es
06/09/1999	11:28:58	Le	12/01/2000	18:48:26	Ár	18/05/2000	12:09:23	Sa
08/09/1999	15:56:37	Vi	15/01/2000	00:37:55	To	21/05/2000	00:01:04	Cp
10/09/1999	22:15:51	Li	17/01/2000	03:24:59	Gê	23/05/2000	13:00:24	Aq
13/09/1999	07:08:23	Es	19/01/2000	04:01:00	Câ	26/05/2000	01:07:33	Pe
15/09/1999	18:34:54	Sa	21/01/2000	03:58:28	Le	28/05/2000	10:07:44	Ár
18/09/1999	07:13:30	Cp	23/01/2000	05:07:27	Vi	30/05/2000	15:02:03	To
20/09/1999	18:38:09	Aq	25/01/2000	09:09:19	Li	01/06/2000	16:34:24	Gê
23/09/1999	02:51:18	Pe	27/01/2000	17:01:15	Es	03/06/2000	16:29:55	Câ
25/09/1999	07:33:37	Ár	30/01/2000	04:17:33	Sa	05/06/2000	16:45:36	Le
27/09/1999	09:50:43	To	01/02/2000	17:09:50	Cp	07/06/2000	18:57:15	Vi
29/09/1999	11:20:54	Gê	04/02/2000	05:31:06	Aq	09/06/2000	23:58:35	Li
01/10/1999	13:31:31	Câ	06/02/2000	16:01:47	Pe	12/06/2000	07:54:58	Es
03/10/1999	17:13:20	Le	09/02/2000	00:17:23	Ár	14/06/2000	18:18:01	Sa
05/10/1999	22:39:49	Vi	11/02/2000	06:20:45	To	17/06/2000	06:26:33	Cp
08/10/1999	05:51:54	Li	13/02/2000	10:22:46	Gê	19/06/2000	19:26:04	Aq
10/10/1999	15:01:28	Es	15/02/2000	12:44:58	Câ	22/06/2000	07:51:45	Pe
13/10/1999	02:18:32	Sa	17/02/2000	14:11:22	Le	24/06/2000	17:55:33	Ár
15/10/1999	15:03:40	Cp	19/02/2000	15:53:27	Vi	27/06/2000	00:18:41	To
18/10/1999	03:17:01	Aq	21/02/2000	19:21:28	Li	29/06/2000	02:59:25	Gê
20/10/1999	12:32:46	Pe	24/02/2000	01:57:54	Es	01/07/2000	03:09:25	Câ
22/10/1999	17:41:29	Ár	26/02/2000	12:10:01	Sa	03/07/2000	02:37:53	Le
24/10/1999	19:25:06	To	29/02/2000	00:45:12	Cp	05/07/2000	03:19:04	Vi
26/10/1999	19:33:27	Gê	02/03/2000	13:14:20	Aq	07/07/2000	06:46:50	Li
28/10/1999	20:09:13	Câ	04/03/2000	23:30:05	Pe	09/07/2000	13:48:22	Es
30/10/1999	22:47:05	Le	07/03/2000	06:54:14	Ár	12/07/2000	00:05:45	Sa
02/11/1999	04:07:07	Vi	09/03/2000	12:00:52	To	14/07/2000	12:27:39	Cp
04/11/1999	11:56:45	Li	11/03/2000	15:45:40	Gê	17/07/2000	01:26:42	Aq
06/11/1999	21:45:39	Es	13/03/2000	18:51:18	Câ	19/07/2000	13:44:06	Pe
09/11/1999	09:15:00	Sa	15/03/2000	21:43:10	Le	22/07/2000	00:09:25	Ár
11/11/1999	22:00:11	Cp	18/03/2000	00:48:33	Vi	24/07/2000	07:43:42	To
14/11/1999	10:45:37	Aq	20/03/2000	04:56:58	Li	26/07/2000	12:01:29	Gê

Signos Lunares

Data	Hora	Signo	Data	Hora	Signo	Data	Hora	Signo
28/07/2000	13:29:42	Câ	03/12/2000	03:22:44	Pe	08/04/2001	23:01:03	Es
30/07/2000	13:23:34	Le	05/12/2000	14:17:24	Ár	11/04/2001	03:47:32	Sa
01/08/2000	13:27:13	Vi	07/12/2000	21:26:38	To	13/04/2001	12:21:45	Cp
03/08/2000	15:31:27	Li	10/12/2000	00:50:27	Gê	16/04/2001	00:11:03	Aq
05/08/2000	21:04:19	Es	12/12/2000	01:48:34	Câ	18/04/2001	13:00:00	Pe
08/08/2000	06:30:14	Sa	14/12/2000	02:08:40	Le	21/04/2001	00:18:03	Ár
10/08/2000	18:43:46	Cp	16/12/2000	03:29:44	Vi	23/04/2001	08:56:10	To
13/08/2000	07:42:51	Aq	18/12/2000	07:00:59	Li	25/04/2001	15:11:10	Gê
15/08/2000	19:41:13	Pe	20/12/2000	13:11:48	Es	27/04/2001	19:50:07	Câ
18/08/2000	05:43:50	Ár	22/12/2000	21:57:10	Sa	29/04/2001	23:25:14	Le
20/08/2000	13:30:54	To	25/12/2000	08:53:44	Cp	02/05/2001	02:16:56	Vi
22/08/2000	18:54:49	Gê	27/12/2000	21:25:24	Aq	04/05/2001	04:50:38	Li
24/08/2000	21:59:37	Câ	30/12/2000	10:27:08	Pe	06/05/2001	08:01:01	Es
26/08/2000	23:16:54	Le	01/01/2001	22:14:06	Ár	08/05/2001	13:05:48	Sa
28/08/2000	23:55:10	Vi	04/01/2001	06:57: 07	To	10/05/2001	21:10:27	Cp
31/08/2000	01:33:02	Li	06/01/2001	11:44:10	Gê	13/05/2001	08:20:15	Aq
02/09/2000	05:55:11	Es	08/01/2001	13:09:20	Câ	15/05/2001	21:01:28	Pe
04/09/2000	14:08:22	Sa	10/01/2001	12:44:15	Le	18/05/2001	08:41:38	Ár
07/09/2000	01:47:03	Cp	12/01/2001	12:25:30	Vi	20/05/2001	17:29:14	To
09/09/2000	14:44:30	Aq	14/01/2001	14:05:13	Li	22/05/2001	23:12:50	Gê
12/09/2000	02:34:10	Pe	16/01/2001	19:02:38	Es	25/05/2001	02:43:59	Câ
14/09/2000	12:00:16	Ár	19/01/2001	03:35:13	Sa	27/05/2001	05:12:12	Le
16/09/2000	19:05:17	To	21/01/2001	14:57:22	Cp	29/05/2001	07:38:45	Vi
19/09/2000	00:22:06	Gê	24/01/2001	03:43:20	Aq	31/05/2001	10:41:42	Li
21/09/2000	04:15:43	Câ	26/01/2001	16:39:11	Pe	02/06/2001	14:56:06	Es
23/09/2000	07:00:00	Le	29/01/2001	04:35:27	Ár	04/06/2001	20:58:24	Sa
25/09/2000	09:01:50	Vi	31/01/2001	14:21:13	To	07/06/2001	05:23:20	Cp
27/09/2000	11:21:47	Li	02/02/2001	20:56:25	Gê	09/06/2001	16:19:16	Aq
29/09/2000	15:29:41	Es	05/02/2001	00:00:00	Câ	12/06/2001	04:53:08	Pe
01/10/2000	22:49:57	Sa	07/02/2001	00:21:03	Le	14/06/2001	17:03:38	Ár
04/10/2000	09:42:29	Cp	08/02/2001	23:35:45	Vi	17/06/2001	02:39:15	To
06/10/2000	22:33:19	Aq	10/02/2001	23:46:07	Li	19/06/2001	08:42:20	Gê
09/10/2000	10:36:12	Pe	13/02/2001	02:51:13	Es	21/06/2001	11:41:46	Câ
11/10/2000	19:51:16	Ár	15/02/2001	10:02:05	Sa	23/06/2001	12:55:05	Le
14/10/2000	02:06:08	To	17/02/2001	20:59:24	Cp	25/06/2001	13:57:00	Vi
16/10/2000	06:18:53	Gê	20/02/2001	09:54:13	Aq	27/06/2001	16:11:48	Li
18/10/2000	09:37:00	Câ	22/02/2001	22:45:07	Pe	29/06/2001	20:28:06	Es
20/10/2000	12:42:12	Le	25/02/2001	10:20:07	Ár	02/07/2001	03:13:09	Sa
22/10/2000	15:52:28	Vi	27/02/2001	20:05:02	To	04/07/2001	12:21:22	Cp
24/10/2000	19:29:52	Li	02/03/2001	03:36:03	Gê	06/07/2001	23:33:45	Aq
27/10/2000	00:23:24	Es	04/03/2001	08:25:18	Câ	09/07/2001	12:05:36	Pe
29/10/2000	07:40:28	Sa	06/03/2001	10:30:05	Le	12/07/2001	00:36:45	Ár
31/10/2000	18:01:36	Cp	08/03/2001	10:44:10	Vi	14/07/2001	11:13:08	To
03/11/2000	06:40:48	Aq	10/03/2001	10:47:02	Li	16/07/2001	18:25:44	Gê
05/11/2000	19:12:38	Pe	12/03/2001	12:42:23	Es	18/07/2001	21:56:07	Câ
08/11/2000	05:02:19	Ár	14/03/2001	18:17:33	Sa	20/07/2001	22:43:06	Le
10/11/2000	11:11:48	To	17/03/2001	04:02:45	Cp	22/07/2001	22:29:13	Vi
12/11/2000	14:27:22	Gê	19/03/2001	16:36:09	Aq	24/07/2001	23:08:10	Li
14/11/2000	16:21:04	Câ	22/03/2001	05:28:34	Pe	27/07/2001	02:17:56	Es
16/11/2000	18:18:52	Le	24/03/2001	16:44:03	Ár	29/07/2001	08:44:19	Sa
18/11/2000	21:15:18	Vi	27/03/2001	01:50:34	To	31/07/2001	18:16:26	Cp
21/11/2000	01:34:56	Li	29/03/2001	09:01:03	Gê	03/08/2001	05:53:34	Aq
23/11/2000	07:32:56	Es	31/03/2001	14:23:20	Câ	05/08/2001	18:30:02	Pe
25/11/2000	15:32:56	Sa	02/04/2001	17:54:25	Le	08/08/2001	07:05:17	Ár
28/11/2000	01:57:15	Cp	04/04/2001	19:47:10	Vi	10/08/2001	18:23:08	To
30/11/2000	14:26:33	Aq	06/04/2001	20:57:09	Li	13/08/2001	02:58:13	Gê

Signos Lunares

Data	Hora	Signo	Data	Hora	Signo	Data	Hora	Signo
15/08/2001	07:55:13	Câ	20/12/2001	06:09:24	Pe	26/04/2002	16:15:09	Es
17/08/2001	09:25:12	Le	22/12/2001	18:45:20	Ár	28/04/2002	17:13:15	Sa
19/08/2001	08:53:17	Vi	25/12/2001	06:12:12	To	30/04/2002	21:03:02	Cp
21/08/2001	08:19:06	Li	27/12/2001	14:39:09	Gê	03/05/2002	04:43:17	Aq
23/08/2001	09:50:44	Es	29/12/2001	19:40:17	Câ	05/05/2002	15:46:22	Pe
25/08/2001	14:59:18	Sa	31/12/2001	22:09:10	Le	08/05/2002	04:22:43	Ár
28/08/2001	00:02:35	Cp	02/01/2002	23:34:08	Vi	10/05/2002	16:32:13	To
30/08/2001	11:47:06	Aq	05/01/2002	01:24:33	Li	13/05/2002	03:04:15	Gê
02/09/2001	00:32:36	Pe	07/01/2002	04:41:10	Es	15/05/2002	11:33: 03	Câ
04/09/2001	12:58:07	Ár	09/01/2002	09:57:13	Sa	17/05/2002	17:52:33	Le
07/09/2001	00:18:10	To	11/01/2002	17:18:03	Cp	19/05/2002	22:01:04	Vi
09/09/2001	09:41:05	Gê	14/01/2002	02:41:14	Aq	22/05/2002	00:19:05	Li
11/09/2001	16:09:02	Câ	16/01/2002	14:00:33	Pe	24/05/2002	01:38:17	Es
13/09/2001	19:16:12	Le	19/01/2002	02:35:13	Ár	26/05/2002	03:20:27	Sa
15/09/2001	19:39:32	Vi	21/01/2002	14:47:53	To	28/05/2002	06:54:13	Cp
17/09/2001	19:00:02	Li	24/01/2002	00:28:13	Gê	30/05/2002	13:35:45	Aq
19/09/2001	19:27:33	Es	26/01/2002	06:17:03	Câ	01/06/2002	23:37:02	Pe
21/09/2001	23:02:33	Sa	28/01/2002	08:31:14	Le	04/06/2002	11:51:17	Ár
24/09/2001	06:48:10	Cp	30/01/2002	08:40:13	Vi	07/06/2002	00:06:01	To
26/09/2001	18:05:02	Aq	01/02/2002	08:44:45	Li	09/06/2002	10:29:05	Gê
29/09/2001	06:50:43	Pe	03/02/2002	10:35:35	Es	11/06/2002	18:15:11	Câ
01/10/2001	19:07:33	Ár	05/02/2002	15:21:13	Sa	13/06/2002	23:40:42	Le
04/10/2001	06:01:23	To	07/02/2002	23:08:45	Cp	16/06/2002	03:23:13	Vi
06/10/2001	15:12:20	Gê	10/02/2002	09:15:33	Aq	18/06/2002	06:11:02	Li
08/10/2001	22:19:31	Câ	12/02/2002	20:53:05	Pe	20/06/2002	08:42:05	Es
11/10/2001	02:54:10	Le	15/02/2002	09:26:03	Ár	22/06/2002	11:42:13	Sa
13/10/2001	04:58:13	Vi	17/02/2002	21:58:07	To	24/06/2002	16:01:15	Cp
15/10/2001	05:26:21	Li	20/02/2002	08:50:07	Gê	26/06/2002	22:36:08	Aq
17/10/2001	06:02:45	Es	22/02/2002	16:16:08	Câ	29/06/2002	08:00:09	Pe
19/10/2001	08:47:10	Sa	24/02/2002	19:36:19	Le	01/07/2002	19:49:30	Ár
21/10/2001	15:11:03	Cp	26/02/2002	19:47:17	Vi	04/07/2002	08:16:46	To
24/10/2001	01:26:12	Aq	28/02/2002	18:47:13	Li	06/07/2002	19:01:07	Gê
26/10/2001	13:56:08	Pe	02/03/2002	18:51:34	Es	09/07/2002	02:36:15	Câ
29/10/2001	02:15:34	Ár	04/03/2002	21:55:42	Sa	11/07/2002	07:08:32	Le
31/10/2001	12:48:07	To	07/03/2002	04:48:15	Cp	13/07/2002	09:41:12	Vi
02/11/2001	21:12:09	Gê	09/03/2002	14:56:09	Aq	15/07/2002	11:39:40	Li
05/11/2001	03:44:19	Câ	12/03/2002	02:56:13	Pe	17/07/2002	14:13:09	Es
07/11/2001	08:34:17	Le	14/03/2002	15:34:19	Ár	19/07/2002	18:02:22	Sa
09/11/2001	11:49:13	Vi	17/03/2002	04:01:33	To	21/07/2002	23:25:31	Cp
11/11/2001	13:53:47	Li	19/03/2002	15:29:33	Gê	24/07/2002	06:40:13	Aq
13/11/2001	15:44:07	Es	22/03/2002	00:06:23	Câ	26/07/2002	16:04:18	Pe
15/11/2001	18:51:44	Sa	24/03/2002	05:13:12	Le	29/07/2002	03:38:24	Ár
18/11/2001	00:39:26	Cp	26/03/2002	06:44:03	Vi	31/07/2002	16:17:31	To
20/11/2001	09:55:03	Aq	28/03/2002	06:04:07	Li	03/08/2002	03:46:12	Gê
22/11/2001	21:52:47	Pe	30/03/2002	05:21:09	Es	05/08/2002	12:02:23	Câ
25/11/2001	10:21:04	Ár	01/04/2002	6:48:22	Sa	07/08/2002	16:27:13	Le
27/11/2001	21:06:03	To	03/04/2002	11:58:13	Cp	09/08/2002	18:03:17	Vi
30/11/2001	05:03:33	Gê	05/04/2002	21:07:31	Aq	11/08/2002	18:38:13	Li
02/12/2001	10:30:03	Câ	08/04/2002	08:57:43	Pe	13/08/2002	20:00:04	Es
04/12/2001	14:15:00	Le	10/04/2002	21:40:08	Ár	15/08/2002	23:25:11	Sa
06/12/2001	17:11:06	Vi	13/04/2002	09:55:32	To	18/08/2002	05:15:09	Cp
08/12/2001	19:57:08	Li	15/04/2002	20:56:05	Gê	20/08/2002	13:16:11	Aq
10/12/2001	23:09:10	Es	18/04/2002	06:01:12	Câ	22/08/2002	23:11:04	Pe
13/12/2001	03:30:02	Sa	20/04/2002	12:21:13	Le	25/08/2002	10:47:33	Ár
15/12/2001	09:48:33	Cp	22/04/2002	15:35:01	Vi	27/08/2002	23:31:02	To
17/12/2001	18:43:09	Aq	24/04/2002	16:22:43	Li	30/08/2002	11:45:17	Gê

Signos Lunares

Data	Hora	Signo	Data	Hora	Signo	Data	Hora	Signo
01/09/2002	21:14:32	Câ	06/01/2003	10:57:12	Pe	14/05/2003	12:13:04	Es
04/09/2002	02:36:19	Le	08/01/2003	21:15:08	Ár	16/05/2003	11:43:27	Sa
06/09/2002	04:16:14	Vi	11/01/2003	09:48:13	To	18/05/2003	12:03:17	Cp
08/09/2002	03:57:12	Li	13/01/2003	22:08:01	Gê	20/05/2003	15:01:21	Aq
10/09/2002	03:48:02	Es	16/01/2003	07:56:02	Câ	22/05/2003	21:41:06	Pe
12/09/2002	05:44:19	Sa	18/01/2003	14:29:17	Le	25/05/2003	07:59:14	Ár
14/09/2002	10:47:13	Cp	20/01/2003	18:32:10	Vi	27/05/2003	20:31:18	To
16/09/2002	18:54:09	Aq	22/01/2003	21:23:07	Li	30/05/2003	09:32:17	Gê
19/09/2002	05:18:23	Pe	25/01/2003	00:09:02	Es	01/06/2003	21:27:15	Câ
21/09/2002	17:11:45	Ár	27/01/2003	03:26:43	Sa	04/06/2003	07:25:17	Le
24/09/2002	05:54:11	To	29/01/2003	07:30:02	Cp	06/06/2003	14:51:02	Vi
26/09/2002	18:26;14	Gê	31/01/2003	12:44:32	Aq	08/06/2003	19:30:21	Li
29/09/2002	05:01:13	Câ	02/02/2003	19:54:31	Pe	10/06/2003	21:39:14	Es
01/10/2002	11:58:11	Le	05/02/2003	05:44:12	Ár	12/06/2003	22:12:04	Sa
03/10/2002	14:52:03	Vi	07/02/2003	17:59:09	To	14/06/2003	22:38:09	Cp
05/10/2002	14:51:19	Li	10/02/2003	06:45:10	Gê	17/06/2003	00:41:09	Aq
07/10/2002	13:57:02	Es	12/02/2003	17:19:02	Câ	19/06/2003	05:56:11	Pe
09/10/2002	14:20:19	Sa	15/02/2003	00:04:30	Le	21/06/2003	15:06:02	Ár
11/10/2002	17:45:11	Cp	17/02/2003	03:22:14	Vi	24/06/2003	03:15:33	To
14/10/2002	00:51:03	Aq	19/02/2003	04:48:06	Li	26/06/2003	16:13:09	Gê
16/10/2002	11:07:01	Pe	21/02/2003	06:09:01	Es	29/06/2003	03:52:19	Câ
18/10/2002	23:13:09	Ár	23/02/2003	08:46:03	Sa	01/07/2003	13:13:04	Le
21/10/2002	11:56:17	To	25/02/2003	13:11:23	Cp	03/07/2003	20:16:02	Vi
24/10/2002	00:17:13	Gê	27/02/2003	19:24:09	Aq	06/07/2003	01:20:16	Li
26/10/2002	11:10:19	Câ	02/03/2003	03:26:14	Pe	08/07/2003	04:43:12	Es
28/10/2002	19:20:24	Le	04/03/2003	13:30:04	Ár	10/07/2003	06:48:16	Sa
30/10/2002	23:59:45	Vi	07/03/2003	01:36:11	To	12/07/2003	08:21:17	Cp
02/11/2002	01:28:13	Li	09/03/2003	14:37:17	Gê	14/07/2003	10:38:08	Aq
04/11/2002	01:10:09	Es	12/03/2003	02:12:07	Câ	16/07/2003	15:13:06	Pe
06/11/2002	01:01:07	Sa	14/03/2003	10:06:11	Le	18/07/2003	23:19:09	Ár
08/11/2002	02:58:13	Cp	16/03/2003	13:52:01	Vi	21/07/2003	10:48:07	To
10/11/2002	08:27:02	Aq	18/03/2003	14:43:17	Li	23/07/2003	23:42:03	Gê
12/11/2002	17:42:05	Pe	20/03/2003	14:38:19	Es	26/07/2003	11:23:19	Câ
15/11/2002	05:38:12	Ár	22/03/2003	15:33:12	Sa	28/07/2003	20:17:03	Le
17/11/2002	18:23:06	To	24/03/2003	18:48:07	Cp	31/07/2003	02:27:18	Vi
20/11/2002	06:25:24	Gê	27/03/2003	00:51:43	Aq	02/08/2003	06:48:19	Li
22/11/2002	16:48:11	Câ	29/03/2003	09:25:33	Pe	04/08/2003	10:12:06	Es
25/11/2002	01:00:04	Le	31/03/2003	20:04:07	Ár	06/08/2003	13:11:04	Sa
27/11/2002	06:41:33	Vi	03/04/2003	08:20:19	To	08/08/2003	16:02:07	Cp
29/11/2002	09:54:23	Li	05/04/2003	21:24:17	Gê	10/08/2003	19:23:17	Aq
01/12/2002	11:15:08	Es	08/04/2003	09:36:23	Câ	13/08/2003	00:19:23	Pe
03/12/2002	11:58:03	Sa	10/04/2003	18:54:19	Le	15/08/2003	08:00:12	Ár
05/12/2002	13:38:10	Cp	13/04/2003	00:07:21	Vi	17/08/2003	18:52:30	To
07/12/2002	17:54:04	Aq	15/04/2003	01:42:09	Li	20/08/2003	07:41:11	Gê
10/12/2002	01:46:17	Pe	17/04/2003	01:16:13	Es	22/08/2003	19:44:11	Câ
12/12/2002	12:58:11	Ár	19/04/2003	00:51:32	Sa	25/08/2003	04:48:12	Le
15/12/2002	01:43:05	To	21/04/2003	02:20:13	Cp	27/08/2003	10:27:07	Vi
17/12/2002	13:43:09	Gê	23/04/2003	06:58:11	Aq	29/08/2003	13:41:03	Li
19/12/2002	23:30:18	Câ	25/04/2003	15:02:18	Pe	31/08/2003	16:00:02	Es
22/12/2002	06:48:11	Le	28/04/2003	01:54:02	Ár	02/09/2003	18:32:09	Sa
24/12/2002	12:05:43	Vi	30/04/2003	14:26:05	To	04/09/2003	21:51:10	Cp
26/12/2002	15:53:47	Li	03/05/2003	03:27:12	Gê	07/09/2003	02:14:14	Aq
28/12/2002	18:41;56	Es	05/05/2003	15:42:23	Câ	09/09/2003	08:07:35	Pe
30/12/2002	21:01:04	Sa	08/05/2003	01:46:01	Le	11/09/2003	16:09:14	Ár
01/01/2003	23:42:09	Cp	10/05/2003	08:31:02	Vi	14/09/2003	02:50:14	To
04/01/2003	03:56:11	Aq	12/05/2003	11:42:35	Li	16/09/2003	15:32:19	Gê

192 — Signos Lunares

Data	Hora	Signo	Data	Hora	Signo	Data	Hora	Signo
19/09/2003	04:07:27	Câ	23/01/2004	21:28:19	Pe	31/05/2004	07:08:13	Es
21/09/2003	14:02:17	Le	26/01/2004	03:06:12	Ár	02/06/2004	07:52:11	Sa
23/09/2003	20:04:07	Vi	28/01/2004	12:46:04	To	04/06/2004	07:12:13	Cp
25/09/2003	22:49:16	Li	31/01/2004	01:18:07	Gê	06/06/2004	07:09:06	Aq
27/09/2003	23:52:07	Es	02/02/2004	14:03:09	Câ	08/06/2004	09:38:11	Pe
30/09/2003	00:57:30	Sa	05/02/2004	00:50:21	Le	10/06/2004	15:49:01	Ár
02/10/2003	03:21:13	Cp	07/02/2004	09:03:12	Vi	13/06/2004	01:37:07	To
04/10/2003	07:45:19	Aq	09/02/2004	15:12:04	Li	15/06/2004	13:44:11	Gê
06/10/2003	14:20:19	Pe	11/02/2004	19:58:05	Es	18/06/2004	02:37:02	Câ
08/10/2003	23:07:33	Ár	13/02/2004	23:35:09	Sa	20/06/2004	15:05:03	Le
11/10/2003	10:05:03	To	16/02/2004	02:14:01	Cp	23/06/2004	02:10:05	Vi
13/10/2003	22:44:23	Gê	18/02/2004	04:27:04	Aq	25/06/2004	10:50:05	Li
16/10/2003	11:41:05	Câ	20/02/2004	07:26:07	Pe	27/06/2004	16:13:12	Es
18/10/2003	22:41:33	Le	22/02/2004	12:45:11	Ár	29/06/2004	18:15:12	Sa
21/10/2003	06:01:13	Vi	24/02/2004	21:30:30	To	01/07/2004	18:01:06	Cp
23/10/2003	09:27:11	Li	27/02/2004	09:22:01	Gê	03/07/2004	17:22:21	Aq
25/10/2003	10:08:02	Es	29/02/2004	22:12:05	Câ	05/07/2004	18:26:03	Pe
27/10/2003	09:55:27	Sa	03/03/2004	09:18:11	Le	07/07/2004	23:03:01	Ár
29/10/2003	10:37:11	Cp	05/03/2004	17:18:02	Vi	10/07/2004	07:50:23	To
31/10/2003	13:41:18	Aq	07/03/2004	22:31:03	Li	12/07/2004	19:45:12	Gê
02/11/2003	19:52:32	Pe	10/03/2004	02:03:15	Es	15/07/2004	08:40:05	Câ
05/11/2003	05:02:13	Ár	12/03/2004	04:57:02	Sa	17/07/2004	20:56:04	Le
07/11/2003	16:29:09	To	14/03/2004	07:5112	Cp	20/07/2004	07:44:02	Vi
10/11/2003	05:14:04	Gê	16/03/2004	11:10:03	Aq	22/07/2004	16:39:12	Li
12/11/2003	18:10:03	Câ	18/03/2004	15:26:01	Pe	24/07/2004	23:08:02	Es
15/11/2003	05:48:10	Le	20/03/2004	21:29:09	Ár	27/07/2004	02:48:17	Sa
17/11/2003	14:36:05	Vi	23/03/2004	06:09:02	To	29/07/2004	03:57:13	Cp
19/11/2003	19:42:18	Li	25/03/2004	17:34:16	Gê	31/07/2004	03:54:11	Aq
21/11/2003	21:24:03	Es	28/03/2004	06:23:03	Câ	02/08/2004	04:34:19	Pe
23/11/2003	21:02:07	Sa	30/03/2004	18:07:07	Le	04/08/2004	07:59:20	Ár
25/11/2003	20:31:12	Cp	02/04/2004	02:45:13	Vi	06/08/2004	15:26:08	To
27/11/2003	21:48;03	Aq	04/04/2004	07:52:02	Li	09/08/2004	02:33:19	Gê
30/11/2003	02:25:07	Pe	06/04/2004	10:24:07	Es	11/08/2004	15:20:32	Câ
02/12/2003	10:56:17	Ár	08/04/2004	11:50:05	Sa	14/08/2004	03:30:26	Le
04/12/2003	23:30:33	To	10/04/2004	13:33:07	Cp	16/08/2004	13:49:27	Vi
07/12/2003	11:26:23	Gê	12/04/2004	16:33:04	Aq	18/08/2004	22:09:01	Li
10/12/2003	00:11:09	Câ	14/04/2004	21:24:11	Pe	21/08/2004	04:37:29	Es
12/12/2003	11:40:03	Le	17/04/2004	04:24:02	Ár	23/08/2004	09:08:12	Sa
14/12/2003	21:07:21	Vi	19/04/2004	13:42:07	To	25/08/2004	11:46:08	Cp
17/12/2003	03:46:11	Li	22/04/2004	01:10:03	Gê	27/08/2004	13:08:33	Aq
19/12/2003	07:20:12	Es	24/04/2004	13:56:11	Câ	29/08/2004	14:33:25	Pe
21/12/2003	08:16;02	Sa	27/04/2004	02:14:03	Le	31/08/2004	17:46:31	Ár
23/12/2003	07:55:17	Cp	29/04/2004	12:00:01	Vi	03/09/2004	00:16:33	To
25/12/2003	08:13:09	Aq	01/05/2004	18:03:07	Li	05/09/2004	10:24:11	Gê
27/12/2003	11:09:10	Pe	03/05/2004	20:39:17	Es	07/09/2004	22:50:30	Câ
29/12/2003	18:08:02	Ár	05/05/2004	21:08:12	Sa	10/09/2004	11:05:04	Le
01/01/2004	05:01:17	To	07/05/2004	21:16:09	Cp	12/09/2004	21:16:07	Vi
03/01/2004	17:58:13	Gê	09/05/2004	22:46:07	Aq	15/09/2004	04:53:02	Li
06/01/2004	06:38:01	Câ	12/05/2004	02:52:19	Pe	17/09/2004	10:25:24	Es
08/01/2004	17:38:17	Le	14/05/2004	10:02:06	Ár	19/09/2004	14:30:11	Sa
11/01/2004	02:37:11	Vi	16/05/2004	19:57:11	To	21/09/2004	17:35:21	Cp
13/01/2004	09:38:12	Li	19/05/2004	07:47:06	Gê	23/09/2004	20:09:03	Aq
15/01/2004	14:33:17	Es	21/05/2004	20:35:02	Câ	25/09/2004	22:55:09	Pe
17/01/2004	17:18:05	Sa	24/05/2004	09:07:02	Le	28/09/2004	02:57:13	Ár
19/01/2004	18:24:15	Cp	26/05/2004	19:52:13	Vi	30/09/2004	09:24:12	To
21/01/2004	19:10:13	Aq	29/05/2004	03:22:12	Li	02/10/2004	18:55:00	Gê

Signos Lunares

05/10/2004	06:54:12	Câ	09/02/2005	13:59:09	Pe	17/06/2005	21:23:09	Es
07/10/2004	19:23:18	Le	11/02/2005	15:21;30	Ár	20/06/2005	01:45:19	Sa
10/10/2004	06:00:03	Vi	13/02/2005	20:17:07	To	22/06/2005	02:52:13	Cp
12/10/2004	13:32:12	Li	16/02/2005	05:18:20	Gê	24/06/2005	02:36:33	Aq
14/10/2004	18:10:03	Es	18/02/2005	17:13:07	Câ	26/06/2005	03:03:07	Pe
16/10/2004	20:58:33	Sa	21/02/2005	05:54:13	Le	28/06/2005	05:51:05	Ár
18/10/2004	23:07:02	Cp	23/02/2005	17:44:18	Vi	30/06/2005	11:45:07	To
21/10/2004	01:37:08	Aq	26/02/2005	03:59:09	Li	02/07/2005	20:26:07	Gê
23/10/2004	05:13:11	Pe	28/02/2005	12:21:02	Es	05/07/2005	07:07:13	Câ
25/10/2004	10:24:07	Ár	02/03/2005	18:29:33	Sa	07/07/2005	19:11:04	Le
27/10/2004	17:37:02	To	04/03/2005	22:12:13	Cp	10/07/2005	07:57:02	Vi
30/10/2004	03:11:09	Gê	06/03/2005	23:49:02	Aq	12/07/2005	20:09:03	Li
01/11/2004	14:53:07	Câ	09/03/2005	00:32:00	Pe	15/07/2005	05:51:17	Es
04/11/2004	03:32:03	Le	11/03/2005	02:03:19	Ár	17/07/2005	11:35:02	Sa
06/11/2004	15:00:07	Vi	13/03/2005	06:05:32	To	19/07/2005	13:26:20	Cp
08/11/2004	23:23:02	Li	15/03/2005	13:44:11	Gê	21/07/2005	12:55:26	Aq
11/11/2004	04:05:05	Es	18/03/2005	00:44:09	Câ	23/07/2005	12:11:13	Pe
13/11/2004	05:56:12	Sa	20/03/2005	13:17:08	Le	25/07/2005	13:22:13	Ár
15/11/2004	06:33:31	Cp	23/03/2005	01:10:14	Vi	27/07/2005	17:54:33	To
17/11/2004	07:38:09	Aq	25/03/2005	11:00:30	Li	30/07/2005	02:02:19	Gê
19/11/2004	10:37:01	Pe	27/03/2005	18:29:03	Es	01/08/2005	12:52:09	Câ
21/11/2004	16:11:03	Ár	29/03/2005	23:57:11	Sa	04/08/2005	01:09:05	Le
24/11/2004	00:16:30	To	01/04/2005	03:48:04	Cp	06/08/2005	13:54:07	Vi
26/11/2004	10:25:05	Gê	03/04/2005	06:31:13	Aq	09/08/2005	02:08:13	Li
28/11/2004	22:10:11	Câ	05/04/2005	08:45:24	Pe	11/08/2005	12:35:11	Es
01/12/2004	10:49:25	Le	07/04/2005	11:28:17	Ár	13/08/2005	19:47:55	Sa
03/12/2004	23:00:07	Vi	09/04/2005	15:50:13	To	15/08/2005	23:13:44	Cp
06/12/2004	08:46:19	Li	11/04/2005	22:54:15	Gê	17/08/2005	23:39:23	Aq
08/12/2004	14:43:11	Es	14/04/2005	09:03:19	Câ	19/08/2005	22:52:33	Pe
10/12/2004	15:54:09	Sa	16/04/2005	21:17:04	Le	21/08/2005	23:01:07	Ár
12/12/2004	16:42:09	Cp	19/04/2005	09:27:13	Vi	24/08/2005	01:57:55	To
14/12/2004	16:10:30	Aq	21/04/2005	19:27:23	Li	26/08/2005	08:42:13	Gê
16/12/2004	17:24:23	Pe	24/04/2005	02:25:17	Es	28/08/2005	18:57:33	Câ
18/12/2004	21:52:02	Ár	26/04/2005	06:46:07	Sa	31/08/2005	07:14:34	Le
21/12/2004	05:52:11	To	28/04/2005	09:33:18	Cp	02/09/2005	19:56:33	Vi
23/12/2004	16:32:19	Gê	30/04/2005	11:54:33	Aq	05/09/2005	07:52:03	Li
26/12/2004	04:38:17	Câ	02/05/2005	14:43:03	Pe	07/09/2005	18:10:11	Es
28/12/2004	17:14:25	Le	04/05/2005	18:36:10	Ár	10/09/2005	02:03:56	Sa
31/12/2004	05:33:24	Vi	07/05/2005	00:01:17	To	12/09/2005	06:56:12	Cp
02/01/2005	16:19:04	Li	09/05/2005	07:28:11	Gê	14/09/2005	09:02:56	Aq
04/01/2005	24:00:02	Es	11/05/2005	17:20:30	Câ	16/09/2005	09:24:07	Pe
07/01/2005	03:44:14	Sa	14/05/2005	05:17:11	Le	18/09/2005	09:43:14	Ár
09/01/2005	04:10:12	Cp	16/05/2005	17:46:10	Vi	20/09/2005	11:47:18	To
11/01/2005	03:07:18	Aq	19/05/2005	4:30:12	Li	22/09/2005	17:07:10	Gê
13/01/2005	02:50:13	Pe	21/05/2005	11:49:08	Es	25/09/2005	02:10:07	Câ
15/01/2005	05:26:10	Ár	23/05/2005	15:38:10	Sa	27/09/2005	14:02:05	Le
17/01/2005	12:06:30	To	25/05/2005	17:11:03	Cp	30/09/2005	02:44:55	Vi
19/01/2005	22:24:08	Gê	27/05/2005	18:09:33	Aq	02/10/2005	14:24:10	Li
22/01/2005	10:42:07	Câ	29/05/2005	20:09:17	Pe	05/10/2005	00:03:30	Es
24/01/2005	23:21:07	Le	01/06/2005	00:07:33	Ár	07/10/2005	07:28:03	Sa
27/01/2005	11:24:19	Vi	03/06/2005	06:20:13	To	09/10/2005	12:43:34	Cp
29/01/2005	22:13:09	Li	05/06/2005	14:36:12	Gê	11/10/2005	16:05:13	Aq
01/02/2005	06:51:11	Es	08/06/2005	00:46:05	Câ	13/10/2005	18:05:32	Pe
03/02/2005	12:21:13	Sa	10/06/2005	12:39:08	Le	15/10/2005	19:39:10	Ár
05/02/2005	14:32:11	Cp	13/06/2005	01:22:12	Vi	17/10/2005	22:04:09	To
07/02/2005	14:26:07	Aq	15/06/2005	12:59:03	Li	20/10/2005	02:44:02	Gê

Signos Lunares

Data	Hora	Signo	Data	Hora	Signo	Data	Hora	Signo
22/10/2005	10:41:33	Câ	27/02/2006	09:56:23	Pe	05/07/2006	05:13:25	Es
24/10/2005	21:48:17	Le	01/03/2006	09:18:11	Ár	07/07/2006	14:13:05	Sa
27/10/2005	10:28:04	Vi	03/03/2006	10:22:21	To	09/07/2006	19:25:04	Cp
29/10/2005	22:15:10	Li	05/03/2006	14:37:08	Gê	11/07/2006	21:46:18	Aq
01/11/2005	07:29:13	Es	07/03/2006	22:37:32	Câ	13/07/2006	22:59:09	Pe
03/11/2005	13:55:17	Sa	10/03/2006	09:42:13	Le	16/07/2006	00:39:02	Ár
05/11/2005	18:17:02	Cp	12/03/2006	22:23:02	Vi	18/07/2006	03:44:12	To
07/11/2005	21:31:09	Aq	15/03/2006	11:12:07	Li	20/07/2006	08:38:07	Gê
10/11/2005	00:22:35	Pe	17/03/2006	22:59:30	Es	22/07/2006	15:28:11	Câ
12/11/2005	03:22:05	Ár	20/03/2006	08:43:12	Sa	25/07/2006	00:24:07	Le
14/11/2005	07:02:56	To	22/03/2006	15:36:08	Cp	27/07/2006	11:36:09	Vi
16/11/2005	12:10:15	Gê	24/03/2006	19:21:03	Aq	30/07/2006	00:27:13	Li
18/11/2005	19:42:34	Câ	26/03/2006	20:33:21	Pe	01/08/2006	13:08:10	Es
21/11/2005	06:09:30	Le	28/03/2006	20:31:29	Ár	03/08/2006	23:13:06	Sa
23/11/2005	18:41:30	Vi	30/03/2006	21:01:07	To	06/08/2006	05:19:11	Cp
26/11/2005	06:58:09	Li	01/04/2006	23:49:09	Gê	08/08/2006	07:47:08	Aq
28/11/2005	16:33:01	Es	04/04/2006	06:14:09	Câ	10/08/2006	08:10:30	Pe
30/11/2005	22:32:09	Sa	06/04/2006	16:25:30	Le	12/08/2006	08:21:05	Ár
03/12/2005	01:42:20	Cp	09/04/2006	04:58:12	Vi	14/08/2006	09:59:21	To
05/12/2005	03:36:14	Aq	11/04/2006	17:46:03	Li	16/08/2006	14:07:09	Gê
07/12/2005	05:44:23	Pe	14/04/2006	05:08:30	Es	18/08/2006	21:03:26	Câ
09/12/2005	09:02:11	Ár	16/04/2006	14:19:20	Sa	21/08/2006	06:33:12	Le
11/12/2005	13:46:07	To	18/04/2006	21:13:15	Cp	23/08/2006	18:07:13	Vi
13/12/2005	19:59:27	Gê	21/04/2006	01:56:04	Aq	26/08/2006	07:01:27	Li
16/12/2005	04:01:25	Câ	23/04/2006	04:43:07	Pe	28/08/2006	19:56:14	Es
18/12/2005	14:18:09	Le	25/04/2006	06:12:24	Ár	31/08/2006	07:00:21	Sa
21/12/2005	02:38:02	Vi	27/04/2006	07:27:13	To	02/09/2006	14:34:09	Cp
23/12/2005	15:26:15	Li	29/04/2006	09:58:07	Gê	04/09/2006	18:14:03	Aq
26/12/2005	02:04:13	Es	01/05/2006	15:17:09	Câ	06/09/2006	18:56:15	Pe
28/12/2005	08:43:13	Sa	04/05/2006	00:18:01	Le	08/09/2006	18:23:11	Ár
30/12/2005	11:35:12	Cp	06/05/2006	12:20:13	Vi	10/09/2006	18:30:04	To
01/01/2006	12:14:03	Aq	09/05/2006	01:10:12	Li	12/09/2006	20:59:24	Gê
03/01/2006	12:43:33	Pe	11/05/2006	12:24:30	Es	15/09/2006	02:53:03	Câ
05/01/2006	14:44:05	Ár	13/05/2006	20:56:11	Sa	17/09/2006	12:15:07	Le
07/01/2006	19:09:21	To	16/05/2006	02:50:17	Cp	20/09/2006	00:07:05	Vi
10/01/2006	01:58:13	Gê	18/05/2006	07:19:03	Aq	22/09/2006	13:06:01	Li
12/01/2006	10:50:23	Câ	20/05/2006	10:39:20	Pe	25/09/2006	01:54:43	Es
14/01/2006	21:31:05	Le	22/05/2006	13:24:20	Ár	27/09/2006	13:16:25	Sa
17/01/2006	09:48:13	Vi	24/05/2006	16:00:05	To	29/09/2006	22:01:30	Cp
19/01/2006	22:49:05	Li	26/05/2006	19:19:05	Gê	02/10/2006	03:24:18	Aq
22/01/2006	10:28:33	Es	29/05/2006	00:33:23	Câ	04/10/2006	05:33:21	Pe
24/01/2006	18:38:32	Sa	31/05/2006	08:51:32	Le	06/10/2006	05:32:14	Ár
26/01/2006	22:31:40	Cp	02/06/2006	20:17:13	Vi	08/10/2006	05:04:20	To
28/01/2006	23:09:12	Aq	05/06/2006	09:08:11	Li	10/10/2006	06:06:13	Gê
30/01/2006	22:32:07	Pe	07/06/2006	20:41:03	Es	12/10/2006	10:21:44	Câ
01/02/2006	22:46:04	Ár	10/06/2006	05:05:17	Sa	14/10/2006	18:38:07	Le
04/02/2006	01:31:12	To	12/06/2006	10:19:31	Cp	17/10/2006	06:15:15	Vi
06/02/2006	07:32:30	Gê	14/06/2006	13:32:02	Aq	19/10/2006	19:19:08	Li
08/02/2006	16:33:17	Câ	16/06/2006	16:05:13	Pe	22/10/2006	07:54:12	Es
11/02/2006	03:44:40	Le	18/06/2006	18:54:31	Ár	24/10/2006	18:53:23	Sa
13/02/2006	16:13:32	Vi	20/06/2006	22:22:18	To	27/10/2006	03:47:21	Cp
16/02/2006	05:09:23	Li	23/06/2006	02:49:08	Gê	29/10/2006	10:16:09	Aq
18/02/2006	17:11:02	Es	25/06/2006	08:48:12	Câ	31/10/2006	14:10:03	Pe
21/02/2006	02:38:17	Sa	27/06/2006	17:08:11	Le	02/11/2006	15:46:30	Ár
23/02/2006	08:16:13	Cp	30/06/2006	04:14:08	Vi	04/11/2006	16:05:27	To
25/02/2006	10:14:12	Aq	02/07/2006	17:05:02	Li	06/11/2006	16:47:18	Gê

Signos Lunares

08/11/2006	19:45:40	Câ	17/03/2007	05:30:33	Pe	22/07/2007	08:18:10	Es
11/11/2006	02:34:14	Le	19/03/2007	05:42:19	Ár	24/07/2007	20:29:11	Sa
13/11/2006	13:18:07	Vi	21/03/2007	05:15:01	To	27/07/2007	06:21:15	Cp
16/11/2006	02:14:13	Li	23/03/2007	06:06:19	Gê	29/07/2007	13:14:17	Aq
18/11/2006	14:46:17	Es	25/03/2007	09:49:05	Câ	31/07/2007	17:40:04	Pe
21/11/2006	01:15:06	Sa	27/03/2007	17:04:09	Le	02/08/2007	20:43:30	Ár
23/11/2006	09:25:11	Cp	30/03/2007	03:27:25	Vi	04/08/2007	23:16:07	To
25/11/2006	15:41:40	Aq	01/04/2007	15:43:40	Li	07/08/2007	02:01:19	Gê
27/11/2006	20:20:02	Pe	04/04/2007	04:35:30	Es	09/08/2007	05:36:40	Câ
29/11/2006	23:30:03	Ár	06/04/2007	16:56:12	Sa	11/08/2007	10:41:03	Le
02/12/2006	01:26:15	To	09/04/2007	03:36:10	Cp	13/08/2007	18:03:06	Vi
04/12/2006	03:05:34	Gê	11/04/2007	11:23:24	Aq	16/08/2007	04:04:13	Li
06/12/2006	06:00:27	Câ	13/04/2007	15:39:10	Pe	18/08/2007	16:13:14	Es
08/12/2006	11:52:13	Le	15/04/2007	16:47:18	Ár	21/08/2007	04:44:20	Sa
10/12/2006	21:31:30	Vi	17/04/2007	16:11:09	To	23/08/2007	15:20:02	Cp
13/12/2006	10:00:05	Li	19/04/2007	15:51;40	Gê	25/08/2007	22:35:40	Aq
15/12/2006	22:42:40	Es	21/04/2007	17:50:13	Câ	28/08/2007	02:34:20	Pe
18/12/2006	09:10:18	Sa	23/04/2007	23:38:40	Le	30/08/2007	04:24:50	Ár
20/12/2006	16:39:40	Cp	26/04/2007	09:24:13	Vi	01/09/2007	05:35:21	To
22/12/2006	21:49:13	Aq	28/04/2007	21:45:10	Li	03/09/2007	07:30:13	Gê
25/12/2006	01:43:07	Pe	01/05/2007	10:41:12	Es	05/09/2007	11:08:10	Câ
27/12/2006	05:04:23	Ár	03/05/2007	22:47:40	Sa	07/09/2007	16:59:48	Le
29/12/2006	08:08:10	To	06/05/2007	09:21:33	Cp	10/09/2007	01:10:35	Vi
31/12/2006	11:16:17	Gê	08/05/2007	17:48:17	Aq	12/09/2007	11:31:40	Li
02/01/2007	15:14:09	Câ	10/05/2007	23:31:30	Pe	14/09/2007	23:37:10	Es
04/01/2007	21:14:47	Le	13/05/2007	02:19:22	Ár	17/09/2007	12:20:21	Sa
07/01/2007	06:18:32	Vi	15/05/2007	02:48:10	To	19/09/2007	23:51:23	Cp
09/01/2007	18:15:33	Li	17/05/2007	02:34:30	Gê	22/09/2007	08:18:20	Aq
12/01/2007	07:08:10	Es	19/05/2007	03:38:15	Câ	24/09/2007	12:55:05	Pe
14/01/2007	18:11:03	Sa	21/05/2007	07:56:13	Le	26/09/2007	14:22:13	Ár
17/01/2007	01:49:17	Cp	23/05/2007	16:26:03	Vi	28/09/2007	14:17:15	To
19/01/2007	06:15:15	Aq	26/05/2007	04:16:33	Li	30/09/2007	14:34:11	Gê
21/01/2007	08:48:17	Pe	28/05/2007	17:11:20	Es	02/10/2007	16:57:44	Câ
23/01/2007	10:52:44	Ár	31/05/2007	05:06:18	Sa	04/10/2007	22:27:30	Le
25/01/2007	13:28:20	To	02/06/2007	15:09:11	Cp	07/10/2007	07:03:15	Vi
27/01/2007	17:10:12	Gê	04/06/2007	23:15:12	Aq	09/10/2007	17:57:09	Li
29/01/2007	22:16:03	Câ	07/06/2007	05:24:19	Pe	12/10/2007	06:13:09	Es
01/02/2007	05:14:09	Le	09/06/2007	09:26:10	Ár	14/10/2007	18:58:13	Sa
03/02/2007	14:34:16	Vi	11/06/2007	11:29:33	To	17/10/2007	07:03:15	Cp
06/02/2007	02:15:10	Li	13/06/2007	12:24:50	Gê	19/10/2007	16:52:19	Aq
08/02/2007	15:09:25	Es	15/06/2007	13:45:35	Câ	21/10/2007	23:02:33	Pe
11/02/2007	03:01:17	Sa	17/06/2007	17:25:10	Le	24/10/2007	01:24:17	Ár
13/02/2007	11:42:44	Cp	20/06/2007	00:45:40	Vi	26/10/2007	01:07:17	To
15/02/2007	16:34:50	Aq	22/06/2007	11:43:10	Li	28/10/2007	00:11:30	Gê
17/02/2007	18:30:07	Pe	25/06/2007	00:26:30	Es	30/10/2007	00:49:31	Câ
19/02/2007	19:06:14	Ár	27/06/2007	12:23:15	Sa	01/11/2007	04:48:23	Le
21/02/2007	20:03:09	To	29/06/2007	22:05:33	Cp	03/11/2007	12:44:02	Vi
23/02/2007	22:42:30	Gê	02/07/2007	05:24:10	Aq	05/11/2007	23:47:10	Li
26/02/2007	03:47:06	Câ	04/07/2007	10:52:50	Pe	08/11/2007	12:18:09	Es
28/02/2007	11:20:30	Le	06/07/2007	14:57:23	Ár	11/11/2007	00:59:25	Sa
02/03/2007	21:32:10	Vi	08/07/2007	17:54:13	To	13/11/2007	13:00:04	Cp
05/03/2007	09:25:16	Li	10/07/2007	20:10:09	Gê	15/11/2007	23:30:25	Aq
07/03/2007	22:16:09	Es	12/07/2007	22:39:15	Câ	18/11/2007	07:14:03	Pe
10/03/2007	10:37:15	Sa	15/07/2007	02:43:35	Le	20/11/2007	11:24:06	Ár
12/03/2007	20:34:06	Cp	17/07/2007	09:39:09	Vi	22/11/2007	12:18:07	To
15/03/2007	02:52:40	Aq	19/07/2007	19:53:20	Li	24/11/2007	11:29:02	Gê

Signos Lunares

26/11/2007	11:07:30	Câ	02/04/2008	20:55:10	Pe	07/08/2008	11:26:10	Es
28/11/2007	13:23:12	Le	05/04/2008	00:27:30	Ár	09/08/2008	23:10:36	Sa
30/11/2007	19:44:41	Vi	07/04/2008	01:20:18	To	12/08/2008	11:42:10	Cp
03/12/2007	06:01:27	Li	09/04/2008	01:27:12	Gê	14/08/2008	22:56:31	Aq
05/12/2007	18:31:40	Es	11/04/2008	02:43:50	Câ	17/08/2008	07:46:11	Pe
08/12/2007	07:11:33	Sa	13/04/2008	06:28:35	Le	19/08/2008	14:10:56	Ár
10/12/2007	18:50:03	Cp	15/04/2008	13:06:02	Vi	21/08/2008	18:38:40	To
13/12/2007	05:01:10	Aq	17/04/2008	22:10:07	Li	23/08/2008	21:48:10	Gê
15/12/2007	13:15:25	Pe	20/04/2008	09:00:15	Es	26/08/2008	00:18:30	Câ
17/12/2007	18:52:24	Ár	22/04/2008	21:07:25	Sa	28/08/2008	02:50:13	Le
19/12/2007	21:38:10	To	25/04/2008	09:46:09	Cp	30/08/2008	06:18:15	Vi
21/12/2007	22:14:35	Gê	27/04/2008	21:27:03	Aq	01/09/2008	11:44:15	Li
23/12/2007	22:18:06	Câ	30/04/2008	06:11:10	Pe	03/09/2008	20:02:06	Es
25/12/2007	23:52:50	Le	02/05/2008	10:51:40	Ár	06/09/2008	07:10:25	Sa
28/12/2007	04:44:10	Vi	04/05/2008	11:58:13	To	08/09/2008	19:44:30	Cp
30/12/2007	13:37:09	Li	06/05/2008	11:17:02	Gê	11/09/2008	07:20:32	Aq
02/01/2008	01:32:30	Es	08/05/2008	11:02:17	Câ	13/09/2008	16:04:09	Pe
04/01/2008	14:13:17	Sa	10/05/2008	13:10:20	Le	15/09/2008	21:30:18	Ár
07/01/2008	01:43:09	Cp	12/05/2008	18:48:11	Vi	18/09/2008	00:56:25	To
09/01/2008	11:13:40	Aq	15/05/2008	03:46:15	Li	20/09/2008	03:17:03	Gê
11/01/2008	18:44:10	Pe	17/05/2008	14:59:02	Es	22/09/2008	05:49:07	Câ
14/01/2008	00:23:11	Ár	20/05/2008	03:18:17	Sa	24/09/2008	09:13:15	Le
16/01/2008	04:13:09	To	22/05/2008	15:55:05	Cp	26/09/2008	13:52:11	Vi
18/01/2008	06:30:03	Gê	25/05/2008	03:51:25	Aq	28/09/2008	20:05:18	Li
20/01/2008	08:05:17	Câ	27/05/2008	13:38:44	Pe	01/10/2008	04:26:13	Es
22/01/2008	10:20:07	Le	29/05/2008	19:52:25	Ár	03/10/2008	15:14:09	Sa
24/01/2008	14:48:09	Vi	31/05/2008	22:18:10	To	06/10/2008	03:48:33	Cp
26/01/2008	22:35:40	Li	02/06/2008	22:06:33	Gê	08/10/2008	16:03:20	Aq
29/01/2008	09:35:18	Es	04/06/2008	21:16:10	Câ	11/10/2008	01:31:12	Pe
31/01/2008	22:08:15	Sa	06/06/2008	22:00:33	Le	13/10/2008	07:07:15	Ár
03/02/2008	09:52:12	Cp	09/06/2008	02:01:14	Vi	15/10/2008	09:31:11	To
05/02/2008	19:10:30	Aq	11/06/2008	09:55:40	Li	17/10/2008	10:25:03	Gê
08/02/2008	01:46:30	Pe	13/06/2008	20:53:25	Es	19/10/2008	11:40:23	Câ
10/02/2008	06:17:28	Ár	16/06/2008	09:19:10	Sa	21/10/2008	14:35:20	Le
12/02/2008	09:34:18	To	18/06/2008	21:51:05	Cp	23/10/2008	19:40:13	Vi
14/02/2008	12:19:05	Gê	21/06/2008	09:33:20	Aq	26/10/2008	19:40:56	Li
16/02/2008	15:12:35	Câ	23/06/2008	19:32:30	Pe	28/10/2008	11:47:20	Es
18/02/2008	18:51:07	Le	26/06/2008	02:49:15	Ár	30/10/2008	22:41:40	Sa
21/02/2008	00:06:03	Vi	28/06/2008	06:50:09	To	02/11/2008	11:13:45	Cp
23/02/2008	07:44:10	Li	30/06/2008	08:03:10	Gê	05/11/2008	00:01:30	Aq
25/02/2008	18:05:20	Es	02/07/2008	07:53:44	Câ	07/11/2008	10:43:04	Pe
28/02/2008	06:22:13	Sa	04/07/2008	08:15:23	Le	09/11/2008	17:26:55	Ár
01/03/2008	18:33:38	Cp	06/07/2008	11:04:10	Vi	11/11/2008	20:05:09	To
04/03/2008	04:24:17	Aq	08/07/2008	17:31:28	Li	13/11/2008	20:11:23	Gê
06/03/2008	10:53:12	Pe	11/07/2008	03:35:40	Es	15/11/2008	19:52:13	Câ
08/03/2008	14:23:07	Ár	13/07/2008	15:50:32	Sa	17/11/2008	21:07:10	Le
10/03/2008	16:13:33	To	16/07/2008	04:20:13	Cp	20/11/2008	01:12:56	Vi
12/03/2008	17:54:10	Gê	18/07/2008	15:40:09	Aq	22/11/2008	08:20:15	Li
14/03/2008	20:37:05	Câ	21/07/2008	01:07:15	Pe	24/11/2008	17:54:30	Es
17/03/2008	01:03:30	Le	23/07/2008	08:22:20	Ár	27/11/2008	05:14:19	Sa
19/03/2008	07:25:15	Vi	25/07/2008	13:14:15	To	29/11/2008	17:47:21	Cp
21/03/2008	15:45:20	Li	27/07/2008	15:55:02	Gê	02/12/2008	06:44:20	Aq
24/03/2008	02:06:11	Es	29/07/2008	17:11:30	Câ	04/12/2008	18:23:25	Pe
26/03/2008	14:11:25	Sa	31/07/2008	18:21:15	Le	07/12/2008	02:44:30	Ár
29/03/2008	02:43:05	Cp	02/08/2008	20:59:21	Vi	09/12/2008	06:52:13	To
31/03/2008	13:34:18	Aq	05/08/2008	02:28:33	Li	11/12/2008	07:33:21	Gê

Signos Lunares

13/12/2008	06:40:13	Câ	20/04/2009	05:55:42	Pe	24/08/2009	19:16:07	Es
15/12/2008	06:22:13	Le	22/04/2009	14:09:13	Ár	27/08/2009	03:16:32	Sa
17/12/2008	08:35:40	Vi	24/04/2009	18:46:55	To	29/08/2009	14:44:15	Cp
19/12/2008	14:23:29	Li	26/04/2009	21:02:13	Gê	01/09/2009	03:43:12	Aq
21/12/2008	23:36:50	Es	28/04/2009	22:38:20	Câ	03/09/2009	15:58:11	Pe
24/12/2008	11:13:56	Sa	01/05/2009	00:56:10	Le	06/09/2009	02:14:50	Ár
26/12/2008	23:56:40	Cp	03/05/2009	04:37:30	Vi	08/09/2009	10:17:02	To
29/12/2008	12:42:35	Aq	05/05/2009	09:51:33	Li	10/09/2009	16:17:31	Gê
01/01/2009	00:27:31	Pe	07/05/2009	16:48:12	Es	12/09/2009	20:19:20	Câ
03/01/2009	09:50:21	Ár	10/05/2009	01:40:22	Sa	14/09/2009	22:39:11	Le
05/01/2009	15:46:17	To	12/05/2009	13:09:13	Cp	16/09/2009	23:56:40	Vi
07/01/2009	18:12:03	Gê	15/05/2009	02:01:17	Aq	19/09/2009	01:26:56	Li
09/01/2009	18:14:45	Câ	17/05/2009	14:17:20	Pe	21/09/2009	04:52:39	Es
11/01/2009	17:41:30	Le	19/05/2009	23:30:18	Ár	23/09/2009	11:43:07	Sa
13/01/2009	18:33:30	Vi	22/05/2009	04:40:19	To	25/09/2009	22:18:10	Cp
15/01/2009	22:30:18	Li	24/05/2009	06:34:18	Gê	28/09/2009	11:06:33	Aq
18/01/2009	06:20:13	Es	26/05/2009	06:58:12	Câ	30/09/2009	23:25:11	Pe
20/01/2009	17:30:25	Sa	28/05/2009	07:44:15	Le	03/10/2009	09:20:15	Ár
23/01/2009	06:18:06	Cp	30/05/2009	10:17:32	Vi	05/10/2009	16:33:35	To
25/01/2009	18:56:27	Aq	01/06/2009	15:17:19	Li	07/10/2009	21:46:10	Gê
28/01/2009	06:12:55	Pe	03/06/2009	22:43:50	Es	10/10/2009	01:48:59	Câ
30/01/2009	15:25:11	Ár	06/06/2009	08:23:04	Sa	12/10/2009	05:02:14	Le
01/02/2009	22:08:13	To	08/06/2009	19:59:13	Cp	14/10/2009	07:45:12	Vi
04/02/2009	02:14:55	Gê	11/06/2009	08:52:19	Aq	16/10/2009	10:29:17	Li
06/02/2009	04:06:13	Câ	13/06/2009	21:32:45	Pe	18/10/2009	14:22:30	Es
08/02/2009	04:43:17	Le	16/06/2009	07:51:21	Ár	20/10/2009	20:49:13	Sa
10/02/2009	05:38:11	Vi	18/06/2009	14:20:19	To	23/10/2009	06:39:17	Cp
12/02/2009	08:32:33	Li	20/06/2009	17:00:10	Gê	25/10/2009	19:07:18	Aq
14/02/2009	14:50:10	Es	22/06/2009	17:12:40	Câ	28/10/2009	07:54:19	Pe
17/02/2009	00:53:19	Sa	24/06/2009	16:50:11	Le	30/10/2009	17:56:33	Ár
19/02/2009	13:25:21	Cp	26/06/2009	17:46:34	Vi	02/11/2009	00:44:09	To
22/02/2009	02:06:18	Aq	28/06/2009	21:24:33	Li	04/11/2009	04:52:18	Gê
24/02/2009	12:59:42	Pe	01/07/2009	04:18:23	Es	06/11/2009	07:42:33	Câ
26/02/2009	21:24:50	Ár	03/07/2009	14:11:24	Sa	08/11/2009	10:23:04	Le
01/03/2009	03:33:45	To	06/07/2009	02:07:17	Cp	10/11/2009	13:30:03	Vi
03/03/2009	07:59:03	Gê	08/07/2009	15:03:19	Aq	12/11/2009	17:22:18	Li
05/03/2009	11:07:25	Câ	11/07/2009	03:43:20	Pe	14/11/2009	22:24:25	Es
07/03/2009	13:24:09	Le	13/07/2009	14:30:21	Ár	17/11/2009	05:22:18	Sa
09/03/2009	15:34:19	Vi	15/07/2009	22:30:11	To	19/11/2009	15:00:05	Cp
11/03/2009	18:46:09	Li	18/07/2009	02:41:23	Gê	22/11/2009	03:10:10	Aq
14/03/2009	00:22:26	Es	20/07/2009	03:51:20	Câ	24/11/2009	16:07:09	Pe
16/03/2009	09:21:33	Sa	22/07/2009	03:27:19	Le	27/11/2009	03:10:09	Ár
18/03/2009	21:18:10	Cp	24/07/2009	03:22:18	Vi	29/11/2009	10:34:15	To
21/03/2009	10:06:11	Aq	26/07/2009	05:25:07	Li	01/12/2009	14:23:40	Gê
23/03/2009	21:08:15	Pe	28/07/2009	10:55:40	Es	03/12/2009	16:00:13	Câ
26/03/2009	05:03:18	Ár	30/07/2009	20:10:09	Sa	05/12/2009	17:06:10	Le
28/03/2009	10:09:48	To	02/08/2009	08:08:10	Cp	07/12/2009	19:05:46	Vi
30/03/2009	13:36:10	Gê	04/08/2009	21:08:13	Aq	09/12/2009	22:47:18	Li
01/04/2009	16:30:44	Câ	07/08/2009	09:34:21	Pe	12/12/2009	04:43:56	Es
03/04/2009	19:32:56	Le	09/08/2009	20:23:11	Ár	14/12/2009	12:25:30	Sa
05/04/2009	23:01:25	Vi	12/08/2009	04:49:30	To	16/12/2009	22:32:45	Cp
08/04/2009	03:22:30	Li	14/08/2009	10:25:07	Gê	19/12/2009	10:38:23	Aq
10/04/2009	09:23:17	Es	16/08/2009	13:13:45	Câ	21/12/2009	23:42:37	Pe
12/04/2009	18:00:09	Sa	18/08/2009	13:56:19	Le	24/12/2009	11:39:25	Ár
15/04/2009	05:27:10	Cp	20/08/2009	14:00:07	Vi	26/12/2009	20:26:13	To
17/04/2009	18:19:32	Aq	22/08/2009	15:12:19	Li	29/12/2009	01:13:37	Gê

31/12/2009	02:45:19	Câ	07/05/2010	09:34:12	Pe	11/09/2010	09:21:20	Es
02/01/2010	02:41:13	Le	09/05/2010	21:29:10	Ár	13/09/2010	12:51:30	Sa
04/01/2010	02:52:17	Vi	12/05/2010	06:48:18	To	15/09/2010	20:29:02	Cp
06/01/2010	04:58:40	Li	14/05/2010	13:18:29	Gê	18/09/2010	07:34:13	Aq
08/01/2010	10:00:20	Es	16/05/2010	17:46:13	Câ	20/09/2010	20:15:20	Pe
10/01/2010	18:10:30	Sa	18/05/2010	21:06:19	Le	23/09/2010	08:47:12	Ár
13/01/2010	04:54:30	Cp	20/05/2010	23:58:14	Vi	25/09/2010	20:16:15	To
15/01/2010	17:17:03	Aq	23/05/2010	02:50:19	Li	28/09/2010	06:10:33	Gê
18/01/2010	06:17:20	Pe	25/05/2010	06:17:28	Es	30/09/2010	13:45:09	Câ
20/01/2010	18:36:40	Ár	27/05/2010	11:15:19	Sa	02/10/2010	18:21:23	Le
23/01/2010	04:30:15	To	29/05/2010	18:44:13	Cp	04/10/2010	20:00:56	Vi
25/01/2010	11:11:25	Gê	01/06/2010	05:07:19	Aq	06/10/2010	19:51:34	Li
27/01/2010	14:01:12	Câ	03/06/2010	17:33:11	Pe	08/10/2010	19:51:44	Es
29/01/2010	14:10:09	Le	06/06/2010	05:49:19	Ár	10/10/2010	22:08:10	Sa
31/01/2010	13:23:18	Vi	08/06/2010	15:41:25	To	13/10/2010	04:16:15	Cp
02/02/2010	13:42:50	Li	10/06/2010	22:11:48	Gê	15/10/2010	14:23:45	Aq
04/02/2010	16:55:10	Es	13/06/2010	01:50:56	Câ	18/10/2010	02:51:25	Pe
07/02/2010	00:03:30	Sa	15/06/2010	03:54:46	Le	20/10/2010	15:23:10	Ár
09/02/2010	10:43:12	Cp	17/06/2010	05:41:13	Vi	23/10/2010	02:29:17	To
11/02/2010	23:24::15	Aq	19/06/2010	08:13:19	Li	25/10/2010	14:47:19	Gê
14/02/2010	12:23:09	Pe	21/06/2010	12:13:28	Es	27/10/2010	19:14:56	Câ
17/02/2010	00:30:20	Ár	23/06/2010	18:10:27	Sa	30/10/2010	00:38:27	Le
19/02/2010	10:55:26	To	26/06/2010	02:12:35	Cp	01/11/2010	03:51:11	Vi
21/02/2010	18:47:13	Gê	28/06/2010	12:52:50	Aq	03/11/2010	05:18:33	Li
23/02/2010	23:29:17	Câ	01/07/2010	01:09:48	Pe	05/11/2010	06:15:26	Es
26/02/2010	01:08:30	Le	03/07/2010	13:44:05	Ár	07/11/2010	08:27:13	Sa
28/02/2010	00:52:27	Vi	06/07/2010	00:29:13	To	09/11/2010	13:36:19	Cp
02/03/2010	00:31:25	Li	08/07/2010	07:50:45	Gê	11/11/2010	22:31:10	Aq
04/03/2010	02:11:45	Es	10/07/2010	11:38:55	Câ	14/11/2010	10:24:33	Pe
06/03/2010	07:36:35	Sa	12/07/2010	12:53:19	Le	16/11/2010	22:58:55	Ár
08/03/2010	17:13:16	Cp	14/07/2010	13:15:08	Vi	19/11/2010	10:04:07	To
11/03/2010	05:42:11	Aq	16/07/2010	14:24:50	Li	21/11/2010	18:45:26	Gê
13/03/2010	18:43:28	Pe	18/07/2010	17:42:30	Es	24/11/2010	01:14:19	Câ
16/03/2010	06:32:45	Ár	20/07/2010	23:48:09	Sa	26/11/2010	06:01:36	Le
18/03/2010	16:29:03	To	23/07/2010	08:39:15	Cp	28/11/2010	09:33:40	Vi
21/03/2010	00:28:15	Gê	25/07/2010	19:38:55	Aq	30/11/2010	12:15:30	Li
23/03/2010	06:16:11	Câ	28/07/2010	07:59:12	Pe	02/12/2010	14:43:50	Es
25/03/2010	09:39:12	Le	30/07/2010	20:41:11	Ár	04/12/2010	17:59:33	Sa
27/03/2010	10:57:08	Vi	02/08/2010	8:13:45	To	06/12/2010	23:15:45	Cp
29/03/2010	11:21:13	Li	04/08/2010	15:54:09	Gê	09/12/2010	07:30:15	Aq
31/03/2010	12:41:11	Es	06/08/2010	21:50:19	Câ	11/12/2010	18:40:45	Pe
02/04/2010	16:52:21	Sa	08/08/2010	23:23:29	Le	14/12/2010	07:14:56	Ár
05/04/2010	01:07:29	Cp	10/08/2010	23:01:02	Vi	16/12/2010	18:49:20	To
07/04/2010	12:51:06	Aq	12/08/2010	22:42:07	Li	19/12/2010	03:37:12	Gê
10/04/2010	01:47:45	Pe	15/08/2010	00:26:36	Es	21/12/2010	09:22:23	Câ
12/04/2010	13:31:40	Ár	17/08/2010	05:34:45	Sa	23/12/2010	12:50:13	Le
14/04/2010	22:55:13	To	19/08/2010	14:17:33	Cp	25/12/2010	15:14:45	Vi
17/04/2010	06:08:15	Gê	22/08/2010	01:37:02	Aq	27/12/2010	17:38:49	Li
19/04/2010	11:39:18	Câ	24/08/2010	14:10:14	Pe	29/12/2010	20:49:05	Es
21/04/2010	15:42:40	Le	27/08/2010	02:49:18	Ár	01/01/2011	01:21:20	Sa
23/04/2010	18:24:25	Vi	29/08/2010	14:35:10	To			
25/04/2010	20:16:15	Li	01/09/2010	00:19:19	Gê			
27/04/2010	22:28:09	Es	03/09/2010	06:50:40	Câ			
30/04/2010	02:35:28	Sa	05/09/2010	09:45:50	Le			
02/05/2010	09:59:11	Cp	07/09/2010	09:52:13	Vi			
04/05/2010	20:51:17	Aq	09/09/2010	09:00:18	Li			